Inhaltsverzeichnis

Vorwort

Anne Wihstutz und Petra Völkel

In den letzten Jahren ist die Wahrnehmung von Kindertagesstätten als Bildungseinrichtungen mit einem eigenen Bildungsauftrag gewachsen, was nicht zuletzt dem sogenannten PISA-Schock zu verdanken ist. Bereits in ihrem Beschluss vom Juni 2002 mit dem Titel „Bildung fängt im frühen Kindesalter an" fordert die Jugendministerkonferenz (JMK) dazu auf, den Bildungsauftrag in der Kindertagesbetreuung zu intensivieren und neue Wege der Gestaltung von Bildungsprozessen zu initiieren. In diesem Zusammenhang formuliert die JMK, „dass Kinder aus eigenem Antrieb heraus über eine ausgeprägte Lernmotivation verfügen und Lernanregungen offen gegenüberstehen" (JMK, 2002, o. S.). In ihrem gemeinsamen Beschluss im Jahr 2004 haben JMK und KMK einen gemeinsamen Rahmen der Länder für die frühe Bildung in Kindertageseinrichtungen gefasst. Darin wird betont, dass Bildungsprogramme für den Elementarbereich insbesondere die Aufgabe haben, „die Grundlagen für eine frühe und individuelle Förderung der Kinder zu schaffen" (JMK/KMK, 2004, S. 16). In der Folge dieser Beschlüsse haben alle 16 Bundesländer der Bundesrepublik Deutschland kindheitspädagogische Curricula verfasst, die den normativen Rahmen darstellen, in dem sich der Bildungsauftrag von Kindertageseinrichtungen bewegen soll.

In allen kindheitspädagogischen Bildungsplänen wird davon ausgegangen, dass das Kind von Anfang an kompetent und begierig ist, etwas zu lernen bzw. sich zu bilden und sich die Welt anzueignen. Das Kind kümmert sich aktiv um sein eigenes Lernen und gestaltet seine Entwicklung aktiv selbst mit. „Die allgemeine Überzeugung, dass Bildung im Wesentlichen als Selbstbildung zu verstehen ist, gewinnt daher für die frühe Kindheit ein besonderes Gewicht." (Liegle, 2007, S. 3). Darüber hinaus wird auch immer wieder auf die Bedeutung sozialer Interaktionen für die Bildung und Entwicklung von Kindern hingewiesen.

Die kindheitspädagogischen Curricula tragen unterschiedliche Bezeichnungen wie Bildungsplan, Bildungsprogramm, Orientierungsplan, Grundsätze, Rahmenplan, Konzeption, Bildungsvereinbarung, Empfehlung und Leitlinien und sind je nach Bundesland mehr oder weniger verbindlich. Ihre Funktion besteht darin, „für die Gestaltung der pädagogischen Arbeit verbindliche Qualitätsstandards festzulegen, die für alle Einrichtungen aller Träger gelten. Dazu gehört „die Aufgliederung der Bildungsprozesse in Bereiche/Felder/Dimensionen." (Liegle, 2007, S. 5). Zu den Bildungsbereichen bzw. -feldern oder -dimensionen gehören in der Regel die sprachliche Bildung, der Bereich Körper und Bewegung, die ästhetische Bildung sowie mathematische und naturwissenschaftliche Grunderfahrungen und häufig auch die religiöse Grunderfahrung.

Neben den Bildungsbereichen weisen alle kindheitspädagogischen Curricula ausdrücklich auf Erziehungsziele hin. Hierbei geht es jedoch nicht nur um den Erwerb von Fertigkeiten, sondern vor allem um den Erwerb von Fähigkeiten, also um Kompetenzerwerb. Im Wesentlichen wird der Erwerb personaler und sozialer Kompetenz sowie der Erwerb von Sachkompetenz angestrebt. Aufgabe pädagogischer Fachkräfte ist es, diesen Kompetenzerwerb bei Kindern individuell zu begleiten und herauszufordern. Dabei sind die Pädagoginnen und Pädagogen gefordert, ihr eigenes Verständnis und ihre Haltung zum Lernen und zur Entwicklung von Kindern ständig zu überprüfen und sich dabei auch auf eigene Lernprozesse einzulassen.

Anliegen dieses Buches ist es, angehenden Erzieherinnen und Erziehern sowie Kindheitspädagoginnen und Kindheitspädagogen Kenntnisse zu den individuellen und sozialen Bildungsprozessen in der Kindheit zu vermitteln. Wir haben deshalb Autorinnen und Autoren eingeladen, unter Berücksichtigung neuester Erkenntnisse aus der Entwicklungspsychologie und der Hirnforschung, kindliche Bildungsprozesse in ausgewählten Bereichen vorzustellen sowie Methoden zur Bearbeitung des jeweiligen Bereichs sowohl im Rahmen von Lehre und Unterricht als auch für das Selbststudium anzubieten.

In Bezug auf Personen- und Funktionsbezeichnungen werden in den einzelnen Beiträgen sowohl geschlechtsneutrale Formulierungen als auch die weibliche und die männliche Sprachform gebraucht. Dort, wo aus Gründen der Lesbarkeit der Beiträge eine geschlechtsspezifische Form gewählt wird, schließt diese das jeweils nicht explizit genannte Geschlecht mit ein. Ebenso werden in den verschiedenen Beiträgen z. T. unterschiedliche Begrifflichkeiten für pädagogische Fachkräfte genutzt, wie z. B. Pädagogin, Frühpädagogin, Kindheitspädagogin oder Erzieherin. All diese Begriffe stehen jedoch synonym für Personen, die pädagogisch im Elementarbereich tätig sind oder nach Abschluss ihres Studiums oder ihrer Ausbildung tätig sein werden.

Vor dem Hintergrund der Erkenntnis, dass soziale und emotionale Kompetenzen untrennbar miteinander verbunden sind, befasst sich **Petra Völkel** in ihrem Beitrag (siehe Kap. 1) zunächst mit der Entwicklung sozialer Kompetenzen in Bezug auf die Persönlichkeitsentwicklung, die Beziehungen zu erwachsenen Bezugspersonen und die Beziehung zu gleichaltrigen Spielpartnern und Freunden. Daran anschließend nimmt sie die Entwicklung emotionaler Kompetenz in den Blick, wobei auch die Bedeutung des Spiels berücksichtigt wird. Der Beitrag enthält an vielen Stellen Aufgaben zur inhaltlichen Vertiefung und zur Reflexion der Thematik, die sowohl in Seminaren als auch im Selbststudium Anwendung finden können.

Den Bereich der sprachlichen Bildung beleuchtet **Hartmut Kupfer** in seinem Beitrag (siehe Kap. 2) in zahlreichen Facetten. Insbesondere der Spracherwerb wird von der vorsprachlichen Kommunikation bis zum Erwerb komplexer Ausdrucksformen, wie dem Erzählen und Argumentieren, ausführlich beschrieben. Darüber hinaus geht der Beitrag auch auf die sprachliche Bildung in der Praxis ein. Mehrsprachigkeit und Schriftspracherwerb finden ebenfalls Erwähnung. Zahlreiche Bearbeitungsmöglichkeiten in der Lehre oder im Selbststudium sowie Hinweise auf weiterführende Literatur runden diesen Beitrag ab.

In Anbetracht der abnehmenden Verfügbarkeit von Raum und Zeit für Bewegungserfahrungen stellt **Peter Keßel** die Wichtigkeit von Bewegung und Körpererfahrungen für die kindliche Entwicklung heraus (siehe Kap. 3). Der enge Zusammenhang von Bewegung und Wahrnehmung sowie die Verknüpfung von Körpererfahrung und Selbstkonzept werden aufgezeigt und ihre Bedeutung für die kindliche Entwicklung erläutert. Bewegungslandschaften werden als methodische Möglichkeit vorgestellt, um den unterschiedlichen individuellen Bewegungsbedürfnissen von Kindern in der Kindertageseinrichtung gerecht zu werden.

Romi Domkowsky führt in die Bedeutung ästhetischer Bildung ein (siehe Kap. 4). Sinnliche Erfahrung und die kreative Auseinandersetzung mit der Umwelt gelten als Ausgangspunkt von Bildungs- und Entwicklungsprozessen beim Menschen. Wie die Wahrnehmungsentwicklung durch ästhetische Bildung im Vorschulalter angeregt und gefördert werden kann und welche Bedeutung dabei insbesondere die Partizipation von Kindern einnimmt, wird im Rahmen dieses Beitrags mit zahlreichen Anregungen zur Selbstreflexion und zur Übung vorgestellt. Einblicke in Projektbeispiele veranschaulichen die praktische Umsetzung.

Holger Kühls und **Fabian Lamp** weisen in ihrem Beitrag auf die Möglichkeiten und Grenzen einer Didaktik für den Elementarbereich hin (siehe Kap. 5). Mit der Beobachtung, dass curriculare Überlegungen für den frühpädagogischen Bereich zunehmen, wächst die Notwendigkeit, Antworten auf die Fragen nach dem Wie, dem Was und auf Fragen, mit welchem Ziel Bildungsprozesse begleitet werden, zu finden. Die Autoren stellen aus elementarpädagogischer Perspektive Überlegungen an, wie Lern- und Bildungsprozesse von Kindern in Kindertagesstätten didaktisch angebahnt und begleitet werden können. Am Beispiel des elementardidaktischen Quadrats stellen sie ein Modell der Analyse und Reflexion elementardidaktischen Handelns vor.

Aus der Tradition eines christlichen Menschen- und Weltbildes heraus beschäftigt sich **Ulrike Labuhn** in ihrem Beitrag mit den Grundlagen der religionspädagogischen Arbeit in Kindertageseinrichtungen (siehe Kap. 6). Dabei betont sie unter anderem das Recht des Kindes auf die Auseinandersetzung mit Religion, welches auch in einigen kindheitspädagogischen Curricula verankert ist. Darüber hinaus befasst sich der Beitrag mit dem Zusammenhang zwischen Religiosität und Spiritualität und mit der religiösen Entwicklung von Kindern. Den Abschluss bilden Anregungen dazu, wie man mit Kindern über die Themen Religion und Glaube ins Gespräch kommen kann sowie Möglichkeiten im Rahmen von Studium und Ausbildung über die Art dieser Gespräche zu reflektieren.

Der Beitrag von **Eva Maria Suermann** und **Janna Pahnke** thematisiert die frühe mathematische Bildung (siehe Kap. 7). Zunächst werden, unter Berücksichtigung der kindheitspädagogischen Curricula, die Ziele mathematischer Bildung benannt, um daran anschließend aus entwicklungspsychologischer Sicht zu beleuchten, welche mathematischen Kenntnisse Kinder von der Geburt bis ins Alter von sechs Jahren erwerben. Der letzte Teil des Beitrags befasst sich schließlich damit, welche Möglichkeiten es für pädagogische Fachkräfte gibt, Kinder in ihrem mathematischen Denken im Alltag zu unterstützen. Diverse Vorschläge zur Bearbeitung der verschiedenen Themen in der Lehre oder im Selbststudium finden sich nach den jeweiligen Unterkapiteln.

Das Buch schließt mit einem Beitrag zu naturwissenschaftlichen Grunderfahrungen im Kindesalter (siehe Kap. 8). **Axel Werner** greift seine langjährige Erfahrung aus der didaktisch-naturwissenschaftlichen Arbeit mit Vorschulkindern auf und untermauert sie mit aktuellen Erkenntnissen der Hirn- und Lernforschung. Dem pädagogischen Konzept der Vermittlung naturwissenschaftlicher Erfahrung als lebensnah, alltagstauglich und Spaß machend folgend, spricht der Beitrag die lustvolle Seite naturwissenschaftlicher Fragen und Experimente an und erläutert, warum wir uns der Lust am Lernen nicht entziehen können. Dabei unterstreicht er die Verantwortung (angehender) Pädagoginnen und Pädagogen, sich selber wieder als Lernende in Entdeckungsprozesse zu begeben und gibt zahlreiche experimentelle Anleitungen und Hinweise auf Materialien und Choreografien zur Anregung einer erfolgreichen Umsetzung.

Jeder der oben aufgeführten Beiträge kann für sich gelesen und im Rahmen von Lehre und Unterricht genutzt werden. Einige der zu einem bestimmten Thema angebotenen Methoden der Bearbeitung und Vertiefung eignen sich auch für andere als die genannten inhaltlichen Aspekte. Jeder Beitrag enthält zudem Hinweise auf weiterführende Literatur.

1 Sozial-emotionale Kompetenzen

Petra Völkel

Die frühpädagogischen Curricula in den Bundesländern benennen fast alle als Erziehungsziele, neben den Sachkompetenzen, auch soziale Kompetenzen und Ich-Kompetenzen, bei deren Erwerb Kinder von pädagogischen Fachkräften unterstützt werden sollen. Zu den sozialen Kompetenzen werden Fähigkeiten gezählt, die dazu beitragen, soziale Beziehungen zu Erwachsenen und zu anderen Kindern aufzunehmen, zu gestalten und aufrechtzuerhalten. Die Ich-Kompetenzen beschreiben im Wesentlichen Fähigkeiten zum angemessenen Umgang mit den eigenen Gefühlen und denen anderer Menschen. Das Erwerben von sozialen und emotionalen Kompetenzen ist demnach eng miteinander verbunden.

Im folgenden Kapitel werden zunächst überblickartig Entwicklungslinien im Bereich sozialer Entwicklung aufgezeigt. Zwar ist das Kind aus Sicht der modernen Entwicklungspsychologie von Geburt an sozial aktiv, dennoch entdeckt es erst nach und nach im Rahmen von sozialen Interaktionen, dass es zum einen ein eigenständiges und autonomes Wesen ist, zugleich aber auch auf Beziehungen zu anderen Menschen angewiesen ist, um seine Eigenständigkeit zu entfalten. In Bezug auf die sozialen Kompetenzen wird deshalb auf die Persönlichkeitsentwicklung von Kindern in den ersten Lebensjahren eingegangen sowie auf die Entwicklung der Beziehung zu erwachsenen Bezugspersonen und zu gleichaltrigen Spielpartnern.

Ähnlich wie im Bereich der sozialen Kompetenz geht man heute davon aus, dass Kinder mit einem, wenn auch recht eingeschränktem, Repertoire an emotionalen Fertigkeiten zur Welt kommen. Im Rahmen sozialer Beziehungen entwickeln sie relativ schnell ihre emotionalen Kompetenzen weiter und werden dadurch auch zu immer kompetenteren Interaktionspartnern. Darüber, wie sich die emotionale Entwicklung im frühen Kindesalter vollzieht und welche Fertigkeiten benötigt werden, um selbstwirksam in sozialen Interaktionen zu agieren, wird der zweite Teil des Beitrags einen Überblick geben. Dabei wird auch auf das kindliche Spiel eingegangen, welches den Kindern in besonderer Weise hilft, sich emotional mit der Welt auseinanderzusetzen.

Da der Bereich der Entwicklung sozial-emotionaler Kompetenzen ein weites Feld ist, finden sich nach jedem Unterabschnitt Hinweise zu Bearbeitungsmethoden in Lehre und Unterricht, Vorschläge für Selbststudiumsaufgaben sowie Hinweise auf weiterführende Literatur, Medien und Internetlinks.

1.1   Soziale Kompetenzen

Bereits ab ihrer Geburt sind Kinder soziale Wesen und gehen aktiv soziale Beziehungen ein, zuerst mit ihren engsten Bezugspersonen und wenig später auch mit anderen Erwachsenen und gleichaltrigen Spielpartnern. Im Rahmen dieser Beziehungen lernen sie nicht nur etwas über andere, sondern auch über sich selbst, über ihre eigenen Verhaltensmöglichkeiten und -beschränkungen. Sie begreifen, dass sie anderen Menschen ähnlich sind, aber sich auch von diesen unterscheiden. Sie beginnen zu verstehen, dass andere Menschen Wünsche, Interessen und Erwartungen haben, die sich von den eigenen Wünschen, Interessen und Erwartungen unterscheiden. All dies ermöglicht ihnen sowohl die Entwicklung eines positiven Selbstkonzepts als auch die Fähigkeit, sich in die Perspektive anderer Menschen hineinzuversetzen und deren Sichtweise zu verstehen. Diese Fähigkeiten sind bedeutsam, um angemessen und erfolgreich in sozialen Situationen und im Rahmen sozialer Beziehungen agieren zu können.

➔➔➔ **Merksatz**

„Soziale Kompetenz umfasst somit eine Vielzahl von sozialen Fertigkeiten und Verhaltensweisen, die sich auf erfolgreiche soziale Interaktionen im sozialen Umfeld beziehen." (Scheithauer/Bondü/Mayer, 2008, S. 145).

Bearbeitungsmöglichkeit in der Lehre oder im Selbststudium

Ausflug in die Neurodidaktik
Hüther, Gerald: Die Bedeutung sozialer Erfahrungen für die Strukturierung des menschlichen Gehirns. In: Herrmann, Ulrich (Hrsg.): Neurodidaktik. Grundlagen und Vorschläge für gehirngerechtes Lehren und Lernen. Weinheim, Basel: Beltz, 2009, S. 41–48.

Praxisaufgabe

Lesen Sie den Text und beantworten Sie folgende Fragen:

1. Was versteht man unter psychosozialer Kompetenz?

2. Warum bezeichnet Hüther das Gehirn als „Sozialorgan"?

3. Welchen Einfluss haben Angst und Druck auf das Lernen?

4. Was wird benötigt, damit komplexe neuronale Verschaltungen im Gehirn entstehen?

5. Wie kann man den Erwerb psychosozialer Kompetenz bei Kindern unterstützen?

1.1.1   Persönlichkeitsentwicklung im frühen Kindesalter

Die Persönlichkeit oder auch die Identität bzw. das Selbstkonzept von Menschen, d.h. ihre Vorstellungen darüber, wer sie sind, was sie von anderen unterscheidet, was ihnen in ihrem Leben wichtig ist, entwickelt sich von Geburt an. Beeinflusst wird die Persönlichkeitsentwicklung zum einen durch genetisch verankerte Verhaltensmuster und zum anderen durch soziale Beziehungen. Im Folgenden werden zunächst die Meilensteine in der Entwicklung dargestellt, die dazu führen, dass Kinder ein Bewusstsein dafür haben, eigenständige Persönlichkeiten im Rahmen sozialer Beziehungen zu sein.

Frühe Nachahmung

Zur Persönlichkeitsentwicklung gehört die Fähigkeit, eine Vorstellung von sich selbst als eigenständige Person zu haben. Ein Indiz dafür, dass bereits junge Säuglinge eine gewisse rudimentäre Vorstellung davon haben, wer sie selbst sind, bzw. dass sie anderen Menschen sowohl ähnlich sind als auch sich von ihnen unterscheiden, bietet die frühe Nachahmung. Säuglinge sind offenbar bereits kurz nach der Geburt dazu in der Lage, den Gesichtsausdruck eines Erwachsenen zu imitieren. Daran wird deutlich, dass sie in Ansätzen bereits ein Gefühl dafür haben, selbst etwas machen zu können, was sie bei einem anderen Menschen sehen (vgl. Gopnik/Kuhl/Meltzoff, 2005, S. 48).

Gemeinsame Aufmerksamkeit

Ein klarer Hinweis darauf, dass Kinder verstanden haben, dass sie sich von anderen Menschen unterscheiden, findet sich am Ende des ersten Lebensjahres. In diesem Alter beginnen sie auf Dinge zu zeigen und verbinden damit die Erwartung, dass ein anderer diesen Gegenstand auch ansehen möge bzw. dass man ihn dazu bewegen kann, diesen Gegenstand ebenfalls anzusehen.

„Wenn man auf etwas zeigt, es gar immer wieder tut, dann wieder ins Gesicht der anderen Person blickt, bis auch sie zu dem Gegenstand hinsieht – dann deutet man damit an, dass man auf irgendeiner Ebene denkt, der andere solle dasselbe ansehen wie man selbst." (Gopnik/Kuhl/Meltzoff, 2005, S 51).

Visuelles Selbsterkennen

Ein eindeutiger Hinweis darauf, dass sich das kleine Kind im wahrsten Sinne des Wortes seiner selbst bewusst ist, ist das visuelle Selbsterkennen im Spiegel. Etwa im Alter von 18 Monaten weiß das Kind, dass es sich selbst sieht, wenn es in den Spiegel schaut und glaubt nicht mehr, dass dort nur ein potenzieller Spielpartner zu sehen ist. Das Kind begreift nun, „dass etwas, was zur gleichen Zeit zweimal existiert (Gesicht und Spiegelbild)" (Rauh, 2008, S. 220) identisch sein kann.

Die Wörter „Ich", „Meine" und „Nein"

Etwa zur gleichen Zeit und mit fortschreitendem Spracherwerb vermag sich das Kind nun auch auf einer symbolischen Ebene, nämlich der der Sprache, zu repräsentieren. Es beginnt, sich selbst mit dem Wort „Ich" zu bezeichnen, kann Dinge der eigenen Person mit dem Wort „Meine" zuordnen und grenzt sich durch das Wort „Nein" von anderen Menschen ab. (vgl. Gopnik/Kuhl/Meltzoff, 2005, S. 56)

Entwicklung des autonomen ICHs

Nun beginnt die Zeit, in der sich das Kind zunehmend kompetent und eigenständig fühlt, was allerdings auch dazu führt, dass es immer wieder in Situationen gerät, deren Ausgang es sich anders vorstellt, als er tatsächlich stattfindet. In solchen Situationen kommt das Kind oft an die Grenzen seiner eigenen Handlungsfähigkeit, ein alternativer Handlungsplan steht jedoch häufig nicht zur Verfügung. Die Verzweiflung des Kindes darüber, dass es sich zwar etwas vorstellen, dies jedoch nicht in die Tat umsetzen kann, führt nicht selten zu mehr oder weniger starken Wutanfällen. Alltagssprachlich wird diese Zeit die Trotzphase genannt, in der Entwicklungspsychologie spricht man von der Entwicklung des autonomen ICHs (vgl. Rauh, 2008, S. 219).

Empathie

Die Gewissheit der eigenen Einmaligkeit, der eigenen unverwechselbaren Identität, hat, neben den anstrengenden autonomen Willensäußerungen, auch eine für das Zusammenleben positive Seite. Nur wenn man um das Getrenntsein von anderen weiß, kann man anderen gegenüber auch Einfühlungsvermögen und Empathie entwickeln. Ab dem Alter von 18 Monaten sind Kinder deshalb dazu in der Lage, ein anderes Kind, welches traurig wirkt oder sich wehgetan hat, zu trösten.

„Um sich wirklich in andere Menschen hineindenken zu können, muss man verstehen, wie sie sich fühlen und was man tun kann, damit es ihnen besser geht, auch wenn man selbst nicht das Gleiche fühlt." (Gopnik/Kuhl/Meltzoff, 2005, S. 58)

Soziale Identität

Mit etwa zwei Jahren nehmen Kinder erste Zuordnungen von sich selbst und anderen Personen zu sozialen Rollen und Kategorien vor. Sie beginnen z. B. zwischen Erwachsenen und Kindern zu unterscheiden oder zwischen Mädchen und Jungen. Dadurch entwickeln sie ihre soziale Identität und beginnen zu begreifen, dass jeder Mensch Wünsche, Bedürfnisse und Gefühle hat, die sich von den Wünschen, Bedürfnissen und Gefühlen anderer Menschen unterscheiden können. Die darauf aufbauende Entwicklung eines autobiografischen Gedächtnisses ermöglicht dem Kind, sich selbst zunehmend als eine Person mit Vergangenheit und Zukunft zu betrachten (vgl. Oerter, 2008, S. 226ff).

Selbstkonzept im Kindergarten- und Grundschulalter

Je älter die Kinder werden, desto komplexer und vielschichtiger wird das Bild, welches sie von sich selbst haben. Dreijährige beschreiben sich selbst anhand äußerlich wahrnehmbarer Merkmale, z. B. körperlicher Merkmalen bzw. Fähigkeiten („Ich habe blonde Haare.", „Ich kann Roller fahren.") oder sozialer Beziehungen („Ich habe einen großen Bruder."). Typisch für Kinder im Vorschulalter ist auch, dass sie glauben, was sie über sich selbst sagen, auch wenn es nicht den Tatsachen entspricht. So behaupten z. B. manche Kinder, dass sie schreiben können, obwohl ihr Schreiben nur aus der Aneinanderreihung von Buchstaben besteht.

„Es ist für kleine Kinder relativ einfach, positive Illusionen über sich aufrechtzuerhalten, weil sie beim Einschätzen ihrer Fähigkeiten ihre eigenen früheren Erfolge und Misserfolge nicht in Betracht ziehen." (Siegler/DeLoache/Eisenberg, 2011, S. 432)

Erst im Grundschulalter beginnen die Kinder damit, ihr Selbstkonzept zu relativieren, was damit zusammenhängt, dass sie nun verstärkt soziale Vergleiche vornehmen und zunehmend auf Unterschiede zwischen sich und anderen achten. Bei älteren Schulkindern fällt auf, dass ihr Selbstkonzept stark durch die Meinung anderer gleichaltriger Kinder beeinflusst wird (vgl. Siegler/DeLoache/Eisenberg, 2011, S. 431ff).

Visuelles Selbsterkennen

Zahlreiche Filmbeispiele finden Sie hierzu im Internet auf Videoportalen wie z. B. YouTube (Suchbegriff: Rouge Test).

Bearbeitungsmöglichkeit in der Lehre zum Thema Entwicklung des autonomen ICHs

1. Übung

– Um Ihnen als Studierende die Erfahrung zu ermöglichen, wie es ist, Schwierigkeiten bei der Umsetzung eines Plans zu haben, versuchen Sie bitte ein Schiebepuzzle innerhalb von fünf Minuten zu einem sinnvollen Bild zusammenzusetzen.

Diese Aufgabe ist in der Regel nur schwer lösbar, weil zum einen das richtige Verschieben der einzelnen Teile kaum in dieser kurzen Zeit gelingt und zum anderen das Material des Puzzles so beschaffen ist, dass sich die Teile nur schwer verschieben lassen.

– *Notieren Sie im Anschluss an die Übung auf einer Moderationskarte das Gefühl, welches Ihre eben gemachte Erfahrung am trefflichsten wiedergibt.*

In der Regel werden hier Gefühle wie Ärger, Frust, Zorn und Aggression genannt. Ein Hineinversetzen in die Perspektive von Kindern, die zwar eine Vorstellung davon entwickelt haben, was sie tun möchten, diese Vorstellung aber nicht in die Tat umsetzen können, weil ihnen dafür die intellektuellen oder motorischen Möglichkeiten fehlen, gelingt danach recht gut.

2. *Gruppenarbeit oder Selbststudium*

Lesen Sie die folgenden Beispiele. Wie würden Sie sich als Pädagogin oder als Pädagoge in einer solchen Situation verhalten?

„Die zweijährige Marlena sitzt am Tisch und beschäftigt sich intensiv damit, einige kleine bunte Papierschnipsel auf ein großes weißes Blatt zu kleben. Drei Schnipsel kleben schon auf dem Blatt. Mühevoll tunkt sie einen weiteren Schnipsel in die Kleisterschüssel und drückt ihn dann auf das Papier, aber immer wenn sie den Schnipsel loslässt, klebt er an ihren Fingern und nicht auf dem Papier. Marlena unternimmt einen weiteren Versuch mit mehr Kleister, dann noch einen und noch einen. Immer wieder passiert das Gleiche: der Schnipsel bleibt an ihren Fingern kleben. Plötzlich fegt Marlena das Blatt Papier vom Tisch, beinahe fällt auch noch die Kleisterschüssel herunter. Wütend wirft sie sich auf den Boden, heult laut auf und strampelt unkontrolliert mit Armen und Beinen. Einige andere Kinder werden aufmerksam und stehen staunend um die am Boden liegende Marlena herum."
(Völkel, 2009, S. 68f)

SITUATION

„,Alleine!', verlangt Timo, ergreift die große Kanne und will Tee in seinen Becher gießen. ,Oje, Timo, das geht bestimmt nicht gut. Die Kanne ist noch viel zu groß für dich, ich helfe dir!', so die freundliche Reaktion der Erzieherin. ,Neeeiiin, Timo alleinää!' Timo presst die Kanne an seine Brust. Nur mit einiger Mühe kann die Erzieherin Timo die Kanne entwinden, Tee schwappt auf den Boden. Die Situation endet mit Geschrei und Tränen und es dauert lange, bis Timo sich wieder beruhigt. Am Teetrinken ist er überhaupt nicht mehr interessiert."
(Völkel, 2009, S. 68f)

SITUATION

1.1.2 Beziehungen zu erwachsenen Bezugspersonen

Die moderne Entwicklungspsychologie verweist heute immer wieder darauf, dass das Kind von Geburt an ein soziales Wesen ist, dessen Verhaltensausstattung auf Sozialkontakte ausgelegt ist und primäre soziale Bedürfnisse hat (vgl. Schmidt-Denter, 2005, S. 1). Um diesen Bedürfnissen gerecht zu werden, brauchen Kinder von Anfang an Ansprache und Zuwendung durch erwachsene Bezugspersonen.

Interaktion zwischen dem Säugling und der Bezugsperson

Der Entwicklungspsychologe Jerome Bruner weist darauf hin, dass das Zurückhalten sozialer Reaktionen auf kindliche Initiativen hin eine der stärksten Zurückweisungen ist, die ein Erwachsener einem Kind antun kann.

„Das Kind wird auf ein kaltes Gesicht, das keinerlei soziale Reaktionen zeigt, bald mit Tränen reagieren." (Bruner, 2002, S. 20)

Kinder brauchen gerade in den ersten Lebensjahren Erwachsene, die ihnen zugewandt sind und die auf sie eingehen. Stehen solche Erwachsenen zur Verfügung, dann kann man schon bald nach der Geburt soziale Interaktionen zwischen dem Säugling und seinen engsten Bezugspersonen beobachten, bei denen die Bezugsperson und das Kind ihre Aufmerksamkeit aufeinander richten sowie auf emotionaler Ebene ihre Grundstimmungen ausdrücken und miteinander teilen. Diese Interaktionen haben eine klare Struktur von Rollenwechsel, d.h. wenn die Bezugsperson spricht, scheint der Säugling zuzuhören und er scheint zu antworten, wenn die Bezugsperson eine Sprechpause macht (siehe Tomasello 2006).

Soziales Lächeln

Auch wenn der Säugling und seine Bezugsperson von Anfang an miteinander im Kontakt sind, sprechen Entwicklungspsychologinnen und -psychologen von der ersten wahren sozialen Interaktion erst dann, wenn der Säugling auf das Lächeln einer Person ebenfalls mit einem Lächeln reagiert (vgl. Astington, 2000, S. 48). Dieses soziale Lächeln setzt ein, wenn der Säugling etwa drei Monate alt ist. In der Folge lächelt das Kind nun alle Personen an, die sich ihm mit einem freundlichen Gesichtsausdruck zuwenden.

Fremdeln

Etwa im Alter von acht Monaten beginnen Kinder zwischen fremden und ihnen vertrauten Personen zu unterscheiden. Diese Fähigkeit der Unterscheidung wird daran deutlich, dass sie ab diesem Zeitpunkt nur noch die vertrauten Bezugspersonen anlächeln, während sie gegenüber fremden Personen ängstlich reagieren oder gar anfangen zu weinen (vgl. Astington, 2000, S. 48).

Sozialer Rückbezug

Wenn sich das Kind nun durch fremde Personen oder unbekannte Situationen verunsichert fühlt, kann man beobachten, dass es sich seiner Bezugspersonen zuwendet, um allein an deren emotionalen Gesichtsausdruck festzustellen, ob es eine Situation als gefährlich einschätzen sollte oder nicht. Das Experiment der visuellen Klippe zeigt, dass Kinder sich sogar in solchen Situationen, die sie selbst als Gefahr erkennen (im Beispiel der Abgrund) mehr auf den Gesichtsausdruck der Bezugsperson verlassen als auf die eigene Wahrnehmung (vgl. Astington, 2000, S. 49).

Zahlreiche Filmbeispiele finden Sie hierzu im Internet auf Videoportalen wie z. B. YouTube (Suchbegriffe: Still Face Experiment, Fremdeln oder sozialer Rückbezug).

1.1.3   Aufbau und Qualität von Bindungsbeziehungen

Ab dem sechsten Lebensmonat entwickeln so gut wie alle Säuglinge eine Bindung an einige wenige Personen, von denen sie ständig betreut werden. John Bowlby, der Begründer der Bindungstheorie, geht davon aus, dass die Bereitschaft zum Bindungsaufbau ebenso genetisch programmiert ist wie das Explorationsverhalten. Wenn Kinder damit beginnen, die Welt zu erkunden und zu explorieren, benutzen sie ihre Bezugspersonen als sichere Basis, zu der sie in jenen Situationen zurückkehren können, in denen sie sich ängstigen oder sich unsicher fühlen. In solchen Fällen zeigen sie sogenanntes Bindungsverhalten, das heißt, sie suchen nach ihrer Bezugsperson, krabbeln zu ihr hin, klammern sich an sie an oder schmiegen sich an, schreien oder weinen (vgl. Rauh, 2008, S. 214). Auch Kinder, die in unvertrauten Situationen oder in Kontakt mit fremden Personen eher unbeeindruckt zu sein scheinen, zeigen einen messbaren hormonellen Stressanstieg und erkunden ihre Umwelt eher ziellos und unkonzentriert (siehe Gloger-Tippelt 2004). In beiden Fällen wird die Wechselbeziehung zwischen Bindung und Exploration deutlich. Kinder, die sich sicher fühlen, können frei explorieren. Kinder, die sich unsicher fühlen, können sich gar nicht oder nicht ganz und gar auf die Exploration der Welt einlassen (vgl. Schlömrich/Lengning, 2004, S. 203).

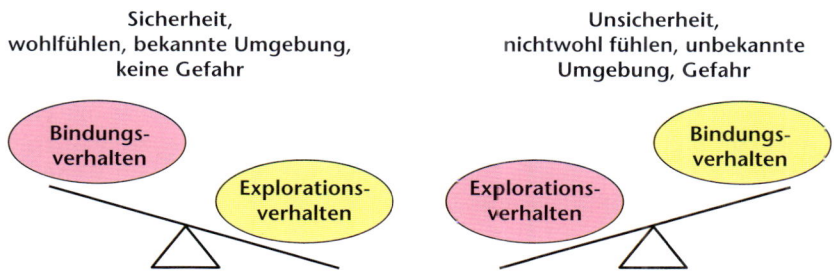

Voraussetzungen für Explorations- und Bindungsverhalten (Strohband, 2011, o. S.)

Während mehr oder weniger alle Kinder eine Bindung zu erwachsenen Bezugspersonen aufbauen, unterscheidet sich die Qualität der Bindungsbeziehung. Als entscheidend für die Bindungsqualität wird die Feinfühligkeit der Bezugsperson in Alltagssituationen und Interaktionen mit dem Kind angesehen. Wenn die Bezugsperson prompt, liebevoll, zuverlässig, angemessen und einfühlsam auf die Wünsche und Signale des Kindes reagiert, dann lernt dieses, dass seine Äußerungen verstanden werden und dass auf seine Bedürfnisse in der Regel innerhalb kurzer Zeit auf vorhersagbare Weise eingegangen wird. Dadurch entwickelt das Kind Zuversicht und Vertrauen in andere Menschen. Macht das Kind dagegen die Erfahrung, dass seine Signale nicht oder nur sehr unregelmäßig wahrgenommen und befriedigt werden, lernt es, dass es sich nicht auf andere Menschen, sondern nur auf sich selbst verlassen kann. Die Qualität der Bindungsbeziehung und das Verhalten, welches Kinder in Stresssituationen zeigen, sind damit abhängig von der Interaktionserfahrung, die sie mit ihren Bezugspersonen machen (vgl. Grossmann, 2004, S. 30).

Die klassische Versuchsanordnung, um die Qualität der Mutter-Kind-Bindung zu erheben, ist der sogenannte Fremdensituationstest, der von Mary Ainsworth, einer Schülerin Bowlbys, entwickelt wurde. Auf der Basis zahlreicher Untersuchungen unterscheidet Ainsworth drei Bindungstypen, die von Mary Main um einen vierten Bindungstyp erweitert wurden (siehe Rau, 2008).

Sicher gebundene Kinder – Bindungstyp B

Wenn sicher gebundene Kinder in einer unvertrauten Situation von ihrer Bezugsperson allein gelassen werden, hören sie auf, ihre Umwelt zu erkunden und zeigen stattdessen offenes Bindungsverhalten, d.h. sie drücken ihren Kummer offen aus, indem sie z.B. weinen, die Bezugsperson rufen oder ihr folgen. Von fremden Personen lassen sich diese Kinder nicht trösten. Kommt die Bezugsperson zurück, dann wirken die Kinder dieses Bindungstyps sichtlich erleichtert, schmiegen sich in den Arm ihrer Bezugsperson und lassen sich relativ schnell von ihr trösten. Danach beginnen sie erneut, die sie umgebende Welt zu explorieren. Sicher gebundene Kinder haben in der Interaktion mit der Bezugsperson die Erfahrung gemacht, dass sie sich auf deren Hilfe verlassen können, wenn sie Kummer haben.

Diese Kinder können es sich „leisten, ihre Gefühle offen zu zeigen und sich darauf verlassen, dass ihre Mutter ihnen sowohl bei der Beseitigung des Kummeranlasses als auch bei der Regulierung ihrer Gefühle hilft." (Rauh, 2008, S. 216)

Unsicher-vermeidend gebundene Kinder – Bindungstyp A

Unsicher-vermeidend gebundene Kinder wirken relativ unbeeindruckt, wenn ihre Mutter sie in einer unvertrauten Situation allein lässt. Sie sind für fremde Personen in der Regel weiter ansprechbar und scheinen auch weiterhin ganz gelassen die Welt zu erkunden. Dennoch sind auch diese Kinder stark durch den Weggang der Mutter belastet, wie Untersuchungen des Stresshormons Cortisol und der Herzfrequenz zeigen. Die Rückkehr der Bezugsperson wird von unsicher-vermeidend gebundenen Kindern fast ignoriert. In der Interaktion mit ihrer Bezugsperson haben sie die Erfahrung gemacht, dass diese offensichtlich keine starken Emotionsausbrüche mag. Sie haben gelernt, sich selbst auf irgendeine Art und Weise im emotionalen Gleichgewicht zu halten.

„Um ihre Mutter in der notwendigen und für beide Seiten erträglichen Nähe zu halten (nah, aber nicht zu nah), haben diese Kinder offenbar gelernt, ihren Gefühlsausdruck zu minimieren, notfalls, indem sie der Mutter nach der Rückkehr den Rücken zuwandten und sich an der sachlichen Beschäftigung mit Objekten emotional festhielten." (Rauh 2008, S. 216)

Ambivalent-unsicher gebundene Kinder – Bindungstyp C

Ambivalent-unsicher gebundene Kinder zeigen, ähnlich wie die sicher gebundenen Kinder, sehr deutlich ihren Kummer, wenn die Mutter sie in einer unvertrauten Situation allein lässt. Auch sie lassen sich nicht von einer ihnen unvertrauten Person trösten. Häufig reagieren sie sogar lauter und zorniger als die sicher gebundenen Kinder. Kommt die Mutter zurück, verhalten sich diese Kinder allerdings ambivalent, indem sie einerseits den Kontakt zur Mutter suchen, andererseits jedoch Kontaktaufnahmen von Seiten der Mutter wütend zurückweisen. Diese Reaktionen entsprechen den Erfahrungen, die sie bisher in der Interaktion mit ihrer Bezugsperson gemacht haben.

„Nach Ainsworth erlebten sie in ihrer Sozialisationsgeschichte ihre Mutter mal als überschwänglich herzlich und zugeneigt, mal als unerreichbar, ohne dass sich für sie daraus ein vorhersagbares Muster ergab. Daher haben sie die Strategie entwickelt, ihren Kummer eher zu übertreiben, damit ihre Not auch wirklich wahrgenommen wird. Zugleich mischen sich in ihre Gefühle häufig Ärger über die mangelnde Reaktion der Bindungspartnerin." (Rauh, 2008, S. 216)

Desorganisiert-desorientiert gebundene Kinder – Bindungstyp D

Desorganisiert-desorientiert gebundene Kinder zeigen in Situationen, in denen sie sich unsicher fühlen, kein Verhalten, das eindeutig einem der drei oben genannten Bindungstypen zugeordnet werden kann. Sowohl in dem Fall, wenn die Mutter sie in einer unbekannten Situation allein lässt als auch in dem anderen Fall, wenn die Wiedervereinigung mit der Mutter stattfindet, verhalten sich diese Kinder konfus und widersprüchlich. So kann es passieren, dass sie plötzlich in ihren Bewegungen erstarren und über eine längere Zeit beinahe regungslos bleiben oder sie zeigen offenes Bindungsverhalten nicht gegenüber ihrer Bezugsperson, sondern dann, wenn die fremde Person den Raum verlässt. Allem Anschein nach handelt es sich hier besonders häufig um Kinder mit Erfahrungen sexueller Gewalt.

„Diese Kinder scheinen sich in einem Konflikt zwischen Annäherung und Angst zu befinden, zu dem sie kein Verhaltensprogramm haben, oder sie schwanken zwischen mehreren Reaktionsstilen." (Rauh 2008, S. 217)

Bearbeitungsmöglichkeit in der Lehre oder im Selbststudium

Lesen Sie die folgenden Beispiele. Wie würden Sie die Bindungsbeziehung des Kindes zu seiner Bezugsperson einschätzen?

„Felix ist eineinhalb Jahre alt. Heute verbringt er den ersten Tag zusammen mit seiner Mutter in der Kindertageseinrichtung. Die beiden werden freundlich von der Erzieherin begrüßt und den anderen Kindern vorgestellt. Zuerst wirkt Felix etwas schüchtern und bleibt nahe bei seiner Mutter. Bald aber beginnt er sich für die Autos zu interessieren, mit denen Jonas spielt. Als seine Mutter und die Erzieherin ihn ermuntern, setzt er sich zu Jonas auf den Boden und beginnt ebenfalls mit den Autos zu hantieren. Manchmal zeigt er eines der Autos seiner Mutter. Felix wirkt nun so, als ob er sich wohl fühlt. Deshalb verabschiedet sich seine Mutter von ihm und verlässt für kurze Zeit die Kindertageseinrichtung. Felix schaut ihr lange nach. Dabei hält er ein Auto in der Hand, spielt aber nicht mehr damit. Als Jonas nach dem Auto in Felix Hand greift, fängt dieser laut an zu weinen und verlangt heftig nach seiner Mutter. Der Erzieherin gelingt es nicht, Felix zu trösten. Als seine Mutter nach einer halben Stunde wieder in den Gruppenraum kommt, läuft Felix sofort und sichtbar erleichtert zu ihr und weicht ihr nicht mehr von der Seite, als sie sich noch kurz mit der Erzieherin unterhält."
(Völkel, 2009, S. 38)

SITUATION

„Nadja ist ebenfalls eineinhalb Jahre alt und auch sie verbringt gemeinsam mit ihrer Mutter den ersten Tag in der Kindertageseinrichtung. Nadja wirkt überhaupt nicht schüchtern. Kaum ist sie im Gruppenraum, da läuft sie auch schon in die Puppenecke und spielt mit den dort vorhandenen Töpfen, Tassen und Tellern. Ihre Mutter beachtet sie fast gar nicht mehr. Auch Nadjas Mutter verabschiedet sich daraufhin. Ihre Tochter scheint davon gar keine Notiz zu nehmen. Kurz darauf verlässt Nadja jedoch die Puppenecke und holt sich den Teddy, den sie von zu Hause mitgebracht hat. Mit dem Teddy im Arm geht sie zum Regal, holt sich ein Puzzle heraus, versucht es zusammen zu setzen, gibt aber schnell wieder auf. Danach betrachtet sie kurz ein Bilderbuch und geht dann an den Tisch, an dem die Erzieherin mit mehreren Kindern schneidet und klebt. Der Aufforderung der Erzieherin, mitzumachen, kommt Nadja jedoch nicht nach. Als ihre Mutter eine halbe Stunde später wieder in den Gruppenraum kommt, lächelt Nadja ihr kurz zu und geht dann wieder in die Puppenecke, wo sie erneut sehr lebhaft mit dem Puppengeschirr hantiert."
(Völkel, 2009, S. 38)

SITUATION

Filmbeispiele
Kißgen, R.: Bindungstheorie und Bindungsforschung. Teil 1: Grundlagen. Teil 2: Anwendung. DVD. Humanwissenschaftliche Fakultät. Universität zu Köln, 2011.

1.1.4   Beziehungen zu gleichaltrigen Spielpartnern

Der Umgang mit gleichaltrigen Kindern (Peers) unterstützt sowohl die sozial-emotionale Entwicklung als auch die Persönlichkeitsentwicklung. In bestimmten Bereichen, wie z.B. der sozial-kognitiven Fähigkeit zur Perspektivenübernahme, dem Verständnis von Regeln und Moral sowie der Ausbildung einer autonomen Identität, scheint es insbesondere die Interaktion mit Gleichaltrigen zu sein, die die Entwicklung vorantreibt. Der Entwicklungspsychologe James Youniss hebt in Anlehnung an Jean Piaget hervor, dass gleichaltrige Kinder aufgrund ihres ähnlichen Entwicklungsstands sogenannte symmetrische Beziehungen zueinander eingehen, weil sie sich bezüglich Vorwissen, Status und verfügbarer Macht über den anderen kaum voneinander unterscheiden. Demgegenüber ist die Beziehung zwischen einem Kind und einem Erwachsenen immer durch ein Ungleichgewicht an Erfahrung, Wissen und Macht gekennzeichnet. Die symmetrische Beziehung zwischen Gleichaltrigen bietet daher in weitaus größerem Maße die Möglichkeit, unterschiedliche Sichtweisen auf ein Problem in einem ko-konstruktiven Prozess auszuhandeln, bei dem kein Partner aufgrund seiner Macht oder seiner geistigen Überlegenheit bestimmen kann, was gilt und was richtig ist. In ko-konstruktiven Prozessen sind beide Interaktionspartner gefordert, sich eigene Gedanken zu machen, diese gut zu begründen, dem anderen verständlich darzulegen und eine Lösung zu finden, mit der alle einverstanden sind. (Siehe Youniss 1994).

Erste Peer-Beziehungen im Kleinkindalter

Erste sogenannte sozial gerichtete Verhaltensweisen gegenüber gleichaltrigen Kindern sind schon im Säuglingsalter zu beobachten. Bereits sehr junge Kinder lächeln andere Kinder an, versuchen sich dem anderen anzunähern und es zu berühren oder äußern Laute gegenüber einem anderen Kind. Von einer sozialen Interaktion spricht man allerdings erst, wenn der Partner auf solche Annäherungsversuche ebenfalls mit einer sozialen Handlung reagiert. Dies ist in der Regel spätestens im zweiten Lebensjahr der Fall. In den  frühen Interaktionen spielt die Nachahmung und das Anbieten von Gegenständen eine große Rolle. Häufig ist die Interaktion nach einer Aktion (Anbieten eines Spielzeuges) und einer Reaktion (Annehmen des Spielzeuges) aber auch schon wieder beendet.

Tatsächlich scheint es den Kindern hier weniger um das gemeinsame Spiel mit einem Gegenstand zu gehen als vielmehr um erste Erfahrungen mit gelungenen Sozialkontakten zu Gleichaltrigen. Aber auch das Initiieren wirklicher sozialer Spiele lässt sich in diesem Alter bereits beobachten. Diese Spiele gelingen häufig dann, wenn die Kinder eine Handlung ausführen, die Teil eines bekannten Spiels ist (z.B. abwechselnd Sand in ein Förmchen füllen und ihn festklopfen) oder aber, wenn sie genau das Gegenteil tun, nämlich etwas, was außerhalb eines Spielkontextes keine festgelegte Bedeutung hat (siehe Viernickel, 2000).

Soziale Anforderungen im kooperativen sozialen Spiel

Kinder, die miteinander spielen wollen, sehen sich einer ganzen Reihe von Anforderungen gegenüber, die sie bewältigen müssen, damit das gemeinsame soziale Spiel gelingt. Zunächst geht es darum, sich darauf zu einigen womit bzw. was man eigentlich spielen möchte und wie genau man das Spiel gestalten möchte. Während des Spiels muss ein Rhythmus von Aktion und Reaktion gefunden werden. „Das Spiel wird zerstört, wenn beide Kinder genau dasselbe tun wollen oder sich nicht gleichzeitig engagieren" (Schmidt-Denter, 2005, S. 73). Des Weiteren gilt es, Spielunterbrechungen, die von außen kommen oder durch mangelnde Kompetenzen eines Partners entstehen, zu bewältigen. Verschiedene Formen der Verständigung darüber, dass man noch immer miteinander spielt, sind während des Spiels notwendig. „Sie dienen der Fortführung des Kontakts und demonstrieren nach außen, dass man sich als soziale Einheit betrachtet" (Schmidt-Denter, 2005, S. 73). Schließlich gilt es, auch dann die Beziehung zueinander aufrechtzuerhalten, wenn sich das Spielthema verändert.

Peer-Beziehungen im Kindergartenalter und in der mittleren Kindheit

Während es in der Interaktion bei Kleinkindern in erster Linie um das Abstimmen von Aktion und Reaktion und um die Koordinierung aufeinander bezogener Handlungen geht, stehen in der sozialen Interaktion zwischen älteren Kindern durchaus komplexere inhaltliche Themen im Mittelpunkt. Das Aushandeln unter Gleichen ermöglichen es hier u. a., die Bedeutung von Regeln, Fairness, Gerechtigkeit, Solidarität und Freundschaft zu ergründen. Zudem lernen die Kinder etwas über die Gestaltung von Beziehungen unterschiedlicher Art und Nähe, bilden ihre Identität in Relation zu anderen heraus und bearbeiten im Spiel mit Gleichaltrigen Themen, die sie bedrücken (wie z.B. Eifersucht und Rivalität, Probleme des Größerwerdens, Macht und Machtlosigkeit), über die sie sich rein sprachlich noch nicht austauschen können (siehe Oswald 2009). Kurz gesagt, konfrontieren die Kinder einander mit entwicklungsrelevanten Herausforderungen. Konflikte, die aus diesen Herausforderungen entstehen, helfen dem Kind zu erkennen, „dass Bedürfnisse verschieden sind und Absichten und Regeln ausgehandelt werden müssen" (Krappmann. 1991, S. 362).

Konflikte

Wenn Kinder miteinander spielen und interagieren, kommt es unweigerlich auch zu Konflikten. Konflikte werden in der Fachliteratur im Allgemeinen als Interessensgegensätze definiert, die zumindest von einem der Beteiligten als störend erlebt werden und den Wunsch hervorrufen, sie zu beseitigen. Grundsätzlich gehören Konflikte und die Chance ihrer Lösung jedoch in jedem Alter zum sozialen Miteinander dazu und machen einen Teil des Lern- und Anregungswertes aus, weil sie eine neue, erweiterte Perspektive auf die Welt zulassen (siehe Vernickel, 2000). Konflikte ermöglichen den Kindern zum einen, sich als eigenständige Person mit eigenen Interessen und Bedürfnissen wahrzunehmen, die sich zuweilen von den Interessen und Bedürfnissen anderer unterscheidet. Zum anderen ermöglichen sie auch das Entdecken einer neuen Sichtweise auf die Dinge und das Experimentieren damit. Konflikte oder Differenzerfahrungen dienen somit der Persönlichkeitsentwicklung der Kinder.

➔➔➔ **Definition:**

> „Differenzerfahrungen bilden einen Anlass zu klären, worin und aus welchem Grund unterschiedliche Sichtweise bestehen und ob es eine Möglichkeit gibt, auf einen ‚gemeinsamen Nenner' zu kommen. So gesehen sind Konfliktprozesse ein Beitrag zu Selbstbildungsprozessen im Rahmen von Auseinandersetzung und Aushandlung unter Kindern." (Dittrich/Dörfler/Schneider, 2001, S. 26)

Grundsätzlich wirkt sich die Dauer der Gruppenzugehörigkeit auf den erfolgreichen Umgang mit Konflikten aus. Bereits im Kleinkindalter verfügen Kinder über ein erstaunliches Maß an Konfliktfähigkeit, wenn sie von früh an Gelegenheit hatten, regelmäßig mit Gleichaltrigen zusammen zu sein und miteinander vertraut zu werden. Dennoch haben Kinder auch immer wieder Schwierigkeiten zu einer einvernehmlichen Konfliktlösung zu gelangen, weil sie die entwicklungsbedingte Fähigkeit, mehrere Perspektiven miteinander zu koordinieren, gerade erst erwerben. Daher können sie ihre Handlungen noch nicht so gut aufeinander abstimmen und neben den eigenen Interessen und Bedürfnissen auch die der anderen wahrnehmen und bei ihren Handlungen berücksichtigen (siehe Keller, 2003).

Die Themen, mit denen sich Kinder in ihren konflikthaften Aushandlungen auseinandersetzen, verändern sich mit dem Alter. Bei Kindern unter drei Jahren drehen sich die Konflikte häufig um die Benutzung oder Inbesitznahme von Spielzeug und werden mit den Wörtern „Nein!" und „Meine!" verbal begleitet (siehe Viernickel, 2000 und Dittrich/Dörfler/Schneider, 2001).

Typische Konfliktauslöser bei älteren Kindern sind das Aushandeln von Regeln und Spielideen, der Streit um Platz, Material und Spielgeräte sowie das Aushandeln sozialer Positionen, Rollen und Rangfolgen (vgl. Dittrich/Dörfler/Schneider, 2001, S. 102ff).

Medienpaket zum Thema Konflikte
Dittrich, Gisela, Dörfler, Mechthild & Schneider, Cornelia: Konflikte unter Kindern – Ein Kinderspiel für Erwachsene?, Weinheim, Beltz, 2002.

Bearbeitungsmöglichkeit in der Lehre oder im Selbststudium

Arbeitsaufgabe: Versuchen Sie die Themen zu ergründen, mit denen sich die Kinder in den nachfolgenden Praxisbeispielen auseinandersetzen.

SITUATION

Praxisbeispiel zum Thema Beziehung und Freundschaft: Ich bin nicht du

„Valentina (5 Jahre) und Alena (6 Jahre) sitzen an einem kleinen Tisch und spielen Schule. Für ihr Spiel benutzen sie alte Kalenderbücher, in denen sie »schreiben« und »rechnen«. Da den Kindern nur zwei Kalenderbücher zur Verfügung stehen, sind diese sehr begehrt. Kim (6 Jahre) möchte mitspielen. Sie versucht deshalb, Alenas Kalenderbuch in Besitz zu nehmen: ‚Ich guck' mir das einfach mal an, ja, Alena?' Alena reagiert jedoch abweisend. Valentina verbündet sich mit Kim: ‚Alena ist nicht deins! Weißt du das?' Alena bleibt jedoch weiterhin ablehnend. Daraufhin rät Valentina Kim: ‚Frag' die Erzieherin, ob du noch darfst, ja?' Kim geht auf diesen Vorschlag ein und verlässt kurz den Raum. Als sie wiederkommt, fragt sie auf Anraten der Erzieherin: ‚Darf ich mitspielen?' Alena bleibt weiterhin ablehnend, Valentina ist nun jedoch verunsichert. Ihr wird plötzlich klar, dass sie ebenso gut wie Alena das Buch abgeben könnte. Kim spürt offenbar Valentinas Unbehagen und baut ihr eine Brücke: ‚Wer war denn als erster hier und hatte die Idee?' Valentina hatte die Idee und darf folglich bestimmen, wer mitspielt, tut dies aber nicht. Die Situation verändert sich erneut, als Kim anmerkt: ‚Du Valentina, das was in deinem Buch steht, hab' ich geschrieben.' Nun ist Valentina wirklich besorgt um ihren Besitz und reagiert: ‚Alena, wir haben die Bücher verwechselt.' Die Bücher werden getauscht und Valentina wendet einen Trick an, den Kim durchschaut: ‚Schreibst du jetzt überall »Valentina« drauf?' Alena bemerkt die bröckelnde Koalition zwischen Valentina und Kim und stellt Nähe zwischen sich selbst und Valentina her. Kim stört sich an dieser Vertraulichkeit und provoziert einen offenen Konflikt mit Alena, der die Konkurrenzsituation deutlich ausdrückt:

,Ich kann ja wohl sagen, was ich will! Ich bin nicht du und du bist nicht ich!' Daraufhin wird Kim jedoch sowohl von Alena als auch von Valentina ignoriert. Um sich wieder zu integrieren, stottert sie: ,Ich dachte, du möchtest mit Alena nicht mehr? Aber wir sind doch … aber nur weil du meine … Alenas Freundin bist.' Dies regt Valentina zu einer Demonstration von Gemeinsamkeit an. Sie inszeniert gemeinsam mit Alena und Kim ein Abschiedsbild."
(Völkel, 2002, S. 85f)

Praxisbeispiel zum Thema Kooperation und Konkurrenz: Sina schummelt!

"Katharina (5 Jahre) und Sina (6 Jahre) spielen miteinander Memory. Als Katharinas Häufchen der gefundenen Paare immer größer wird, beginnt Sina zu schummeln. Sie nutzt eine Unaufmerksamkeit von Katharina, um eine Karte leicht anzuheben und das Motiv zu sehen. Ebenso verfährt Sina mit einer Karte, die heruntergefallen ist und schaut sich beim Aufheben schnell das Motiv an. Dabei lächelt sie Katharina halb verschmitzt und halb entschuldigend zu. Kurz darauf behauptet Sina eine Karte, die nicht das gleiche Motiv zeigt, wie die zuerst aufgedeckte Karte, ,nur aus Versehen' umgedreht zu haben. Katharina lässt dieses Schummeln so lange durchgehen, bis die Häufchen der gefundenen Karten bei beiden Mädchen etwa gleich groß sind. Dann verlangt sie, dass Karten, die von Sina ungerechtfertigter Weise aufgedeckt worden sind, wieder zugedeckt und unter die verbleibenden Karten gemischt werden, so dass wieder Chancengleichheit besteht. Sina ist damit einverstanden. Am Ende gewinnt Katharina mit einem knappen Kartenvorsprung."
(Völkel, 2002, S. 77f)

Praxisbeispiel zum Thema Erproben der eigenen Kräfte und Integration in ein Spiel: Prügelei mit Schaumstoff

"Jan, Adrian und Jonathan (alle 5 Jahre alt) benutzen große Rollen aus Schaumstoff, um sich damit gegenseitig zu hauen. Außerdem bekleben sie sich gegenseitig mit Klettbuttons, die eigentlich dafür gedacht sind, die Schaumstoffrollen aneinander zu befestigen. Bei diesem Spiel geht es laut und wild zu und eine gewisse Aggressivität ist durchaus zu spüren. Im Verlauf des Spiels verbünden sich die drei Jungen gegen Florian (5 Jahre), der zuvor nicht am Spiel beteiligt war und drücken ihre Verbundenheit auch verbal aus: ,Alle auf Florian!' Nun ist es vorwiegend Florian, der von den Jungen mit Klettbuttons beklebt wird.

Während die Jungen miteinander toben, befinden sich keine anderen Kinder im Raum. Lediglich eine Erzieherin ist anwesend. Die Jungen verhalten sich laut und wild, achten jedoch eindeutig darauf, einander nicht ernsthaft zu verletzen, was im Übrigen mit den Schaumstoffgegenständen auch kaum zu erwarten ist. Für die Erzieherin wird es jedoch bald zu viel und sie greift ein: ,Adrian, Florian, jetzt ist Schluss. Räumt ihr das bitte alles wieder ein. Dafür ist das nicht gedacht.'"
(vgl. Völkel, 2002, S. 196f)

SITUATION

SITUATION

1.1.5   Status in der Peer-Gruppe

Geringe soziale Kompetenzen und eine damit verbundene Ablehnung durch gleichaltrige Spielpartner können durchaus zu negativen Entwicklungsverläufen führen, verbunden mit schulischem Versagen und psychischen Problemen (vgl. Siegler/DeLoache/Eisenberg, 2011, S. 524ff). Der Status in der Peer-Gruppe ist damit eine nicht zu vernachlässigende Größe im Rahmen der sozial-emotionalen Entwicklung.

Der soziometrische Status eines Kindes wird in wissenschaftlichen Forschungsprojekten häufig dadurch bestimmt, dass die Kinder einer Gruppe danach gefragt werden, wen sie aus ihrer Gruppe besonders mögen bzw. nicht mögen oder mit wem sie besonders gern bzw. ungern spielen. In der Regel können die Kinder nach dieser Befragung bezüglich ihres soziometrischen Status in fünf Gruppen eingeteilt werden: „beliebt, abgelehnt, ignoriert, durchschnittlich und kontrovers." (Siegler/DeLoache/Eisenberg, 2011, S. 518)

Status in der Peer-Gruppe: durchschnittlich
Als durchschnittlich werden jene Kinder bezeichnet, die im Vergleich mit den beliebten und den abgelehnten Kindern eine durchschnittliche Anzahl positiver und negativer Nominierungen von ihren Peers erhalten.

Status in der Peer-Gruppe: beliebt
Beliebte Kinder erhalten von ihren Peers viele positive und wenig negative Nominierungen. Gegenüber Gleichaltrigen verhalten sie sich meistens kooperativ, freundlich, gesellig, hilfsbereit und verständnisvoll. Sie neigen nicht zu starken negativen Gefühlen und können sich in emotionaler Hinsicht gut selbst regulieren.

Status in der Peer-Gruppe: abgelehnt
Abgelehnte Kinder erhalten von ihren Peers viele negative und wenig positive Nominierungen. Sie verhalten sich gegenüber Gleichaltrigen entweder übermäßig aggressiv und neigen zu feindlichem, drohendem, störendem und kriminellem Verhalten sowie zur körperlichen Aggression oder sie sind sehr verschlossen, sozial zurückgezogen und argwöhnisch sowie häufig schüchtern.

Status in der Peer-Gruppe: ignoriert
Ignorierte Kinder erhalten von ihren Peers insgesamt wenig positive und negative Nominierungen. Sie scheinen von den Gleichaltrigen fast gar nicht bemerkt zu werden. Häufig sind diese Kinder weniger gesellig, aggressiv und störend als durchschnittliche Kinder und halten sich von aggressiven Interaktionen meist fern.

Status in der Peer-Gruppe: kontrovers
Kontroverse Kinder erhalten von ihren Peers sowohl viele positive als auch viele negative Nominierungen. Sie sind häufig aggressiv, störend und schnell wütend, neigen auf der anderen Seite aber auch dazu, kooperativ, gesellig, sportlich und humorvoll zu sein. Diese Kinder sind sozial sehr aktiv und häufig Gruppenführer.

Eine Erklärung dafür, warum manche Kinder von ihren Peers abgelehnt oder ignoriert werden, bietet die kognitive Entwicklungspsychologie. Danach mangelt es diesen Kindern an sozialem Wissen darüber, wie man erfolgreich Kontakt zu anderen Kindern aufnimmt, eigene Wünsche und Erwartungen angemessen formuliert und welche Strategien man anwenden kann, um eigene Ideen durchzusetzen bzw. wann es ratsam ist, das eigene Verhalten zu modifizieren (siehe Siegler/DeLoache/Eisenberg, 2011). Da es hier um Fähigkeiten der Perspektivenübernahme geht, wurden für diese Kinder Trainingsprogramme zur Förderung von sozialen Fähigkeiten entwickelt.

„Diesen Programmen liegt die Annahme zugrunde, dass Kinder angemessener handeln und demzufolge auch mehr gemocht werden, wenn ihr Verhalten die Gefühle der anderen berücksichtigt und so reguliert ist, dass es sensibel und sozial angemessen auf diese Gefühle eingeht." (Siegler/DeLoache/Eisenberg, 2011, S. 522)

Bearbeitungsmöglichkeit in der Lehre oder im Selbststudium

Der soziometrische Status kann mit Kindern einer Gruppe bzw. einer Schulklasse erhoben werden. Jedes Kind kann z.B. gefragt werden, mit wem aus der Gruppe es besonders gern spielt und mit wem es überhaupt nicht gern spielt. Anhand der Anzahl der Wahlen können Kinder identifiziert werden, die man als durchschnittlich, beliebt, abgelehnt, ignoriert oder kontrovers einordnen könnte. Zu beachten ist hierbei allerdings zum einen, dass den Kindern das Ergebnis der Befragung nicht mitgeteilt werden sollte, damit keine ungewollten gruppendynamischen Prozesse entstehen. Zum anderen kann ein so gewonnenes Ergebnis natürlich nur als Hinweis gewertet werden und nicht als objektive Tatsache.

1.2 Emotionale Kompetenz

Emotionen spielen sowohl für die Persönlichkeitsentwicklung als auch für die Ausgestaltung sozialer Beziehungen eine große Rolle. Sowohl die Selbstachtung und das Selbstwertgefühl als auch die Art und Weise wie Menschen auf andere Menschen zugehen, sind im Zusammenhang mit Emotionen zu sehen. Darüber hinaus zeigen sich Kinder mit angemessener emotionaler Kompetenz auch als sozial kompetenter. Sie werden von Gleichaltrigen eher akzeptiert, genießen in der Peer-Gruppe einen höheren sozialen Status und erzielen bessere Schulleistungen. Demgegenüber erhöht eine mangelnde Fähigkeit zum kompetenten Umgang mit eigenen und fremden Emotionen die Wahrscheinlichkeit, dass Verhaltensstörungen und psychische Störungen auftreten.

➜➜➜ **Definition:**
> Unter emotionaler Kompetenz werden im Allgemeinen Fähigkeiten zusammengefasst, die sich auf das Erkennen der eigenen emotionalen Befindlichkeit, der Empathie gegenüber anderen, den Aufbau von Beziehungen und den angemessenen Umgang mit problematischen Emotionen beziehen.

„Anders ausgedrückt umspannt das Konzept der emotionalen Kompetenz die Entwicklung einer balancierten, das den Erwerb von Beziehungsfähigkeit, Bewältigungskompetenzen und Fähigkeiten zur Selbstregulation einschließt." (von Salisch, 2002, S. X)

Bearbeitungsmöglichkeit in der Lehre oder im Selbststudium

Ausflug in die Neurodidaktik

Bauer, Joachim: Kleine Zellen, große Gefühle – wie Spiegelneuronen funktionieren. Die neurobiologischen Grundlagen der „Theory of Mind". In: Herrmann, Ulrich (Hg.): Neurodidaktik. Grundlagen und Vorschläge zur gehirngerechtes Lehren und Lernen. Weinheim, Basel, Beltz, 2009, S. 49–57.

Lesen Sie den Text und beantworten Sie folgende Fragen:

1. Welche Funktion haben Spiegelneuronen?

2. Was haben Spiegelneuronen mit zwischenmenschlichen Beziehungen zu tun?

3. Inwiefern ermöglichen Spiegelneuronen das Lernen durch Beobachtung?

4. Welche Folgerungen lassen sich daraus für den Umgang mit Kindern ziehen?

1.2.1   Schlüsselfähigkeiten emotionaler Kompetenz

Emotionale Kompetenz umfasst eine Reihe von Fähigkeiten, die sich sowohl auf das Emotionswissen und -verständnis als auch auf den Emotionsausdruck und die Emotionsregulation beziehen. In den meisten wissenschaftlichen Konzepten zur Beschreibung emotionaler Kompetenz werden die folgenden Fähigkeiten hervorgehoben.

Bewusstheit über den eigenen emotionalen Zustand
Eine Bewusstheit über den eigenen emotionalen Zustand ist dann gegeben, wenn ein Kind nicht nur weiß, wie es sich fühlt, sondern auch, warum es sich so fühlt. Die Tatsache z. B., dass ein Kind nicht nach draußen zum Spielen gehen kann, kann durchaus verschiedenen Ursachen haben, aufgrund derer dann auch unterschiedliche Emotionen entstehen. Eine Verletzung als Ursache wird wahrscheinlich ein Gefühl der Trauer hervorrufen, während ein elterliches Verbot eher Ärger erzeugen wird.

Fähigkeit, Emotionen anderer Menschen zu erkennen und zu verstehen
Die Emotionen anderer Menschen zu erkennen und zu verstehen setzt die Fähigkeit voraus, zu begreifen, dass andere Menschen eigene Gedanken, Intentionen und Überzeugungen haben. Kinder müssen das Ausdrucksverhalten anderer interpretieren und zwar vor dem Hintergrund üblicher situationsbedingter Ursachen für Emotionen. Beispiel: Ein weinender Mensch auf dem Bahnhof wird wahrscheinlich Trauer aufgrund eines Abschieds empfinden.

Fähigkeit zum Gebrauch des Emotionslexikons
Zur emotionalen Kompetenz gehört die Fähigkeit, angemessen über Gefühle sprechen zu können und anderen Menschen die eigenen Gefühle verständlich mitteilen zu können. Wenn Kinder sagen können, dass sie sich über ihre Lehrerin geärgert haben, hilft ihnen das häufig schon, um ihre Gefühle zu regulieren und den Ärger als weniger belastend zu empfinden.

Fähigkeit zur empathischen Anteilnahme
Sich in andere hineinzuversetzen und deren Emotionen mitzuempfinden, ist eine der Fähigkeiten im Rahmen emotionaler Kompetenz. Zur Empathie gehört jedoch auch, sich nicht selbst vollständig von der Verzweiflung anderer überwältigen zu lassen. Einem Verzweifelten Trost spenden kann nur jener Mensch, der zwar mitfühlt, aber selbst nicht verzweifelt.

Fähigkeit, zwischen internalem emotionalen Erleben und externalem Emotionsausdruck zu unterscheiden
Um durch das eigene Ausdrucksverhalten andere Menschen beeinflussen zu können, ist es notwendig, die Fähigkeit zu besitzen, zu merken, dass ein innerlich erlebter emotionaler Zustand nicht unbedingt dem nach außen gezeigten Ausdrucksverhalten entspricht. Kinder haben diese Fähigkeit erworben, wenn es ihnen z. B. gelingt, ein gleichgültiges Gesicht zu machen, wohl wissend, dass sie eine von Erwachsenen aufgestellte Regel gebrochen haben.

Fähigkeit zur adaptiven Bewältigung aversiver Emotionen und belastender Umstände

Um unangenehme Gefühle angemessen zu bewältigen benötigt man die Fähigkeit, selbstregulierende Strategien zu nutzen, die die Intensität oder die zeitliche Dauer der unangenehmen Emotionen abmildern. Kinder, die trotz Konflikten im sozialen Kontakt mit ihren Peers bleiben, die versuchen, Konflikte konstruktiv zu lösen und denen es gelingt, jene problematischen Situationen zu umgehen, die zu einer Eskalation negativer Emotionen führen können, besitzen diese Fähigkeit.

Bewusstheit von emotionaler Kommunikation in Beziehungen

Die Offenheit und Echtheit, in der in einer Beziehung wechselseitig Emotionen ausgedrückt werden, sagt etwas über die Art der Beziehung aus. Um zu wissen, wem man was erzählen kann, braucht man die Fähigkeit, verschiedene Arten von Beziehungen unterscheiden und die Vertrautheit in der Beziehung einschätzen zu können. Informationen, die emotional verwundbar machen, werden eher engen Freunden und Freundinnen anvertraut als anderen Kindern.

Fähigkeit zur emotionalen Selbstwirksamkeit

Menschen mit der Fähigkeit zur emotionalen Selbstwirksamkeit sind dazu in der Lage, das eigene emotionale Erleben zu akzeptieren und es gelingt ihnen eher, eigene negative Emotionen zu tolerieren. Jugendliche mit der Fähigkeit zur emotionalen Selbstwirksamkeit versinken weniger häufig in Selbstmitleid oder Verzweiflung, wenn sie manchmal die Erfahrung machen, von anderen abgelehnt zu werden. (vgl. Saarni, 2002, S. 12 ff)

Bearbeitungsmöglichkeit in der Lehre oder im Selbststudium

Selbstwirksamkeitserwartungen und emotional kompetentes Verhalten

Diskutieren Sie Situationen, in denen Sie sich ein konkretes Ziel gesetzt und dieses auch erreicht haben.

1. Wie sicher waren Sie sich am Anfang, dass Sie das Ziel erreichen werden?

2. Was hat Sie darin bestärkt zu glauben, dass Sie Ihr Ziel erreichen werden?

3. Welche weiteren Erwartungen haben Sie mit der Erreichung des Ziels verbunden?

4. Was haben Sie getan, um Ihr Ziel zu erreichen?

5. Welche pädagogischen Konsequenzen lassen sich daraus ziehen?

1.2.2 Entwicklung emotionaler Kompetenz in der Kindheit

Bereits Neugeborene verfügen über ein, wenn auch eingeschränktes, Repertoire an emotionalen Fähigkeiten. Hierzu gehört ein Empfinden von negativem Stress und Unbehagen gegenüber einem Empfinden von Zufriedenheit. Zu diesen ersten Gefühlen kommen bereits im ersten Lebensjahr weitere primäre Emotionen hinzu. Zu ihnen gehören Freude, Ärger, Traurigkeit, Angst, Überraschung und Interesse. Ab dem zweiten Lebensjahr bilden sich die sogenannten sekundären Emotionen heraus. Das Kind, welches sich nun als eigenständig handelndes Subjekt erkennt, empfindet Verlegenheit, Stolz, Scham und Schuld (vgl. Völkel, 2009, S. 41 f.). Im Verlauf der Kindheit verändern sich die Ursachen für positives oder negatives emotionales Empfinden vor dem Hintergrund der kognitiven und auch der sprachlichen Entwicklung. So gelingt es z. B. Kindern erst etwa ab dem vierten Lebensjahr, sich über einen

Witz zu amüsieren oder bei einer ironischen Bemerkung in Verlegenheit zu geraten (vgl. Siegler/DeLoache/Eisenberg, 2011, S. 386 f.).

Die Fähigkeit, Emotionen bei anderen zu identifizieren, kann man bereits bei Kindern im ersten Lebensjahr erkennen. Sie reagieren z.B. auf den Kummer einer anderen Person mit eigenem Kummer. Zudem sind sie in der Lage, emotionale Ausdrücke wie Freude und Überraschung oder Erschrecken und Wut voneinander zu unterscheiden.

Mit etwa zwei bis drei Jahren sind die Kinder dann auch dazu in der Lage, zunächst einige einfache Emotionen und dann bis ins Grundschulalter hinein immer komplexere Emotionen bei anderen zu benennen. Dies führt dazu, dass sie auf den Kummer einer anderen Person nun prosozial reagieren können, z.B. indem sie trösten, helfen oder Hilfe holen.

Mit der Fähigkeit, Emotionen anderer zu erkennen, geht auch die Fähigkeit einher, die Ursachen von Emotionen bei sich und bei anderen zu identifizieren und die Fähigkeit, wahre Gefühle von falschen zu unterscheiden bzw. die Erkenntnis, dass jene Gefühle, die ein Mensch zeigt, nicht unbedingt jene sein müssen, die er auch empfindet (vgl. Siegler/DeLoache/Eisenberg, 2011, S. 408 ff). Dies führt dazu, dass Kinder ab diesem Zeitpunkt damit beginnen, ihr Mitgefühl selektiv zu vergeben. (siehe Ulich/Kienbaum/Volland, 2002)

1.2.3   Bedeutung des Spiels

➜➜➜ **Definition:**
> Mit dem Begriff Spiel wird im Allgemeinen eine Handlung bezeichnet, die sich von einer anderen Handlung, der Arbeit, unterscheidet.

Eine eindeutige Definition dafür, was ein Spiel ist, gibt es nicht, Spielforscher und -forscherinnen sind sich jedoch weitgehend darüber einig, dass bestimmte Merkmale einer Handlung mit großer Wahrscheinlichkeit auf eine Spielhandlung hinweisen.

➜➜➜ **Definition:**
> Spielhandlungen sind in der Regel zweckfrei und intrinsisch motiviert. Im Spiel findet ein Wechsel des Realitätsbezuges statt, d.h., Gegenstände, Handlungen und Personen können im Spiel etwas anderes bedeuten als in der Wirklichkeit. Im Spiel kommt es darüber hinaus häufig zu Wiederholungen von Handlungen, die zum Teil Ritualcharakter haben. (siehe Oerter 1999)

Bezüglich der Bedeutung insbesondere des Symbol- und Rollenspiels für die Entwicklung der emotionalen Kompetenz und der Emotionsregulation sind sich Entwicklungspsychologen weitgehend einig. Aus Sicht des Psychoanalytikers Sigmund Freud spielen Kinder, um sich Triebwünsche zu erfüllen und innere Konflikte bzw. verdrängte Emotionen (Katharsis-Hypothese) auszuleben. Der russische Entwicklungspsychologe Lew Wygotski geht davon aus, dass das Spiel dem Kind ermöglicht, seine unrealistischen Wünsche zu erfüllen. Das Kind möchte groß, stark und mächtig sein wie Erwachsene und lebt diesen (zu diesem Zeitpunkt) unerfüllbaren Wunsch im Spiel aus, z.B. als Superman, Vater, Mutter, Lehrer oder Lehrerin, Polizistin, Feuerwehrmann. Für den Schweizer Entwicklungspsychologen Jean Piaget ist das Symbolspiel als Gegenreaktion zum Sozialisationsdruck zu verstehen. Im Symbol- und Rollenspiel schafft sich das Kind seine eigene Wirklichkeit und kann Handlungen erproben, die in der Realität nicht erlaubt sind. Es kann so tun, als ob es jemanden verhaut oder beschimpft, es kann so tun, als ob es die ganze Nacht wach bleibt oder es kann so tun, als ob es verantwortungsvolle Tätigkeiten übernimmt, die in der Regel den Erwachsenen vorbehalten sind (siehe Oerter, 2008).

Spielforscher unterscheiden zwischen unterschiedlichen Spielformen, die im Zusammenhang mit dem Alter der Kinder und den Entwicklungsaufgaben stehen, die es zu bewältigen gilt. Die Spielformen werden von verschiedenen Spielforschern und Entwicklungspsychologen unterschiedlich benannt, meinen aber in etwa dasselbe.

Das Übungsspiel

Das Übungsspiel wird auch als Funktions- oder Explorationsspiel bezeichnet. In diesen Spielen geht es dem Kind darum, seine Umwelt zu erkunden. Es möchte herausfinden, was man mit bestimmten Dingen tun kann und wie diese beschaffen sind. Gegenstände werden „nach dem Explorationsprinzip untersucht und es wird mit ihnen ausgiebig hantiert, um das gesamte Spektrum ihrer Eigenschaften kennenzulernen." (Heimlich, 2004, S. 53)
Hauptziel von Übungsspielen ist die Freude an der Betätigung selbst und die Erfahrung von Ursache-Wirkungs-Zusammenhängen.

Die Übungsspiele gehen im Verlauf der Kindheit nicht verloren. Auch in der späteren Kindheit werden Spiele gespielt, deren eigentliche Funktion es ist, Handlungen aus einfacher Funktionslust auszuführen oder aus Freude daran, sich seiner neu erworbenen Fähigkeiten zu versichern.

Zudem kann die häufige Wiederholung von Handlungen zu einem sogenannten Flow-Erlebnis führen, „das mit besonderen Emotionen gekoppelt ist und neben dem Meisterungserlebnis das Aufgehen in der Tätigkeit sowie Verschmelzungserlebnisse ermöglicht." (Oerter,1999, S. 16)

Das Konstruktionsspiel

Wenn Gegenstände nicht nur untersucht, sondern auch zusammengefügt werden und etwas Neues dabei entsteht, spricht man vom Konstruktionsspiel (vgl. Oerter, 2008, S. 239). Das Konstruktionsspiel ermöglicht dem Kind eine besonders intensive Erfahrung dafür, Verursacher zu sein sowie mathematische Grunderfahrungen wie z.B. Größer-Kleiner-Relationen, innen – außen, neben – zwischen und Gesetze der Statik.

Das Symbolspiel

Das Symbolspiel, welches auch als Fantasiespiel, Fiktionsspiel, imaginäres Spiel oder So-tun-als-ob-Spiel bezeichnet wird, beginnt etwa in der Mitte des zweiten Lebensjahres. Im Schulalter geht das Symbolspiel stärker in das Rollenspiel über.

„Das Symbolspiel ist Assimilation, d.h. das Kind ordnet sich die Wirklichkeit unter, es variiert die Realität nach eigenem Gutdünken, es verfügt aber auch souverän über alltägliche Handlungen [...]." (Einsiedler, 1999, S. 77)

Im Bereich der sozial-emotionalen Entwicklung ermöglicht das Symbolspiel dem Kind die Bewältigung spezifischer Probleme sowie allgemeiner Entwicklungs- und Beziehungsthematiken, die dem Kind unangenehm sind und mit denen es nicht zurechtkommt. Daneben unterstützt das Symbolspiel aber auch die Fähigkeit zum abstrakten Denken und zur Perspektivenübernahme (vgl. Oerter, 2008, S. 240 ff).

Die Entwicklungsschritte bewegen sich im Symbolspiel auf drei verschiedenen Dimensionen (vgl. Einsiedler, 1999, S. 85 ff). Beim selbstbezogenen Spiel führt das Kind symbolische Handlungen zunächst an sich selbst aus. Mit zunehmender Dezentrierung bezieht es andere Akteure ein, um schließlich auch andere Personen symbolische Handlungen ausführen zu lassen. Des Weiteren spielt das Kind zunächst sehr kontextabhängig mit realistischen Unterstützungsmaterialien, um sich dann zunehmend vom konkreten Material zu lösen bzw. ganz ohne Unterstützungsmaterial symbolisch zu spielen. Dies wird als Dekontextualisierung bezeichnet. Ferner wendet das Kind in den ersten Symbolspielen zunächst nur Einzelschemata an, um dann verschiedene Schemata miteinander zu kombinieren und ganze Handlungssequenzen nachzuspielen. Hierbei spricht man von Sequentierung.

Das Rollenspiel

Eine Erweiterung erfährt das Symbolspiel durch das Rollenspiel, welches auch als soziodramatisches Spiel bezeichnet wird. Im Rollenspiel müssen sich Kinder intensiv über die Ausgestaltung der Spielhandlung verständigen. Diese Spiele erfordern daher weitreichende soziale, emotionale, kognitive und sprachliche Kompetenzen. Die Kinder müssen Vereinbarungen hinsichtlich der einzunehmenden Rollen und der Art und Weise des Spiels miteinander treffen. Dies geschieht durch Metakommunikation.

➔➔➔   **Merksatz**

> „Metakommunikation stellt also den Spielrahmen her und erhält ihn während des Spiels aufrecht." (Oerter, 1999, S. 117)

Das Regelspiel

Regelspiele zeichnen sich durch ein mehr oder weniger komplexes Regelwerk aus, wobei die Regeln entweder einen Wettbewerb mit einem Zielzustand normieren oder einen Spielablauf ohne Wettbewerb sichern und meist das Zusammenspiel mehrerer Spieler und Spielerinnen, in gesonderten Fällen das Spiel eines einzelnen, sichern. Regelspiele beinhalten die Möglichkeit, einen flexiblen Umgang mit eigenen und fremden Erwartungen zu erwerben. Einerseits erproben Kinder in Regelspielen immer wieder verschiedene Spielvariationen, andererseits bringen vorgegebene Regeln zunächst eine gewisse Sicherheit im Umgang miteinander (vgl. Einsiedler, 1999, S. 124).

Während Konstruktions-, Symbol-, Rollen- und Regelspiele von Erwachsenen meist schnell als wirkliche Spiele identifiziert werden, ist dies bei den Übungsspielen nicht der Fall. Piaget (2003) unterscheidet drei Arten von Übungsspielen, die auch nach Erscheinen der Sprache noch zu beobachten sind.

Einfache Übungsspiele

Einfache Übungsspiele sind solche Spiele, die lediglich eine normalerweise auf ein nützliches Ziel hin gerichtete Verhaltensweise, so wie sie ist, reproduzieren, aber so, dass diese Verhaltensweise aus ihrem Kontext herausgelöst wird und dass sie lediglich aus Freude daran, die Fähigkeiten zu üben, wiederholt wird.

Kombinationen ohne Zweck

Bei den Kombinationen ohne Zweck begnügt sich das Kind nicht mehr damit, einfach die bereits erworbenen Aktivitäten zu üben, sondern es konstruiert neue Kombinationen, die von Anfang an spielerischer Natur sind. In der Regel geht es dem Kind hier um ein Probieren aus Freude am Handeln oder aus Freude, neue und amüsante Kombinationen zu finden.

Kombinationen mit Ziel

Für die Kombinationen mit Ziel gilt das gleiche, wie für die Kombinationen ohne Zweck. Die Ziele bei diesen Kombinationen sind ausschließlich spielerischer Natur.

Bearbeitungsmöglichkeit in der Lehre oder im Selbststudium

Ordnen Sie folgende Beispiele den drei Arten von Übungsspielen zu.

1. Ein Kind macht den Reißverschluss seiner Jacke immer wieder auf und zu.

2. Ein Kind unterhält sich mit einem Erwachsenen und stellt dabei eine „Warum-Frage" nach der anderen.

3. Ein Kind rennt um den Tisch herum und immer wenn es an der Stirnseite des Tisches angekommen ist, schlägt es mit der flachen Hand auf den Tisch.

4. Ein Kind lässt auf einem Spaziergang seine Hand zunächst an den Latten eines Zaunes und dann an den Steinen einer Mauer entlangfahren.

5. Ein Kind springt auf einer Treppe von unten nach oben und von oben nach unten, wobei es versucht, eine immer größere Distanz zu überspringen.

6. Ein Jugendlicher geht auf dem Bürgersteig entlang und versucht dabei die Rillen zwischen den Gehwegplatten nicht zu berühren.

1.3 Zusammenfassung

Soziale und emotionale Kompetenzen sind untrennbar miteinander verbunden. Soziale Interaktionen funktionieren besser und sind erfolgreicher, wenn es den Interaktionspartnern gelingt, die eigenen Emotionen zu regulieren und angemessen darzustellen und gleichzeitig die Gefühle des jeweils anderen zu erkennen, zu verstehen und angemessen darauf einzugehen. Emotionale Kompetenz führt darüber hinaus zu einer größeren Akzeptanz, insbesondere in der Gruppe der Gleichaltrigen. Gleichzeitig kann emotionale Kompetenz nur im Rahmen sozialer Interaktion erworben werden. Auf der Basis von stabilen Beziehungen zu erwachsenen Bezugspersonen gelingt es Kindern sozial immer kompetenter mit gleichaltrigen Interaktionspartnern Interessen, Bedürfnisse und Wünsche auszuhandeln und angemessen mit Konflikten umzugehen. Dies wiederum führt dazu, dass sie sich immer besser in andere hineinversetzen und Situationen angemessener einschätzen können, was dem Erwerb emotionaler Kompetenz zuträglich ist.

„Kompetente Kinder wissen, wann und wie sie in einer sozialen Situation emotionale Botschaften senden müssen. Sie senden emotionale Signale auf klare und prägnante Weise. Außerdem treffen sie angemessene Entscheidungen darüber, was sie kommunizieren und was nicht. Emotional kompetente Kinder entwickeln die Fähigkeit, die Wirkung des eigenen emotionalen Ausdrucksverhaltens auf andere abschätzen zu können und es entsprechend – in gewissen Grenzen – zu steuern. Dies ermöglicht es ihnen, in sozialen Interaktionen bei anderen Personen erwünschte Reaktionen hervorzurufen." (Völkel, 2009, S. 41)

ZUSAMMENFASSUNG

Weiterführende Literatur

Ahnert, Lieselotte: Wie viel Mutter braucht ein Kind? Bindung – Bildung – Betreuung: öffentlich und privat, Heidelberg, Spektrum Akademischer Verlag, 2010.

Ahnert, Lieselotte (Hrsg.): Frühe Bindungen. Entstehung und Entwicklung, München/Basel, Ernst Reinhardt, 2004.

Astington, Janet W.: Wie Kinder das Denken entdecken, München/Basel, Ernst Reinhardt, 2000.

Bethke, Christian/Braukhane, Katja/Knobeloch, Janina: Bindung und Eingewöhnung von Kleinkindern; hrsg. von Viernickel, Susanne/Völkel, Petra, Troisdorf, Bildungsverlag EINS, 2009.

Bruner, Jerome: Wie das Kind sprechen lernt, Bern/Göttingen/Toronto/Seattle, Hans Huber, 2002.

Dittrich, Gisela/Dörfler, Mechthild/Schneider, Kornelia: Wenn Kinder in Konflikt geraten. Eine Beobachtungsstudie in Kindertagesstätten, Neuwied, Luchterhand, 2001.

Einsiedler, Wolfgang: Das Spiel der Kinder, Bad Heilbrunn, Klinkhardt, 1999.

Fritz, Jürgen: Das Spiel verstehen. Eine Einführung in Theorie und Bedeutung, Weinheim, Juventa, 2004.

Gopnik, Alison/Kuhl, Patricia/Meltzoff, Andrew: Forschergeist in Windeln, München/Zürich, Piper, 2005.

Grossmann, Klaus E./Grossmann, Karin (Hrsg.): Bindung und menschliche Entwicklung: John Bowlby, Mary Ainsworth und die Grundlagen der Bindungstheorie, Stuttgart, Klett-Cotta, 2003.

Krappmann, Lothar/Oswald, Hans: Alltag der Schulkinder. Beobachtungen und Analysen von Interaktionen und Sozialbeziehungen, Weinheim, Juventa, 1995.

Oerter, Rolf: Psychologie des Spiels, Weinheim, Beltz, 1999.

Rauh, Hellgard: Vorgeburtliche Entwicklung und frühe Kindheit. In: Oerter, Rolf/Montada, Leo (Hrsg.): Entwicklungspsychologie, Weinheim/Basel/Berlin, Beltz, 2008, S. 149–224.

Salisch, Maria von: Seine Gefühle handhaben lernen. Über den Umgang mit Ärger. In: Salisch, Maria von (Hrsg.): Emotionale Kompetenz entwickeln. Grundlagen in Kindheit und Jugend, Stuttgart, Kohlhammer, 2002, S. 135–156.

Saarni, Carolyn: Die Entwicklung emotionaler Kompetenz in Beziehungen. In: Salisch, Maria von Hrsg.): Emotionale Kompetenz entwickeln. Grundlagen in Kindheit und Jugend, Stuttgart, 2002, Kohlhammer. S. 3–30.

Schmitz, Gerdamaria: Bedeutung der Selbstwirksamkeitserwartung für emotional kompetentes Verhalten. In: Salisch, Maria von (Hrsg.): Emotionale Kompetenz entwickeln. Grundlagen in Kindheit und Jugend, Stuttgart, Kohlhammer, 2002, S. 201–225.

Schmidt-Denter, Ulrich: Soziale Beziehungen im Lebenslauf, Weinheim/Basel, Beltz, 2005.

Tittmann, Mandy/Rudolph, Udo: Aggressives Verhalten und soziometrischer Status bei Kindern im Vorschulalter. In: Zeitschrift für Entwicklungspsychologie und Pädagogische Psychologie, 39 (4), 2007, S. 177–186.

Tomasello, Michael: Die kulturelle Entwicklung des menschlichen Denkens, Frankfurt a.M., 2006, Suhrkamp.

Ulich, Dieter/Kienbaum, Jutta/Volland, Cordeila: Empathie mit anderen entwickeln. Wie entwickelt sich Mitgefühl? In: Salisch, Maria von (Hrsg.): Emotionale Kompetenz entwickeln. Grundlagen in Kindheit und Jugend, Stuttgart, Kohlhammer, 2002, S. 111–133.

Viernickel, Susanne: Spiele und Kontakte unter Kleinstkindern. In: Neuß, Norbert (Hrsg.): Grundwissen Krippenpädagogik, Berlin, Cornelsen, 2011.

Völkel, Petra: Fühlen, bewegen, sprechen und lernen. Meilensteine der Entwicklung bei Kleinstkindern /hrsg. von Petra Völkel und Susanne Viernickel. Troisdorf, Bildungsverlag Eins, 2009.

2 Sprachliche Bildung

Hartmut Kupfer

Sprachliche Bildung ist ein Kernbereich für die Pädagogik der frühen Kindheit. Natürlich partizipieren Kinder von Anfang an und mit vielfältigen Ausdrucksmitteln an den sie umgebenden Gemeinschaften, aber erst indem sie über Sprachen verfügen, nehmen sie auch am symbolischen und kulturellen Austausch teil. Damit beeinflussen und regulieren sie nicht nur das Handeln im situativen Kontext, sondern geben ihrem eigenen Handeln und dem der sie umgebenden Menschen Bedeutung. Mit dem Eintritt in die Welt der geschriebenen Sprache erweitern sich die Möglichkeiten des kulturellen Austausches ins Unendliche: Alle, die selbst schreiben oder lesen können, werden zu potenziellen Gesprächspartnern.

In den folgenden Abschnitten wird die sprachliche Bildung als ein Prozess des Eintritts in die „communities of mind" (Nelson, 2007, S. 13) untersucht. Anschließend geht es dann um die besonderen sprachlichen Ausdrucksmittel und schließlich um die praktischen Handlungsfelder sprachlicher Bildung.

Durch die Darstellung ziehen sich einige „Kernideen", die hier kurz vorgestellt und am Schluss nochmals aufgegriffen werden.

Sprache ist Werkzeug und Lebensform

Sprache dient dazu, Gedanken und Vorstellungen in Worte zu fassen. Indem sie das tun, teilen sich Sprecher ihrer Umgebung mit, beeinflussen diese und werden von ihr beeinflusst. In diesem Sinne kann man sich Sprache als Werkzeug vorstellen, also als eine Sammlung von Mitteln, auf die Menschen zurückgreifen, wenn sie anderen Menschen etwas von dem, was sie bereits „im Kopf haben", mitteilen wollen.

Sprache ist jedoch nicht nur dazu da, um bereits vorhandene Gedanken und Vorstellungen äußern zu können. Sprache ist auch wesentlich am Zustandekommen vieler Gedanken beteiligt. Deshalb sind Sprachen auch als „Lebensformen" (Wittgenstein, 1971, S. 24) bezeichnet worden.

Dies bedeutet auch, dass sich Sprache nicht von einem unabhängigen Standpunkt, also von außen, betrachten lässt: Indem wir über Sprache nachdenken, bedienen wir uns gleichzeitig dieser.

In jedem Fall – ob als Werkzeug oder als Lebensform betrachtet – sind Sprachen mächtig. Ihr Gebrauch kann sowohl Nutzen als auch Schaden bewirken. Werkzeuge können verletzen und Lebensformen das Blickfeld einengen.

Mehrsprachigkeit ist ein Grundzug menschlicher Kultur

Menschen sprechen unterschiedliche Sprachen. Die Sprachenvielfalt der menschlichen Kulturen ist unüberschaubar und sie ist in stetigem Wandel begriffen. Sprachen entwickeln und verändern sich durch ihren Gebrauch. Der Einzelne ist nicht von Natur aus auf eine Muttersprache festgelegt. Das menschliche Gehirn hat Platz für viele Sprachen. Mehrsprachigkeit ist für die Mehrheit der Menschen auf der Erde Normalität und Mehrsprachigkeit ist ein anerkanntes Bildungsziel im Zeitalter der Globalisierung. Daher sind die folgenden Abschnitte auf Sprachenvielfalt hin ausgerichtet. Sprachliche Bildungsprozesse müssen von der Mehrsprachigkeit ausgehen und das Aufwachsen mit (nur) einer Sprache muss eher als Einschränkung (als „verzögerte Mehrsprachigkeit") denn als Vorteil bewertet werden.

Mündlichkeit und Schriftkultur prägen sprachliche Bildung von Anfang an

Kinder wachsen in unserer Gesellschaft in eine kulturelle Umgebung hinein, die von Kommunikationsprozessen mithilfe einer Vielfalt von Ausdrucksmitteln bestimmt ist. Sicherlich spielt das gesprochene Wort eine zentrale Rolle. Daneben steht aber auch die eigene Welt der Texte, der Kommunikation unter Nutzung geschriebener Zeichen (sowie eine Welt der Bilder, die jedoch hier nicht weiter betrachtet werden kann). Auch die Schriftkultur umgibt Kinder in unserer Gesellschaft von Anfang an, in Gestalt von Büchern, Zeitungen, Plakaten, Aufschriften an Gebäuden und Alltagsgegenständen usw.

Lange bevor sie selbst lesen und schreiben lernen, bilden sich Kinder Vorstellungen über die Funktionsweise von Schriftzeichen und Texten, so wie z. B. jemand auch lange bevor er selbst den Führerschein macht, Vorstellungen darüber erwirbt, wie man ein Auto fährt und lenkt.

In diesem Sinn ist auch Schriftkultur nicht nur Werkzeug, um sich in bestimmter Weise auszudrücken, sondern sie bringt selbst neue Denk- und Sprechweisen hervor, worauf später noch eingegangen wird.

2.1   Was ermöglicht sprachliche Bildung?

Voraussetzungen für das Sprechenlernen werden im Folgenden zunächst aus Sicht der evolutionären Anthropologie und anschließend aus der Sicht der Kleinkindforschung dargestellt. Es geht hier um wichtige Grundlagen bei der Herausbildung der menschlichen Sprachen in der Menschheitsgeschichte und beim einzelnen Menschen in seiner individuellen Entwicklung.

2.1.1   Voraussetzungen sprachlicher Bildung aus Sicht der evolutionären Anthropologie

Vor Millionen von Jahren bildete sich in Afrika eine besondere Art von Menschenaffen (Primaten) heraus, die sich fortan getrennt von den übrigen Menschenaffen fortpflanzte. Diese Vorläufer der heutigen Menschen spalteten sich in der weiteren Entwicklung in mehrere Arten auf, von denen bis auf eine, die vor rund 200.000 Jahren die ersten Zeugnisse für den Homo sapiens hinterließ, alle wieder ausgestorben sind.

Aus Ausgrabungen weiß man heute über diese Art: Der Homo sapiens verfügte über ein großes Gehirn, ging aufrecht und gebrauchte Werkzeuge. Es dauerte aber wiederum noch lange Zeit, bis vor ca. 30.000 Jahren die ersten symbolischen Darstellungen, die bis heute noch erhalten sind, an Höhlen- und Felswänden entstanden. Man kann davon ausgehen, dass die Menschen erst zu diesem Zeitpunkt über Sprache verfügten. Die wesentlichen evolutionären Veränderungen, die zum heutigen Menschen führen, sind anscheinend dem Gebrauch der Sprache lange vorausgegangen.

Der Schritt zum Menschen

Mit diesen Forschungsergebnissen der evolutionären Anthropologie wird die alte Frage, was den Entwicklungsschritt vom Menschenaffen zum Menschen ausmacht, neu belebt. Der Gebrauch von Sprache kann es nicht sein, dafür erscheint er vermutlich zu spät. Aber auch andere Kriterien, die immer wieder benannt wurden, müssen verworfen werden, da die Primatenforschung vieles, was einmal als ein exklusiv menschliches Vermögen erschien, auch bei heutigen Menschenaffen findet, z.B. den Gebrauch von Werkzeug, das soziale Zusammenleben oder Grundzüge des intelligenten Problemlösens. Es scheint so zu sein, dass Primaten nicht der Einfallsreichtum beim Lösen von Schwierigkeiten fehlt, sondern die Fähigkeit, die gefundenen Errungenschaften an andere weiterzugeben und dadurch eine kumulative kulturelle Evolution in Gang zu setzen.

Nicht das Lernen aus Erfahrung, aus dem eigenen intelligenten Handeln scheint den Unterschied auszumachen, sondern das Lernen aus der Erfahrung anderer. Nach Tomasello (1999) kommunizieren zwar auch Primaten mit Artgenossen, aber ihre Wahrnehmung bezieht sich nur auf das Handeln selbst und seine Ergebnisse, sie sehen Artgenossen nicht als intentionale Wesen. So fehlt ihnen z.B. die Zeigegeste, mit der Menschen schon früh eine individuelle Absicht ausdrücken und erwarten, dass ihr Partner sie versteht, indem er nicht auf den zeigenden Finger schaut, sondern in die angegebene Richtung.

Hrdy (2009) stellt die Hypothese auf, dass das Erkennen der Intentionen der Artgenossen erst dann vorteilhaft und damit zum Ausgangspunkt der kulturellen Evolution wurde, als bei den Vorläufern der heutigen Menschen in den damaligen einfachen Jäger-und-Sammler-Gesellschaften nicht ausschließlich – wie bei der meisten anderen Primaten – die Mütter ihre Babys betreuten, sondern diese Aufgabe unter den Mitgliedern der Gruppe verteilt war. Nur durch die kooperative Sorge für die Jüngsten konnte die lange Zeit des Heranwachsens von Kindern in menschlichen Gesellschaften bewältigt werden.

Man könnte diese Ideen so zusammenfassen, dass sich Primaten und frühe menschliche Gemeinschaften in Bezug auf die instrumentelle Intelligenz zwar kaum, in Bezug auf die emotionale Intelligenz aber erheblich unterscheiden.

2.1.2   Voraussetzungen sprachlicher Bildung aus Sicht der Kleinkindforschung

Die vorsprachliche Kommunikation des Säuglings und Kleinkindes

Menschen kommunizieren mit ihrer Umwelt von Geburt an, darüber ist sich die Forschung einig. Ihre Wahrnehmung ist vom ersten Tag an so strukturiert, dass sie menschliche Gesichter und Stimmen attraktiv finden, dass sie sich zu anderen Personen hingezogen fühlen, sie anblicken und damit Zuwendung bei diesen Partnern auslösen und belohnen.

Je mehr Forschungsprogramme mit Säuglingen durchgeführt wurden, desto mehr Hinweise wurden entdeckt, dass diese ihre Umwelt keineswegs als eine zunächst völlig unstrukturierte Fülle ungeordneter Eindrücke erleben, sondern dass sie von Anfang an über eine in spezifischer Weise geordnete Wahrnehmung verfügen (siehe Dornes 2000). Säuglinge nehmen von Beginn an kompetent an Interaktionen teil und beobachten die Ereignisse in ihrer Umwelt.

Wie aber erleben Säuglinge diese Interaktionen und wie erleben sie sich selbst dabei? Fonagy, Gergely, Jurist u. a. (vgl. 2002, S. 216 ff.) haben die in der Forschung vertretenen Positionen systematisch geordnet und unterscheiden zwischen drei Herangehensweisen:

Die starke intersubjektivistische Position
Eine starke intersubjektivistische Position geht davon aus, dass zur menschlichen Grundausstattung eine Fähigkeit gehört, Gefühle und Intentionen anderer Menschen von Anfang an als solche wahrzunehmen und zu verstehen. Trevarthen (1980) und andere Forscher beschreiben in Mutter-Kind-Interaktionen eine spontane Musikalität, die sie für einen bedeutsamen Ursprung der Sprache halten, und vertreten die These von einem dialogischen Geist des Säuglings von Anfang an, der ein solches abgestimmtes Zusammenspiel ermöglicht.

Die schwache intersubjektivistische Position
Eine schwache intersubjektivistische Position argumentiert, Säuglinge verstünden andere Personen keineswegs von Anfang an. Das Verständnis für den anderen entwickle sich vielmehr erst dann, wenn der Säugling in den ersten Lebensmonaten sich selbst und seine Stimmungen besser kennengelernt habe.

➜ ➜ ➜ **Definition:**
> Tomasello (1999) formulierte hierzu die sogenannte Simulationshypothese, die besagt, „dass Kleinkinder bei dem Versuch, andere Personen zu verstehen, das anwenden, was sie bereits an sich selbst erfahren." (Tomasello, 1999, S. 95)

Tomasello argumentierte auch, dass Kinder den entscheidenden Schritt hin zum Verstehen anderer im Rahmen der sogenannten Neunmonatsrevolution machen, also einem Entwicklungsübergang am Ende des ersten Lebensjahres, der vom Herstellen gemeinsamer Aufmerksamkeit, dem aktiven Gebrauch der Zeigegeste und dem Auftreten der ersten Worte gekennzeichnet ist.

Die nicht-intersubjektivistische Position
Der nicht-intersubjektivistischen Position zufolge bedarf es grundsätzlich der affektiven Spiegelung durch primäre Bezugspersonen, um beim Säugling ein „Gewahrsein des Selbst als Akteur" (Fonagy/Gergely/Jurist u. a., 2002, S. 225) auftauchen zu lassen. Nach der Ansicht dieser Autoren führt erst die Entwicklung im zweiten Lebensjahr zum Verstehen anderer Personen als Träger von Gefühlen und Intentionen als „mentaler Akteure" (Dornes, 2000, S. 181 ff.).

Erläuterungen
1. Das „Affektive Spiegeln" (Fonagy/Gergely/Jurist u. a., 2002, S. 169 ff; Dornes 2000, S. 175 ff und Dornes 2006, S. 166 ff) ist ein komplexes Interaktionsgeschehen:

   Blickt ein kleines Kind seine Mutter (oder eine andere vertraute Bezugsperson) an, so sieht es in einer gewissen Weise sich selbst, denn die Bezugsperson passt ihren Gesichtsausdruck der von ihr wahrgenommen Stimmung des Kindes an. Sie nimmt die Gefühle des Kindes auf und gibt sie dem Kind zurück; dadurch erfährt das Kind etwas über sich selbst – wie in einem wirklichen Spiegel.

Gleiches gilt für die Stimme, mit der wir zu kleinen Kindern sprechen – sie wird dem dargestellten Gefühlsausdruck angepasst und wird über alle Kulturen und Sprachen hinweg in charakteristischer Weise verändert (sogenannter Babytalk). Damit erfüllt das Gesicht der dem Kind zugewandten Person die Funktion eines Monitors – das Kind kann seine eigenen Stimmungen auf diesem Monitor sehen und hierdurch sich selbst kennenlernen.

Über ein einfaches Spiegeln hinausgehend stellen die Partner des Kindes in Gesichtsausdruck und Stimme aber nicht nur Wahrgenommenes dar, sondern teilen auch etwas von sich mit. Das Kind erkennt an gewissen Übertreibungen und Markierungen, dass es die eigene Gefühlslage ist, die sein Partner darstellend aufnimmt. Gleichzeitig nimmt es die tröstende Stimme, die begleitenden Bewegungen usw. als authentischen Gefühlsausdruck (der Mutter) wahr und verändert (reguliert) dadurch seine eigene Stimmung.

2. Das Herstellen gemeinsamer Aufmerksamkeit ist die Grundsituation der Kommunikation die sich auf Objekte bezieht. Dies wird erst möglich, wenn Kinder sich gleichzeitig einer Person und einem Gegenstand zuwenden können. Erst in einem Aufmerksamkeitsdreieck, welches das Kind, die Bezugsperson und den Gegenstand umfasst, ist gegenstandsbezogenes Lernen möglich.

3. Aus der Theorie des Affektiven Spiegelns folgen zwei wesentliche Qualitätsmerkmale für Interaktionen zwischen Kindern und Bezugspersonen: Kongruenz und Markiertheit.

   Kongruent sind Spiegelungen der Bezugspersonen dann, wenn sie hinreichend an das Gefühl des Kindes anschließen, also das Gesicht der Bezugsperson die Freude, den Schmerz oder den Schreck des Kindes aufnimmt und selbst ausdrückt.

   Inkongruent sind sie, wenn Freude mit Schreck begegnet wird, Trauer mit Gleichgültigkeit („Ist doch nicht so schlimm") oder Ankuscheln als Aggression erlebt und entsprechend gespiegelt wird.

   Markiert sind Spiegelungen dann, wenn sie signalisieren, dass es die Freude, der Ärger oder der Schreck des Kindes ist, der aufgenommen und verstanden wird.

   Unzureichend markiert sind sie, wenn eine Bezugsperson auf den Ärger des Kindes mit eigenem Ärger reagiert, wenn sie vom Gefühlsausdruck des Kindes überwältigt wird und ihn eben nicht nur spiegelt, sondern sich von ihm anstecken lässt.

4. Bezogen auf Situationen gemeinsamer Aufmerksamkeit lassen sich zwei Formen des Lernens unterscheiden: **Emulationslernen** vollzieht sich auf der Ebene der Einschätzung von Handlungsresultaten: Die lernende Person versucht, durch eigenes Handeln zu gleichen Resultaten wie der Partner zu kommen, d. h., sie behält einen eigenen Blickwinkel bei, kalkuliert aber das Handeln des anderen mit in ihre Planung ein.

   Imitationslernen vollzieht sich auf der Ebene der Nachahmung des gesamten Handlungsvollzuges. Nur hierdurch kann ein Perspektivwechsel erfolgen und nur dieser ermöglicht den Eintritt in und das Verständnis für eine kulturelle Umwelt: „Das Nachahmenwollen von Handlungen anderer aber ist der Kern des kulturellen Lernens und Nachahmung ist deshalb die Wiege der Kultur." (Dornes, 2006, S. 159)

Bearbeitungsmöglichkeit in der Lehre oder im Selbststudium

Betrachten Sie Videoaufnahmen von Interaktionen zwischen Kleinkindern und Bezugspersonen daraufhin, inwieweit die Partner Mimik, Gestik und Stimmen aufeinander abstimmen.

Beobachten Sie im Alltag, wie Menschen in öffentlichen Räumen (z. B. in öffentlichen Verkehrs-
mitteln wie Bus oder U-Bahn) Kontakt zu ihnen unbekannten Kleinkindern aufnehmen, und
wie die Interaktionsprozesse ablaufen.

2.2   Was ist sprachliche Bildung?

Dieser Abschnitt beschäftigt sich mit der Frage, was wir eigentlich lernen, wenn wir sprechen
lernen. Am Beispiel einiger bedeutender Autoren, die sich in den letzten hundert Jahren
wissenschaftlich mit Sprache beschäftigt haben, werden wesentliche Einsichten und Diskussionen nachgezeichnet.

2.2.1   Sprachgebrauch ist Zeichengebrauch

Zeichen sind in der Umwelt des Menschen allgegenwärtig. Indem ein Vorgang oder Gegenstand als Zeichen gebraucht wird, bezieht er sich auf etwas, er bedeutet etwas.

Charles Sanders Peirce untersuchte, auf welche verschiedenen Arten sich Zeichen auf etwas
beziehen können und traf folgende Unterscheidungsmöglichkeiten (siehe Peirce, 1960):

– Icon (Abbild)
  Zeichen und Bezeichnetes stimmen in wesentlichen Zügen überein, es besteht die Beziehung einer Abbildung oder Nachahmung.

– Index (Hinweis)
  Mit dem Zeichen wird direkt auf den Gegenstand oder Sachverhalt verwiesen, z. B. so wie
  der Wetterhahn durch seine Ausrichtung die Windrichtung anzeigt, oder die Zeigegeste,
  das Deuten mit dem Finger auf einen Gegenstand.

– Symbol (Darstellung)
  Symbole verweisen nicht auf reale Gegenstände oder Sachverhalte, sondern auf Ideen
  oder Konzepte. Sie erhalten ihre Bedeutung nicht durch den direkten Bezug zur Wirklichkeit, sondern erst im Kontext eines relativ selbstständigen Symbolsystems.

Erläuterungen

1. Mit dem sogenannten semiotischen Dreieck wird
   ausgedrückt, dass der Bezug eines Symbols zum
   Objekt, auf das es sich bezieht, indirekt ist, und
   dass nur über den Sinn, den Begriff oder das
   Konzept des Zeichens, das es repräsentiert, der
   Bezug zum Objekt hergestellt wird.

2. Um den Gebrauch von Symbolen zu erlernen, muss
   man nicht nur Bezüge zwischen Zeichen und
   Objekten herstellen, sondern auch Begriffe, Konzepte
   und Sinngehalte erfassen können.

3. Durch die indirekte Kopplung zwischen Bezeichnung

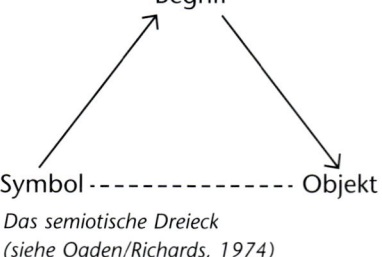

Das semiotische Dreieck

Begriff

Symbol - - - - - - - - - - - - - - Objekt

Das semiotische Dreieck
(siehe Ogden/Richards, 1974)

und Gegenstand, können Sprachen erst ihre Möglichkeiten entfalten: Sachverhalte können
auf unterschiedliche Art wiedergegeben werden, und damit lässt sich die Sachdarstellung

mit der Wiedergabe eigener Intentionen und Erwartungen an den Adressaten verbinden (siehe den folgenden Abschnitt).

Bearbeitungsmöglichkeit in der Lehre oder im Selbststudium

Die alltägliche Kommunikation nutzt alle Formen von Zeichen, nicht nur die eigentlichen Symbole. Gehen Sie folgenden Fragen auf den Grund:

1. Wie funktionieren (bzw. funktioniert) …

– *Verkehrsschilder?*

– *Markierungen der Garderobenfächer von Kindern in der Kita anhand von Symbolen?*

– *Gesten, mit denen eine Erzieherin dazu auffordert, ruhig zu sein und zuzuhören?*

– *Hinweisschilder im öffentlichen Raum?*

– *das in Abschnitt 3.1.2 vorgestellte „affektive Spiegeln" oder*

– *bestimmte Kommandos in der Tierdressur?*

2. Woran könnte es liegen, wenn für bestimmte Anwendungen bevorzugt Icons oder Indexe als Zeichen verwendet werden?

2.2.2 Sprachgebrauch als Vermittler zwischen Sprecher, Hörer und Gegenstand

Karl Bühlers Werk Sprachtheorie erschien erstmalig 1934 und hat bis heute großen Einfluss auf sprachwissenschaftliche Forschungen. Nach Bühler verweisen Sprachzeichen, Sätze bzw. Äußerungen auf Sachverhalte in der Welt (siehe Bühler 1934, letzte Neuauflage 1999). Darüber hinaus verweisen sie aber auch auf den Sprecher selbst sowie auf denjenigen, an den sich die Äußerung richtet. Bühler bezeichnete diese unterschiedlichen Möglichkeiten, einem Sprachzeichen Bedeutung zu geben, als Funktionen, und führte eine Unterscheidung zwischen Darstellungs-, Ausdrucks- und Appellfunktion der Sprache ein.

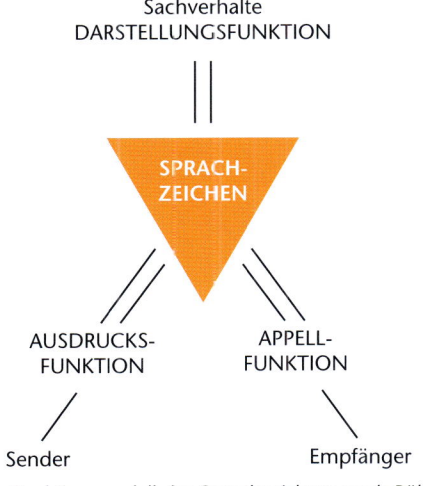

Das Funktionsmodell des Sprachzeichens nach Bühler

Erläuterungen

1. Das Dreieck in der Mitte der Abbildung stellt das Sprachzeichen dar, wie es das Ohr eines Sprachforschers erreicht. Bühler unterscheidet hier zwischen dem Sprachzeichen und dem Schallereignis, durch das es sich realisiert. Diese Differenzierung bleibt hier unerörtert.

   Die Verbindung zwischen Sender und Sprachzeichen nennt Bühler „Ausdrucksfunktion der Sprache". In ihr bringt der Sprecher eigene Befindlichkeiten wie Gefühle, Intentionen und Bewertungen zum Ausdruck.

   Die Darstellungsfunktion, also der Bezug des Sprachzeichens auf Gegenstände und Sachverhalte wurde im vorangegangenen Abschnitt bereits ausführlich behandelt.

   Die Verbindung zwischen Sprachzeichen und Empfänger ist die „Appell"- oder auch „Signalfunktion". In ihr drückt sich aus, was der Sprecher beim Hörer erreichen will, auf welche Effekte hin seine Äußerung konzipiert wurde.

2. Schulz von Thuns (1981) einflussreiches Kommunikationsmodell der vier Seiten einer Nachricht greift die drei Funktionen Ausdruck, Darstellung und Appell von Bühler auf, ergänzt sie um eine vierte, von Watzlawick (1972) übernommene Dimension der Beziehung. Dabei werden bei Schulz von Thun die vier Aspekte einerseits als Gestaltungsmöglichkeiten des Sprechers, andererseits auch als eigenständige Interpretationsmöglichkeiten des Hörers verstanden.

Bearbeitungsmöglichkeit in der Lehre oder im Selbststudium:

Übung zum „Kontrollierten Dialog"

Die folgende Übung eignet sich dazu, sich bewusst zu machen, dass Hörer nicht unbedingt das hören, was Sprecher ausdrücken:

- *Zwei Gesprächspartner unterhalten sich über ein Thema, bei dem nicht von vornherein gleiche Ansichten vertreten werden.*

- *Eine dritte Person beobachtet sie dabei und achtet auf die Einhaltung folgender Regel:*

  Bevor eine eigene Aussage getroffen werden kann, muss zunächst die zuvor vom Gesprächspartner ausgesprochene sinngemäß wiederholt und von diesem bestätigt werden. Nach ca. 10 Minuten wechseln die Rollen.

Die Teilnehmer machen in dieser Übung vermutlich die Erfahrung, dass es nicht immer leicht fällt, sich genau auf das vom Partner Gesagte zu konzentrieren. Die Sprecher müssen sich relativ einfach und kurz ausdrücken, damit die Übung gelingt. Das Erfassen des Gemeinten kann auch erschwert sein, wenn man beim Hören bereits zu sehr an den eigenen nächsten Beitrag denkt. (vgl. Bröder, 2004, S. 34 ff)

Sie finden in der Literatur zahlreiche Übungen zum Kommunikationsverhalten, die auf den Modellen von Bühler, Watzlawick oder Schulz von Thun beruhen. Für das Praxisfeld Kindertagesstätte z. B. in Bröder (2004) oder allgemeiner in Weisbach (2008).

2.2.3 Sprachgebrauch lässt differenzierte Sprecher- und Hörerrollen entstehen

Sprachliche Kommunikation ist im Wesentlichen ein Austausch zwischen mehreren Partnern und sogenannte Transmissionsmodelle, d. h. Modelle, die von der einseitigen Übertragung eines Bedeutungsgehalts von A (Sprecher) zu B (Hörer) ausgehen, greifen häufig zu kurz.

Erving Goffman (1981) hat die Positionen des Sprechers und des Hörers, die beide im Funktionsmodell des Sprachzeichens von Bühler bereits angelegt sind, einer eingehenderen Analyse unterzogen.

Zunächst wird hier auf die unterschiedlichen Hörerrollen eingegangen, die in einer Begegnungssituation enthalten sein können. Anschließend werden Goffmans Unterscheidungen der unterschiedlichen Rollen, die ein Sprecher einnehmen kann, näher betrachtet.

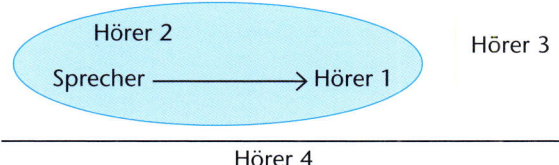

Hörerrollen in einer sozialen Situation nach Goffman

Das folgende Schema unterscheidet verschiedene Möglichkeiten der Partizipation von Hörern an einer Austauschsituation:

Erläuterungen

1. Der eingekreiste Bereich in der Darstellung bezeichnet die Reichweite der sogenannten fokussierten Interaktion, d.h., zu ihr gehören diejenigen Personen, die sich gegenseitig als Teilnehmer an dem Austausch wahrnehmen und anerkennen (Sprecher, Hörer 1 und Hörer 2).

2. Innerhalb des Bereichs fokussierter Interaktion ist die Unterscheidung zwischen adressierten Teilnehmern (Hörer 1) und nicht adressierten Teilnehmern (Hörer 2) wichtig. Gerade jüngere Kinder sind sehr häufig in der Rolle eines nicht adressierten Teilnehmers an einem sprachlichen Austausch beteiligt, z.B. wenn sich andere in ihrem Beisein unterhalten, häufig ohne sie direkt zu beachten.

3. In diesem Fall geht die Zuhörerrolle dann fließend in die eines Mithörers (Hörer 3) über. Dieser wird von den Teilnehmern in der Situation nicht mehr als solcher wahrgenommen oder beachtet.

4. Eine vierte Hörerrolle (Hörer 4) wird dadurch konstituiert, dass das Kommunikationsgeschehen sozusagen auf eine Bühne verlagert wird, wodurch die Partizipation in der besonderen Rolle des Publikums möglich wird. Hier entsteht eine verschachtelte Kommunikationssituation, da das, was ein Sprecher auf der Bühne einer anderen Person auf der Bühne erzählt, gleichzeitig auch an das Publikum gerichtet ist.

Sprecherrollen

Ebenso wie der Status des Hörers nach Goffman keineswegs eindeutig und klar ist, so kann auch der Status eines Sprechers einer Analyse unterzogen werden:

Goffman unterscheidet dabei drei mögliche Rollen, die der Sprecher im Verhältnis zu dem, was er sagt, einnehmen kann:

– „animator" (ausführender Sprecher, Sprachrohr)
– „author" (Autor)
– „principal" (Auftraggeber, Urheber)

Erläuterungen

1. Die Rollen unterscheiden sich primär hinsichtlich des Grads an Verantwortlichkeit der Person, die spricht, für das Gesprochene. In der ersten Rolle, der des Sprachrohrs (etwa eines Nachrichtensprechers), stellt der Sprecher seine Stimme zur Verfügung, mit mehr oder weniger Interpretationsspielraum in der Ausgestaltung dessen, was er sagt. In der zweiten Rolle, als Autor, ist er für die Formulierung verantwortlich, in der dritten Rolle ist es seine Intention, die durch das Gesprochene realisiert wird.

2. Die Rolle des Auftraggebers kann auch ausgeübt werden, ohne dass man selbst Autor ist, z. B. wenn ein Sprecher den Wortlaut einer Äußerung eines anderen Sprechers wiederholt, ihm aber dabei einen anderen Sinn gibt (Transduktion).

3. Mit dieser Analyse erweitert sich das oben angegebene Partizipationsmodell, das Sprecher und unterschiedliche Hörerrollen enthält, um weitere, virtuelle Teilnehmer: Indem der Sprecher die Stimmen anderer Personen zitiert und indem er Intentionen und Standpunkte anderer, nicht anwesender Akteure realisiert, wird der sich in der Situation abspielende Dialog um eine nicht an die Grenzen dieser Situation gebundene Dimension erweitert. Auch nicht anwesende Sprecher können somit indirekt an einem Gespräch wirksam beteiligt sein.

4. Von der Literaturwissenschaft, einem ganz anderen Ausgangspunkt, kommend, zieht Michail Bachtin (2004) ähnliche Schlussfolgerungen. Er analysiert (literarische) Texte und stellt dabei ebenfalls fest, wie eng jeder Text mit vorausgegangenen und auch möglichen nachfolgenden verknüpft ist (Intertextualität).

5. Bachtins Vorstellungen von der inneren Dialogizität der (geschriebenen) Sprache gewinnen zunehmend Einfluss auch auf Überlegungen zu sprachlichen Bildungsprozessen. Das Repertoire von Sprechern besteht in dieser Hinsicht nicht aus neutralen Worten und grammatischen Strukturen, sondern in hohem Maße aus Redewendungen und Formulierungen, die in bestimmten kulturell geprägten Kontexten angeeignet werden.

Bearbeitungsmöglichkeit in der Lehre oder im Selbststudium

Untersuchen Sie Gruppen- oder Unterrichtsgespräche in pädagogischen Einrichtungen hinsichtlich der in diesen vorhandenen Sprecher- und Hörerrollen.

2.3   Wie entfaltet sich sprachliche Bildung?

Menschen kommunizieren von Anfang an: Sie erlernen die Grammatik ihrer Muttersprache innerhalb weniger Jahre und haben es ihr ganzes Leben lang mit neuen Wortbedeutungen, Begriffen und Gedankengängen zu tun. In der Betrachtung hier stehen die ersten Lebensjahre im Mittelpunkt, womit nur ein gewisser Ausschnitt aus den eigentlich zu thematisierenden Prozessen erfasst wird, denn Sprachentwicklung ist ein lebenslanger Lernprozess

In diesem Abschnitt werden Einsichten über die Herausbildung der sprachlichen Ausdrucksmittel in der kindlichen Entwicklung vorgestellt, die als Orientierung für sprachliche Bildungsprozesse dienen können.

2.3.1 Die Ordnung der sprachlichen Ausdrucksmittel

„Serhat und Lais (beide etwa 5,6 Jahre alt) spielen zusammen. Serhat spricht deutsch und türkisch, Lais' Erstsprache ist arabisch.

Lais: Äääahmmm! Licht an! Los steigen wir ein! ... Ja, steigen wir ein, unser Licht an. Und los geht's! Los geht's!

Serhat: Ah, guck mal, Tempo, damit kann man auch ... Uuaah ...

Lais: Das war meiner ... Aus Spaß ist das für Auto sauber machen und für die Nasen ... Los fahren wir weg. Tschtsch ... uuaaahhh!! Anschnallen!

Serhat: Aus Spaß ist das eine Unterautobahn. Und da fällen wir runter mit dem Auto.

Lais: Nein, aus Spaß ist die neues Auto, kann auch fliegen. Aus Spaß hast du vergessen dich anzuschnallen!

Serhat: Kannst du mich anschnallen?

Lais: Ich fahr doch gerade! Ok, ich bremse. iihaah. Das ist ein Rückausgang. Los! Dischk! Ah zwei. Ich schnall dich an.

Serhat: Das kann doch auch alleine zu, oder?

Lais: Ja! Tsch, tsch ... ppuff ppuff ... tsch tsch.

Serhat: Jetzt hat der unsichtbare Roboter . . Oh Roboter wieder im Kofferraum.

Lais: Hör auf!

Serhat: Du musst fahren, guck ein Auto ... iiaahh!

Lais: Nein!!!

Serhat: Ich weiß schon wie man Auto fährt.

Lais: Weißt du was, ... unser Knopf ... jetzt, das ist unser Knopf wo das Auto nicht mehr fliegen kann und jetzt fällen wir runter.

Serhat: Bbbwwwww! Das Auto fällt jetzt auf mich.

Lais: Iiaaaahh aber ich hab noch Flug ... Nein, aus Spaß fällt das auf den und sagt aahh iiaaht.

Serhat: Aus Spaß sagst du: wieso kommst du hier rein?"

(Jampert/Zehnbauer/Best u. a., 2009, S. 14f)

Es ist offensichtlich, dass die beiden Jungen in ein intensives Spiel verwickelt sind. Sie haben sich eine Spielsituation geschaffen, in der sie gemeinsam handeln, und sie nutzen die Sprache, um ihrem Handeln einen fantasierten Sinn zu geben und um ihre Ideen und Aktionen miteinander zu koordinieren. Über ihr eigentliches Handeln erfahren wir im Text nicht viel. Offensichtlich hat Sprache hier wesentliche Funktionen im Spiel, aber sie ist nicht das Spiel, das wird auch zu einem wesentlichen Teil von den Bewegungen, Spielobjekten, Gesten und Blicken der beiden Kinder getragen.

Die Äußerungen der Kinder sind nur unvollständig wiedergegeben. Der Text enthält nur den Wortlaut der Äußerungen, geht nicht auf Intonation, Lautstärke oder begleitende Gesten und Blicke ein. Die sehr ausgeprägten lautmalerischen Anteile in den Äußerungen werden allerdings ähnlich wie im Comic mit erfasst.

Unterschiedliche sprachliche Ausdrucksmittel werden deutlich:

Die Kinder äußern Lautgebilde, das sind zum einen die Lautfolgen, aus denen jede verbale Äußerung besteht, z. B. „... jetzt fällen wir runter". Das sind zum anderen aber auch Laut-Äußerungen vom Typ „iiaahh!", „Ääähmmm!" oder auch „Bbbwwwww!". Diese sind auf andere Weise Bedeutungsträger, sie spiegeln das unmittelbare körperliche (das reale und das gespielte) Erleben der beiden Kinder und stellen damit einen gemeinsamen roten Faden im Spiel her. Diese Äußerungen funktionieren als unmittelbare Darstellung: Ich bin jetzt das Auto, das jetzt, gerade in diesem Moment losfährt, bremst oder runterfällt.

Dann gibt es noch bestimmte herausgehobene Worte, mit denen die Kinder Fantasieinhalte ausdrücken und somit den Gegenständen ihres Gruppenraums eine neue Bedeutung verleihen: Vor allem sind dies Vertreter sogenannter offener Wortklassen, die Eigenschöpfungen zulassen. Und von der Möglichkeit der Neuschöpfung wird hier Gebrauch gemacht, Beispiele wie „Unterautobahn" und „Rückausgang" zeigen dies.

Verben spielen eine herausragende Rolle, Substantive (Nomina) werden eher sparsam verwendet, Adjektive fast gar nicht: Die Ausnahmen sind „neues Auto" und „der unsichtbare Roboter".

Die eigentlichen Bedeutungsträger in diesem Beispiel sind aber nicht die Worte, sondern die komplexen Äußerungen, die aus einem oder mehreren, nicht immer grammatisch vollständigen Sätzen bestehen. „Kannst du mich anschnallen?" – „Ich fahr doch gerade!" ist ein kurzer Dialogausschnitt, dessen Sinn nicht von einzelnen Worten getragen wird, sondern von deren Kombination zu komplexen Gebilden, in denen Sachinhalte und soziale Positionierungen verschmelzen.

Um die Bedeutungsnuancen auszudrücken, verwenden die Kinder mit einer großen Meisterschaft gerade Worte geschlossener Wortklassen, also Pronomina, Adverbien, Präpositionen, Konjunktionen wie z. B. „weg", „doch", „gerade", „jetzt", „hier", „wieder", „schon" und „nicht mehr".

Vereinfacht gesprochen, können wir die nachfolgenden vier Ebenen hier als Bestandteile des Sprachpakets identifizieren (Tracy, 2008, S. 25), das immer dann gepackt und ausgepackt wird, wenn Menschen miteinander sprechen:

- Phonologie (Lautebene der Sprache)

- Semantik (Bedeutung der Worte)

- Grammatik (Regeln, nach denen Sätze aufgebaut werden und nach denen Wörter im Satz ihre Gestalt anpassen)

- Pragmatik (Gestaltung von Äußerungen im Kontext der jeweiligen Begegnung)

Erläuterungen

1. Betrachten wir die gesprochene Sprache, so haben Lautbildung und Pragmatik in besonderer Weise Bedeutung für die Ausdrucks- und Appellfunktion der Äußerung (siehe oben), während Semantik und Grammatik in allererster Linie mit der Darstellungsfunktion verbunden sind.

   Innerhalb der Ausdrucksmöglichkeiten der Schriftkultur liegen die Dinge anders. Das Wegfallen der Möglichkeiten, Ausdruck und Appell durch Intonation, Lautstärke, Geschwindigkeit, Mimik usw. zu realisieren, muss durch einen differenzierteren Einsatz von Semantik und Grammatik kompensiert werden.

2. Die Ebenen bilden keineswegs eine Folge aufeinander aufbauender Stufen, die beim Spracherwerb nacheinander erklommen würden. Die Äußerungen der Kinder weisen, sobald sie zwei Worte kombinieren, alle Ebenen sprachlicher Ausdrucksmittel auf. Diese werden in der Folge immer differenzierter. Die Beziehungen zwischen Lauten und Äußerungen (Phonologie und Pragmatik) einerseits, Worten und Sätzen (Semantik und Grammatik) andererseits sind sehr eng und kompliziert.

   Kinder erwerben nicht erst Worte, um sie dann zu Sätzen zusammenzustellen, die Entwicklung von Wortschatz und grammatischen Formen läuft vielmehr parallel.

2.3.2   Laute und Äußerungen

Die Lautgestalt der Sprachen

Jede Sprache nutzt nur einen Ausschnitt der Lautbildungen, die der menschliche Sprechapparat ermöglicht. Manche Lautkombinationen sind im Deutschen innerhalb einer Silbe erlaubt („kl", „str") andere jedoch nicht („pm", „lr"). Manche sind zwar möglich, dürfen aber nicht am Wortanfang stehen („mpf"). Dieses Repertoire ist in jeder Sprache unterschiedlich und Kleinkinder eignen sich dieses innerhalb der ersten Lebensjahre an.

Die Aneignung der Lautgestalt der Muttersprache wird unterstützt durch eine biologische Grundausstattung: Bei Kindern jeden Alters rufen menschliche Stimmen eine besondere Aufmerksamkeit hervor. Kinder können von Anfang an Tondauer, -höhen und -intensitäten unterscheiden. Die Neigung, unterschiedliche Lautbildungen kategorisch oder diskret wahrzunehmen und nicht als stufenlose Übergänge, scheint ebenfalls angeboren zu sein (vgl. Szagun, 2000, S. 186).

Die Phoneme der deutschen Sprache werden von Kindern in einer charakteristischen Reihenfolge erworben. Die im vorderen Bereich des Mundes und mit den Lippen gebildeten Laute „m", „n", „p", „b", „d", „t" stehen am Anfang der Entwicklung. Dann folgen „f", „w", „l" und „r". Die S-Laute „s" und „z" sowie die im hinteren Teil des Gaumens gebildeten Laute k und g sind späte Errungenschaften. Das „Sch" und einige Konsonantenverbindungen werden unter Umständen erst nach Schuleintritt erworben.

Auch wenn Kinder bereits „g" und „k" sprechen können, gebrauchen sie doch häufig weiterhin die für sie bequemeren Bildungen „debaut" oder „demacht". Man spricht hierbei von Vorverlagerung. Die Überwindung dieses Stadiums wird durch Sprechsituationen erleichtert, in denen mit dem Lautunterschied auch ein Bedeutungsunterschied verbunden ist.

Kleinkinder nutzen ihre Stimme in den ersten Lebensmonaten zum Schreien, nämlich dann, wenn sie ein Bedürfnis haben, aber sie finden auch Gefallen daran mit dem Stimmapparat, der Zunge oder den Lippen zu spielen und dabei auch Laute zu produzieren. Es gibt Forschungen, die besagen, dass bereits Säuglinge in ihren Schreien typische Intonationsmuster ihrer Muttersprache zeigen. Bezugspersonen nehmen dies wahr und imitieren ihrerseits die Kinder, woraus erste Dialoge entstehen. „Erste Gespräche beginnen danach mit der Nachahmung der Erwachsenen und nicht umgekehrt" (Winner, 2007, S. 37).

Kinder produzieren eine Kindersprache, für die Silbenverdopplungen charakteristisch sind: z. B. „Wau-Wau", „Papa" oder „Mama". Die Kindersprache sollte von Erwachsenen aufgegriffen und verwendet werden (vgl. Winner, 2007, S. 56 ff). Die sich entwickelnde Fähigkeit, die Lautgestalt einer gesprochenen Sprache bewusst wahrzunehmen, ist ein wesentlicher Vorläufer des Schriftspracherwerbs. Andererseits unterstützt auch das Lesen der geschriebenen Worte (zumindest im Deutschen) eine deutliche Aussprache.

Pragmatik

Pragmatische Gestaltungsmittel betreffen die Ausgestaltung des sprachlichen Handelns in Bezug auf die Situation, in der das Handeln stattfindet, die Absichten, die der Sprecher verfolgt und die Gefühlslage, in der er sich befindet. Dieser Aspekt sprachlicher Bildung ist allerdings wenig untersucht worden. Jerome Bruner (siehe Szagun 2000) beschrieb vorsprachliche interaktive Muster zwischen Bezugsperson und Kind als Vorläufer für die Ausbildung unterschiedlicher Sprechakte. Er unterscheidet zwischen den Modi des Verlangens, der Aufforderung, des Austauschs sowie dem der Ergänzung als unterschiedliche Weisen, die wie Interaktionsbeiträge aufeinander abgestimmt sein können.

Erwachsene gehen in charakteristischer Weise auf Kleinkinder ein, indem sie eine auf das Kind gerichtete Sprache mit besonderen melodischen Kennzeichen verwenden.

Beispiel
- *„Sprechen in höherer Tonlage*
- *insgesamt größerer Frequenzbereich der Töne, größere Maxima und Minima*
- *stärkere Variabilität in der Tonlage*
- *ansteigende Intonation ist häufiger*
- *stereotype melodische Konturen*
- *längere Pausen*
- *klare Segmentation*
- *langsamere Sprechgeschwindigkeit."*

(Szagun, 2000, S. 187)

2.3.3 Worte und Sätze

Am Ende des ersten Lebensjahres verstehen Kinder bereits einige Worte, kurz danach fangen sie an diese selbst zu gebrauchen. Die ersten Äußerungen sind sogenannte Einwortsätze. Die Entwicklung schreitet dann über ein Stadium, in dem Äußerungen aus zwei Worten gebildet werden, fort zu immer differenzierteren sprachlichen Gebilden. Zum Schuleintritt beherrschen

Kinder Konstruktionen mit Haupt- und Nebensätzen, können Aussagen aus der Perspektive unterschiedlicher Personen formulieren, zeitliche Verhältnisse wiedergeben und Sachverhalte und eigene Meinungen durch Argumente begründen.

Übereinstimmend geben verschiedene Autoren folgende Richtzahlen der Wortschatzentwicklung an:

9 Monate	erste Wörter werden verstanden
12 Monate	ca. 50 Wörter werden verstanden, erste Wörter werden gesprochen
18 Monate	ca. 50 Wörter werden gesprochen
30 Monate	ca. 500 Wörter werden gesprochen
72 Monate	ca. 6.000 Wörter werden gesprochen

Mit 18 Monaten, also beim Überschreiten der kritischen Schwelle im aktiven Wortschatz von 50 Wörtern, treten Zweiwortäußerungen auf. Von da an beschleunigt sich der Worterwerb bei vielen Kindern wesentlich (sogenannter Vokabelspurt). Differenzierte grammatische Strukturen treten nach Tracy (2008) im Alter von 2 bis 3 Jahren auf, die Verbzweitstellung wird erworben, die Verben werden an das Subjekt angepasst, Artikel werden gebraucht, erste Ortsangaben mit Präpositionen treten auf. Im Alter von 3 bis 4 Jahren wird die Satzklammer sicher beherrscht, Verben werden in unterschiedlichen Zeitformen gebraucht, Nebensatzkonstruktionen und Steigerungen erscheinen.

Die Altersangaben in dieser Übersicht bieten nur eine ganz grobe Orientierung: Individuelle Entwicklungsverläufe können erheblich von den hier genannten Daten abweichen.

Einwortsätze
Einwortsätze (Holophrasen) sind weder Sätze noch Worte, sondern eine Vorform beider. In ihnen ist zwar Ausdrucks- und Appellfunktion des Sprachzeichens nachdrücklich realisiert, aber noch nicht die Darstellungsfunktion. Daher entsprechen sie einfachen Signalsystemen, die ebenfalls eine Verständigung über Intentionen in begrenzten, beiden Seiten bekannten Situationen sichern. Bühler (1999) nennt Flaggensignale in der Schifffahrt als Beispiele.

Die Äußerung „Mama" kann je nach Situation und Art und Weise der Betonung vielerlei bedeuten, und Bezugspersonen reagieren ihrer Situationseinschätzung nach dann auch recht unterschiedlich, aber keineswegs so, als ob das Kind die Mutter benennen wollte (vgl. Winner, 2007, S. 68). Die Annahme, dass Kinder Wörter lernen, um Gegenstände benennen zu können, wird in der wissenschaftlichen Diskussion inzwischen weithin verworfen (siehe Nelson 2007 und Tomasello 1999).

Wenn sich sprachliche Konstruktionen über die Holophrasen hinaus zu Wort-Satz-Systemen erweitern, haben Sprecher zwei Aufgaben gleichzeitig zu bewältigen: einerseits bezogen auf den Satzbau, also das Aneinanderfügen unterschiedlicher Elemente zu einem einheitlichen Ganzen, andererseits bezogen auf die Wortwahl, also das Finden (manchmal auch Erfinden, siehe die „Unterautobahn" im Beispiel oben) und Einfügen eines passenden Wortes an einer bereits durch andere Worte definierte Stelle. Der erste Prozess wird als syntagmatisches, der zweite als paradigmatisches Konstruieren bezeichnet.

Nur durch den Gebrauch eines solchen Zwei-Klassen-Systems (bestehend aus Worten und Sätzen) sind Menschen in der Lage, mit einer begrenzten Zahl von einzelnen Elementen, unbegrenzt neue Inhalte zu konstruieren und auszudrücken. Hierin ist nach Bühler (1999) die menschliche Sprache allen anderen Ausdruckssystemen – bildnerisch, musikalisch, durch Gesten – weit überlegen. Es ist wohl kein Zufall, dass bei Kindern der Übergang in den Gebrauch von Wort-Satz-Systemen mit ihrer Fähigkeit zusammenfällt, sich eigenständig im Raum zu bewegen, d. h. selbstständig und aktiv Orte aufzusuchen, sich von der Bezugsperson und ihrer direkten Reichweite zu entfernen.

Nach Tomasello (1999) folgt ab einem Alter von ca. 22 Monaten auf die Holophrasen ein Stadium, in dem Kinder sogenannte Verbinselkonstruktionen bilden. Die Idee ist, dass Kinder nicht abstrakte Regeln für die Kombination von Worten zu Sätzen lernen, sondern dass sie aus wiederkehrenden Handlungserfahrungen heraus konkrete, noch nicht verallgemeinerbare sprachliche Strukturen um die Verben herum bilden, die diese Handlungserfahrungen ausdrücken.

Beispiel
So wird ein Kind zum Beispiel an das Verb „machen" einen Mitspieler anschließen: „das machen", „Quatsch machen", „heia machen". Ebenso wie an das Verb „trinken": „Milch trinken", „Wasser trinken". Das Verb „austrinken" bekommt in dieser Phase erst einmal keinen solchen Mitspieler, „austrunken" steht eher für sich alleine. An das Verb „geben" werden hingegen mehrere Mitspieler angehängt: Man gibt jemandem etwas.

Nach Tomasello (1999) bedeutet die Konstruktion eines Satzes mit diesen Mitspielern aber noch nicht, dass das Kind die Konzepte des Dativ- und Akkusativobjektes entdeckt hätte; es handelt sich zunächst um eine konkret an dieses Verb und dieses Handlungsmuster gebundene Konstruktion.

Erst in einem nächsten Schritt beginnt das Kind (Tomasello nennt das Alter von 36 Monaten), über konkrete Einzelsituationen hinaus abstrakte Konstruktionen zu bilden und ihnen auch in unbekannten Zusammenhängen Bedeutung zuzuschreiben. So verstehen Kinder ab da die Konstruktion „X fluste Y auf dem Z" (eine handelnde Person X führt eine Handlung an einem Objekt/ einer Person Y an einem Ort auf der Oberfläche eines Objektes Z aus), auch wenn „flusen" ein künstliches Wort ohne konventionelle Bedeutung ist (vgl. Tomasello, 1999, S. 181 ff.).

Wenn Kinder solche abstrakten Konstruktionen (intuitiv) verstehen, zeigen sie häufig ein ebenfalls intuitives Bestreben, grammatische Regeln zu generalisieren. So wird der möglicherweise bereits richtige Gebrauch von „bin gegangen" aus der Stufe der Verbinselkonstruktionen zu einem vorübergehenden „bin gegeht", da das Kind versucht, die Bildungsregel für das grammatische Perfekt auch auf das unregelmäßige Verb „gehen" zu übertragen. Dies ist nicht als zu korrigierender Fehler, sondern als reguläre Erscheinung im Spracherwerb zu bewerten.

Zollinger (2010) unterscheidet ähnliche Stufen des Spracherwerbs, beschreibt sie aber etwas anders. Sie sieht die Holophrasen (Einwortsätze) als Ausgangspunkt der sprachlichen Entwicklung, als Mittel, das Aufmerksamkeitsdreieck aktiv herzustellen und zu nutzen.

Der Übergang zur Konstruktion mit mehreren Wörtern erfordert aus ihrer Sicht, dass sich Handlung und Gegenstand in der Wahrnehmung des Kindes voneinander ablösen lassen, dass das Kind nicht mehr automatisch die Handlung ausführt, die der Gegenstand von ihm verlangt: z. B. bürsten mit der Bürste, kritzeln mit dem Stift oder rollen mit dem Ball. Dies gelingt dann, wenn das Kind die Erfahrung macht, **etwas** zu machen, und dadurch ein Produkt des Handelns zu erzielen. Indem Gegenstand und Handeln zwei verschiedene Dinge werden, müssen sie auch sprachlich differenziert ausgedrückt werden. In dieser Phase bezeichnet sich das Kind selbst mit seinem Namen und erkennt sich im Spiegel.

Zollinger (2010) beschreibt den nächsten Schritt als Herausbildung symbolischer Sequenzen. Handlungen und Ereignisse werden miteinander verknüpft. Gegenstände werden so verwendet, wie es die Spielidee erfordert. Die Sprache wird repräsentational. Sie kann Zusammenhänge abbilden, nicht nur einzelne Ereignisse. Ein herausragendes Ereignis hierbei ist das Auftreten des Wortes „ich". Dieses Wort hat ja keine objektive Bedeutung, sondern bezeichnet jeweils den, der es ausspricht. Jetzt erlebt sich das Kind nicht nur als Urheber von Handlungen, sondern es versteht sich auch so und ist sich dessen bewusst. Nach Zollingers Beobachtungen fällt der Gebrauch des Wortes „ich" mit dem Beherrschen der Verbzweitstellung im Satz zusammen.

Der Erwerb der Wortbedeutungen

Wie kommt es, dass viele Kinder ab dem Alter von ca. 18 Monaten ihren Wortschatz sehr schnell erweitern, und das, obwohl sie aus ihrer Umgebung keine eindeutigen Instruktionen darüber erhalten, was mit einem bestimmten Wort gemeint ist? Hinweisendes Zeigen ist keineswegs so eindeutig, wie es auf den ersten Blick scheint. „Guck mal, ein Ball" bezieht sich auf ein in sich abgeschlossenes, sichtbares Objekt und entspricht damit der alltäglichen Vorstellung vom Benennen. „Guck mal, das ist lila" kann auf diese Weise nicht verstanden werden, „Heiß!" auch nicht, und es gibt sicherlich keine Möglichkeit, Worte wie „spät", „weg" oder „zu" durch eindeutiges Zeigen zu erklären.

Zunächst haben Forscher angenommen, dass die schnelle Zuordnung von Bedeutungen („fast mapping") dadurch zustande komme, dass Kinder bereits über feste kognitive Schemata verfügen, in die sie die Worte nur noch einsetzen müssten. Die Begriffe seien sozusagen schon fertig, nur die Worte fehlten. Dies ließ sich nicht aufrechterhalten, angesichts der Unterschiede, wie unterschiedliche Sprachen mit den Vorgängen der Wirklichkeit umgehen.

Auch treten Abweichungen der Über- und Unterdehnung auf: z. B. Kinder gebrauchen das Wort „Wauwau" für alles, was sich auf vier Beinen bewegt, meinen mit „Auto" nicht das Fahrzeug, sondern den Ausflug, den die Familie mit dem Auto gemacht hat, oder beziehen das Wort „Doktor" nur auf eine einzige Person.

Neuere Theorien sehen auch die Begriffsbildung als längeren Prozess und sehen den Erwerb der Wortbedeutungen als abhängig einerseits vom Handlungskontext, andererseits auch vom sprachlichen Verwendungskontext des neuen Wortes: „Erst der Satz gibt den Wörtern eine Struktur, die wertvolle Informationen über die Bedeutung und die grammatischen Eigenschaften der Wörter beinhaltet" (Jampert/Zehnbauer/Best u. a., 2009, S. 43).

Winner (2007) gebraucht das Bild der Worte als Körbe, die erst langsam mit Inhalt – den Konzepten, die die Wortbedeutung ausmachen, gefüllt werden.

Kindergartenkinder haben allerdings noch lange die Vorstellung, dass Worte Namen von Dingen sind, die untrennbar zu diesen gehören. Der konventionelle Charakter der Wortbedeutungen („Hund" heißt nicht natürlicherweise so, er könnte auch „Torg" oder „Maus" heißen) bleibt ihnen noch lange fremd. Noch schwieriger ist allerdings die Antwort auf folgende Fragen: Wussten die Dinosaurier, wie sie heißen? Und wenn ja, woher?

Bearbeitungsmöglichkeit in der Lehre oder im Selbststudium:

1. *Gibt es in Ihrer Familie Dokumente aus den ersten Jahren Ihres Spracherwerbs oder des Spracherwerbs anderer Familienmitglieder? Was waren Ihre ersten Worte, wie entwickelten sich die ersten zusammengesetzten Äußerungen?*

2. *Versuchen Sie, Äußerungen von Kindern im 3. oder 4. Lebensjahr so genau wie möglich aufzuschreiben. Achten Sie auf Fehler und untersuchen Sie, inwieweit diese Fehler auf Übergeneralisierungen im oben erläuterten Sinne beruhen.*

3. *Wenn Sie regelmäßigen Kontakt zu Kleinkindern und ihren Bezugspersonen haben, versuchen Sie durch Beobachtung und Gespräch herauszukommen, wie diese ihren Wortschatz erweitern. Legen Sie über mehrere Wochen hinweg eine Liste neuer Worte im Sprachgebrauch der Kinder an. Suchen Sie nach Hinweisen, wie sich das Verständnis der Bedeutung solcher Worte entwickelt.*

2.4   Sprachliche Bildung in der Praxis

2.4.1   Beobachten, einschätzen und gezielt fördern

In vielen Bildungsprogrammen wird die Begründung der pädagogischen Aktivität aus einer durchgängigen, dem pädagogischen Handeln vorausgehenden, systematischen Beobachtung als Kern des neuen professionellen Selbstverständnisses der Erzieherin gesehen. Auch im Bereich sprachlicher Bildung ist diese Entwicklung zu beobachten. In den letzten Jahren kam eine Vielzahl von Beobachtungsinstrumenten auf den Markt, mit deren Hilfe Erzieherinnen und Erzieher Einschätzungen zum sprachlichen Entwick-  lungsstand der Kinder treffen und hieraus Schritte zu einer gezielten Förderung ableiten sollen. Außerdem werden alle Kinder in, je nach Bundesland unterschiedlichen, Sprachstandsuntersuchungen daraufhin eingeschätzt, ob bei ihnen ein Förderbedarf besteht. In diesem Fall ist der Besuch einer vorschulischen Einrichtung oder eines täglichen Förderangebotes Pflicht.

Grundsätzlich sind Sprachstandeinschätzungen eine schwierige Aufgabe, da Sprechen ein hochgradig dialogisch strukturierter Prozess ist. Aus einer ganzen Reihe von Gründen kann aus einer gegebenen Äußerung nicht auf die Sprachkompetenz des Sprechers geschlossen werden:

– Sprecher passen ihre Äußerungen der vorangegangenen und der möglicherweise folgenden Äußerung an.

– Sprecher reproduzieren in ihrer Äußerung möglicherweise eine Äußerung, die sie gehört haben.

– Abweichungen von der Grammatik der Schriftsprache sind in vielen Sprechsituationen üblich.

– Worte und Satzkonstruktionen werden möglicherweise gebraucht, bevor deren Sinn in der Erwachsenensprache verstanden wird.

Weit verbreitet sind die SISMIK-Einschätzungsbögen aus dem Münchner Institut für Frühpädagogik (siehe Ulich/Mayr 2003) und SELDAK (siehe Ulich/Mayr 2006), die auf Beobachtungen zu Sprache und Kommunikation in Alltagssituationen beruhen. In dem von Zollinger (2010) entwickelten Einschätzungsinstrument steht hingegen der Zusammenhang zwischen Sprechen und Handeln im Mittelpunkt.

Bearbeitungsmöglichkeit in der Lehre oder im Selbststudium

1. Versuchen Sie, einen der Einschätzungsbögen in der Praxis zu erproben.

2. Überlegen Sie, welche Schlussfolgerungen für gezielte Förderung aus Beobachtungen bzw. Einschätzungen abgeleitet werden können.

2.4.2 Handlungsfelder sprachlicher Bildung

Um eine Beschreibung von Handlungsfeldern als Orientierungsrahmen sprachlicher Bildung zu gewinnen, werden Sprechsituationen – in Anwendung des oben dargestellten semiotischen Dreiecks – nach zwei Richtungen hin entschieden:

– Zum einen können Menschen in ihren Kommunikationsprozessen mehr oder weniger in zielorientierte Handlungsprozesse eingebunden sein.

– Zum anderen können Menschen in ihren Kommunikationsprozessen mehr oder weniger in bereits feststehende Deutungskontexte oder Sinnstrukturen eingebunden sein.

Beide Unterscheidungen können miteinander zu einem Schema kombiniert werden, das in vier Feldern mögliche Typen von Sprechsituationen darstellt, die als Handlungsfelder sprachlicher Bildung aufgefasst werden können:

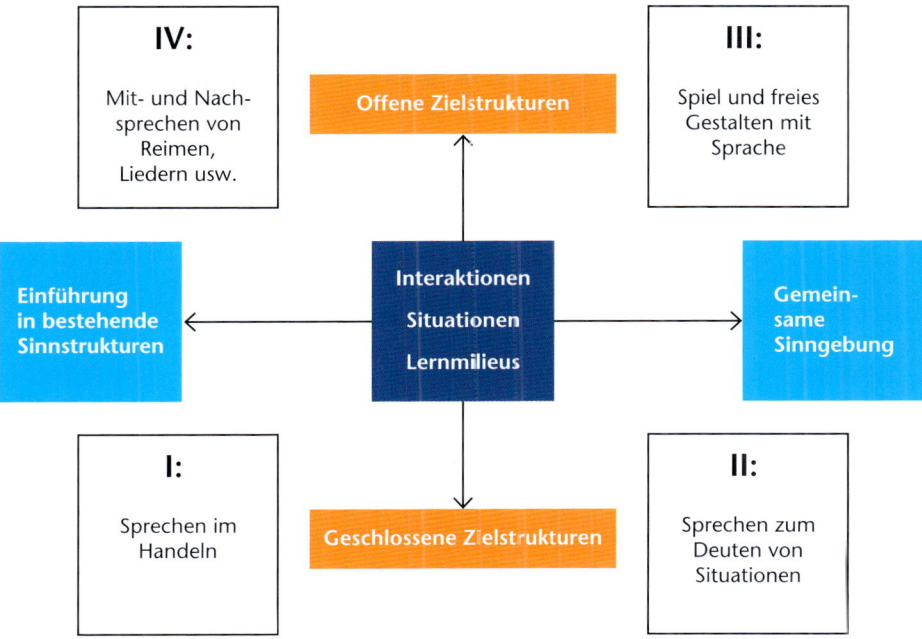

Handlungsfelder sprachlicher Bildung (Kupfer 2007)

Erläuterungen
Zu Handlungsfeld I:

➔➔➔ **Merksatz/Definition:**
> „Sprache wird eingesetzt, um etwas zu bewirken (vertikale Dimension). Dies geschieht in Situationen, in denen der Sinn bereits (sozial) festgelegt ist (horizontale Dimension)."
> *(Kupfer, 2007, S. 59)*

Hier ist das Sprechen in gegebene Handlungszusammenhänge integriert. Diese geben einen festen Rahmen, durch den die Äußerungen Sinn erhalten. Es wird das gesprochen, was notwendig ist und was sich nicht bereits aus der Situation ergibt. Absichten, Meinungen und Standpunkte müssen in der Regel nicht geäußert werden. Im Idealfall ist das Handeln so aufeinander abgestimmt, dass (fast) nicht gesprochen werden muss.

Zu Handlungsfeld II:

➔➔➔ **Merksatz/Definition:**
> „Sprache wird eingesetzt, um etwas zu bewirken (vertikale Dimension). Dies geschieht in Situationen, in denen Sinn gemeinsam hergestellt werden kann/muss (horizontale Dimension)."
> *(Kupfer, 2007, S. 61)*

In diesen Bereich gehören alle sprachlichen (verbalen und nonverbalen) Ausdrucksmittel und Strategien, mit denen Situationen geklärt und Entscheidungen über Handlungsalternativen getroffen werden. Der Unterschied zu Handlungsfeld I besteht darin, dass das Produkt der sprachlichen Tätigkeit hier zunächst sprachlich ist: eine Verabredung, eine Verständigung, eine Klärung, „wie es gewesen ist", eine Regel oder ein Vorhaben. Die Sprachverwendung ist hier aus dem unmittelbaren Zeitablauf des Handelns freigesetzt, aber die Kommunikation bezieht ihren Sinn daraus, dass sie auf eine Rückkehr zum Handeln, eine Beeinflussung des Ablaufs wirklicher Ereignisse, zielt.

Zu Handlungsfeld III:

➔➔➔ **Merksatz/Definition:**
> „Sprache wird eingesetzt, um mit ihr zu gestalten (vertikale Dimension). Dies geschieht in Situationen, in denen Sinn gemeinsam hergestellt werden kann/muss (horizontale Dimension)."
> *(Kupfer, 2007, S. 63)*

In diesem Handlungsfeld geht es um das Ausschöpfen der Gestaltungsqualitäten der Sprache selbst. Die Sprachspiele, die hier möglich sind, haben ihre eigenen Regeln in sich: Z. B. Reime müssen passen, Geschichten erfordern eine bestimmte erzählende Haltung oder die Übernahme einer Rolle als Erzähler oder Zuhörer. In den sprachlichen Produkten (Werken) muss alles enthalten sein, was zu ihrem Verständnis benötigt ist, da sie kontextentbunden (vgl. Bühler, 1999, S. 53 f.) funktionieren.

Zu Handlungsfeld IV:

➔➔➔ **Merksatz/Definition:**

> „Sprache wird eingesetzt, um mit ihr zu gestalten (vertikale Dimension). Dies geschieht in Situationen, in denen der Sinn bereits (sozial) festgelegt ist (horizontale Dimension)."
>
> *(Kupfer, 2007, S. 64)*

Auch hier dienen die sprachlichen Gebilde keinem praktischen Zweck, sie unterstützen nicht das Handeln und führen auch keine Lösungen herbei. Im Unterschied zum Vorangegangenen sind diese Gebilde jedoch nicht Produkt der Gestaltungsprozesse der Sprechenden selbst, sondern es gibt sie bereits, denn sie sind bereits produziert: z. B. als Lied, Reim, Rätsel, Witz, Geschichte oder Gebetsformel. Durch die feststehende Form und die wiederholte Darbietung entsteht für Teilnehmer an solchen Ritualen die Möglichkeit, ihren Sinn in einem langsamen Annäherungsprozess schrittweise zu erfassen. Die Beteiligung ist nicht vom vollständigen Verstehen abhängig. Dem einzelnen wird Zeit gelassen für seinen individuellen sprachlichen Bildungsprozess, gerade weil das sprachliche Gebilde selbst so starr und unflexibel ist.

Alle vier Handlungsfelder können als notwendige Bestandteile der Sprachkultur menschlicher Gemeinschaften betrachtet werden. Der Anspruch an die Praxis sprachlicher Bildung wäre also, alle diese Grundsituationen zu berücksichtigen und mit Leben zu erfüllen:

– die kurze, prägnante Verständigung im Handeln;

– die Diskussion über auftretende Schwierigkeiten, der Austausch von Meinungen und Ideen;

– das zweckfreie Spiel mit den Ausdrucks- und Sinngebungsmöglichkeiten der Sprache;

– die Pflege der bereits gestalteten Sprache in Reimen, Liedern, Geschichten und Gedichten.

Bearbeitungsmöglichkeit in der Lehre oder im Selbststudium

Untersuchen Sie Konzeptdarstellungen, z. B. aus dem Bereich des Situationsansatzes, der Reggio- Pädagogik oder Beispiele aus den Werken von Vivian Paley (siehe Kapitel 2.4.5.) daraufhin, welche sprachlichen Handlungsfelder dort jeweils im Vordergrund stehen.

2.4.3   Dialogische Prozesse sprachlicher Bildung

Bachtin (2004) und Goffman (1981) kritisierten die isolierte Betrachtung einer vom Sprecher zum Hörer zu übertragenden einzelnen Nachricht. Es lässt sich demgegenüber sagen, dass Hörer als potenziell Antwortende auch Sprecher sind und Sprecher gleichzeitig auch Hörer sind – in Bezug auf vorausgegangene Äußerungen, auf die sie reagieren, und in der Vorwegnahme möglicher Antworten, auf die sie ihre Äußerung einstellen. Sprachliche Bildung macht sich diese Verknüpfungen zu eigen, indem sie die Möglichkeiten des Dialoges nutzt.

In diesem Abschnitt werden Möglichkeiten vorgestellt, dialogische Austauschprozesse zu gestalten. Dabei handelt es sich zunächst um einige grundlegende Möglichketen, wie Äußerungen miteinander verknüpft sein können. Im nächsten Schritt geht es um mögliche Positionierungen der Austauschpartner. Schließlich werden unterschiedliche Arten von Gesprächen betrachtet.

Verknüpfungen von Äußerungen

Im Austausch zwischen Kommunikationspartnern schließen die wechselseitigen Äußerungen meist eng aneinander an. Dabei können mehrere Arten der Verknüpfung unterschieden werden: Imitation, Variation und Ergänzung.

Imitation

Nach Tomasello (1999) ist Imitation eine Grundvoraussetzung menschlichen Lernens. Im genauen Nachvollziehen des Handelns des Partners wird die Perspektivübernahme vorbereitet. Das ist im Dialog nicht anders. Wiederholung des bereits Gesagten – unter Nachahmung von Tonfall und Mimik – ist ein zentraler Bestandteil früher Dialoge. Menschliche Stimmen stehen nicht nur in einem äußeren Kontakt zu anderen Stimmen, sie können sie auch in sich aufnehmen und ähneln dann russischen Matrjoschkas, also den Holzpuppen mit ineinandergesteckten kleineren Puppen.

Variation

In sozialen Austauschsituationen müssen die Partner häufig ergänzend aufeinander reagieren. Viele Austauschprozesse sind so konstruiert, dass eine bereits bestehende Struktur übernommen, und ein Element in ihr dem eigenen Mitteilungsbedürfnis entsprechend abgewandelt wird.

Anhand solcher Variationen eines Elements im gegebenen Zusammenhang können Kinder erkennen, welche Worte einen ähnlichen Stellenwert haben (sie bezeichnen z. B. Sachen zum Anziehen oder Sachen zum Essen) wodurch die Bildung von Oberbegriffen vorbereitet wird.

Ergänzung

Äußerungen beziehen sich nicht nur imitierend oder variierend auf andere Äußerungen, sie sind auch in der Lage, diese zu ergänzen und zu erweitern. Solche Ergänzungen und Erweiterungen können explizit oder implizit Stellung zur vorangegangenen Äußerung beziehen, sie können sie akzeptieren, ihr mit Zweifel begegnen oder ihr auch direkt oder indirekt widersprechen.

Imitation, Variation und Ergänzung sind das Grundrepertoire von Sprechern, mit denen sie Äußerungen verknüpfen und damit Dialoge gestalten können. Dabei sind alle drei Formen geeignet, unterschiedliche Positionen zum Gesagten einzunehmen, es zu akzeptieren oder Infrage zu stellen.

Bearbeitungsmöglichkeit in der Lehre oder im Selbststudium:

Konzepte des dialogischen Vorlesens nutzen bewusst die Möglichkeiten des Dialoges, um in einem wechselseitigen Austausch komplexere Gedankengänge anzustoßen.

Das gleiche gilt für das Konzept des „sustained shared thinking" (siehe König 2010).

2.4.4   Gesprächstypen

Formale Instruktion

Das Handlungsfeld: Das Gestalten mit Sprache, das weder in Handlungszusammenhänge noch in feste, ritualisierte Formen eingebunden ist, spielt eine besondere Rolle für Prozesse sprachlicher Bildung. In Bildungsinstitutionen hat sich eine spezifische Form des Gesprächs, des Dialogs zwischen Lehrendem und Lernenden herausgebildet, das hier kurz umrissen werden soll: das Unterrichtsgespräch, oder die Gesprächsform der formalen Instruktion.

Merkmale formaler Instruktion

- Ein deutliches Machtgefälle zwischen der Stimme des Lehrers und den Stimmen der Schüler. Ein hoher Anteil der Lehreräußerungen ist direktiver Art, während Schüler nur sehr selten direktive Äußerungen einsetzen.

- Unter Direktiven wird eine direkte Lenkung der Überlegungen des Adressaten verstanden, sei es durch direkte Anweisung, Aufforderung oder durch Fragen, die allerdings nicht als echte Informationsfragen zu verstehen sind, sondern dazu dienen, die Lernenden Schritt für Schritt an eine bestimmte Weise der Problemlösung heranzuführen.

- Die Lehrenden strukturieren diese Schritte so, dass die Lernenden die Lenkung des Prozesses mehr und mehr selbst übernehmen können. Eine Internalisierung der instruktiven Impulse und Fragen durch die Lernenden wird angestrebt, damit er den Lösungsweg in der Folge auch selbstständig findet.

(vgl. Wertsch, 1991, S. 112 ff)

In Gesprächen dieses Typs werden Alltagsgegenstände und Alltagserfahrungen nur dann verwertet, wenn sie zum Thema passen. Sie bekommen im instruktiven Unterrichtsgespräch einen neuen Charakter, sie verlieren ihre praktische Alltagsbedeutung und werden zu Trägern von abgelösten Bildungsgehalten, werden klassifiziert und in Bedeutungssysteme eingeordnet. Damit wird der Schritt von den alltäglichen Wortbedeutungen, die jeweils vom Erfahrungskontext und von der Sprechweise der sozialen Bezugsgruppe abhängen, hin zur wissenschaftlichen Begriffsbildung („Was verstehen wir unter ...?") vollzogen.

Beispiel
Den Unterschied zwischen Alltagsbegriffen und wissenschaftlichen Begriffen kann man sich gut an den Worten „Sonne, Mond und Sterne" klar machen: „Der Mond" ist in der Alltagssprache ein ganz bestimmter Himmelskörper, in der wissenschaftlichen Sprache gibt es „Monde" als eine bestimmte Gattung von Himmelskörpern, die durch ihre Umlaufbahn um einen Planeten gekennzeichnet sind. „Sonne" und „Stern" sind in der Umgangssprache zwei verschiedene Objekte, in der Wissenschaftssprache gibt es aber keine Unterscheidung zwischen ihnen: Die Sonne ist ein Stern unter anderen.

Entscheidend ist hierbei, dass wissenschaftliche Begriffe nicht direkt aus Alltagserfahrungen abgeleitet werden können. Das wissenschaftliche Denken erfordert eine Einführung in eine bestimmte Kultur des Denkens und Sprechens, die sehr stark durch die Schriftsprache geprägt ist.

Erläuterungen

1. Ergänzend zu Wertschs Analyse der formalen Instruktion kann noch angemerkt werden, dass das Lernen aus instruktiven Gesprächen nicht unbedingt eine aktive Beteiligung voraussetzt. Unterrichtsgespräche sind Darbietungen für ein Publikum: Die Klasse, die Gruppe, und das Lernen findet überwiegend aus der Rolle als „nicht adressierter Hörer" (siehe Goffman 1981) heraus statt.

2. Es greift zu kurz, instruktive Dialoge einfach als erwachsenenzentrierte Gespräche zu verstehen und ggf. zu kritisieren. Der Lehrende (bzw. der Erwachsene) prägt das Gespräch nicht durch seine subjektiven Absichten und Ideen, sondern er beruft sich dabei auf kulturelle Inhalte und Prozeduren, einen Bestand kanonisierten Wissens. Vermutlich hängt die Wirkung auf die Lernenden gerade hiervon ab, dass sie ein Verständnis davon entwickeln, dass der Lehrende ihnen eben nicht nur subjektiv eigene Bedeutungsgehalte

vermitteln will, sondern dass das Geschehen durch den Bezug auf das kanonisierte Wissen (und nur hierdurch) legitimiert wird.

3. Instruktive Dialoge sind ferner nicht nur durch die direktiven Fragen oder Impulse gekennzeichnet, sondern auch durch jeweils auf akzeptierte Schülerbeiträge folgende bewertende Reaktionen des Lehrenden. Fehlgeschlagene Antworten werden hingegen häufig nicht bewertet, sondern einfach übergangen. Gerade durch diese Reaktionen macht der Lehrende klar, ob die Antworten und Beiträge dem vorgegebenen Gedankengang entsprechen oder nicht.

4. Manche Kinder lernen diese Form der Unterhaltung erst mit dem Schuleintritt kennen. Die allermeisten sind allerdings durch ähnlich strukturierte Gespräche im Kindergarten und in der Familie bereits darauf vorbereitet. Sie wissen, dass Erwachsene bei der Bilderbuchbetrachtung nicht fragen: „Welche Farbe hat das Auto?", weil diese das nicht wissen. Sie kennen Gruppengespräche, bei denen die Erzieherin ein Thema vorstellt und von den Kindern erwartet, dass sie sie beim Thema bleiben und nicht einfach alles sagen, was ihnen gerade in den Sinn kommt.

5. Die (formal) instruktive Gesprächsform fügt sich nur schwer in das konstruktivistische Bildungsverständnis der Bildungsprogramme und -empfehlungen einer Reihe von Bundesländern ein: Beispiele sind Berlin, Hamburg, Saarland, Nordrhein-Westfalen und Sachsen-Anhalt. Versucht man, den gesamten Bildungsprozess von der Seite der Aktivität der Kinder, also als Selbstbildungsprozess zu begreifen, dann kann Instruktion leicht eine negative Bewertung erfahren. Die Tatsache, dass individuelle Lernprozesse stark von der Einbettung in kulturelle Kontexte abhängig sind, ermöglicht jedoch eine differenziertere Sicht auf instruktive Dialoge.

Bearbeitungsmöglichkeit in der Lehre oder im Selbststudium

Untersuchen Sie Gesprächsbeispiele aus der Praxis auf Passagen hin, in denen das Gespräch instruktiv geführt wird. Überlegen Sie, ob die oben genannten Kriterien nach Wertsch ange-wandt werden können, und ob es aus Sicht der Fachkräfte in den gegebenen Situationen Alternativen geben könnte.

Nicht-instruktive Gespräche

Nicht-instruktive Gespräche sind für die Praxis sprachlicher Bildung von zentraler Bedeutung.

Hierzu zählen nahezu alle von Kindern gegenüber Erwachsenen initiierten Gespräche sowie von Erwachsenen initiierte Gespräche, in denen sie versuchen, zu erfahren, was Kinder erlebt haben, was sie tun möchten und was sie über ihre Erlebnisse und Erfahrungen denken.

Von Kindern gegenüber Erwachsenen initiierten Gespräche

– Dass Kinder Erwachsenen gegenüber Gespräche initiieren können und dürfen, ist kulturell nicht selbstverständlich. In vielen traditionellen Gesellschaften ist es nicht unbedingt gern gesehen, wenn Kinder sich gegenüber Erwachsenen außerhalb der Familie zu Wort melden. Es kann daher sein, dass Kinder (die nicht aus einer westeuropäischen Mittelschicht stammen) erst dazu ermutigt werden müssen, sich spontan und frei gegenüber Erwachsenen in einer Bildungseinrichtung zu äußern. Ein erster Schritt hierzu ist die Partizipation an Gesprächen in einer eher peripheren Position, als nicht direkt adressierter Hörer. Indem Kinder Unterhaltungen zwischen Erzieherinnen und ihren Eltern hören oder zwischen Erzieherinnen und anderen Kindern, können sie erkennen, wie Gespräche verlaufen und wie man sie führt. Ein Austausch zwischen Erzieherin und Mutter im Beisein des Kindes sollte daher wann immer es geht so geführt werden, dass das Kind – wenn nicht verbal, so doch durch wechselseitige Blickkontakte und Gesten – mit angesprochen und einbezogen ist.

– Zu angemessenen Gesprächsreaktionen auf spontane Meinungsäußerungen von Kindern existiert eine reichhaltige Literaturauswahl, die hier nicht wiedergegeben werden kann. Immer geht es auch darum, zu vermeiden, dass der Dialog in das instruktive Format abrutscht, dass das Kind letztlich das äußert, von dem es glaubt, dies wäre die richtige Äußerung. Insbesondere Fragen seitens der Erwachsenen sind problematisch, da sehr junge Kinder kaum zwischen instruktiven und explorativen Fragen unterscheiden können. Reaktionen aus dem Umkreis des aktiven bzw. aufnehmenden Zuhören (siehe Weisbach 2008) sind hier angemessen.

Von Erwachsenen initiierte Gespräche

– Von Erwachsenen initiierte, explorative Gespräche mit jüngeren Kindern sind aus den eben genannten Gründen eine sehr schwierige Angelegenheit. Dass Kinder versuchen, angemessene Antworten zu geben (im Sinne einer instruktiven Gesprächsführung), lässt sich kaum ausschließen. Eine Kombination unterschiedlicher Ausdrucksmöglichkeiten, z. B. bestehend aus Erzählen, Rollenspiel und Malen, kann geeignet sein, solche Einflüsse zu begrenzen. Einschränkungen, die sich aus dem oben dargestellten Verlauf der sprachlich-kognitiven Entwicklung des Kindes ergeben (etwa hinsichtlich der recht späten Herausbildung eines „biografischen Selbst") bleiben aber unabhängig von der Wahl des Ausdrucksmittels bestehen.

Bearbeitungsmöglichkeit in der Lehre oder im Selbststudium

Stellen Sie selbst Gesprächsregeln für die Unterhaltung mit Kindern zusammen, und vergleichen Sie Ihr Ergebnis mit dem, was Sie hierüber in der Literatur finden.

Das schriftliche Dokumentieren von Kinderäußerungen ist ein guter Anwendungsfall für die Unterscheidung zwischen instruktiven und explorativen Gesprächsvarianten. Häufig versuchen Erwachsene, Äußerungen genau so aufzuschreiben, wie sie vom Kind gesagt werden. Diktieren Kinder einem Erwachsenen etwas, so haben sie möglicherweise aber die Erwartung, dass der Erwachsene alles richtig schreibt. Überlegen Sie, wie man diesem Dilemma beim Sprachdokumentieren eventuell entgehen könnte.

2.4.5 Komplexe Äußerungen: Erzählen und Argumentieren

Bei Formen des zusammenhängenden Sprechens, d. h. bei der Verknüpfung von Gedanken in komplexer zusammengesetzten Äußerungen, tun Sprecher das selbst, was im Dialog auf unterschiedliche Personen verteilt ist: Sie stellen Zusammenhänge zwischen verschiedenen sinnvollen Aussagen her.

Die Verknüpfung mehrerer Sätze zu einer zusammenhängenden Äußerung ist für die sprachliche Bildung der Kinder ein ähnlich entscheidender Schritt vorwärts wie die Entdeckung der Möglichkeiten, die das Kombinieren von Worten bietet. Erst durch die Möglichkeiten der zusammenhängenden Rede wird die Abhängigkeit des Sprechens und des Denkens vom Hier und Jetzt des Handlungszusammenhangs bzw. des Dialoges wirklich aufgehoben.

Erzählen

Beim Erzählen wird die Orientierung im Hier und Jetzt des Sprechers dadurch relativiert, dass er in der Lage ist, zeitliche Verhältnisse selbst sprachlich auszudrücken. Indem Sprache sich zwischen Ereignissen hin und her bewegen lernt, kann sich der Sprecher vom Nacherleben einer Situation distanzieren und diese sprachlich repräsentieren. Wenn Sprecher erzählen, dann setzen sie Ereignisse zu anderen Ereignissen in Beziehung, sie sagen, wie es dazu kam oder was danach geschah.

Mündliches Erzählen ist ein Bereich der sprachlichen Bildung, der in den letzten Jahrzehnten recht intensiv erforscht wurde, wenn auch die von Kindern gestaltete Erzählung noch lange nicht in gleichem Maße selbstverständlicher Bestandteil der Kinderkultur in Bildungseinrichtungen geworden ist wie die Kinderzeichnung. Man kann grob zwischen zwei Blickwinkeln auf das Erzählen unterscheiden: Erzählen im Alltag und literarisches Erzählen.

Erzählen im Alltag

Der US-amerikanische Sprachwissenschaftler William Labov (1972) hat Erzählungen schwarzer Jugendlicher in Interviews gesammelt, um Material für die Untersuchung ihrer Alltagssprache im Chikago der 1960er-Jahre zu gewinnen. In den Folgejahrzehnten setzte er sich immer wieder mit der spezifischen Form der „narrative of personal experience" – der Alltagserzählung über eine Folge von Ereignissen, die für den Sprecher biografische Bedeutung haben" – auseinander.

Solche Alltagserzählungen sind u.a. dadurch gekennzeichnet, ...

- dass sie über ein Gerüst von Hauptsätzen verfügen, die in ihrer Reihenfolge strikt den Gang der Ereignisse nachzeichnen.
- dass sie umso glaubwürdiger wirken, je mehr der Erzähler auf die Wiedergabe eigener Bewertungen verzichtet, je strikter er sich auf die Wiedergabe dessen, was geschehen ist, beschränkt.
- dass sie auf einen „most reportable event", also ein Kernereignis hin erzählt werden, d.h., dass sie lediglich Ereignisse wiedergeben, die in einer Art Kausalkette zu diesem besonderen Ereignis hinführen, über das zu berichten ist.
- dass sie unter Umständen ausschließlich das wiedergeben, was die Hauptperson – der Erzähler selbst – wahrnimmt und erfährt, d.h. auf seine Perspektive beschränkt sind.

Könnte man das Modell von Labov einer „narrative of personal experience" als geschlossenes Erzählen bezeichnen, so wäre hiervon das offene Erzählen abzugrenzen, bei dem ein Erzähler dem Publikum eine Geschichte vorträgt. Auch Geschichten geben Zeitbeziehungen zwischen Ereignissen wieder und verbinden dieses Gerüst mit evaluativen Passagen. Sie haben aber gegenüber Alltagserzählungen, die auf ein wesentliches Kernereignis zielen und erklären, wie es dazu gekommen ist, eine wesentlich andere Funktion:

„Geschichten konstruieren so etwas wie Versuchsanordnungen, mit denen durchgespielt wird, wie es wäre, wenn alles anders laufen würde, als wir es gewohnt sind. [...] Eine Geschichte fällt darum desto eindrucksvoller aus, je selbstverständlicher sie die unglaublichsten Verwicklungen in unvermeidbarer und selbstverständlicher Folgerichtigkeit berichtet." (Merkel, o.J., S. 2).

Das Erzählen von Geschichten ist daher mindestens in zweierlei Hinsicht freier als das Konstruieren einer Alltagserzählung: Erzähler sind hier frei, die Perspektive unterschiedlicher Handelnder einzunehmen, sie müssen sich nicht auf die Wiedergabe dessen beschränken, was die Hauptperson jeweils erfährt oder wahrnimmt. Zum anderen sind sie auch frei darin, sich in Zeit und Raum vorwärts und zurückzubewegen, da sie ja von den Bewegungen der Hauptperson unabhängig sind. Geschichtenerzählen kann – im Gegensatz zur Alltagserzählung – auch improvisierend erfolgen, d. h., nicht ein mitteilenswertes Kernereignis setzt den Erzählvorgang in Gang, sondern eine Ausgangssituation, in der ein stabiler Zustand durch ein plötzlich eintretendes Ereignis gestört ist. Man kann also eine Geschichte anfangen zu erzählen, ohne bereits das Ende ausgedacht zu haben, und sich von der Entwicklung der eigenen Ideen leiten lassen.

Bearbeitungsmöglichkeit in der Lehre oder im Selbststudium

Das Erzählen von Geschichten ist in vielfacher Weise in der Didaktik des Elementarbereichs und der Grundschule aufgegriffen worden. Eva-Maria Kohl (2006), Johannes Merkel (o.J.), Claus Claussen und Valentin Merkelbach (2004) entwickelten didaktische Vorgehensweisen und Modelle des mündlichen Erzählens, die sich an einem „offenen" Erzählkonzept orientieren.

Eine in Deutschland bisher nur wenig aufgegriffene Konzeption der Arbeit mit Geschichten im Vorschulbereich hat Vivian Gussin Paley (1992) entwickelt. Das Erzählen und Spielen von Geschichten wird von ihr als „soziale Kunst der Sprache", als eigenständige Kinderkultur betrachtet, als die besondere Art und Weise, wie Kinder über ihre existentiellen Belange nachdenken.

Das Dokumentieren mit Lerngeschichten (siehe Kap. 5 in Band 3 dieser Reihe) greift bewusst die Möglichkeiten narrativer Sprache auf, um Lernen von Kindern in Betreuungseinrichtungen zum Gegenstand der Reflexion und des Dialoges zu machen.

Untersuchen Sie die beiden Beispiele spontanen Erzählens in Bezug auf sprachliche Ausdrucksmittel und auf die Art und Weise, wie die Erzähler jeweils eine zusammenhängende Geschichte konstruieren.

Beispiel 1: Eine Geschichte von Seyma

Kind spielt, spielt im Wasser. Baum steht im Wasser. Blatt fällt runter. Blatt ist auf Wasser, auf Boden. Blatt fährt zur Blume, auf Wasser. Blume und Blatt gehen Eis essen, essen Erdbeereis. Eis schmeckt lecker. Kind kommt und dann essen alle Pommes. Dann essen Schokolade und gehen spielen. Spielen in Bauecke und Lego. Gehen zu Wasser und suchen Fisch. Fisch spielt mit Blume. Gehen nach Hause schlafen.

Beispiel 2

Erzähl mir, was du gemacht hast, als du noch klein warst!
Ich war klein. Ich war noch ein Baby. Meine Mama hat mir noch die Flasche gegeben. Ich habe noch im Bett geschlafen. Und dann habe ich Fernsehen geguckt und dabei getrunken. Zu Ende.

Argumentieren

Auch im Argumentieren wird das Hier und Jetzt der Sprechsituation aufgelöst, aber auf eine grundsätzlich andere Art. Hier wird kein Ereignis wiedergegeben und in eine Abfolge von Ereignissen eingeordnet, sondern eine Feststellung über ein Ereignis oder einen Sachverhalt

SITUATION

wird begründet, indem sie in Bezug zu anderen Feststellungen oder Sachverhalten gesetzt wird, deren Gültigkeit bereits vorausgesetzt werden kann. Argumente sind Antworten auf Fragen wie z. B. „Warum ist das so?" oder „Warum muss man das so machen?".

Wie bereits oben kurz angedeutet, geht es hier nicht um eine Anwendung der strengen Gesetze der formalen Logik (sogenanntes logisches Schließen), sondern um den Versuch, die Gültigkeit eines Satzes dadurch zu untermauern, dass er in Beziehung zu anderen Sätzen gestellt wird, deren Gültigkeit bereits vorausgesetzt werden kann. Vom Erzählen unterscheidet sich das Argumentieren, dass es keine Zeitverhältnisse darstellt, sondern Ereignisse und Sachverhalte im Allgemeinen behandelt.

Beispiel
Eine vollständige Argumentation könnte in etwa so aussehen:

„Wenn Du keinen Fahrschein hast, dann musst du eine Strafe zahlen, denn: Man darf nur mit einem gültigen Ticket fahren, das steht in den Beförderungsbedingungen so drin."

In Anlehnung an Toulmin (1969) kann das schematisch so dargestellt werden:

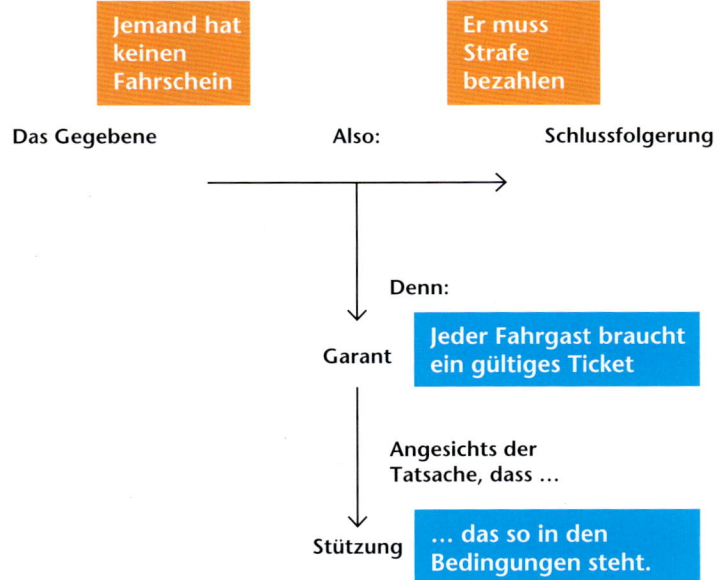

Elemente einer Argumentation (nach Toulmin)

(vgl. Krummheuer/Brandt, 2001, S. 31)

Erläuterungen
1. Nicht in jeder Situation werden Argumentationen vollständig verbalisiert. Häufig verzichten Sprecher darauf, Garanten oder Stützungen für ihre Schlussfolgerung zu benennen. Damit eine Argumentation erfolgreich ist, müssen sie aber im Hintergrund vorhanden sein.

2. Ein weiteres Element kann noch ergänzt werden: auf dem Weg zur Schlussfolgerung können noch einschränkende Bedingungen geltend gemacht werden: „solange nicht" bzw. „außer wenn".

So könnte jemand z. B. argumentieren: „Wenn man keinen Fahrschein hat, muss man Strafe bezahlen, außer man wird nicht dabei erwischt."

3. Kinder bleiben in ihren Versuchen, Argumentationen zu entwickeln, noch sehr lange an unterstützende Kontexte gebunden.

Bearbeitungsmöglichkeit in der Lehre oder im Selbststudium

Beispiel

Fünfjährigen Kindern wurde erzählt, ein Igel habe im Wald einen schönen Ball gefunden, und er wollte ihn gern behalten. Die Kinder wurden nach ihrer Meinung gefragt: Darf der Igel den Ball behalten oder nicht? Wie die unten wiedergegebenen Beispiele zeigen, waren manche Kinder offenbar in der Lage, komplexe Ideen zu entwickeln, die sprachliche Wiedergabe hingegen war teilweise noch recht unvollkommen.

Untersuchen Sie, inwieweit Sie in den Antworten narrative, argumentative oder auch noch weitere Elemente finden:

a) *„Er darf das nicht behalten, eh sonst – sonst – er darf des nicht behalten, sonst kommt einer und sagt dem Ball ist weg."*

b) *„Eh – der Igel kann nicht behalten weil eh ein Kind hat das verloren."*

c) *„Ehm er soll den – er soll den Ball lassen damit (der – undeutlich) Kind (der so kommt – undeutlich) den Ball wieder nehmt."*

d) *„Ich möchte Igel was sagen. Igel, du sollst ein Ball dir kaufen."*

e) *„Wenn er's behaltet dann darf er zurückgeben aber wenn er sagt: Hey es gehört meiner muss er sagen: Gibst du mir bitte."*

f) *„Du darfst ihn nicht behalten, wenn du jetzt brav bist, dann darfst du behalten."*

2.5 Zusammenfassung

In den zurückliegenden Abschnitten wurde sprachliche Bildung unter unterschiedlichen Blickwinkeln untersucht. Dabei wurde deutlich, dass es hier nicht allein um die Aneignung bestimmter sprachlicher Ausdrucksmittel, wie z. B. Wortschatz und Grammatik geht, sondern dass sprachliche Bildungsprozesse nicht zu trennen sind von der Herausbildung der Fähigkeiten jedes einzelnen Menschen: zu denken, zu fühlen und zu handeln. Wieweit sich diese Fähigkeiten grundsätzlich in individuellen Erfahrungsprozessen herausbilden, oder wieweit Menschen hierfür auf bestimmte Interaktionsprozesse mit anderen Menschen angewiesen sind, ist dabei weiterhin wissenschaftlich umstritten. Allerdings konnte an unterschiedlichen Punkten immer wieder gezeigt werden, dass sprachliche Bildung als kulturelle Bildung verstanden werden kann und eventuell auch verstanden werden muss.

Abschließend sollen mit der Mehrsprachigkeit und dem Einfluss der Schriftkultur zwei „Kernideen" aus der Einführung noch einmal aufgegriffen werden.

ZUSAMMENFASSUNG

Mehrsprachigkeit von Anfang an

Ausgangslage: Sprachliche Bildungsprozesse können von Anfang an mehrsprachig sein. Die Kulturen der Menschheit sind sprachlich vielfältig, und es gibt keine natürliche Hürde, warum nicht jeder Mensch bei der Herausbildung seiner kulturellen Identität über mehrere Sprachen verfügen kann. In den Ländern der Europäischen Union ist z. B. Mehrsprachigkeit ein erklärtes Bildungsziel: Alle EU-Bürger sollten am Ende ihrer Pflichtschulzeit mindestens drei Sprachen auf einem gewissen Niveau beherrschen.

In der Realität gibt es jedoch unterschiedliche Wege zur Mehrsprachigkeit. Diese unterscheiden sich durch die Reihenfolge und den Abstand, in dem unterschiedliche Sprachen erworben werden.

➜➜➜ **Definition:**

> Wachsen Kinder von Anfang an mit mehreren Familiensprachen auf, so spricht man vom doppelten Erstspracherwerb. Kommt in den ersten Lebensjahren eine zweite Sprache zur Muttersprache hinzu, so spricht man von einem frühen Zweitspracherwerb.

Der Zweitspracherwerb kann allerdings auch zu einem späteren Zeitpunkt erfolgen, zu dem der Erwerb der Erstsprache bereits weitgehend abgeschlossen ist. Hier wäre dann mit Tracy (2008) zu unterschieden zwischen einem natürlichen Zweitspracherwerb, der überwiegend durch Kontakt mit anderen Sprechern im Alltag zustande kommt, oder einem gesteuerten Zweitspracherwerb, der im Wesentlichen durch Sprachunterricht bewirkt wird.

Sowohl in der Wissenschaft als auch im Bewusstsein vieler Bürger hat sich die Überzeugung herausgebildet, dass eine zweite Sprache bereits möglichst früh erworben werden sollte. Die Bildungssysteme setzen diese Erkenntnisse aber erst langsam um. Es gibt noch recht wenige Bildungsgänge, die durchgängig, d. h. vom Elementarbereich über den Primarbereich bis in den Sekundarbereich hinein mehrsprachig angelegt sind.

Dass die Umsetzung der Mehrsprachigkeit im Bildungssystem so langsam voranschreitet, liegt nicht an fehlenden wissenschaftlichen Grundlagen. Es ist weithin anerkannt, dass das Immersionsprinzip eine gute Orientierung für mehrsprachige Bildungsprozesse bietet.

Henning Wode (2005) nennt hierfür folgende Kriterien, die sich auf Erfahrungen des Altenholzer Modells beziehen:

„Der Kontakt zur neuen Sprache muss – auch und gerade in Kita und Schule –
- Über einen längeren Zeitraum hin kontinuierlich über 6-7 Jahre hin gegeben sein;
- Hinreichend intensiv sein, d. h. in der Schule mindestens 60-70 % der Regelunterrichtszeit betragen bzw. in der Kita/Krippe den ganzen Tag;
- Strukturell möglichst vielfältig, also nicht auf einzelne Sachbereiche beschränkt sein, sondern möglichst die ganze Sprache umfassen."

(Wode, 2005, S. 3)

Es ist wohl eher der Mangel an mehrsprachigen Fachkräften und das Festhalten an überholten nationalen Orientierungen sprachlicher Bildung, die es verhindern, dass mehrsprachige Bildung einen bedeutenderen Anteil am Bildungsangebot in Deutschland erhält.

Aber die Diskussion um mehrsprachige Bildung hat nicht nur den Aspekt der Zielsprachen. Es gibt ein ungeheures Potenzial mehrsprachig aufwachsender Kinder aus Einwandererfamilien. Obwohl die Bildungsprogramme die Vielfalt der Herkunftssprachen (z. B. Türkisch, Arabisch, Serbisch/Kroatisch oder Griechisch) ausdrücklich als Ressource nennen, haben diese bis heute keinen nennenswerten Einfluss im deutschen Bildungssystem gewinnen können. Der Alltag in vielen Bildungseinrichtungen und eine von nationalen Tönen dominierte Integrationsdebatte, haben eher zu Abgrenzungen gegenüber den Herkunftssprachen geführt.

Grundsätzlich scheint es so zu sein, dass die Aneignung einer weiteren Sprache, die nicht die Erstsprache bzw. die in der Familie dominierende Sprache ist, nicht auf grundsätzlich von der Aneignung der Erstsprache verschiedenen Wegen geschieht.

Schriftkultur in der sprachlichen Bildung von Anfang an

Sprachliche Bildung ist Einführung in kulturelle Vielfalt, Hineinwachsen in eine Welt unterschiedlicher Ausdrucks- und Kommunikationsmittel. Dieser Gedanke gilt hinsichtlich unterschiedlicher Sprachen, aber auch hinsichtlich unterschiedlicher sprachlicher Genres, unterschiedlicher Kommunikationspraktiken innerhalb einer Bezugsgruppe. Mit der Unterscheidung zwischen verschiedenen Handlungsfeldern sprachlicher Bildung wurde dies bereits herausgestellt, und auch in der Beschäftigung mit Gesprächen und dem Erzählen wurden verschiedene Genres beschrieben.

In traditionellen Bildungskonzepten wird der Schriftsprache im Elementarbereich keine Bedeutung beigemessen. Dass Kinder hier nicht an das Lesen und Schreiben herangeführt wurden, war ein Abgrenzungskriterium gegenüber dem Grundschulunterricht. Diese Abgrenzung ist in den letzten Jahrzehnten in die Kritik geraten. Es wurde herausgestellt, dass Kinder in ihrem Lernen bereits auf dem Wege in die Schrift- und Buchkultur sind, lange bevor sie selber zu Schreiben beginnen. Begegnungen mit schriftlichen Darstellungen, Buchstaben und Zahlen, Vorlesen und Umgang mit vielfältigen Symbolen bereichert entscheidend den Bildungsprozess der Kinder vor Schuleintritt und bereitet sie auf den Erwerb des Lesens und Schreibens vor.

Konzeptionen und Vorschläge zur Literacy-Erziehung bzw. Förderung der Literalität sind daher wesentliche Bestandteile der Bildungsprogramme des Elementarbereichs geworden.

Weiterführende Literatur

Ahrenholz, B. (Hg.): Deutsch als Zweitsprache – Voraussetzungen und Konzepte für die Förderung von Kindern und Jugendlichen mit Migrationshintergrund, Freiburg, Fillibach, 2007.

Auer, Peter : Sprachliche Interaktion. Eine Einführung anhand von 22 Klassikern, Tübingen, Max Niemeyer Verlag, 1999.

Bachtin, Michail: Das Problem der sprachlichen Gattungen. In: Ehlich, Konrad/Meng, Katharina (Hrsg): Die Aktualität des Verdrängten. Studien zur Geschichte der Sprachwissenschaft im 20. Jahrhundert, Heidelberg, Synchron, 2004.

Bertau, Marie-Cécile: Zur spezifischen Bedeutung des Dialogs im Kontext der sozial-kommunikativen Funktion von Sprache. In: Jampert, Karin u. a.: Sprachliche Förderung in der Kita. Wie viel Sprache steckt in Musik, Bewegung, Naturwissenschaften und Medien? , Weimar/Berlin, Verlag Das Netz, 2005.

Bodenburg, Inga/Grimm, Gunhild: Weißt du, was ich sagen will? Kommunikation mit 0- bis 3jährigen, Berlin, Cornelsen Scriptor, 2011.

Bröder, Monika: Gesprächsführung in Kita und Kindergarten. Ein praktischer Leitfaden, Freiburg, Herder, 2004.

Bublitz, Wolfram: Englische Pragmatik. Eine Einführung, Berlin, Erich Schmidt Verlag, 2009.

Bühler, Karl: Sprachtheorie. Die Darstellungsfunktion der Sprache, Stuttgart, Lucius & Lucius, 1934/1999.

Claussen, Claus/Merkelbach, Valentin: Erzählwerkstatt, Mündliches Erzählen, Braunschweig, Westermann, 2004.

Delfos, M.: „Sag mir mal... " Gesprächsführung mit Kindern (4 bis 12 Jahre), Weinheim/Basel, Beltz Taschenbuch, 2004.

Delfos, Martine: „Sag mir mal " Gesprächsführung mit Kindern (4 bis 12 Jahre), Weinheim Basel, Beltz Taschenbuch, 2004.

Donaldson, Margaret: Human Minds. An Exploration, New York, The Penguin Press, 1992.

Dornes, Martin: Die Seele des Kindes. Entstehung und Entwicklung, Frankfurt/Main, Fischer Taschenbuch Verlag, 2006.

Dunn, Judy : The beginning of social understanding, Cambridge (Mass.), Harvard University Press, 1988.

Elfert, Maren/Rabkin, Gabriele (Hg.): Gemeinsam in der Sprache baden – Family Literacy. Internationale Konzepte zur familienorientierten Schriftsprachförderung, Stuttgart, Klett Verlag, 2007.

Fivaz-Depeursinge, Elisabeth/Corboz-Warnery, Antoinette: Das primäre Dreieck. Vater, Mutter und Kind aus entwicklungstheoretisch-systemischer Sicht, Heidelberg, Carl-Auer-Systeme Verlag, 2001.

Fonagy, Peter/Gergely, György/Jurist, Elliot L./Target, Mary: Affektregulierung, Mentalisierung und die Entwicklung des Selbst, Stuttgart, Klett-Cotta, 2002.

Goffman, Erving :Footing. In: Goffman, Erving (Hg.): Forms of talk, Philadelphia, University of Philadelphia Press, 1981.

Gordon, T.: Familienkonferenz. Die Lösung von Konflikten zwischen Eltern und Kind, Hamburg, Hoffmann und Campe, 1972.

Gordon, Thomas: Familienkonferenz. Die Lösung von Konflikten zwischen Eltern und Kind, Hamburg, Hoffmann und Campe, 1972.

Hrdy, Sarah Blaffer : Mütter und andere. Wie die Evolution uns zu sozialen Wesen gemacht hat, Berlin, Berlin Verlag, 2009.

Hüttis-Graff, Petra/Wieler, Petra : Übergänge zwischen Mündlichkeit und Schriftlichkeit im Vor- und Grundschulalter, Freiburg, Fillibach, 2011.

Jampert, Karin/Zehnbauer, Anne/Best, Petra/Sens, Andrea/Leuckefeld, Kerstin/Laier, Mechthild (Hg.): Kinder-Sprache stärken. Wie kommt das Kind zur Sprache? Weimar/Berlin, Verlag das Netz, 2009.

Jordan, Barbara: Scaffolding learning and co-constructing understandings. In: A. Anning u. a. (Hg.): Early childhood education. Society and Culture, London, Thousand Oaks, Delhi, SAGE, 2004.

Kohl, Eva Maria/Ritter, Michael (Hg.): Die Stimmen der Kinder. Kindertexte in Forschungsperspektiven, Baltmannsweiler, Schneider Verlag Hohengehren, 2011.

Kohl, Eva Maria: Spielzeug Sprache. Ein Werkstattbuch, Weinheim/Basel, Beltz, 2006.

König, Anke: Interaktion als didaktisches Prinzip. Bildungsprozesse bewusst begleiten und gestalten, Troisdorf, Bildungsverlag EINS, 2010.

Krummheuer, Götz/Brandt, Birgit : Paraphrase und Traduktion. Partizipationstheoretische Elemente einer Interaktionstheorie des Mathematiklernens in der Grundschule, Weinheim/Basel, Beltz, 2001.

Krummheuer, Götz/Brandt, Birgit : Paraphrase und Traduktion. Partizipationstheoretische Elemente einer Interaktionstheorie des Mathematiklernens in der Grundschule, Weinheim/Basel, Beltz, 2001.

Kupfer, Hartmut : Children's voices in early childhood settings' every day concerts. In: Harcourt, Deborah u a. (Hrsg.): Researching young children's perspectives, London/New York, Routledge, 2011.

Kupfer, Hartmut: Sprechen lernen in frühkindlichen Bildungseinrichtungen, Berlin, LebensWelt, 2007.

Labov, William: Language in the inner cities, University of Pennsylvania Press, 1972.

Labov, William: Some Further Steps in Narrative Analysis, 1998, online abrufbar unter www.ling.upenn.edu/~wlabov/sfs.html [24.07.2013].

List, G.: Sprachliche und mentale Entwicklungsprozesse in den ersten Lebensjahren in ihrer Bedeutung für Kinder mit nicht deutscher Erstsprache, Deutsches Jugendinstitut, München, 2010.

List, Gudula : Bedeutung der Interaktion für die sprachlich-geistige Entwicklung, Deutsches Jugendinstitut, München, 2011.

Merkel, Johannes : „Erzähl du mir, dann erzähl ich dir". Wie mit dem Erzählen von Geschichten die Sprachbeherrschung gefördert werden kann, o.J., online abrufbar unter www.stories.uni-bremen.de/erzaehlen/sprachfoerderung.html [24.07.2013].

Nelson, K. (Hrsg.): Narratives from the crib. Cambridge (Mass.), Harvard University Press, 1989.

Nelson, Katherine: Young minds in social worlds. Experience, meaning, and memory, Cambridge Mass., London, Cambridge University Press, 2007.

Nickel, Sven: Family Literacy – Familienorientierte Förderung der Literalität als soziale Praxis. In: Sturm, Afra (Hg.): Literales Lernen von Erwachsenen im Kontext neuer Technologien, Münster, 2010, S. 223–233.

Nida-Rümelin, Julian, Weidenfeld, Nathalie: Der Sokrates-Club. Philosophische Gespräche mit Kindern, München, Albrecht Knaus Verlag, 2012.

Oehlmann, Christel G.: Garantiert erzählen lernen. Ein Übungsbuch, Reinbek, Rowohlt, 1995.

Ogden, Charles K./Richards, Ivor A.: Die Bedeutung der Bedeutung, eine Untersuchung über den Einfluss der Sprache auf das Denken und über die Wissenschaft des Symbolismus, Frankfurt a. M., Suhrkamp, 1974.

Paley, Vivian Gussin : Jason. Der Junge, der ein Hubschrauber sein wollte, München, Knaur Taschenbuch, 1992.

Paley, Vivian Gussin: You can't say you can't play. Cambridge Mass., London, Harvard University Press, 1992.

Reich, H. H.: Frühe Mehrsprachigkeit aus linguistischer Perspektive, Deutsches Jugendinstitut, München, 2010.

Rodari, Gianni: Grammatik der Phantasie. Die Kunst, Geschichten zu erfinden, 2. Auflage, Leipzig, Reclam, 1992.

Schulz von Thun, Friedemann: Miteinander reden 1 – Störungen und Klärungen. Allgemeine Psychologie der Kommunikation, Rowohlt, Reinbek, 1981.

Smidt, Sandra: Introducing Bruner. A guide for practitioners and students in early years education, London/ New York, Routledge, 2011.

Szagun, Gisela: Sprachentwicklung beim Kind, Weinheim/Basel/Berlin, Beltz Taschenbuch, 2000.

Tomasello, Michael: Die kulturelle Entwicklung des menschlichen Denkens, Frankfurt/Main, Suhrkamp Taschenbuch Wissenschaft, 1999.

Tomasello, Michael: Die kulturelle Entwicklung des menschlichen Denkens, Frankfurt/Main: Suhrkamp Taschenbuch Wissenschaft, 1999.

Tracy, R.: Wie Kinder Sprachen lernen. Und wie wir sie dabei unterstützen können. 2., überarbeitete Aufl., Tübingen, Francke Verlag, 2008.

Tracy, Rosemary: Wie Kinder Sprachen lernen. Und wie wir sie dabei unterstützen können. 2., überarbeitete Aufl., Tübingen, Francke Verlag, 2008.

Ulich, M./Mayr, T.: SELDAK. Sprachentwicklung und Literacy bei deutschsprachig aufwachsenden Kindern (Beobachtungsbogen und Begleitheft) ,Freiburg, Herder, 2006.

Ulich, M./Mayr, T. : SISMIK. Sprachverhalten und Interesse an Sprache bei Migrantenkindern in Kindertageseinrichtungen (Beobachtungsbogen und Begleitheft), Freiburg, Herder, 2003.

Watzlawick, Paul/Beavin, Janet H./Jackson, Don D. :Menschliche Kommunikation, Bern, Huber, 1972.

Weisbach, Christian Rainer: Professionelle Gesprächsführung. Ein praktisches Lese- und Übungsbuch, Deutscher Taschenbuch Verlag dtv, 2008.

Wertsch, James V.: Voices of the mind. A sociocultural approach to mediated action. London/Sydney/Singapore, Harvester Wheatsheaf, 1991.

Winner, Anna: Kleinkinder ergreifen das Wort. Sprachförderung mit Kindern von 0 bis 4 Jahren. Berlin/ Düsseldorf/Mannheim, Cornelsen Verlag, 2007.

Wode, H.: Mehrsprachigkeit durch immersive Kitas, 2005, online abrufbar unter www.fruehkindliche-mehrsprachigkeit.de/downloads/abstracthenningwode.pdf [25.07.2013].

Wygotski, Lew S.: Denken und Sprechen, Frankfurt/Main, Fischer Taschenbuch Verlag, 1977.

Yamada, Yoko : Opposite and Coexistent Dialogues: Repeated Voices and the Side-by-Side Position of Self and Other. In: Sugiman, Toshio/Gergen, Kenneth/Wagner, Wolfgang u. a. (Hg.): Meanings in Action: Constructions, Narratives, and Representations, Springer Verlag, 2007.

Zollinger, Barbara: Die Entdeckung der Sprache, 8. Aufl., Bern/Stuttgart/Wien, Haupt Verlag, 2010.

Filmbeispiele
Elschenbroich, Donata/Schweitzer, Otto: Ins Schreiben hinein. Kinder auf der Suche nach dem Sinn der Zeichen, Deutsches Jugendinstitut München (Film mit Begleitheft), 2001.

3 Körper- und Bewegungserfahrungen

Peter Keßel

Die Bedeutung von Bewegung im Hinblick auf die kindliche Entwicklung wird zunehmend in den Bildungsplänen in Deutschland berücksichtigt. Auch wenn die grundlegende Relevanz von Erfahrungen im Bereich der Bewegung wissenschaftlich weit verbreitet und anerkannt ist, wirkt sich diese Erkenntnis immer noch wenig auf die Ausbildungscurricula von pädagogischen Fachkräften aus. Deshalb soll die Wichtigkeit dieses Bereichs deutlich gemacht werden, vor allem in Anbetracht der abnehmenden Verfügbarkeit von Raum und Zeit für Bewegungserfahrungen in der Kindheit. Es werden einige einfache Beispiele zur praktischen Umsetzung ohne größere räumliche und materiale Bedingungen im fachschulischen Unterricht aufgezeigt. Dennoch gilt, dass auf eigenaktives Erleben und Ausprobieren in diesem Bereich auch in der Ausbildung pädagogischer Fachkräfte nicht verzichtet werden sollte, wenn angestrebt wird, bei Auszubildenden und Studierenden weiterführende, reflexive Prozesse in Gang zu bringen.

Im folgenden Kapitel wird im ersten Abschnitt der Zusammenhang zwischen Bewegung, Wahrnehmung und Entwicklung aufgezeigt. Dazu werden verschiedene Bedeutungsfelder von Bewegung bestimmt, der Wahrnehmungsprozess und seine Verknüpfung mit Bewegungshandlungen verdeutlicht und auch ein kurzer Einblick in die motorische Entwicklung gegeben, die auf diese Verknüpfung aufbaut.

Im zweiten Abschnitt wird der Bereich der Körpererfahrungen näher analysiert, um deutlich zu machen, wie vielfältig und komplex dieser Bildungsbereich ist. Wie wichtig er ist, wird am Bezug zum Selbstkonzept gezeigt. Die inhaltliche Breite wird ebenso thematisiert und am Beispiel von Entspannungsangeboten auch spezifiziert.

Zum Bereich der Bewegungserfahrungen wird im dritten Abschnitt zunächst herausgearbeitet, dass Bewegung nicht immer gleich Sport bedeutet und das Maß der Wertschätzung von Bewegung immer auch mit der eigenen Biografie verbunden ist. Nach allgemeinen Gedanken zur methodischen Gestaltung dieser Angebote werden die Bewegungsbedürfnisse der Kinder analysiert, die zu berücksichtigen sind. Zur praktischen Umsetzung wird die Möglichkeit von Bewegungslandschaften aufgezeigt. Das spezielle Konzept der Bewegungsbaustelle und ein kurzer Überblick über die Bewegungsthemen von Kleinkindern runden diesen Abschnitt ab.

Aufgrund des Überblickcharakters werden einige Themen nur in den Grundzügen aufgearbeitet. Um eine selbstständige Vertiefung zu ermöglichen, werden Internetlinks und Literaturempfehlungen gegeben, die dafür geeignet erscheinen.

3.1   Bewegung, Wahrnehmung und Entwicklung

Bewegung kann als ein Grundbedürfnis der Kinder bezeichnet werden. Der Mensch ist darauf angelegt, sich über ein Wechselspiel von Bewegungshandlungen und Sinneseindrücken, also Wahrnehmung, zu entwickeln. Gerade in den ersten Jahren ist Bewegung Voraussetzung für individuelles Wachstum im ganzheitlichen Sinn. Remo Largo (2010) begründet motorische Aktivität, also Bewegung, u. a. damit, dass ein Kind auf diese Weise lernt, seine Motorik zu beherrschen und sich an die physikalischen Gegebenheiten der Umwelt anzupassen, was ein fortlaufender Prozess ist. Ebenso sieht er die Motorik als kindliche Möglichkeit, dessen Emotionalität und Befindlichkeit auszudrücken. Bei Jean Piaget (2002) findet man Bewegung in Form des sensumotorischen Lernens als erste Basis für die weitere Entwicklung der kognitiven Fähigkeiten. Aus neurobiologischer Sicht betont Gerald Hüther (2007, 2012) immer wieder die Bedeutung eigener Erfahrungen, die in den entscheidenden ersten Jahren vor allem Körper- und Bewegungserfahrungen sind. Über diese Selbsterfahrungen, Erlebnisse von Selbstwirksamkeit und das wachsende Gefühl von Handlungskompetenz entwickeln sich unter Einfluss des sozialen Umfeldes die komplexen geistigen Fähigkeiten, wie z. B. Problemlösungskompetenz, Konzentrationsfähigkeit und strategische Kompetenzen. Warum Bewegung in den Bildungsprogrammen für Kinder und in den Ausbildungscurricula von Pädagoginnen und Pädagogen aufgeführt wird, ist nicht einheitlich argumentiert. Es scheint unterschiedliche Ziele und Bedeutungen von Bewegung in den Bildungsprozessen der Kinder zu geben.

Bedeutungsfelder von Bewegung in der frühen Kindheit
Im Rahmen eines Forschungsverbundprojektes (Bewegung in der frühen Kindheit – BiK) wurden vier wesentliche Bedeutungsfelder herausgearbeitet (siehe Bahr/Kallinich/Beudels u. a., 2012), die vergegenwärtigt werden sollen.

Bewegung als Lerngegenstand
Hier geht es um den Erwerb und die Erweiterung seiner motorischen Fähigkeiten und Fertigkeiten. Die Bewegung an sich steht im Fokus – die Kinder sollen für Bewegung begeistert und motiviert werden. Über die Auseinandersetzung mit motorischen Grundtätigkeiten wie z. B. Greifen, Laufen und Klettern wird die Voraussetzung für weitere Bewegungshandlungen geschaffen, die letztendlich auch die Teilnahme am Sport ermöglichen (vgl. Bahr/Kallinich/Beudels u. a., 2012, 99 f.).

Soziale Kompetenzen wie die Kooperationsfähigkeit sind auch Voraussetzung für z. B. Mannschaftssportarten, weshalb auch diese im genannten Bedeutungsfeld über Bewegungsaktivitäten entwickelt werden sollen.

Bewegung als Medium der Gesundheitserziehung
Neben Ernährung wird der Bewegung eine der wichtigsten Rollen in Bezug auf die Gesundheit zuerkannt. Bewegung soll präventiv und teilweise rehabilitativ gegen Übergewicht, Haltungsschäden und Herz-Kreislauf-Probleme wirken. Kinder sollten möglichst früh über Bewegung Gesundheitsressourcen aufbauen, indem sie darüber z. B. die Haltungsmuskulatur und das Immunsystem stärken, aber auch im Sinne einer Sicherheitserziehung Situationen

und eigene Handlungsmöglichkeiten realistisch einschätzen lernen, um einem erhöhten Unfallrisiko vorzubeugen. Bewegung sollte im Sinne von Entspannung auch zur Stressbewältigung beitragen und im Hinblick auf die Konzepte der Salutogenese und der kindlichen Resilienz den Aufbau von Widerstandsressourcen und Schutzfaktoren verstärken (vgl. Bahr/Kallinich/Beudels u. a., 2012, 100 ff).

➔➔➔ **Definition:**
> Die Salutogenese ist ein medizinsoziologisches Modell nach Antonovsky, bei dem Gesundheit nicht als Zustand definiert wird. Vielmehr gibt es ein Kontinuum zwischen Krankheit und Gesundheit, auf dem der Mensch sich im Laufe seines Lebens bewegt. Um sich eher Richtung Gesundheit zu bewegen, helfen einem sogenannte generalisierte Widerstandsressourcen, auf die das Individuum zurückgreifen kann, und ein möglichst ausgeprägter Kohärenzsinn (Gefühl von Stimmigkeit und Zuversicht im Leben), der sich vor allem im Laufe der ersten dreißig Lebensjahre entwickelt.

➔➔➔ **Definition:**
> Resilienz ist das entwicklungspsychologische Modell der Fähigkeit, erfolgreich mit belastenden Lebensumständen und Stress umzugehen. Dabei stehen verschiedene Risiko- und Schutzfaktoren in komplexer Wechselwirkung.

Bewegung als Medium des Lernens

Bewegung der Kinder im Sinne von selbsttätigem Handeln und eigener Aktivität kann als wichtigste Grundlage für die kognitive Entwicklung bezeichnet werden. Den eigenen Sinneserfahrungen und selbstgesteuerten Bewegungshandlungen wurde bereits von vielen Reformpädagoginnen und -pädagogen eine große Bedeutung beigemessen. Die Arbeiten von Jean Piaget unterstreichen dieses Bedeutungsfeld ebenso wie die zunehmende Verwendung des Begriffs „Erfahrungslernen" in den Bildungsplänen. Dazu werden im bewegungsorientierten Spiel Sprachanlässe geschaffen, das Erleben von Naturphänomenen ermöglicht und auch an Zahlenstrahlen entlanggehüpft, um nur einige Beispiele zu nennen (vgl. Bahr/Kallinich, Beudels u. a., 2012, 102 ff).

„Durch Bewegung tritt das Kind in einen Dialog mit seiner Umwelt ein, Bewegung verbindet seine Innenwelt mit seiner Außenwelt. Die Welt erschließt sich dem Kind über Bewegung, Schritt für Schritt ergreift es von ihr Besitz. Mithilfe von körperlichen Erfahrungen und Sinneserfahrungen bildet es Begriffe, im Handeln lernt es Ursachen und Wirkungszusammenhänge kennen und begreifen." (Zimmer, 1992, S. 119)

Bewegung als Medium der Entwicklungsförderung

Zunehmend wird Bewegung auch als förderlich für den Aufbau und die Entwicklung der kindlichen Persönlichkeit gesehen. Das Kind wird dabei zum Akteur seiner Entwicklung und sucht sich eigenaktiv Angebote, um sich selbst und seine Handlungsmöglichkeiten zielorientiert zu verwirklichen. Bewegung ist damit nicht mehr nur Medium der Aneignung kognitiver, motorischer oder sprachlicher Grundlagen sondern seiner ganzheitlichen und individuellen Entwicklung, seiner Gesamtpersönlichkeit, die sich über einen komplexen, selbstgesteuerten Austausch mit der sozialen und materialen Umwelt bildet und entfalten kann. Nicht zuletzt aufgrund der vielseitigen Möglichkeiten von Selbstwirksamkeitserfahrungen im Bewegungsbereich wird auch ein Zusammenhang mit dem Aufbau des Selbstkonzeptes hergestellt (vgl. Bahr/Kallinich/Beudels u. a., 2012, 104 ff).

Auch wenn alle Bedeutungsfelder ihre wissenschaftliche Berechtigung haben, wird der Schwerpunkt der weiteren Ausführungen vor allem beim Feld der Entwicklungsförderung liegen. Die anderen Bereiche werden aber immer berührt, da jeder für sich auch einen Teil der ganzheitlichen Entwicklung darstellt.

3.2   Zusammenhang von Bewegung und Wahrnehmung

Nachdem die vielseitige Bedeutung von Bewegung aufgezeigt wurde, soll nun deutlich gemacht werden, in welchem Zusammenhang die Bewegung zur Wahrnehmung steht. Dass es Zusammenhänge geben muss, verdeutlicht allein schon der Begriff Sensomotorik. Er macht ein Wechselspiel von Bewegung und Wahrnehmung deutlich, das auch in den Theorien des Entwicklungspsychologen Jean Piaget eine fundamentale Bedeutung hat. Im Modell der geistigen Entwicklung nach Piaget sind sechs Stufen einer sensumotorischen Entwicklung das erste von vier Hauptstadien. Ausgehend von den bei der Geburt bereits entwickelten Sinnesfunktionen und angeborenen Reflexen als Bewegungsmöglichkeiten beschreibt Piaget, wie Kinder zunächst zufällige Erlebnisse mit einem angenehmen oder interessanten Ergebnis zu wiederholen versuchen und sich darüber erste Gewohnheiten und Handlungsschemata bilden. Diese Handlungen werden im Verlauf des sensumotorischen Stadiums, welches sich über die ersten beiden Lebensjahre erstreckt, immer zielgerichteter und zweckorientierter, später auch aktiv experimentierend und erfinderisch (vgl. Montada, 2002, S. 419 f.). Wie genau ist dieses Zusammenspiel von Wahrnehmung und Bewegung nun aber zu verstehen? An einem recht einfachen Schaubild soll dies aufgezeigt werden:

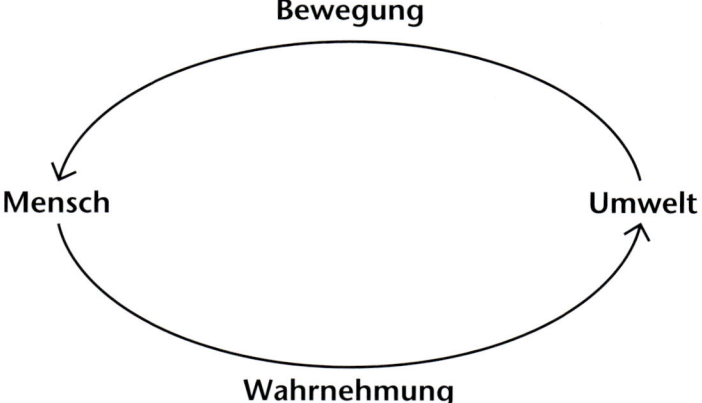

Gestaltkreis nach von Weizsäcker (vgl. Weizsäcker, 1996, S. 147 ff.).

Die Grafik soll zunächst verdeutlichen, dass die Wahrnehmung, also unsere Sinneskanäle, die einzige Möglichkeit ist, als Individuum etwas über unsere soziale und materiale Umwelt in Erfahrung zu bringen. Ohne Sinnestätigkeit hätten wir keine Vorstellung darüber, was um uns herum gerade passiert oder existent ist. Unsere Bewegung ist wiederum die einzige Möglichkeit, der Umwelt etwas von uns mitzuteilen, mit ihr in Kontakt zu treten oder auf sie möglicherweise verändernd Einfluss zu nehmen. Bewegung beinhaltet hier jegliche Formen der Kommunikation (z.B. Schreibmotorik, Sprechmotorik, Atemmodulation, Körpertonus und -haltung, Körpersprache und Mimik) und der Handlung.

Das Schaubild soll aber kein mechanistisches Menschenbild nahelegen, denn wie ein Mensch mit seinen Wahrnehmungen umgeht, wie er sie bewertet und welche Handlungen daraus unter Umständen folgen (siehe Abbildung Darstellung des Wahrnehmungsprozesses, unten) ist individuell sehr unterschiedlich. Selbst wenn zwei Menschen exakt das Gleiche wahrnehmen, was kaum vorkommt, müssten sie sich dennoch nicht gleich verhalten. Die Reaktionen könnten unterschiedlich sein, weil der Wahrnehmungsprozess immer ein subjektiver ist. Die Handlungen (also Aktionen und Reaktionen) sind immer die eines aktiv handelnden Menschen, der nicht nur auf einzelne Sinnesreize reagiert, sondern mit dem auf der Basis der Sinneswahrnehmungen entstandenen Bild der Umwelt in Beziehung tritt. „Wahrnehmung ist – bezogen auf den Prozess der kindlichen Entwicklung – von Anfang an eine komplexe, intermodale Leistung des Subjekts (der Person) auf der Basis bedeutungsgebundener Bewegungshandlungen." (Fischer, 2009, S. 62)

➜➜➜ **Definition:**
Intermodale Leistung bedeutet, dass die Informationen aus verschiedenen Sinneskanälen eng und untrennbar miteinander in Verbindung stehen.

Bezogen auf die kindliche Förderung im Bereich der Körper- und Bewegungserfahrungen wird damit eine reine Stimulation von Sinneskanälen klar abgelehnt. Die Angebote müssen für die Kinder sinnerfüllt in spielerischer Hinsicht sein. Die im Zitat oben genannten „bedeutungsgebundenen Bewegungshandlungen" sind spielerische Erlebnisse oder Erkundungen der Kinder, die eigenaktiv und selbstgesteuert eine direkte Begegnung von sich mit der Umwelt ermöglichen und darstellen. Die Kinder müssen diese Tätigkeiten selbst wollen und suchen oder eine Bedeutung für sich darin erkennen können.

Um die Subjektivität des Wahrnehmungsprozesses zu verdeutlichen, kann ein weiteres Schaubild einen Überblick verschaffen, welches das ständige, untrennbare Wechselspiel von Wahrnehmung und Bewegung weiter ausdifferenziert.

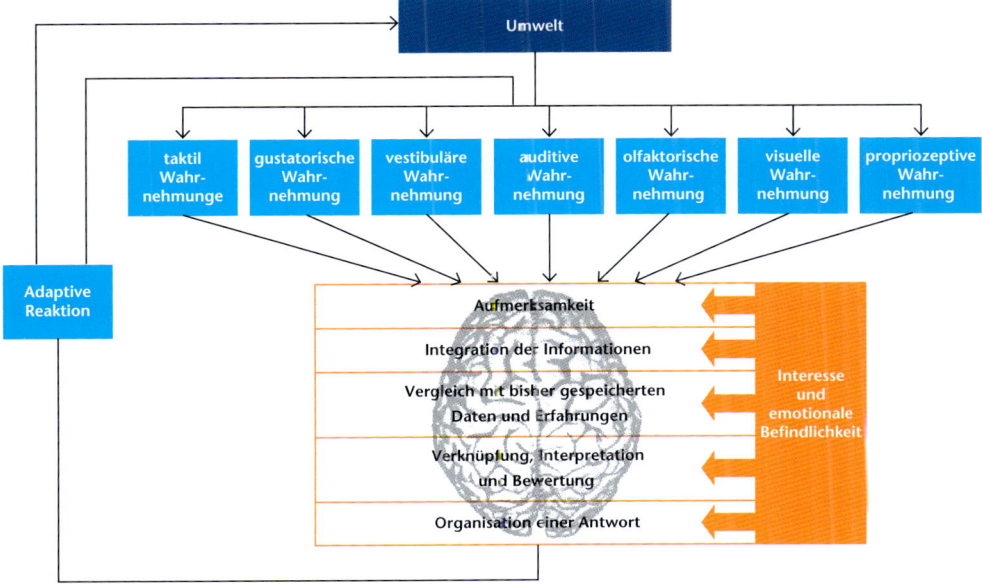

Darstellung des Wahrnehmungsprozesses (vgl. Zimmer, 2010, S. 47).

Über die dem Menschen zur Verfügung stehenden sieben Sinneskanäle werden dem Gehirn Informationen über die Umwelt geliefert. Alle zeitgleich dort eintreffenden Daten werden, je nach Aufmerksamkeitszustand oder -fokus zueinander in Beziehung gesetzt (sogenannte sensorische Integration). Der daraus entstandene Sinneseindruck wird mit eigenen biografischen Erfahrungen abgeglichen und möglicherweise verknüpft. Anhand dieser Verknüpfung oder Nicht-Verknüpfung wird das Ganze interpretiert und bewertet, also entschieden, ob das Wahrgenommene z. B. eher angenehm oder gar bedrohlich ist, ob überhaupt eine Reaktion erforderlich oder sinnvoll sein könnte. Das Ergebnis dieser Verarbeitung führt zur Organisation einer Antwort, also einer Handlung, die aber immer nur aus dem individuellen, ebenfalls biografisch geprägten Fundus verfügbarer Handlungsmöglichkeiten kommen kann. Aus diesen wird diejenige ausgewählt, die besonders nahe liegt oder den größten Erfolg zu versprechen scheint. Dieser gesamte Verarbeitungsprozess im Gehirn ist auf allen Stufen immer vom Interesse und der emotionalen Befindlichkeit des Individuums geprägt. Die gleichen Eindrücke würden demzufolge je nach Gemütszustand eher positiv oder negativ bewertet werden. Die eigene organisierte Antwort zeigt sich der Umwelt in Form einer adaptiven Reaktion bzw. des dem Verarbeitungsprozess entsprechenden Verhaltens, welches vom Individuum auch wieder in Form einer Selbstwahrnehmung aufgenommen und verarbeitet werden kann.

Bearbeitungsmöglichkeit in der Lehre oder im Selbststudium

SITUATION

Im Bewegungsraum sind für das heutige Angebot an die Vorschulgruppe bereits Luftballons vorbereitet, die im Raum liegen. Die ersten Kinder rennen mit Begeisterung in den Raum und fangen an die Ballons zu treten und zu werfen, schon bald fliegen die meisten Ballons hoch in die Luft. Lediglich zwei Kinder bleiben am Eingang stehen und schauen eher ängstlich dem bunten Treiben zu. Als sie gebeten werden, sich wenigstens im Raum an den Rand zu setzen, beginnt eines der beiden Kinder zu weinen.

Setzen Sie sich mit dem Fallbeispiel bezüglich der Subjektivität des Wahrnehmungsprozesses auseinander:

1. *Was könnte die beiden abwartenden Kinder dazu gebracht haben, nicht den Raum zu betreten?*

2. *Wie könnte sich Ihr Umgang mit den beiden Kindern verändern, wenn sich die Situation bei einer Vorführstunde im Rahmen Ihrer Ausbildung ergeben würde? Wie erklären Sie sich das?*

3. *Finden Sie andere Situationen mit Kindern, bei denen die Bewusstmachung der Subjektivität des Wahrnehmungsprozesses eine Erklärungshilfe für Sie sein könnte!*

Für eine vertiefende Auseinandersetzung mit den Sinnessystemen wird eine Übersicht von Renate Zimmer (2010, S. 60 f) empfohlen.

METHODE/ TIPP

Filmbeispiel
Zimmer, Renate: Mit allen Sinnen lernen. Wahrnehmungsförderung durch Bewegung. DVD. Freiburg, Herder, 2011.

3.3   Motorische Entwicklung

Das Zusammenwirken von Wahrnehmung und Bewegung spielt nicht nur für die geistige Entwicklung oder die aktive Erforschung und Auseinandersetzung mit der Umwelt eine Rolle. Auch für die motorische Entwicklung stellt diese untrennbare Verbindung die Basis für Veränderung dar.

Bevor man sich mit den ersten Schritten eines Kindes und dem Weg dorthin beschäftigt, muss man sich bewusst machen, dass die motorische Entwicklung bereits im Mutterleib beginnt. Schon weit vor der Geburt, im ersten Schwangerschaftsdrittel, entwickeln sich beim Kind alle Bewegungsmuster, über die es bei der Geburt verfügt. Eine große Veränderung mit der Geburt ist das Einwirken der Schwerkraft auf den Körper des Kindes. Das erste Lebensjahr des Kindes ist daher aus motorischer Sicht als Phase der Auseinandersetzung mit und Aufrichtung gegen die Schwerkraft zu sehen. Das Neugeborene kann z. B. den Kopf nicht alleine halten oder heben, weil es bisher keine ausreichende Muskelkraft dafür entwickeln konnte. Aus anatomischer Sicht ist die Muskulatur dafür bereits vorhanden. Von zunächst eher nicht gerichteten Massenbewegungen zu Beginn (z. B. Strampeln mit den Beinen) entwickelt das Kind im Verlauf der ersten zwölf Lebensmonate erste koordinierte Bewegungen. Um den 13. Lebensmonat herum machen die meisten Kinder die ersten Schritte. Dabei gibt es aber zeitliche Abweichungen von bis zu fünf Monaten (sowohl früher als auch später), die nicht pathologisch gesehen werden.

Während das zweite und dritte Lebensjahr über weitere Selbsterfahrung von der Aneignung unterschiedlichster Bewegungsformen geprägt ist, werden ab dem vierten Lebensjahr diese Alltagsbewegungen und erlernten Bewegungsfertigkeiten vervollkommnet und immer feiner koordiniert. Erste komplexere Bewegungskombinationen können im Vorschulalter beobachtet werden. Wenn die Kinder weiterhin die Möglichkeit und Anregung zur Bewegung bekommen, nehmen die motorischen Fertigkeiten immer weiter zu und werden zunehmend auch spezifischer, unter soziokulturellen Einflüssen z. B. auch sportartenorientierter.

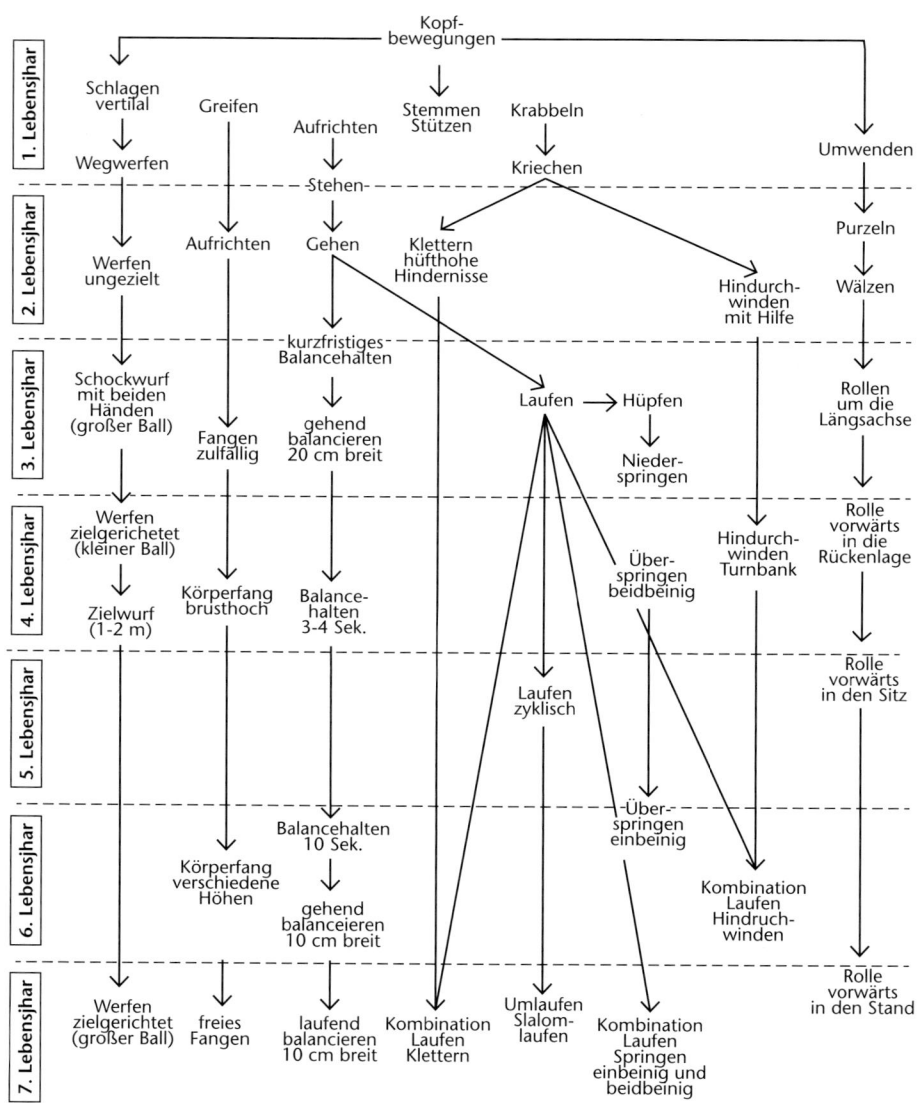

Motorische Entwicklungstabelle (Zimmer, 2013, S. 77)

Die Altersangaben sind immer nur als Orientierungswerte zu verstehen. Beispielsweise können Kinder im 5. Lebensjahr motorisch bis zu 18 Monate im Voraus sein, ebenso wie sie 18 Monate hinter der Angabe zurückliegen können. Damit sind diese Kinder aber nicht automatisch als Überflieger oder therapiebedürftig anzusehen. Zum einen sind große Unterschiede in diesem Alter häufig durch Entwicklungsschübe zu erklären, zum anderen haben Kinder immer ein unterschiedliches Entwicklungstempo, was allein noch keine Aussagekraft über die zu prognostizierenden motorischen Möglichkeiten als Jugendlicher hat. Einfluss hat neben den Genen immer eine anregende oder hemmende Umgebung. Von daher ist es für die Kinder wichtig, entwicklungsförderliche Angebote und Möglichkeiten eröffnet zu bekommen, die ihrem individuellen Entwicklungsstand entsprechen. Um dieses Niveau einzuschätzen, kann die obige Übersicht helfen. Für die Angebotsgestaltung geben die Verbindungslinien eine gute

Orientierung: Wenn ein Kind beispielsweise mit 5 Jahren noch keine Rolle vorwärts beherrscht, sollte zunächst erhoben werden, auf welchem – in der Grafik darüber liegenden – Niveau sich das Kind befindet. So sind Rollen um die Längsachse und eine intensive Auseinandersetzung damit eine Vorstufe für das Vorwärtsrollen. Der Fünfjährige, der bisher nur Längsrollen macht, braucht demnach noch mehr Möglichkeiten, diese zu erfahren und auszuprobieren, andererseits evtl. ein Modell als Vorbild (z. B. durch ein anderes Kind), das ihn zur nächsten Stufe, der Rolle vorwärts in die Rückenlage, anregen könnte. Mit diesem Kind isoliert Vorwärtsrollen in den Sitz zu üben, weil es altersentsprechend wäre, ist wenig sinnvoll.

Ein anderer Punkt für die Auswahl von Bewegungsspielen wird deutlich, wenn man einen Blick auf die in der tabellarischen Übersicht erst weit unten genannten Kombinationen von Bewegungsformen wirft. Kinder sind oft noch mit der Vervollkommnung einzelner Fertigkeiten beschäftigt, wofür sie Raum und Zeit benötigen. Ein von Erwachsenen eingefordertes gezieltes Üben von Bewegungskombinationen kann für manche Kinder eine Überforderung darstellen und ihrem individuellen Entwicklungstempo widerstreben. Auch wenn Kinder immer wieder bestimmte Spiele einfordern und wünschen, gilt es dabei immer die einzelnen Kinder der Gruppe und deren Entwicklungsstand im Blick zu haben, sodass jedes Kind mit seinen persönlichen Möglichkeiten am Spiel teilnehmen und sich erfreuen kann. Dies kann u. U. kleine oder größere Regeländerungen und Variationen im Spiel erfordern.

Bearbeitungsmöglichkeit in der Lehre oder im Selbststudium

1. *Überlegen Sie unter Zuhilfenahme der motorischen Entwicklungstabelle, welches Spielangebot für Vierjährige in Bezug auf Fangen und Werfen altersgerecht wäre.*

2. *Welche Spiele mit Fangen und Werfen wären für die meisten Kinder dieses Alters eher überfordernd? Woran machen Sie das fest?*

3. *Welche Angebote bräuchte ein vierjähriges Kind, das noch nicht altersentsprechend im motorischen Bereich des Werfens und Fangens entwickelt ist?*

3.4 Körpererfahrungen

Von allen Erfahrungsbereichen ist der der Körpererfahrung als grundlegendster zu sehen. Erst mit dem Körper kann ein Kind Erfahrungen in, mit und über die materiale und soziale Umwelt machen.

„Sein Körper ist Mittler und Vermittlung zwischen körperhaft individuellem und welthaftem Leben. Seine leiblichen Möglichkeiten sind Träger und Vermögen zu bestimmten Handlungen und Bewegungen, sind – konkret gesprochen – die Voraussetzung, irgendwohin zu rennen oder vor irgendetwas davonzulaufen, auf etwas hinaufzuklettern und herunterzuspringen; sie eröffnen (oder verschließen) zugleich die Möglichkeiten für zu lernende Handlungen und Bewegungen, sind also auf Zukünftiges hin orientiert. [...] sie eröffnen die Umwelt, erschließen sie räumlich, und die Gegenstände der Umwelt erhalten für das Kind durch sein körperliches Können überhaupt erst den Charakter der ‚Hantierbarkeit‘. [...] Körperliche Möglichkeiten und Voraussetzungen stellen für Kinder sozusagen das Medium dar, soziale Verbindungen aufzubauen, Beziehungen zu anderen zu entwickeln, Kontakte wahrzunehmen, mithin sozial handlungsfähig zu werden." (Grupe, 1992, S. 13, gekürzt)

Strukturierung des Komplexes Körpererfahrung

Mit dem menschlichen Körper beschäftigen sich viele verschiedene Wissenschaftsdisziplinen. Neben der Biologie, der Medizin und dem Sport ist der menschliche Körper auch Thema der Soziologie, der Psychologie, Ethnologie und vieler anderer Bereiche. Selbst für die bewegungswissenschaftlichen Disziplinen existiert bis heute kein allen Ansprüchen genügendes Strukturmodell, das eine einheitliche Terminologie für die Körpererfahrungsbegriffe bereitstellt. Dennoch ist es sinnvoll und unerlässlich, sich mit der Thematik auseinanderzusetzen, denn dadurch wird erst deutlich, wie weit dieser Komplex reicht. Entsprechend wichtig und vielseitig stellen sich auch die möglichen Angebote und Gelegenheiten von Körpererfahrungen für Kinder dar.

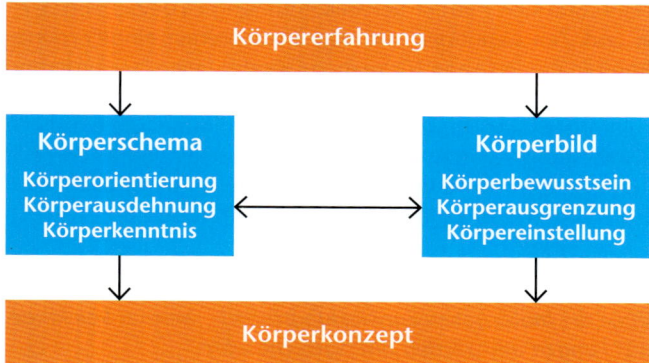

Strukturmodell zur Körpererfahrung (vgl. Bielefeld, 1991, S. 17 und Eggert/Reichenbach/Bode, 2010, S. 32).

In dem obigen Schema werden zwei Komponenten von Körpererfahrungen aufgezeigt: Unter Körperschema werden alle perzeptiv-kognitiven Leistungen des Menschen bezüglich seines eigenen Körpers gefasst. Perzeption ist hier als die reine Reizaufnahme durch die Rezeptoren zu verstehen, also der neurophysiologische Teil des Wahrnehmungsprozesses, der noch frei von subjektiven Empfindungen, Bewertung und Interpretation ist (vgl. Kap. 3.2). Somit könnte man das Körperschema als eher objektive Komponente bezeichnen. Unter Körperbild werden alle emotional-affektiven Leistungen des Menschen bezüglich seines eigenen Körpers gefasst. Diese Komponente ist deutlich subjektiver geprägt. So ist z.B. die Körperlänge oder auch der Bauchumfang ein relativ objektiver Fakt, also auf die Seite des Körperschemas gehörend. Wie der Mensch selbst seine eigene Körperlänge oder seinen Bauchumfang findet und beurteilt, ist dagegen ein subjektiver Fakt und dem Körperbild zuzuordnen.

Körperschema

Dem Körperschema werden drei Unterpunkte zugeordnet, die auch die Vielschichtigkeit dieser Komponente deutlich werden lässt.

Körperorientierung

Dieser Aspekt wird auch als Körperschema im engeren Sinne bezeichnet. Es geht um die Orientierung am und im Körper, die mithilfe der Rezeptoren für Oberflächen- und Tiefensensibilität, also dem taktil-kinästhetischen System realisiert wird. In diesem Bereich fallen z.B. die Lokalisation von taktilen Reizen und das Empfinden für die eigene Körperhaltung und die -bewegungen. Darüber hinaus entwickelt sich im Lauf der Kindheit eine immer differenziertere schematische Vorstellung über den eigenen Körper.

Selbsterfahrungsmöglichkeit der Körperorientierung in der Lehre oder im Selbststudium

1. *Setzen Sie sich und schließen Sie die Augen. Nun versuchen Sie, bei einer weit ausholenden Armbewegung mit dem Zeigefinger die eigene Nasenspitze (oder einen anderen vorher festgelegten, körpereigenen Punkt) zu berühren.*

2. *Suchen Sie sich einen Partner und stellen Sie sich gegenüber auf. Eine Person hält ihre Arme und Hände in einer frei gewählten Position in der Luft. Nachdem die gegenüberstehende Person sich die Position angesehen hat, schließt sie die Augen und versucht, ihre Arme und Hände in die gleiche (bzw. spiegelbildliche) Position zu bringen. Dann öffnen Sie die Augen wieder und vergleichen die Positionen miteinander.*

Körperausdehnung

Hierbei geht es um die kognitive Einschätzung der eigenen körperlichen Höhe, Breite usw. Diese spielt meistens unbewusst im Alltag eine Rolle beim Durchschreiten von Türen oder bei jeder Bewegung im Raum mit Hindernissen in Form von Material oder Menschen. Kleinkinder wollen sich zu der Puppe ins Puppenbett legen, wenn sie müde sind oder versuchen, sich zwischen zwei Stühlen hindurchzuschieben, die viel zu eng beieinander stehen, weil ihre Vorstellung der eigenen Körperausdehnung im Raum noch nicht so weit entwickelt ist. Mit dem Wissen über die Ausmaße des eigenen Körpers werden Kinder nicht geboren, aber durch viele Erfahrungen bilden sie eine geistige Vorstellung davon, die gerade im Kindes- und Jugendalter wachstumsbedingt immer wieder verifiziert und angepasst wird.

Selbsterfahrungsmöglichkeit der Körperausdehnung in der Lehre oder im Selbststudium

1. *Stellen Sie sich mit dem Rücken an eine Wand und lassen Sie eine andere Person vor Ihnen auf dem Fußboden einen Gymnastikstab (oder Holz o. Ä.) quer hinlegen. Geben Sie selbst Anweisungen, ob und wie viel näher oder weiter weg dieser Stab gelegt werden muss, damit Sie, wenn Sie sich auf den Boden legen, den Stab genau mit Ihrem Scheitel oder den Fingerspitzen der über den Kopf gestreckten Arme berühren.*

2. *Stellen Sie sich mit dem Rücken an eine Wand und lassen Sie zwei andere Personen in vier Meter Entfernung einen Stab quer und hüfthoch in der Luft halten. Geben Sie selbst Anweisungen, ob und wie viel höher oder tiefer der Stab gehalten werden soll, damit Sie aufrecht unter dem Stab durchgehen können und nur Ihr oberster Haarschopf den Stab berührt.*

3. *Stellen Sie sich mit dem Rücken an eine Wand und lassen Sie zwei andere, sich gegenseitig zugewandte Personen in vier Meter Entfernung je einen Stab senkrecht vor sich halten, so dass die Stäbe sich fast berühren. Geben Sie selbst Anweisungen, wie viel weiter auseinander die Stäbe gehalten werden müssen, damit Sie durch die Lücke hindurch gehen können, so dass Sie nur leicht mit den Körperseiten die Stäbe berühren.*

Körperkenntnis

Darunter wird das faktische Wissen über den eigenen Körper, seinen Bau und seine Funktionen verstanden. Diese Erkenntnisse eignen sich Kinder auch über praktische Erfahrungen an („Wenn ich lange renne, atme ich danach schneller und ich spüre, wie mein Herz pocht."), die in Verbindung mit dem über Jahrhunderte entstandenen medizinisch-biologischen Wissen der Gesellschaft eine Art Körperwissen ermöglichen. Dazu gehören neben dem Benennen von Körperteilen auch altersangemessene Kenntnisse über physiologische Zusammenhänge und eine Unterscheidung von rechts und links.

Körperbild
Diese Komponente wird bei Eggert, Reichenbach und Bode (2010) auch als Körpergefühl bezeichnet, womit betont werden soll, dass es sich um stark emotionale Aspekte handelt.

Körperbewusstsein
Mit dem Begriff Körperbewusstsein wird die auf den eigenen Körper gerichtete Aufmerksamkeit bezeichnet, also wie bewusst ein Mensch sich mit seinem eigenen Körper auseinandersetzt und ihn wahrnimmt. Diese Aufmerksamkeit kann vom Individuum mehr oder weniger bewusst gesteuert oder beeinflusst werden, weshalb dieser Aspekt auf der subjektiven Seite im obigen Schema zum Strukturmodell der Körpererfahrung zu finden ist. Vor allem kleine Kinder haben meistens noch eine sehr direkte Aufmerksamkeit auf den eigenen Körper und bringen Körpersignale wie z. B. Hunger, Freude oder Schmerz im Gegensatz zu den meisten Erwachsenen unmittelbar zum Ausdruck.

Körperausgrenzung
Vereinfacht könnte man auch von Körpergrenzen sprechen. Es geht um das Erleben des eigenen Körpers in deutlicher Abgrenzung zur Umwelt, was gerade für Kleinkinder noch nicht als gesichert gilt. Den meisten gesunden Erwachsenen sind diese Körpergrenzen nicht bewusst, aber dennoch verfügbar. Wenn ein Kleinkind mit einer Rassel hantiert, ist es sich zuerst nicht sicher, ob der eigene Körper oder ein nicht-körpereigener Gegenstand das Geräusch macht bzw. ob die Rassel Teil des Körpers ist. Durch vielfältige Erfahrungen wächst die Sicherheit über die eigenen Körpergrenzen.

Selbsterfahrungsmöglichkeit der Körperausgrenzung in der Lehre oder im Selbststudium

1. Legen Sie sich auf eine feste Matte oder Unterlage und lassen Sie sich von einer Partnerin oder einem Partner eng am Körper mit Kleinmaterialen wie z. B. Kastanien, Steinen, Kronkorken oder Gardinenblei umlegen, so dass Sie ein Abbild von Ihren Körperkonturen erhalten.

2. Legen Sie sich auf ein Stück Papier oder Tapete, welches groß genug für Ihren gesamten Körper in Länge und Breite ist. Lassen Sie sich dann von einer Partnerin oder einem Partner Ihre Körperumrisslinie mit einem dicken Stift auf dem Papier nachzeichnen.

Körpereinstellung
Die Einstellung zum eigenen Körper und auch zur eigenen Körperlichkeit bezeichnet, welche körperbezogenen Zuschreibungen existieren, die immer auch im Kontext von Kultur und Zeitgeist zu sehen sind. Es geht um die Fragen, wie zufrieden jemand mit dem eigenen Körper und seinen Merkmalen ist und auch wie sehr man sich überhaupt mit dem eigenen Körper auseinandersetzen möchte, wie sehr man sich im eigenen Körper zu Hause fühlt.

Selbsterfahrungsmöglichkeit der Körpereinstellung in der Lehre oder im Selbststudium

Nehmen Sie Ihr unter dem Aspekt der Körperausgrenzung entstandenes Körperumrissbild auf Papier und gestalten Sie es als bekleidete Person mit Stiften, Fingerfarben, Naturmaterialien usw. in einer Form, dass Sie am Ende mit Ihrem „bearbeiteten Selbst" zufrieden sind, indem Sie Ihre möglichen körperbezogenen Wünsche durch Kaschieren, Überzeichnen usw. am Umrissbild realisieren.

3.5   Körpererfahrungen und Selbstkonzept

Beide Komponenten der Körpererfahrung, Körperschema und Körperbild, stehen in aufeinander bezogener Wechselbeziehung. An den meisten Körpererfahrungen sind mehrere Aspekte beteiligt und beide Komponenten sind immer auch mit im Spiel. So ist z. B. für die Sicherung der Körperausgrenzung ein Mitwirken der Oberflächen- und Tiefensensibilität im Rahmen der Körperorientierung unabdingbar. Andererseits ist es für die meisten Menschen kaum vorstellbar, sich z. B. mit dem Thema der Körperausdehnung zu beschäftigen, ohne dass auch subjektive Aspekte wie z. B. die Körpereinstellung ins Bewusstsein kommen. Von daher ist die Strukturierung ein Theoriekonstrukt, das über die Wechselwirkung und die Untrennbarkeit der beiden Komponenten nicht hinwegtäuschen darf.

Aus der Summe all dieser Körpererfahrungen bildet sich im Laufe der Zeit ein dynamisches Körperkonzept, welches immer wieder an aktuelle Veränderungen angepasst wird. Dieses Körperkonzept ist wiederum ein wichtiges Element des Selbstkonzeptes (vgl. Eggert/Reichenbach/Bode, 2010, S. 29).

Der Zusammenhang wird anhand eines Schaubilds verdeutlicht:

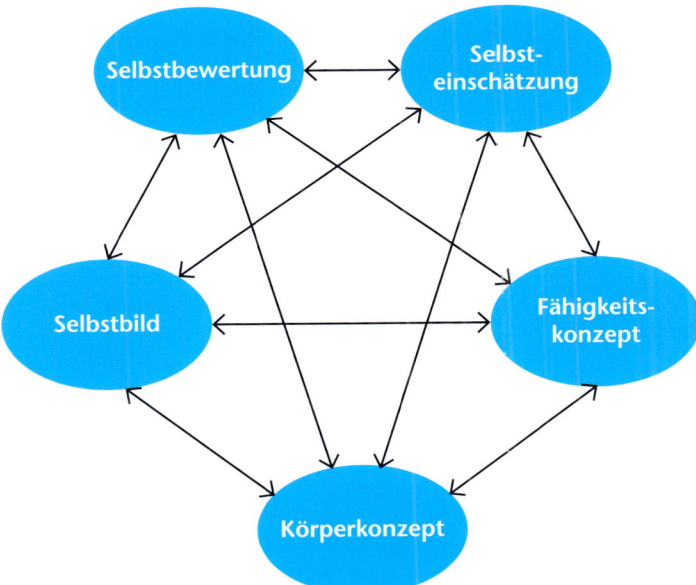

Das lebendige System des Selbstkonzeptes (vgl. Eggert/Reichenbach/Bode, 2010, S. 29).

Das Körperkonzept wird hier als eines der fünf wichtigsten Elemente des Selbstkonzeptes gesehen. Des Weiteren wird in dem Modell das Fähigkeitskonzept genannt, welches sich auf die Selbstwahrnehmung eigener Leistungen und Fähigkeiten bezieht. Diese Einschätzung kann sich von der Bewertung durch andere Menschen unterscheiden, wenn z. B. das Ziel einer Handlung von Beobachtern anders interpretiert wird. Die Selbsteinschätzung beschreibt, wie hoch oder niedrig ein Mensch sich und seine eigene Handlungskompetenz einschätzt und ist sehr stark von Faktoren aus der Umwelt beeinflusst. So hängt die Selbsteinschätzung mit dem angenommenen Ansehen in der Gruppe zusammen, aber auch mit vergangenen, eigenen Erfahrungen. Diese Selbsteinschätzung ist sehr stark an das zuvor genannte Körper- und Fähigkeitskonzept gebunden.

Die Selbstbewertung und das Selbstbild werden durch die drei zuvor genannten Elemente geprägt. Dabei ist die Selbstbewertung die subjektive Seite. Sie beinhaltet, wie man eigene Handlungen und Verhaltensäußerungen emotional beurteilt und wie man mit seinen Bewertungen emotional umgeht. Das Selbstbild ist eher als die weitestgehend objektive Seite zu verstehen. Wie sieht eine realistische Einschätzung der eigenen Kompetenzen aus, wie sieht jemand sich selbst und seine Handlungen „nach innen", ohne dass er es auch nach außen, anderen Menschen gegenüber, so beschreiben würde? Besonders bei diesen beiden letzten Faktoren spielt die wahrgenommene Fremdeinschätzung eine große Rolle, die sich nicht unbedingt mit der wirklichen Einschätzung durch andere Menschen decken muss. Die angenommene Einschätzung durch Personen, die einem emotional besonders bedeutsam sind, hat dabei den größten Einfluss auf das Selbstkonzept.

Bearbeitungsmöglichkeit in der Lehre oder im Selbststudium

Lesen Sie zunächst das nachfolgende Fallbeispiel mit seinen drei Varianten.

SITUATION

Ein fünfjähriger Junge springt in einer Bewegungsstunde zu Beginn langsam und vorsichtig von der Sprossenwand auf eine davor liegende Weichbodenmatte. Er springt immer wieder von der fünften Sprosse von unten. Obwohl er auch schon vereinzelt auf die sechste und siebte Sprosse hochsteigt, klettert er nach einer Zeit des Verweilens zum Springen wieder auf die fünfte Sprosse hinunter. Auch von dieser springt er erst nach einer Weile des Innehaltens.

Die Szene verändert sich, als zwei andere Jungen dazukommen, die gleich auf die achte und neunte Sprosse steigen, um von dort hinunterzuspringen. Sie versuchen sich gegenseitig zu überbieten und kommentieren die Sprünge des jeweils anderen immer wieder mit Sprüchen wie z. B. „Das ist ja was für Babys – guck mal, von wo ich springe!" Ohne dass er von den anderen näher beachtet wird, schaut der Junge, der zuerst allein an der Sprossenwand war, den beiden etwa zwei Minuten zu. Dann verlässt er den Schauplatz und schlendert eher ziellos durch den Bewegungsraum, weg von der Sprossenwand und schaut, was die anderen Jungen und Mädchen machen.

Eine aufmerksame Erzieherin hat die Situation beobachtet und möchte dem Jungen helfen, da sie ihn auch sonst als wenig selbstbewusst und leicht zu verunsichern einschätzt.

Variante A:

Die Erzieherin geht auf den Jungen zu und sucht den Austausch mit ihm: „ Na, hast du keine Lust mehr zu springen?" – „Nein." – „Weißt Du schon, was du jetzt vielleicht machen magst?" – „Nein." – „Willst Du vielleicht mal über die Brücke dahinten gehen?" – „Nein, will ich nicht." – „Du hast doch letzte Woche so ein großes Haus aus den Schaumstoffbausteinen gebaut. Da hinten bauen gerade Lia und Sven. Die hatten mich eben schon gebeten, dass ich helfen komme. Ich glaube, Du wärst auch eine große Hilfe für sie. Kommst Du mit?" – „Ja, gut." Die Erzieherin begleitet den Jungen zu den beiden Kindern und erkundigt sich, was gebaut werden soll. Sie bindet den mit ihr gekommenen Jungen in den Hausbau mit ein und baut auch selbst zunächst mit. Als das gemeinsame Bauen immer besser zwischen den Kindern untereinander klappt und sie gut miteinander im Austausch sind, zieht sich die Erzieherin mit den Worten zurück, dass sie an einer anderen Stelle gebraucht wird.

Variante B:

Die Erzieherin geht auf den Jungen zu und erkundigt sich nach seinen Sprüngen: „Ich habe gesehen, dass Du heute einige Male auf der sechsten und siebten Sprosse warst. War es zum Springen dann doch zu hoch?" – „Ja. Die anderen springen aber von ganz oben. Ich kann nur Baby-Sprünge." – „Wieso Baby-Sprünge? Sagen die anderen das?" – „Ja, ich kann das nicht so gut wie die." – „Aber Babys springen da gar nicht runter. Man muss ja auch nicht von ganz oben springen. Ich bin froh, dass Du überlegst, was Du Dir zutraust. Letzte Woche bist Du zum ersten Mal von der fünften Sprosse gesprungen, heute bist Du wie selbstverständlich von dort immer wieder gesprungen. Das hat Dir scheinbar nichts mehr ausgemacht." – „Ja, aber die anderen springen von höher." – „ Dann warte doch, bis sie dort weg sind. Überlege mal, was Du so lange spielen oder ausprobieren willst. Wenn die Sprossenwand wieder frei ist, gebe ich Dir Bescheid." – „O. k., danke."

Variante C:

Die Erzieherin geht auf den Jungen zu und fragt, ob er nicht mehr springen will. „Nein, die anderen springen immer von ganz oben. Das traue ich mich nicht." – „Du kannst doch trotzdem von weiter unten springen!?" – „Nein, dann lachen die mich aus. Außerdem traue ich mich gar nicht mehr hochzuklettern, wenn die anderen da ständig springen." – „Da könnten wir doch eine Reihenfolge ausmachen. Soll ich mitkommen und Dir beim Springen ein wenig zuschauen?" – „Ja, aber ich traue mich nicht von so hoch." – „Das macht doch nichts. Ich schaue Dir trotzdem gerne zu. Vielleicht kann ich Dir auch helfen." Die Erzieherin begleitet den Jungen zurück zur Sprossenwand und kann die anderen Jungen überzeugen, dass eine Reihenfolge gut wäre, dann würden alle auch gleich oft springen können. Als der Junge, der mit der Erzieherin zurückgekommen ist, zum zweiten Mal dran ist, geht er auf die siebte Sprosse und überlegt dort einen Moment. Die anderen Jungen werden ungeduldig und beschweren sich, dass es so lange dauert. „Jetzt seid ihr gerade nicht dran. Da müsst ihr einen Moment warten. Ihr müsst auch nicht sofort springen. Er braucht halt noch einen Moment", mischt sich die Erzieherin ein. Als der Junge auf die sechste Sprosse runterklettert erkundigt sich die Erzieherin: „Hilft es Dir vielleicht, wenn ich mich hier direkt hinter die Matte stelle. Dann kannst Du nicht darüber hinaus fallen." Konzentriert nickt der Junge an der Sprossenwand. Nach ein paar Momenten springt er von der sechsten Sprosse und landet freudestrahlend unten. Nachdem der Junge die Matte wieder für die anderen freigemacht hat, bestätigt ihn die Erzieherin: „Jetzt bist Du tatsächlich von der sechsten Sprosse gesprungen. Da geht es tief runter, oder?" Nach der anfänglichen Freude kommentiert der Junge den eigenen Sprung: „Das habe ich aber nur geschafft, weil Du mir geholfen hast." – „Was habe ich denn gemacht? Ich habe hier nur an der Matte gestanden und Dich gar nicht berührt. Gesprungen bist Du ganz alleine. Und über die Matte hinaus bist Du auch nicht gefallen." Dazu sagt der Junge nichts weiter und wartet, dass er wieder mit Springen an der Reihe ist.

Aufgaben zum Text

Sie haben drei verschiedene Handlungsbeispiele gelesen, wie eine Erzieherin versucht, ein möglicherweise negatives Selbstkonzept des Kindes positiv zu beeinflussen.

1. Vergleichen Sie die Varianten und diskutieren Sie den jeweiligen Ansatzpunkt der Erzieherin.

2. Welche der Schlagwörter Sicherheit, Stärkenorientierung, individuelle Bezugsnorm, Wertschätzung, Selbstwirksamkeit und Bewusstmachung von Fortschritten können Sie mit den einzelnen Varianten in Verbindung bringen?

3. Welcher Variante fühlen Sie sich persönlich am nächsten?

4. Welche anderen Varianten halten Sie noch für sinnvoll?

Ziel der Aufgabe ist es, die eigenen Handlungsimpulse zu reflektieren und zu begründen.

3.6   Themen der Körpererfahrung

Nachdem der Bereich der Körpererfahrungen zunächst eher theoretisch betrachtet wurde, sollen im Folgenden auch Ideen für die praktische Umsetzung entwickelt werden. Wie können den Kindern Erfahrungen mit ihrem Körper ermöglicht werden, welche Themen können aus dem weiten Feld der Körpererfahrung für Kinder angeboten werden bzw. mit welchen Themen setzen sich Kinder immer wieder auseinander, wenn sie sich bewegen? Dazu soll eine Übersicht hilfreich sein, die einige Beispiele aufführt, welche aber nur zur ersten Orientierung dienen können, um weitere Ideen zu generieren.

Beispiele für Themen von Körpererfahrungen (vgl. Irmischer, 2000, S. 17).

Für die Planung, Begleitung und Reflexion von Bewegungsstunden können diese Beispiele hilfreich sein. Einerseits können gezielt Themen von Körpererfahrungen ausgewählt werden, für die ein Angebot gestaltet werden soll. Dazu werden mögliche Gestaltungsideen von Erfahrungsräumen oder Spielideen gesammelt, in denen das jeweilige Thema für die Kinder selbsttätig handelnd erlebbar wird.

Bearbeitungsmöglichkeit in der Lehre oder im Selbststudium

*Mögliche Planungen zum Thema „Sich auf unterschiedlichen Bodenbeschaffenheiten fortbe-
wegen" können z. B. Bewegungslandschaften (siehe Kap. 3.8.3) sein, bei denen die Kinder sich
beim Bespielen des Aufbaus z. B. über dicke Weichbodenmatten, normale Turnmatten, Holz-
bänke, Teppichfliesen, dicke Taue, wackelnde Untergründe oder leicht nachgebende Untergründe fortbewegen.*

*Ein stärker strukturiertes Angebot ist eine Barfuß-Fühlstrecke, bei denen die Kinder unterschied-
liche Bodenbeschaffenheiten in kleinen Holzkästen oder Plastikwannen angeboten bekommen,
die mit unterschiedlichen Materialien gefüllt sind. Dafür brauchen die Kinder nicht die Augen
verbunden zu bekommen, das ist für das angestrebte Förderziel nicht vonnöten. Ein Rahmen
kann z. B. durch die Geschichte „Wir gehen auf Bärenjagd" (Rosen/Oxenbury 2009) gegeben
werden: Die verschiedenen Etappen der Geschichte werden durch Spielmaterialien nachgestellt
und damit erlebbar gemacht.*

*Überlegen Sie sich zu weiteren Beispielen für Themen der Körpererfahrung praktische Umset-
zungsmöglichkeiten in Form von Bewegungslandschaften oder Spielen.*

Andererseits können Bewegungsangebote auch eher offen gestaltet und die Kinder dabei
begleitet werden, sodass es in der anschließenden Reflexion der Bewegungsstunde zu einer
Analyse der Tätigkeiten der Kinder kommt. Hierbei wird im Nachhinein zusammengetragen,
welches Kind sich mit welchen Spielen, Aufbauten oder Tätigkeiten beschäftigt und auseinandergesetzt hat. Dann wird überlegt, welche Themen im Bereich der Körpererfahrung
(oder anderen Erfahrungsbereichen) das Kind in der Stunde hatte und damit auch festgestellt, welcher individuelle Kompetenzgewinn aus dem Angebot gezogen wurde. Zudem
kann eine solche Analyse auch helfen, mögliche Themen der Kinder zu erkennen und passende Angebote in weiteren Stunden anzubieten. Dabei wird es immer wieder zu Über-
schneidungen von Themen kommen, die auch über den Erfahrungsbereich Körpererfahrung
hinausgehen können, was den dynamischen, ganzheitlichen Entwicklungsprozess der Kinder
deutlich werden lässt.

Bearbeitungsmöglichkeit in der Lehre oder im Selbststudium

Lesen Sie zunächst das nachfolgende Fallbeispiel.

Fallbeispiel

Eine Kindergruppe darf zu Beginn der Stunde den Bewegungsraum frei nutzen. Lediglich eine
schräge Ebene ist mit einer dicken Matte auf zwei Turnbänken an der Sprossenwand
aufgebaut. Sofort rennen die meisten Kinder quer durch den Raum. Relativ schnell beginnen
die Kinder, sich gegenseitig zu fangen. Daraus entwickelt sich ein Fangspiel für alle, bei dem
es nur noch eine Person gibt, die fängt. Die schräge Ebene wird zum Aus erklärt, auf dem
man nicht gefangen werden darf. Bald sind einige Kinder eher auf der Matte zu finden als
beim Laufen. In ihren Gesichtern erkennt man aber, wie sehr sie mit den anderen Kindern
mitfiebern, wenn diese von der Fängerin oder dem Fänger verfolgt werden. Sobald sich ein
verfolgtes Kind ins Aus gerettet hat, läuft mindestens ein anderes Kind los und zieht damit
die Aufmerksamkeit des fangenden Kindes auf sich, das immer wieder wechselt, wenn jemand
gefangen wurde.

SITUATION

Das Spiel wird nach einer Weile dahingehend geändert, dass statt mit Abschlagen die fangende Person versuchen soll, jemand anderen mit einem Schaumstoffball abzuwerfen. Schnell wird die Regel „Kopf und Fuß sind Apfelmus" gefordert, also Kopf und Fuß sollen nicht als Trefferfläche zählen. Das zieht einige Diskussionen nach sich, da klar definiert werden muss, bis wohin der Fuß geht und ab welcher Stelle das Bein beginnt, weil dieses wiederum als Trefferfläche zählen soll. Nach einigen Minuten gibt es ein paar Kinder, die neben der schrägen Ebene an der Sprossenwand hinauf- und hinunterklettern. Dabei wird es zum Teil sehr schwer, denn die schräge Ebene gibt am Rand beim Hinüberklettern zu den Sprossen etwas nach. Deshalb bitten einzelne Kinder die Erzieherin um Seile, die sie (teilweise mit Hilfe) an der Sprossenwand festbinden und sich am anderen Ende wie eine Bergsteigerin oder ein Bergsteiger um die Taille binden, wodurch sie so tun, als ob sie sich gegen einen vermeintlichen Absturz sichern würden.

Welche Themen erkennen Sie in den beschriebenen Spieltätigkeiten der Kinder in Bezug auf den Bereich der Körpererfahrung?

3.7   Entspannungsangebote für Kinder

Ein besonderes Thema im Bereich der Körpererfahrungen sind Entspannungsangebote. Vor allem die für jüngere Kinder geeigneten spielerischen Massagen mit oder ohne Material geben den Kindern die Möglichkeit eines besonders angenehmen, körperbezogenen Erlebnisses, welches vor allem das taktil-kinästhetische Wahrnehmungssystem anspricht. Neben der Körperwahrnehmung und der Sensibilisierung der Sinne können noch Entspannung (auf physiologischer und psychologischer Ebene), Erhöhung der Konzentrationsfähigkeit und Aufmerksamkeitsfokussierung, Förderung eines positiven Selbstkonzeptes und eine Steigerung der sozialen Kompetenz (durch Paarmassagen) als mögliche Ziele genannt werden (vgl. Quante, 2003, S. 22 f).

➔➔➔ Definition:
   Das taktil-kinästhetische System bedeutet, dass Tastsinn und Tiefenwahrnehmung
   von Anfang an in einem sehr engen Zusammenhang stehen. Dieser Bezug aufeinander spielt in der frühkindlichen Entwicklung eine sehr basale Rolle. Medizinisch-
   wissenschaftlich betrachtet werden die taktile und die kinästhetische bzw.
   propriozeptive Wahrnehmung neben der Wahrnehmung von Temperatur, Schmerz
   und weiteren sogar unter der Somatosensorik zusammengefasst, die sich von den
   Wahrnehmungen abgrenzt, denen ein „spezifisches" Sinnesorgan zuzuordnen ist
   (vgl. Handwerker, 2000).

Für die Auswahl von Entspannungsangeboten muss berücksichtigt werden, dass Kinder während der Teilnahme andere Impulse für eine kleine Weile unterdrücken müssen, was vor allem sehr kleinen Kindern schwerfällt. Solche Entspannungsphasen sollten daher über Spiele zum Wechsel von An- und Entspannung (Stop-and-Go-Spiele) kindgemäß angebahnt werden. Zudem sind diese Angebote nur sinnvoll, wenn die Kinder ein Interesse daran haben oder ihr Interesse geweckt werden kann. Eine für die Kinder nicht nachvollziehbare Phase von Ruhe und Inaktivität ist nicht kindgerecht. Eine Grundvoraussetzung für das Einlassen auf Entspannungsangebote ist daher immer, dass ein für Kinder typisches Bedürfnis nach Bewegung in Qualität und Quantität ausreichend befriedigt wurde.

Spielerische Massagen lassen die Kinder ihre Aufmerksamkeit auf die empfangenen Reize lenken, ihren Körper im Allgemeinen spüren und sich in ihrem Körper wohl fühlen. Materialien wie z. B. Igelbälle, Pinsel, Bürsten oder Tücher können zunächst einen sozialen und auch körperlichen Puffer zwischen den beiden Partnern bieten. Manch einem mag der direkte Körperkontakt zu intim oder unangenehm sein, ebenso können einige Materialien auch Kinder vor undosierten, zu groben Berührungen schützen.

Wichtig bei diesen Massagen sind Begleitgeschichten, die die Kinder im Sinne einer Erlebnisorientierung in ihren Bann ziehen. Die Massage allein kann den Kindern langweilig werden. Hilfreich ist die Berücksichtigung der Themen und Interessen der Kinder, damit die Geschichte, die in Form der Massage körperlich begleitet oder nachgespielt wird, für die Kinder auch eine Bedeutung hat.

Bearbeitungsmöglichkeit in der Lehre oder im Selbststudium

Zu zweit können Sie sich nacheinander gegenseitig mit der folgenden Massagegeschichte auf dem Rücken massieren (im Sitzen mit nach vorn bequem abgelegtem Oberkörper oder im Liegen).

Tigermassage

- *„Vorsichtig nähert der Tiger sich einer Waldlichtung und schaut sich langsam mit sanften Schritten um, ob er hier für sich allein ist."*
  (Hände machen sanfte, leichte Tatzenstapfen auf den Rücken)

- *„Wenn der Tiger merkt, dass er hier wirklich ganz für sich ist, fängt er an, sich auch viel sicherer fortzubewegen."*
  (Hände drücken fester als tiefere Fußstapfen auf den Rücken).

- *„Und Tiger, die sich so richtig wohl fühlen, die lassen auch schon mal die Krallen etwas ausfahren, wenn sie herum stapfen."*
  (Fußstapfen mit den Händen enden mit einem sanft betonten, krallenden Druck der Fingerkuppen in den Rücken).

- *„Oh, und dann fängt der Tiger so richtig an, seine Krallen am Boden zu wetzen."*
  (Mit den Fingerkuppen wird sanft, aber mit deutlichem Druck der Rücken von oben nach unten runtergefahren, bevorzugt an den langen Rückenmuskelsträngen, nicht an der Wirbelsäule).

- *„Dabei schnurrt der Tiger wahrscheinlich sogar und macht einen Buckel, wie ein Kätzchen. Er ist aber eine sehr große Katze."*

- *„Wenn der Tiger sich genug in der Sonne gestreckt und gerekelt hat, verwischt er seine Spuren wieder, damit keiner sieht, dass er hier gewesen ist."*
  (Die Handflächen wischen von der Mitte zur Seite und hin und her über den Rücken)

- *„Dann muss der Tiger die Erde noch etwas festtreten, damit keiner merkt, dass hier die Erde auffallend locker liegt."*
  (Handflächen drücken etwas fester auf den Rücken wie langsam umherlaufende, tiefe Tatzenstapfen)

- *„Schließlich schaut der Tiger umher, ob er auch keine seiner Spuren übersehen hat."*
  (Hände machen sanfte, leichte Tatzenstapfen auf den Rücken)

– *„Und nun geht der Tiger wieder langsam nach Hause."*
  (Hände machen immer leichtere Stapfen, bis die Hände den Rücken gar nicht mehr berühren).

  (Keßel, 2012, S. 388.)

Überlegen Sie sich Variationen dieser Massage zu anderen Tieren aus, die Sie vorher gemeinsam entwickeln.

Probieren Sie auch andere Themen für eine Massagegeschichte aus, die Interessen der Kinder betreffen könnten.

Weitere Entspannungsangebote wie Fantasiereisen oder systematische Entspannungstechniken (z. B. die progressive Muskelrelaxation) erfordern ein höheres Abstraktionsniveau der Kinder, da der Körper dabei nicht mehr direkt durch äußere Reize angesprochen wird. Fantasiereisen sind eher für Kinder ab dem fünften Lebensjahr geeignet. Kindgemäße Massagegeschichten können bis ins Schulalter hinein angeboten werden, um den vorteilhaften, direkten Körperbezug zu ermöglichen.

3.8   Bewegungserfahrungen

Wer sich mit Bewegungserfahrungen für Kinder beschäftigt, wird nicht um die Frage herumkommen, ob Kinder eher Bewegung oder doch Sport benötigen. Dafür ist zunächst zu überlegen, ob es hier einen Unterschied gibt und wenn ja, worin dieser liegt.

➜➜➜ **Definition:**
      Physikalisch gesehen ist Bewegung zunächst einmal nur die Änderung des Ortes eines Objektes, einer Person oder eines Teils von ihr mit der Zeit.

➜➜➜ **Definition:**
      Sport basiert immer auf Bewegungen, ist aber durch eine Bezogenheit auf eine bestimmte Leistung gekennzeichnet.

Zudem haben wir es im Sportunterricht seit einigen Jahrzehnten mit einem „Sportartensport" (Günzel/Laging, 2007, S. 3) zu tun. Da Leistung im Sport meistens im Vergleich mit anderen gemessen wird, ergibt sich der Wettkampf als auffälligstes Kennzeichen von Sport (vgl. Söll/Kern, 2005, S. 143 f). Dieser Leistungsvergleich mit anderen kann bei organisierten Sportarten im Rahmen weltweit gültiger Regeln und Vorschriften oder auch in Trendsportarten mit eher informellen oder regionalen Regeln stattfinden.

Gerade im Rahmen der kindlichen Entwicklung sollte aber die Bewegung im Sinne eines Sich-Bewegens im Vordergrund stehen.

„Wenn es um Sich-Bewegen und um Sich-Bewegen-Lernen geht, dann ist vor allem von Bedeutung, inwieweit dieses Bewegen als individuelle Leistung der Sich-Bewegenden verstanden wird, die ihre Bewegung selbst hervorbringen, die dabei für sich Umgangsmöglichkeiten, Können und Einsichten gewinnen. Es ist demnach – trotz der Unterstützung durch Lehrkräfte – primär Selbstbildung."
(Trebels, 2007, S. 31)

Dabei steht die Individualität im Zentrum: Ein Kind bewegt sich der Sache wegen, weil es Spaß daran hat, seinen Erfahrungsschatz oder seine Handlungsmöglichkeiten erweitern möchte, vielleicht auch, um etwas zu üben. Aber es tut es zunächst immer für sich und möchte selbst besser werden als es zuvor war, also wachsen im Sinne von sich entwickeln

Dieses Verständnis von Bewegung wird auch allen vier genannten Bedeutungsfeldern von Bewegung in der frühen Kindheit gerecht (siehe Kap. 3.1). Frühkindliche Bewegungserfahrungen stellen später die Basis für sportliche Aktivitäten, aber auch für andere Fähigkeiten der Kinder bereit. Bewegungsangebote für Kinder sollten daher im frühkindlicher Bereich immer eher Selbstbildung ermöglichen. Dafür werden die aktuellen Bewegungsthemen und Interessen der Kinder aufgegriffen und Raum und Zeit für die Auseinandersetzung damit gegeben.

Bearbeitungsmöglichkeit in der Lehre oder im Selbststudium

Biografiearbeit

Die eigenen Lebenserfahrungen haben einen großen Einfluss darauf, wie und in welchem Rahmen wir Kindern Selbstbildung ermöglichen. Deshalb ist es wichtig, sich der eigenen Bewegungsbiografie bewusst zu sein. Machen Sie sich zu den folgenden Punkten persönliche Gedanken und tauschen Sie sich in Kleingruppen mit anderen darüber aus.

– *Welche Bewegungsspiele haben Sie als Kind besonders häufig gespielt?*

– *Welche Bewegungsspiele wecken bei Ihnen positive, welche negative Erinnerungen?*

– *Welches sind die frühesten Bewegungserfahrungen, an die Sie sich erinnern können und was machten diese aus Ihrer damaligen und heutigen Perspektive aus?*

– *Wann oder in welchem Rahmen haben Sie eher Bewegung erfahren, wann und in welchem Rahmen haben Sie eher Sport erfahren?*

– *Gab es für Sie in Ihrer Kindheit einen Unterschied zwischen Bewegungsspielen und Sportangeboten (Perspektive damals und heute)?*

– *Gab es für Sie im Jugend- oder Erwachsenenalter eine Erfahrung, die Ihnen die Freude an Bewegungsangeboten genommen hat oder wiederentdecken ließ?*

– *Welche Auswirkungen könnte Ihre eigene Biografie auf Ihre Umsetzung von Bewegungsangeboten für Kinder haben?*

3.8.1 Gestaltung von Bewegungsangeboten

„So ist es weniger die gesteuerte und angeleitete Bewegungssituation, die dem Kind Erfahrungsmöglichkeiten bietet, sondern vielmehr die offene, zum Handeln und zur motorischen, kognitiven und sozialen Auseinandersetzung auffordernde Spiel- und Bewegungssituation." (Zimmer, 2012, S. 11)

Bewegungsangebote sollten also weniger geschlossene, vorgegebene Bewegungsaufgaben darstellen, dafür stattdessen aber sinnvolle, eigenaktive Bewegungsaktivitäten anregen. Das bedeutet nicht, dass jeder macht, was er will und eine Begleitperson bei solchen Angeboten nur für die Aufsichtspflicht zuständig wäre. Eher sind begleitende Erwachsene nötig, um den

Kindern die Struktur und Sicherheit zu geben, die sie zum vertieften Spiel und für den Mut zu Entdeckungen brauchen. Das zur Verfügung stehende Material oder ein Aufbau kann von der begleitenden Person vorher ausgewählt und begrenzt werden. Sollte beobachtet werden, dass zusätzliche Dinge benötigt werden, kann der materiale Rahmen immer noch erweitert oder verändert werden. Auch wenn die Begleiterin neben Sicherheit zusätzlich die Möglichkeit der Hilfe gewährleisten kann, sollte immer bedacht werden, dass zu viel Hilfe den Kindern Lernmöglichkeiten nimmt und vorschnelle Hilfeleistungen sogar das Gefühl von Hilfsbedürftigkeit und Inkompetenz beim Kind verstärken kann.

Andererseits gibt es Kinder, die mit offenen Situationen überfordert sind und keine eigenen Ideen entwickeln können. Abgesehen davon, dass im Rahmen eines dialogischen Prinzips immer Impulse der Begleiter möglich sind, müssen die Angebote stringent den Bedürfnissen der Kinder folgen. Für einige Kinder kann daher auch ein stärker vorstrukturiertes Angebot sinnvoll sein. Wichtig ist dabei, dass die Kinder immer wieder die Gelegenheit bekommen, dieses Angebot nach ihren Bedürfnissen zu variieren oder zu verändern, also der Prozess im Vordergrund steht. Ziel sollte es sein, dass die Kinder zunehmend selbst aktiv und tätig werden, denn nur darüber können sie ihre Selbstständigkeit entwickeln und erhöhen. Der begleitende Erwachsene braucht häufig ebenso Sicherheit, die eine klar vorstrukturierte Planung gibt. Sein Ziel sollte aber sein, zunehmend in den Dialog mit den Kindern zu kommen, was einerseits viel Erfahrung erfordert, andererseits auch erwachsenen Begleitern vielseitige Erfahrungen ermöglicht.

„Kinder braucht man nicht zu belehren. Was sie von uns erwarten, sind einerseits Herausforderungen und Anregungen, andererseits Freiräume und die Fähigkeit, uns herauszuhalten. Wenn wir hier die Balance halten und ihre Potenziale sehen und wertschätzen, haben wir gute Chancen, das Wichtige richtig zu tun." (Strätz, 2012, S. 55)

Diese Form von Bewegungsangeboten erfordert von den Begleitern ein hohes Maß an Achtsamkeit und Selbstreflexion. Für diese Möglichkeit der Selbstbildung ist es unerlässlich, dass das Angebot im Nachhinein gründlich beleuchtet und auf individuelle Themen und Bedürfnisse der einzelnen Kinder hin analysiert wird, die im weiteren Verlauf von Bewegungsangeboten aufgegriffen und berücksichtigt werden.

Für eine Phasenstruktur solcher Angebote existieren unterschiedliche Modelle. Am einfachsten ist ein Grundmodell umzusetzen, das eine kürzere Einstiegsphase vorsieht, und nach der darauf folgenden Hauptphase eine Ruhephase zum Abschluss realisiert. Die Einstiegsphase kann zum Beobachten aktueller Themen im eher freien Spiel (z. B. Konkurrenz oder Kooperation, Rollenspiele), Erfüllen erster Bedürfnisse (z. B. nach großräumiger Bewegung) oder auch zum Kennenlernen und Ausprobieren bestimmter Materialien oder Aufbauten dienen. Die Hauptphase kann sich aus der ersten Phase direkt ohne Unterbrechung entwickeln, könnte aber ebenso auf Grundlage einer kurzen Besprechung folgen, was die Kinder an dem Tag machen möchten oder was vom Begleiter vorgeschlagen wird.

Anregungen für mögliche Inhalte in dieser Phase können aus den folgenden Abschnitten (siehe Kap. 3.8.2 bis 3.8.5) gewonnen werden. Im Mittelpunkt der Ruhephase sollten eher entspannende Angebote stehen, die die Wahrnehmung der Kinder auf sich selbst und ihren Körper lenken und sie physisch und psychisch zur Ruhe kommen lassen, damit auch das Beenden des aktiven Bewegungsangebotes für alle umsetzbar wird.

3.8.2 Bewegungsbedürfnisse von Kindern

Wenn man Kinder im freien Bewegungsspiel beobachtet, können sehr viele Aktivitäten beobachtet werden, die als Bewegungsbedürfnisse bezeichnet werden. Nicht alle Kinder zeigen die gleichen Bedürfnisse im selben Ausmaß und auf dieselbe Weise. Das kann in Vorlieben, Vorerfahrungen und auch individuellen Möglichkeiten der Kinder begründet liegen. Dennoch können diese Bedürfnisse ein Anhaltspunkt sein, was bei Bewegungsangeboten für Kinder berücksichtigt werden sollte, damit diese attraktiv und förderlich sind. Ulrich Nickel (1990) hat dazu Primärbedürfnisse formuliert, die er vor allem für vier- bis fünfjährige Kinder sieht, aber zum Teil auch bei jüngeren Kindern schon und älteren Kindern noch zu beobachten sind.

Spielerisches Laufen, Davonlaufen und Schnelllaufen
Kinder laufen gerne. Sie haben einen inneren Bewegungsdrang, der sie immer wieder zum Laufen animiert, wenn sich ihnen der Raum dafür bietet, was meistens auch beim Betreten eines Bewegungsraumes beobachtet werden kann. Etliche Laufspiele, seien es die vielen Fangspiele oder Pferdchenspiele mit Seilchen, findet man im Bewegungsspiel der Kinder.

Hochspringen und Von-oben-Hinabspringen
Die Flugphase beim Springen und die Landung bieten einen sehr intensiven, körperlichen Reiz, der von Kindern gesucht wird. Dabei kann die Höhe des Niedersprungs von Kind zu Kind variieren: jedes sucht sich normalerweise seinen individuell passenden Reiz, der ihm unter Berücksichtigung von Sicherheitsaspekten zugestanden werden sollte und an dem das Kind wachsen kann.

Schaukeln und Weit-durch-den-Raum-Schwingen
Auf den meisten Spielplätzen findet man Schaukeln, die in der Regel gut frequentiert sind. In Bewegungsräumen fehlen häufig Deckenaufhängungen, die das Schaukeln ermöglichen. Diese Form des vestibulären Reizes, das Durch-den-Raum-Schwingen und die Umkehrung am Ende der Amplitude, ist eine wichtige Sinnesstimulation für Kinder, die sie auch immer wieder suchen, jedes in seinem Maß.

→→→ Definition:
    Vestibulärer Reiz ist das Anregen des Gleichgewichtssinns.

Höhe erklettern und Ausschau halten
Schon bei der Aufrichtung des Babys bis hin zum Stehen wird der visuelle Horizont zunehmend erweitert. Neben dem koordinativen Anspruch des Kletterns ändert sich mit zunehmender Höhe auch die Perspektive. Das Gefühl des Erhöht-Seins über die anderen, wozu schon ein kleiner Kasten genügen kann, wird gerade von Kindern gerne räumlich-körperlich gesucht und genossen.

Den Taumel des Rollens und Drehens erleben
Es ist für Kinder ein faszinierendes Gefühl, für einen Moment das Gleichgewicht zu verlieren und ins Taumeln zu geraten. Dieser sehr intensive vestibuläre Reiz wirkt im Körper noch nach und wird erst nach einer kurzen Zeit wieder reguliert. Vorübergehend wird Orientierungslosigkeit empfunden, was beängstigend, spannend und schön zugleich sein kann, weshalb Kinder z.B. schräge Flächen gerne für Längsrollen und später für Vorwärts- und Rückwärtsrollen nutzen.

Konzentriert und erfolgreich im Gleichgewicht bleiben
Kinder suchen sich häufig Möglichkeiten, ihre Schritte mit Bedacht zu machen. Das können Linien am Boden oder auch flache Steinmauern sein, die mit Konzentration als Einladung zum Balancieren angenommen werden. Durch immer schmalere Balancierflächen steigt zunehmend die Schwierigkeit, an der ein Kind sich versuchen möchte. Bei bewegten Untergründen kommen vermehrt dynamische Ausgleichsbewegungen dazu, die das weitere Stehen und Gehen ermöglichen.

Riskante Situationen suchen und sie mit Herzklopfen meistern
Risiko hat viele Facetten für Kinder und was als riskant empfunden wird, kann subjektiv sehr unterschiedlich sein. Ob ein Kind sich einer riskanten Situation aussetzt oder es lieber später noch mal versuchen will, muss dabei allein eine Entscheidung des Kindes sein. Für diese Entscheidungen sollte den Kindern Zeit gegeben werden. Wichtig ist die Anerkennung von Risiko als ein Grundbedürfnis in der kindlichen Entwicklung, wie es auch in der Einleitung der DIN-Vorschriften für Spielplatzgeräte und Spielplatzböden des TÜV steht:

→→→ **Merksatz**
> „Das Spielangebot sollte darauf abzielen, die Balance zu halten zwischen der Notwendigkeit, Risiko anzubieten, und der Notwendigkeit, das Kind vor schweren Verletzungen zu schützen."
> (TÜV Süd, 2008, S. 7)

Bewegungskunststücke lernen und vorführen
Kinder können sich recht ausdauernd mit einer Tätigkeit auseinandersetzen, wenn sie etwas schaffen wollen. Sie möchten sich in ihren eigenen Kompetenzen gewachsen erleben. Dieses Gefühl von Freude und Stolz will auch mit anderen Kindern und den erwachsenen Bezugspersonen geteilt werden. Dabei spielt das Lob der anderen nicht die entscheidende Rolle, es geht mehr um die Anteilnahme und Wertschätzung an den erweiterten Möglichkeiten des Kindes. Für dieses Vorführen, das immer vom Kind ausgeht, sollte Raum gegeben werden.

Bis zur wohltuenden Erschöpfung anstrengen
Kinder bewegen sich gerne, und wenn ihnen eine Bewegungstätigkeit Spaß macht, tun sie dies auch bis sich ihre Kräfte erschöpft haben. Das kann bei Kindern unterschiedlich lange dauern, manche Kinder haben eine vielfach höhere Energie als andere. Aber für alle gilt, dass sie diesen Punkt der Erschöpfung erreichen und genießen können. Dann kann auch die Pause und das Ausruhen als sehr wohltuend empfunden werden.

Gleiten und Rutschen
Das Gefühl der Beschleunigung in dieser Form der Fortbewegung ist ein anderes als beim Laufen und Hüpfen, da es häufig auch mit einem kurzen Moment des Kontrollverlustes einhergeht. Wenn diese Situationen aber als ungefährlich eingeschätzt werden, suchen Kinder meistens die Wiederholung dieses Erlebnisses.

An und mit Sportgeräten intensiv spielen
Kinder verbinden mit den klassischen Sportgeräten meistens noch keine sportartspezifischen Tätigkeiten oder Übungen. Sie erkunden diese gerne auf ihre eigene, explorierende Art und Weise. Diese Geräte eignen sich zum Entlanghangeln, Klettern und Balancieren. Ebenso kann mit ihnen auch ein kleiner Parcours, ein Haus oder ein Tunnel gebaut werden. Dabei können die Kinder die Sportgeräte kennenlernen und sich mit ihnen vertraut machen.

Sich von rollenden und fliegenden Bällen faszinieren lassen

Schon für die kleinsten Kinder sind Bälle ein besonderes Material, da sie aus der Hand gefallen nicht nur hinunterfallen wie andere Gegenstände, sondern ein Stück weiterrollen oder sogar wegspringen. Daraus ergibt sich eine Vielzahl von Spielmöglichkeiten, die über das Erforschen von Bällen entstehen und zunehmend auch vor allem die Auge-Hand-Koordination der Kinder verbessern.

Bearbeitungsmöglichkeit in der Lehre oder im Selbststudium

Schauen Sie sich den Trailer zu einem Film über Sport- und Bewegungskindergärten an und bearbeiten Sie die folgenden Aufgaben.

(Der gesamte Film „Mehr Bewegung in Kindergärten" ist als DVD erhältlich. Den Trailer können Sie sich im Internet ansehen, z. B. unter paedagogikfilme.de/Fuer-Kitas--Traeger/Sport-kindergartenfilm/ [02.09.2013])

– *Welche Bewegungsbedürfnisse von Kindern konnten Sie beobachten?*

– *Konnten Sie Bewegungsbedürfnisse beobachten, die über die im vorigen Abschnitt genannten hinausgehen?*

– *Überlegen Sie sich Spielangebote oder Geräteaufbauten, die den Kindern die Möglichkeit eröffnet, den einzelnen Bewegungsbedürfnissen nachzukommen.*

3.8.3 Bewegungslandschaften

Für Bewegungsstunden sind solche Bewegungslandschaften besonders empfehlenswert, die aus Sportgeräten, aber ebenso aus anderen Materialien wie z. B. Alltags- oder Naturmaterialien gestaltet sein können. Die Landschaften sollten anregend und abwechslungsreich für die Kinder sein und sich von einem Parcours dahingehend unterscheiden, dass es keinen Eingang und Ausgang, also keinen Anfang und kein Ende geben muss. Bei den meisten Parcours werden verschiedene Elemente aneinandergereiht, die in der entsprechenden Reihenfolge von einem Kind bewältigt werden soll.

Bei einer Bewegungslandschaft geht es nicht um das Bewältigen von Hindernissen, um ein Ziel zu erreichen. Es sollen vielmehr Erfahrungsmöglichkeiten geschaffen werden, in denen sich die Kinder individuell und ohne Bewegungsvorgaben mit den Materialien eigentätig und selbstbestimmt auseinandersetzen können. Das bedeutet auch, dass sich mehrere Kinder gleichzeitig in dem Aufbau bewegen und miteinander spielen und etwas erleben können, wodurch inaktive Wartezeiten eher vermieden werden. Sie müssen sich miteinander und aufeinander abstimmen, wenn z. B. auf beiden Seiten einer Brücke jemand steht, der darüber balancieren möchte oder an anderer Stelle ein Kind eventuell im Weg ist und dadurch dem wartenden Kind kein Platz zum Herabspringen gegeben ist. In diesen Bewegungslandschaften entwickeln Kinder oft eigene Spielideen, die sie in selbst ausgedachte Abenteuer eintauchen lassen. Wenn Kinder dabei noch Unterstützung brauchen, kann eine Rahmengeschichte entwickelt werden, die sie erlebnisorientiert zum Bewegen in dem Aufbau auffordert. Schnell werden aus hängenden Tauen Lianen, an denen man sich über eine Sandbank mit Krokodilen schwingt. Aus zwei aufrecht eng aneinandergestellten Weichbodenmatten wird eine enge Höhle, durch die man sich zwängen muss, um auf die andere Seite des Dschungels zu kommen.

Solche Aufbauten erschöpfen sich nicht so schnell, wie man es möglicherweise vermuten könnte. Derselbe Aufbau kann immer wieder in ein anderes Thema eingebunden werden und ebenso finden die Kinder ständig neue Ideen, sich die Landschaft mit andersartigen Bewegungsmöglichkeiten zu eigen zu machen. Gerade bei altersgemischten Kindergruppen lässt sich oft beobachten, wie unterschiedlich sich Kinder mit demselben Material oder Aufbau auseinandersetzen können, jedes Kind nach seinen eigenen Möglichkeiten und Interessen. So lange die Kinder sich dabei nicht gegenseitig im Spiel stören, sollte dieses als gewünscht und sinnvoll betrachtet werden. Denn über die Beobachtung anderer Kinder bekommen sie wieder neue Ideen und Anregungen für weitere Bewegungserfahrungen und Erkundungen. So ist es sinnvoller, im Lauf der Zeit einzelne Elemente der Bewegungslandschaft zu verändern und den gleichen oder ähnlichen Aufbau für einige Wochen beizubehalten. Nur so bekommen die Kinder auch die Gelegenheit, über einen längeren Zeitraum sich immer an einer Tätigkeit zu versuchen und durch Wiederholungen ihren Lernerfolg zu festigen. Dafür sollten auch unterschiedliche Schwierigkeitsgrade eines Elementes (z. B. schmale und breite Brücken) im Sinne einer Differenzierung gegeben sein. Dann kann ein Kind auch Stück für Stück mit seinen Möglichkeiten wachsen und jedes Kind auf seinem Entwicklungsniveau eine passende Lerngelegenheit finden.

3.8.4   Bewegungsbaustelle

Eine besondere Form der Bewegungslandschaft ist das Konzept der Bewegungsbaustelle. Diese Idee kann in Turnhallen und Bewegungsräumen ebenso umgesetzt werden wie im Außengelände und wird häufig als ständiges Angebot gesehen, welches für die Kinder zu jeder Zeit nutz- und bespielbar ist.

Die Kinder spielen und bewegen sich dabei nicht nur in einer Bewegungslandschaft, hier erbauen und verändern sie die Gerätelandschaft immer wieder. Dadurch soll festgelegten und vorbestimmten Spielsituationen, wie sie meistens auf Spielplätzen und auch in betreuten Bewegungsangeboten für großräumige Bewegungen vorzufinden sind, entgegengewirkt werden. „Die Bewegungsbaustelle versteht sich als eine Möglichkeit, Kindern die Chance zu geben, selbsttätig ihre Bewegungsumwelt mitzugestalten, d. h. in aktiver Auseinandersetzung mehr über Eigenschaften und Handhabung von Materialien sowie über den eigenen Körper zu erfahren." (Miedzinski/Fischer, 2009, S. 37)

Als grundlegende Bewegungsthemen der Kinder werden Bauen und Konstruieren, Rutschen-Fahren-Gleiten, Balancieren, Wippen, Springen, Schaukeln, Rollen und Wälzen, Sich-Drehen und Schleudern sowie Klettern und Hangeln gesehen. Bewegungsbaustellen sollten den Kindern diese Erfahrungen ermöglichen und dafür angemessenes Material zur Verfügung stellen. Typischerweise sind das Holzklötze und -bretter, Kant- und Rundhölzer, stabile Rollen, Röhren und Kisten, aber auch Drainagerohre, Autoreifen und Schläuche gehören häufig dazu.

Mit diesen Elementen, die sich in Gewicht und Ausmaß an den Handlungsmöglichkeiten der Kinder im Sinne von Hantieren sowie Spielen orientieren müssen, können die Kinder Wippen, kleine Brücken oder Schrägen bauen. Mit weiteren Hilfsmitteln werden auch Schaukel- und Drehelemente möglich. Wichtig ist dabei immer, dass die Kinder so weit wie möglich selber bauen und schaffen können, ohne auf die Hilfe von Erwachsenen angewiesen zu sein.

3.8.5   Bewegungsbedürfnisse von Kleinkindern

Spätestens wenn die Bewegungsmöglichkeiten von Babys im zweiten Halbjahr des ersten Lebensjahres in die Fortbewegung übergehen, benötigen sie anregungsreiche Räume, in denen sie die Umwelt erforschend ihre Bewegungsmöglichkeiten anwenden, verbessern und variieren können.

Diese Räume dürfen Kinder sensorisch nicht überfordern und müssen ihnen jederzeit auch die Gelegenheit zum Rückzug ermöglichen, um sich der Anregung entziehen zu können. Zum Weiterentwickeln der Fortbewegungsmöglichkeiten ist es sinnvoll, für die robbenden, kriechenden und krabbelnden Kinder bereits erste Herausforderungen wie Gegenstände zum Über- und Unterqueren, Greifen, Schieben und Erkunden anzubieten. Flachere schräge Ebenen, Wellentreppen und auch Tunnel oder Höhlen können das Interesse der Kinder an Variation ihrer Fertigkeiten wecken. Wenn die Kinder anfangen sich an Gegenständen oder Möbeln hochzuziehen, folgen nach einiger Zeit auch die ersten Schritte ohne Hilfe. Immer wieder gehen die Kleinkinder noch in frühere Fortbewegungsformen zurück, um sich von der Schwerkraft der Erde zu entlasten. Erst wenn sie gut laufen können, verzichten sie eher ungern auf diese schnelle Fortbewegungsform. Neben Möglichkeiten zum selbstständigen Hochziehen brauchen diese Kinder mit zunehmenden Bewegungsradius auch mehr Raum zum Fortbewegen. Kleine Podeste, Rutschen und Steigmöglichkeiten (z. B. Treppen, Sprossen) werden interessant. Auch schräge Ebenen bleiben attraktiv, vor allem wenn der Winkel der Schräge verstellbar ist. Schwingen und Schaukeln wird zunehmend ein Thema, wobei hier eine sensible Dosierung zu beachten ist, da die Kleinkinder oft noch nicht die Effekte abschätzen können und durch eine verzögerte Stützreaktion möglicherweise in Gefahr geraten. Mit Ende des zweiten Lebensjahres wird auch das Hüpfen und Springen ein Thema, für das Möglichkeiten zum Überspringen ebenso sinnvoll sind wie Materialien zum Besteigen, um dann davon Hinabzuspringen. Nicht verschluckbare Kleinmaterialien mit unterschiedlichen Beschaffenheiten und ebenso Bälle schulen über das Erforschen auch die handmotorischen Fähigkeiten der Kinder in Verbindung mit Themen wie Kraftdosierung und Auge-Hand-Koordination.

3.9   Zusammenfassung

Kinder brauchen Bewegungserfahrungen, nicht nur um sich motorisch weiterzuentwickeln, sondern auch um eine psychische und physische Basis für alle späteren Fähigkeiten und Fertigkeiten zu bilden. Dabei realisiert sich Bewegung immer nur im Zusammenspiel mit Wahrnehmung und benötigt Körpererfahrungen, damit das Kind sich seines Körpers immer bewusster wird und mit ihm und damit mit sich gut umzugehen lernt. Darauf gründet auch ein erstes Selbstkonzept, das für die weitere Entwicklung des Kindes eine grundlegende Rolle spielt. Um die vielen für die Gesamtentwicklung bedeutsamen Körper- und Bewegungserfahrungen zu ermöglichen, sollten Kinder Angebote bekommen, die ihren individuellen Bedürfnissen entsprechen. Nur so können Selbstbildungsprozesse bei den Kindern in Gang gesetzt werden, die für sie so wichtig sind. Erwachsene Begleiter, die ihnen dabei achtsam, aber zurückhaltend zur Seite stehen, bilden den Rahmen von Vertrauen und Sicherheit, den die Kinder benötigen, um sich eigenaktiv und handelnd mit sich selbst sowie ihrer sozialen und materialen Umwelt auseinandersetzen zu können, um darüber im Laufe ihrer Kindheit ihre individuelle Persönlichkeit entfalten zu können.

ZUSAMMENFASSUNG

„Sich zu bewegen lernen, heißt fürs Leben lernen!"
(Hüther, 2007, S. 22)

Weiterführende Literatur

Beins, Hans Jürgen: Bauen und Konstruieren als lustvolles Lernen, in: kindergarten heute, 1, 2005, online abrufbar unter www.kindergarten-heute.de/zeitschrift/hefte/inhalt_lesen.html?k_beitrag=2326005 [16.08.2013].

Beins, Hans Jürgen (Hrsg.): Kinder lernen in Bewegung, Dortmund, Borgmann Media, 2007. **Dem genannten Buch liegt eine DVD mit einem 47-minütigen Film zum Thema „Kinder lernen in Bewegung" bei, der Beispiele für Kleinkinder bis zu Oberschülern vorstellt und eine gute Bearbeitungsmöglichkeit in der Lehre oder im Selbststudium bietet.**

Bender, Silvia/Martzy, Fiona/Schache, Stefan: Psychomotorik – arbeiten mit Kindern von 0-3 Jahren. Ein Lehrbuch für sozialpädagogische Berufe, Köln, Bildungsverlag EINS, 2013.

Breithecker, Dieter: Kinder brauchen Bewegung zur gesunden und selbstbewussten Entwicklung, 2002/2010, online abrufbar unter www.familienhandbuch.de/kindliche-entwicklung/entwicklung-einzelner-fahigkeiten/ kinder-brauchen-bewegung [14.08.2013].

Eggert, Dietrich/Reichenbach, Christina/Bode, Sandra: Das Selbstkonzept Inventar (SKI) für Kinder im Vorschul- und Grundschulalter. Theorie und Möglichkeiten der Diagnostik, 2. Auflage, Dortmund, Borgmann, 2010.

Günther, Sybille: Das Wahrnehmungsspielebuch, Münster, Ökotopia, 2010.

Holle, Britta: Die motorische und perzeptuelle Entwicklung des Kindes. Ein praktisches Lehrbuch für die Arbeit mit normalen und retardierten Kindern, 5. Auflage, Weinheim/Basel, Beltz, 2011.

Interaktive Literaturdatenbank zu Bewegung in der frühen Kindheit online unter www.kompetenzprofil-bik.de [16.08.2013].

Jost, Marion/Beins, Hans Jürgen: Bewegung und Spiel für die Kleinsten. Psychomotorik für Kinder von 1-4 Jahren, Dortmund, Borgmann Media, 2013.

Köckenberger, Helmut: Bewegungsspiele mit Alltagsmaterial für Sportunterricht, psychomotorische Förderung, Bewegungs- und Wahrnehmungstherapie, Dortmund, Borgmann, 1999.

Köckenberger, Helmut: Bewegungsräume. Entwicklungs- und kindorientierte Bewegungsangebote und – landschaften, 3. Auflage, Dortmund, Borgmann, 2007.

Köckenberger, Helmut: Vielfalt als Methode. Methodische und praktische Hilfen für lebendige Bewegungsstunden, Psychomotorik und Therapie, Dortmund, Borgmann Media, 2008.

Krus, Astrid/Hammer, Richrad (Hrsg.): Kleine Forscher – Große Entdecker. Psychomotorische Bewegungsförderung im Kleinkindalter, Lemgo, Aktionskreis Psychomotorik, 2009.

Largo, Remo : Babyjahre. Entwicklung und Erziehung in den ersten vier Jahren, 2. Auflage, München/Zürich, Pieper, 2008, S. 135–184.

Miedzinski, Klaus/Fischer, Klaus : Die Neue Bewegungsbaustelle. Lernen mit Kopf, Herz, Hand und Fuß. Modell bewegungsorientierter Entwicklungsförderung, 2.Auflage, Dortmund, Borgmann Media, 2009.

Montada, L.: Die geistige Entwicklung aus der Sicht Jean Piagets. In: Oerter, R./Montada, L. (Hrsg.): Entwicklungspsychologie, 5. Auflage, Weinheim/Basel/Berlin, Beltz, 2002, S. 418–442.

Nickel, Ulrich: Kinder brauchen ihren Sport, Celle, Pohl, 1990.

Niedersächsisches Institut für frühkindliche Bildung und Entwicklung, mit zahlreichen Publikationen zum kostenlosen Herunterladen, online unter www.nifbe.de [16.08.2013].

Schraag, Manfred/Durlach, Frank-Joachim/Mann, Christel : Erlebniswelt Sport: Ideen für die Praxis in Schule, Verein und Kindergarten, Schorndorf, Karl Hofmann, 1996.

Quante, Sonja: Was Kindern gut tut! Handbuch der erlebnisorientierten Entspannung, Dortmund, Borgmann, 2003.

Steininger, Rita: Kinder lernen mit allen Sinnen. Wahrnehmung im Alltag fördern, Stuttgart, Klett-Cotta, 2005.

Unfallkasse Berlin (Hrsg.): Die Bewegungsbaustelle, o.J., online abrufbar unter www.unfallkasse-berlin.de/res.php?id=10229 [16.08.2013].

Walther-Roche, Martina/Stock, Antje : Erlebnislandschaften in der Turnhalle, Schorndorf, Hofmann, 2001.

Zimmer, Renate: „Du wärst das Auto und ich der Polizist ..." Beispiele zur Praxis psychomotorischer Förderung. In: Kindergarten heute, 29 (10),1999, S. 6–12.

Zimmer, Renate: Bedeutung der Bewegung für Salutogenese und Resilienz. In: Fischer, Klaus/Knab, Eckhart/ Behrens, Melanie (Red.): Bewegung in Bildung und Gesundheit, Lemgo, Aktionskreis Literatur und Medien, 2006, S. 306–313.

Zimmer, Renate: Handbuch der Psychomotorik. Theorie und Praxis der psychomotorischen Förderung von Kindern, 9. Gesamtauflage, Freiburg, Herder, 2006, S. 51–79.

Zimmer, Renate: Handbuch der Sinneswahrnehmung. Grundlagen einer ganzheitlichen Bildung und Erziehung. 19. Gesamtauflage, Freiburg, Herder, 2010.

Zimmer, Renate: Handbuch der Bewegungserziehung. Grundlagen für Ausbildung und pädagogische Praxis. 25. Auflage, Freiburg, Herder, 2013.

Zimmer, Renate: Erleben, bewegen, entspannen. Wie Kinder zur Ruhe finden, Freiburg, Herder, 2013.

4 Ästhetische Bildung

Romi Domkowsky

Praxisaufgabe

Welche Assoziationen haben Sie, wenn Sie den Begriff „Ästhetische Bildung" hören? Notieren Sie alle, die Ihnen in den Sinn kommen.

4.1 Ästhetische Bildung – eine Begriffsorientierung

➜➜➜ **Definition:**

Die ästhetische Bildung geht davon aus, dass sinnliche Erfahrungen und die kreative Auseinandersetzung mit der Umwelt Ausgangspunkt der Bildung und Entwicklung des Menschen sind. Das Wort Ästhetik stammt aus dem Griechischen und bedeutet so viel wie sinnliche Wahrnehmung (aísthesis) oder fühlen, wahrnehmen, bemerken, empfinden, merken, erkennen, verstehen, einsehen, Einsicht haben (aisthanesthai/ aisthanomai).

Im Sinne der Herkunft des Wortes zielt die ästhetische Bildung auf die Bildung der reflexiven Wahrnehmungs- und Empfindungsfähigkeit in allen Lebensbereichen (vgl. Duderstadt, 2007, S. 3). Es liegt auf der Hand, dass Bildung dabei nicht als Wissensaneignung verstanden werden kann, bei der das Denken der Wahrnehmung übergeordnet ist. Vielmehr ist sie das Ergebnis sinnlicher Erfahrungen, die selbst Quelle von Wissen und Erkenntnis sein können. Den Beginn ästhetischer Bildungsprozesse bildet immer eine sinnliche Empfindung, die in den Fokus der Aufmerksamkeit tritt und aus der heraus sich ein Spiel mit möglichen Bedeutungen entwickelt. Mit der Konzentration auf eine sinnliche Erscheinung, im Versinken in eine Farbe oder eine Form, dem Nachspüren eines Klangs oder der Bewusstwerdung einer Körperhaltung werden die bis dahin relevanten Zusammenhänge unwichtig, und zugleich rückt die eigene Wahrnehmungtätigkeit ins Bewusstsein und gewinnt an Bedeutung.

Neben der Bildung der Sinne und der Wahrnehmung beinhaltet die ästhetische Bildung Erfahrungen, die im Zusammenhang mit künstlerischen Werken gemacht werden. Dabei wird davon ausgegangen, dass das wahrnehmende Subjekt vom künstlerischen Objekt oder Ereignis beeindruckt wird und sich zugleich zu diesem künstlerischen Objekt oder Ereignis verhält (siehe Duderstadt, 2009). Dieser Prozess, der zwischen dem wahrnehmenden Subjekt und den künstlerischen Objekten bzw. Ereignissen, mit denen es sich auseinandersetzt, stattfindet, ist eine weitere Grundlage der ästhetischen Bildung. Darüber hinaus bietet jeder künstlerische Gestaltungsprozess ästhetische Bildungsmomente.

→→→ **Merksatz**

> Die ästhetische Bildung widmet sich sowohl im weiten Sinne der Wahrnehmungserziehung, der Bildung der Sinne als auch im engeren Sinne der Bildung durch die wahrnehmende und gestaltende Auseinandersetzung mit Kunst. Letztere beinhaltet auch Aspekte der kulturellen Bildung.

Im Folgenden erhalten Sie eine Einführung in die mit Ästhetischer Bildung eng verbundenen Begriffe „Wahrnehmung", „Kreativität" und „Spiel". Anschließend werden Erläuterungen zu den Termini „Ästhetische Erfahrungen", „Ästhetische Kompetenz" und „Ästhetisches Forschen" gegeben.

Der zweite Abschnitt widmet sich speziell der Ästhetischen Bildung im Elementarbereich. Hier werden die Wahrnehmungsentwicklung im Kindesalter sowie die elementare Ästhetische Bildung beschrieben. Abschließend wird auf die Bedeutung der Partizipation in der Ästhetischen Bildung eingegangen.

Im dritten Abschnitt wird Ästhetische Bildung in der Praxis vorgestellt. Hier geht es neben Anforderungen an eine pädagogische Haltung auch um die Qualität in der Ästhetischen Bildung. Einblicke in Projektbeispiele veranschaulichen die praktische Umsetzung.

4.1.1   Wahrnehmung

Bearbeitungsmöglichkeit in der Lehre oder im Selbststudium

Richten Sie zwei Minuten lang Ihre Aufmerksamkeit auf Ihre Wahrnehmung. Schreiben Sie alles auf, was Sie in dieser Zeit wahrnehmen! Tauschen Sie sich darüber mit einer Partnerin oder einem Partner aus.

Wahrnehmung ist die Arbeit mit den Sinnen. Sie kann nach außen oder nach innen gerichtet sein. Die nach außen gerichtete Wahrnehmung – das, was ich außerhalb von mir wahrnehme – wird als Extrasubjektivität bezeichnet. Bei einer nach innen gerichteten Wahrnehmung – der Wahrnehmung dessen, was in mir vorgeht – wird von Intrasubjektivität gesprochen (vgl. Duderstadt, 2003, S. 205 ff). Wahrnehmung ist ein aktiver Prozess. Mithilfe unserer Sinnesempfindungen nehmen wir Informationen auf, filtern und entschlüsseln sie. Bewusst wird uns nur ein Bruchteil der auf uns einströmenden Reize. Unsere Wahrnehmung organisiert die Reize durch die Fähigkeit, diese zu differenzieren, wichtige Informationen von unwichtigen zu unterscheiden. Dies ist Voraussetzung, damit wir uns in der Umwelt orientieren können.

Bearbeitungsmöglichkeit in der Lehre oder im Selbststudium

Überlegen Sie, was passieren würde, wenn alles, was Sie soeben zumeist nacheinander wahrgenommen haben, zugleich auf Ihre Aufmerksamkeit einströmen und gleichrangig nebeneinander stehen würde.

Jede neue Situation erfassen wir zunächst mithilfe unserer Sinnesorgane. Informationen werden an das Zentralnervensystem weitergeleitet und registriert, bevor Handlungen folgen können. Diese Informationen sind für uns aber nicht frei von Bedeutung. In jeden Wahrnehmungsprozess fließen frühere Erfahrungen, Erlebnisse, Gefühle und Erkenntnisse ein. Man spricht von einer Einheit von Kognition und Emotion. Auf Grund dessen haben bestimmte sinnliche Reize für uns subjektiv eine größere Bedeutung als für andere Menschen und dringen dadurch stärker in unser Bewusstsein. Bereits ein Säugling kann aus einer Vielzahl von Geräuschen dasjenige heraushören, das für ihn von Bedeutung ist, z.B. die Stimme der Mutter. So ist es möglich, dass ein Mensch in der gleichen Situation andere Dinge wahrnimmt als ein anderer.

Beispiel
Stellen Sie sich vor, Sie betreten einen Raum, in dem Sie ein Duft empfängt, der Sie an Ihre Großmutter erinnert. Je nachdem, wie Ihre Beziehung zu Ihrer Großmutter ist oder war, werden Sie sich in diesem Raum wohl oder unwohl fühlen. Möglicherweise werden Erinnerungen und Emotionen ausgelöst. Eine andere Person, die den gleichen Raum betritt, nimmt den Geruch möglicherweise überhaupt nicht wahr, weil er keine Bedeutung für sie hat.

Die Grundfähigkeit zur Wahrnehmung wird durch beständige Anpassung an Situationen und Anforderungen trainiert. Durch die Anpassungsreaktionen organisiert sich das Gehirn und entwickelt sich weiter. Je vielfältiger unsere Sinne angesprochen und gefordert werden, umso besser entwickelt sich unser sensorisches System.

> **ZUSAMMENFASSUNG**
>
> Wahrnehmung ist die Arbeit mit den Sinnen. Sie ist ein aktiver Prozess. Unsere Wahrnehmung organisiert die Reize durch die Fähigkeit, diese zu differenzieren, wichtige Informationen von unwichtigen zu unterscheiden. Wahrnehmung ist gekennzeichnet durch die Einheit von Kognition und Emotion.

4.1.2 Kreativität

Kreativität ist ein Mittel, „um das freizusetzen, was verfügbar ist, was schon da ist, nicht nur, um etwas zu produzieren, sondern eigenen Wert [...] zu entdecken – dass da sehr viel mehr ist als das, was ich angenommen habe, was mich ausmacht. Grandios!" (Schmied, Fernsehbeitrag, 2000)

Bearbeitungsmöglichkeit in der Lehre oder im Selbststudium

1. Was bedeutet Kreativität für Sie?

2. Wie interpretieren Sie Schmieds Zitat?

Das Wort Kreativität leitet sich vom lateinischen *creare* ab, was so viel heißt wie „etwas erzeugen, erschaffen, schöpfen" (*creatio* – die Schöpfung). Kreativität ist die schöpferische Kraft, etwas Neues entstehen zu lassen. Damit in Verbindung stehen Assoziationen wie Flexibilität, Originalität, Erfindungsreichtum, Gestaltungskraft und Fantasie. Kreativität ist die Kunst, die uns ungewohnte Situationen bewältigen lässt und Veränderungen ermöglicht. Damit ist sie ein entscheidender Faktor für Fortschritt und Wandel in unserer Gesellschaft.

→→→ **Definition:**
> Definiert wird Kreativität als die menschliche Eigenschaft, neue Problemlösungen für bereits bekannte oder neue Aufgabenstellungen zu erzeugen (produktive Kreativität) und völlig neue originäre Ideen hervorzubringen (expressive Kreativität). Eine neue Problemlösung kann auch dadurch entstehen, dass bereits bestehende Komponenten neu arrangiert und auf originelle Weise umstrukturiert werden (vgl. Boos, 2007, S. 7).

Jeder Mensch besitzt ein hohes Maß an kreativem Potenzial. Dieses kann durch Anregung und Förderung ausgebaut werden oder durch Restriktion und Blockaden verkümmern. Kreative Eigenaktivität berührt den Menschen in seinem Innersten und unterstützt auf vielfältige Weise die Entwicklung der Persönlichkeit. Kreatives Denken und Handeln wird durch ästhetische und kulturelle Bildung, das Verständnis für Kunst und künstlerische Praxis gefördert (vgl Domkowsky, 2009, S. 8).

4.1.3 Spiel

Bringen Sie Ihr Lieblingsspiel mit und stellen Sie es kurz Ihren Kommilitoninnen und Kommilitonen vor.

Dann teilt sich die Gesamtgruppe in drei möglichst gleich große Gruppen A, B und C auf.

In der ersten Runde dürfen sich Gruppe B und Gruppe C Spiele aussuchen, die sie in beliebiger Konstellation und Gruppengröße spielen wollen. Die Einteilung in B und C ist für diese Zeit aufgehoben. Während die Personen aus Gruppe B und C miteinander spielen, hat Gruppe A die Aufgabe, zu beobachten, was genau passiert, während die anderen spielen. Nach 20 Minuten wird gewechselt.

In der zweiten Runde dürfen die Gruppen A und C 20 Minuten miteinander spielen, während Gruppe B beobachtet.

In der dritten Runde beobachtet Gruppe C, wie die Gruppen A und B spielen.

Wichtig ist, dass sich die Beobachtenden nicht an den Spielen beteiligen, sondern nicht-teilnehmend, von außen beobachten.

Reflektieren Sie danach:

– *Was haben Sie beobachtet?*

– *Was ist passiert, als die anderen gespielt haben?*

– *Wie ging es Ihnen selbst, als Sie gespielt haben?*

Schlussfolgern Sie:

Welche Merkmale hat das Spiel?

„Spiel ist eine freiwillige Handlung oder Beschäftigung, die innerhalb gewisser festgesetzter Grenzen von Zeit und Raum nach freiwillig angenommenen Regeln verrichtet wird, ihr Ziel in sich selber hat und begleitet wird von einem Gefühl der Spannung und Freude und einem Bewusstsein der ‚Andersseins' als das ‚gewöhnliche' Leben."
(Huizinga, 1958, S. 37)

Nach Johann Huizinga hat das Spiel folgende Kennzeichen:

– Spiel ist freies Handeln, das heißt, es ist physisch nicht notwendig und daher scheinbar funktionslos.

– Spiel ist frei bzw. distanziert von inneren und äußeren Zwängen. Im Spiel gibt es Momente des „wahren Freiseins", die sich in der ungeteilten Aufmerksamkeit für die Spielhandlung, frei von Druck und Beschränkungen, zeigen (vgl. Mendizza/Pearce, 2004, S. 85). Wesentlich für das Spielen ist die Freiwilligkeit. Ursprüngliche, unverwüstliche Spielmotivation gründet auf dem Vergnügen an der Tätigkeit. Spiel ist intrinsisch motiviert.

– Spiel steht außerhalb des gewöhnlichen Lebens. Im Spiel erleben die Menschen eine „Quasi-Realität". So wird der Zustand des Erlebens und Verhaltens bezeichnet, der sich vom „Ernst des Lebens" unterscheidet, ohne deshalb selbst unernst oder unwirklich zu sein. Spiel ist anders als das reale Leben. Es ist so tun als ob.

– Spiel ist zeitlich und räumlich begrenzt, es gibt einen Anfang und ein Ende sowie einen Spielort. Das Moment der Geschlossenheit ist daher kennzeichnend für das Spiel.

– Spiel ist wiederholbar.

– Spiel enthält verbindliche Regeln, die von allen am Spiel Beteiligten eingehalten werden müssen. Dazu gehört auch, dass sich alle Spielenden die gleiche Spielfantasie teilen.

– Spielen ist als Tätigkeit angereichert von emotionaler und intellektueller, häufig auch von körperlicher Aktivität. Es beinhaltet eine tiefe Freude an der Handlung. Spiel kann sich zu einem außergewöhnlichen Erregungszustand bis zur „Angst-Lust", dem sogenannten Thrill steigern.

(Huizinga, 1958, S. 37 ff.)

Vergleicht man die Handlungsstruktur von Spielhandlungen und Ernsthandlungen, so fällt zunächst auf, dass im Spiel nicht unbedingt das Ergebnis im Vordergrund steht, sondern dem Spielprozess eine große Bedeutung zukommt. Häufig ist das Ergebnis zweitrangig. Außerdem wird deutlich, dass die Handlungen im realen Leben Folgen haben, während die Spielhandlung mit einem Spielergebnis abgeschlossen ist, das keine Konsequenzen für das reale Leben hat.

Handlungsstruktur von Ernsthandlungen

Handlungsstruktur von Spielhandlungen

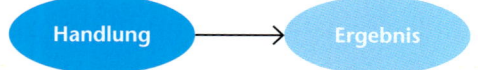

Handlungsstruktur von „Ernsthandlungen" und Spielhandlungen (vgl. Renner, 2008, S. 50).

Ein weiteres Indiz dafür, dass Spiel anders ist als das gewöhnliche Leben ist seine Zeitlosigkeit. Beim Spielen schrumpft die Zeitperspektive zusammen. Spiel ist gekennzeichnet vom Moment der Gegenwärtigkeit. Der Spieler lebt nur im Hier und Jetzt und verliert das Gefühl für die reale Zeit.

Bearbeitungsmöglichkeit in der Lehre oder im Selbststudium

1. *Vergleichen Sie die von Ihnen gesammelten Merkmale für das Spiel mit den Merkmalen, die Huizinga nennt.*

2. *Erinnern Sie sich an das gemeinsame Spielen in den Gruppen (siehe oben). Auch wenn Sie wissen, dass eine Spielrunde maximal 20 Minuten gedauert hat, wie lang hat sich ein Spiel für Sie angefühlt?*

3. *Beschreiben Sie das Phänomen des Spielverderbers in Hinblick auf die Kennzeichen des Spiels.*

4. *Finden Sie konkrete Beispiele für die Handlungsstruktur im realen Leben und im Spiel.*

5. *Obwohl Spielen als funktionsloses Verhalten definiert ist, welche Funktionen kann es erfüllen?*

Spielen ist ein elementarer Bestandteil in der Entwicklung von Kindern. Es gibt keine Tätigkeit, für die kleine Kinder besser vorbereitet sind, als das fantasievolle Spielen. Nichts ist risikoloser, da die Gefahren im Spiel nur vorgetäuscht sind. Die amerikanische Pädagogin Vivian Gussin Paley bezeichnet daher das Spielen als der Menschheit älteste und am besten bewährte Lernmethode („mankind's oldest and best-used learning tool"[1], Paley, 2005, S. 8).

Weiß beschreibt das Spiel in Anlehnung an Oerter „als das Fundament des Menschseins" (Weiß, 2008, S. 87), da es die Grundlage aller kulturellen Tätigkeiten ist (siehe Oerter 1999). Über das Spielen nähern sich Kinder der Welt an und lernen, sie sich zu erklären und zu verstehen. Sie erkunden Materialien und Objekte, kombinieren sie miteinander, verwandeln sie mithilfe ihrer Fantasie. Sie probieren sich in unterschiedlichen Rollen aus, lernen, mit ungewohnten Situationen umzugehen und werden dadurch flexibel und bereit für das Unerwartete im Leben. Im Spiel bilden Kinder Fähigkeiten aus. Außerdem spielen sie ihre Themen durch, wenn es sein muss, immer wieder, um die für sie passende Lösung zu finden. Grundlegend für die kindliche Entwicklung ist die Nachahmung des Lebens der Erwachsenen. Weitgehend außer Frage steht, dass sich Spielen auf die psychische Gesundheit auswirkt: im Spiel können Kinder seelische Belastungen besser meistern als in der sozialen Realität. Auch überfordernde und unangenehme Erfahrungen können durch spielerische Auseinandersetzung und Wiederholung bewältigt werden (z. B. ein Besuch bei der Ärztin oder beim Arzt). Im Spiel können Kinder den Verlauf der Geschehnisse selbst bestimmen. Sie erproben ihr Sein und Handeln in der Welt und finden selbstständig Antworten und Lösungen. Spielen nimmt daher einen äußerst wichtigen Platz im Leben kleiner Kinder ein. Es ist ihre natürliche Ausdrucksform, die sie selbst ihrem Entwicklungsstand gemäß weiter entwickeln.

4.1.4 Ästhetische Erfahrungen

Grundlegend wird davon ausgegangen, dass Erfahren eine sinnlich-aktive Tätigkeit ist, bei der Handlung und Wahrnehmung, Wissen und Lernen in komplexer Weise zusammenspielen (vgl. Pinkert, 2005, S. 32 und Scheytt, 1999, S. 9). Eine Erfahrung ist also mehr als eine Sinnempfindung und -wahrnehmung oder aber bloßes Wissen, da sie nicht nur die praktisch-sinnliche Auseinandersetzung mit der Wirklichkeit beinhaltet, sondern auch die anschließende Bearbeitung und Einordnung des Wahrgenommenen bzw. Erlebten mit kognitiven Deutungsmustern (siehe Gehlen 1978; vgl. Selle, 1988, S. 26 ff. und vgl. Weintz, 1998, S. 118).

---

[1] *Bedeutet wörtlich übersetzt: „der Menschheits älteste und am besten bewährte Lernmethode".*

Nach John Dewey ist ästhetische Erfahrung eine verfeinerte, verdichtete und vertiefte Form menschlicher Erfahrung (vgl. Dewey, 1988, S. 59 und 168 f.). Sie umfasst das Zusammenspiel von Sinnlichkeit, Leiblichkeit, seelischer Empfindung und Rationalität (vgl. Weintz, 1998, S. 120). Aufgrund verschiedenster Aspekte hebt sie sich von der Alltagserfahrung ab. Ästhetische Erfahrung ist fiktional und zweckfrei. Sie gebraucht Zeichen, die unterschiedliche Bedeutungszuschreibungen gestatten. Sie geht sowohl über das rein Sinnliche als auch über das rein Rationale hinaus. Durch die Möglichkeit zu Verbindungen, Gleichzeitigkeiten und Verschiebungen kognitiven und emotionalen Erlebens besitzt sie höchst individuellen, aber auch innovativen Charakter. Da sich ästhetische Erfahrungen auf selbst erlebte Wahrnehmungen und Gestaltungen begründen, ist das Ermöglichen dieser die Voraussetzung für einen ästhetischen Bildungsprozess (vgl. Pinkert, 2005, S. 33; vgl. Maset, 1995, S. 122 ff. und vgl. Zirfas, 2005, S. 74).

4.1.5 Ästhetische Kompetenz

Es wird davon ausgegangen, dass durch die intensive Auseinandersetzung mit Kunst ästhetische Kompetenz ausgebildet werden kann. Sie ist die aus dem Erlernen der Spielregeln ästhetischer Kommunikation entwickelte Fähigkeit,
– ästhetische Phänomene und Produkte in ihrer Wirkung und Inszeniertheit zu verstehen,
– mit ihnen selbstbestimmt umzugehen und
– sie selbst inszenieren zu können.

Damit verbunden ist die Kompetenz,
– an Kommunikationsprozessen ästhetischer Logik teilzunehmen und
– solche zu initiieren.

Mit ästhetischen Phänomenen und Artefakten wird sich rezeptiv, produktiv und reflexiv auseinandergesetzt, das heißt, sie können gelesen, verstanden, genutzt und gestaltet werden. Damit wird ästhetische Kompetenz weder auf die Wahrnehmungsebene, noch auf die praktische oder intellektuell-theoretische Ebene reduziert (vgl. Auer/Bregenzer/Haigis u.a., 2006, S. 2). Die Spielregeln ästhetischer Kommunikation können nicht nur souverän angewandt, sondern kreativ-innovativ weiterentwickelt werden (vgl. Sting, 2003, S. 12 und Auer/Bregenzer/Haigis u.a., 2006, S. 2). Ästhetische Kompetenz wird durch vielfältige reflektierte ästhetische Erfahrungen ausgebildet (vgl. Domkowsky, 2011, S. 327).

4.1.6 Ästhetisches Forschen

Ästhetische Erfahrungen lassen sich kaum rational durchdringen. Es bereitet große Schwierigkeiten, sie zu beschreiben, z. B. weil uns dafür die Begriffe fehlen. In ästhetischen Prozessen erleben wir Phänomene, die wir als bereichernd empfinden, die uns beglücken, die wir aber nur in ästhetischen Zusammenhängen nachvollziehen können.

Im Wissenschaftsbereich gibt es mit der Ästhetischen Forschung einen Ansatz, der versucht, ästhetische Prozesse in einer Form zu erkunden, die nah an ästhetischen Verfahren bleibt (siehe Domkowsky, 2013).

Ästhetisches Forschen erlaubt es, (Forschungs-)Fragen im ästhetischen Modus nachzugehen oder aber auch Fragen aus dem ästhetisch-künstlerischen Bereich zu erforschen. Es zielt auf ein „in und durch künstlerische Praktiken und ästhetische Darstellungsformen hervorgebrachtes Wissen, das sich in je eigenen Präsentationsweisen und Rezeptionsstrukturen vermittelt." (Matzke, 2012, S. 939)

In der ästhetischen Forschung begibt sich die Neugier auf den Weg, ohne dass das Ergebnis vorhersehbar ist.

Ästhetische bzw. künstlerisch-praktische Ansätze werden mit vorwissenschaftlichen Handlungs- und Denkweisen sowie mit wissenschaftlich-orientierten Methoden verknüpft. Ästhetische Forschung kann sich „aller zur Verfügung stehender Verfahren und Erkenntnismöglichkeiten aus Alltag, Kunst und Wissenschaft" (Kußmaul, 2011) bedienen und diese in Beziehung zueinander setzen.

Der ästhetische Forschungsprozess ist performativ. Es wird „weniger eine vergangene Handlung beschrieben oder ein vorgängiger Sachverhalt repräsentiert, vielmehr fallen Aussage und Wirklichkeit, Inhalt und Form, Subjekt und Objekt zusammen" (Seitz, 2012, S. 83).

Die ästhetischen Prozesse stehen für sich. Im Vollzug des Handelns geben sie Auskunft (vgl. Seitz, 2012, S. 86).
Dies „führt zu individuellen Erkenntnisformen, die sowohl rational sind, als auch vor-rational, sowohl subjektiv als auch allgemein, [...] sowohl über verbal-diskursive Akte bestimmt als auch von diffusen Formen des Denkens tangiert. [...] Ästhetisches Forschen führt zu anderen Formen der Erkenntnis." (Kämpf-Jansen 2000, S. 277)

Diese erlauben ein anderes Verstehen der Welt, ein Begreifen im ästhetischen Modus.
„Der Begriffskonnotation ästhetisch und Kunst liegen als spezifischer Modus die Aus-einandersetzung mit leibsinnlichen Qualitäten, dem Empfinden, emotionalen Disposi-tionen und assoziativen Vorstellungen zu Grunde. Hierüber bestimmt sich Ästhetisches Forschen als ein plurales und offenes Konzept, das die Hierarchisierung von Kognition und Emotion als eindeutige Erschließungsrichtungen aufhebt" (Kußmaul, Poster, 2011).

Nach Gilbert Ryle liegt das besondere Potenzial der Künste darin, dass sich hier Alltags- und Handlungswissen und theoretisches Wissen treffen und überlagern (vgl. Ryle, 2002). Das per-sönliche Erleben, das subjektiv von sinnlich-emotionalen Erfahrungen geprägt ist, ist Ausgangs-punkt der Erkenntnisgewinnung. Die Verwobenheit in vielfältig-verschränkte Reflektionsweisen wie abstrakt-theoretische Durchdringungen sind darin eingeschlossen (vgl. Kußmaul, 2011).

Wissen wird in diesem Kontext „in seiner besonderen Performativität reflektiert „[...]: nicht als standardisiertes Wissen, sondern in seiner besonderen Dynamik, Relationalität und Subjektivität." (Matzke, 2012, S. 939)

„Die Erkenntniszugkraft entwickelt sich damit nicht nur im bloßen Wahrnehmen oder im rationalen zweckorientierten Analysieren, sondern im Zusammenspiel ästhetischer, emotionaler und reflektierender Aneignungsformen." (Kußmaul, 2011)

Die folgenden beiden Aufgaben geben Ihnen die Möglichkeit, selbst in den ästhetischen Modus zu wechseln und ästhetisch zu forschen.

Ästhetisches Forschen I – Zwischen Wahrnehmung, Spiel und Kreativität

Bereiten Sie eine Kiste mit verschiedenen Materialien vor wie z. B. Zahnstocher, Schaschlik-spieße, Wattestäbchen, Perlen, Federn, Knete, Papier. Alternativ dazu stellt jede Person ein Objekt zur Verfügung, das sie gerade bei sich hat und für das Spiel freigeben möchte.

Suchen Sie sich eine Partnerin oder einen Partner. Jede Person wählt zwei unterschiedliche Materialien aus und legt diese vor sich hin. Ca. 7 Minuten lang geht eine der beiden nur für sich nun mit diesen Dingen um, fängt etwas damit an, gestaltet sie. Die Aufgabenstellung ist hier bewusst sehr offen formuliert. Währenddessen beobachtet die andere Person. Auch wenn es schwer fällt, darf diese nicht eingreifen und nichts sagen. Auch darf sie ihre eigenen Mate-rialien nicht einbeziehen. Die vorgegebene Dauer sollte eingehalten werden, auch wenn die Spielenden meinen, schon fertig zu sein und Langeweile aufkommt. Danach wird gewechselt und die zunächst beobachtende Person darf nun für ca. 7 Minuten mit ihren Materialien umgehen, sie ausprobieren, etwas damit anstellen, während die andere sie beobachtet.

Reflektieren Sie anschließend, was in den jeweils sieben Minuten passiert ist. Was haben Sie beobachtet? Was haben Sie über die Materialien und Dinge erfahren, als Sie damit umgin-gen und spielten? Wo können Sie in dem von Ihnen Beobachteten Bezüge zu den Themen Wahrnehmung, Spiel und Kreativität herstellen? Was denken Sie aus Ihrer Beobachtung oder Ihrem Erleben heraus hat Wahrnehmung mit Kreativität zu tun? Was hat Kreativität mit Spiel zu tun? Wie beeinflussen sich Wahrnehmung, Spiel und Kreativität? Was ist passiert, als Langeweile aufkam? Was ist passiert, falls es doch (gegen die Spielregel) Interaktionen mit anderen gab?

Ästhetisches Forschen II – Spuren des Spürens

1. *Suchen Sie sich eine Partnerin oder einen Partner, dem Sie vertrauen. Lassen Sie sich von ihr oder ihm mit einem Kopfkrauler, einem speziellen Massage-gerät für den Kopf, massieren. Währenddessen haben Sie ein großes Papier vor sich liegen, auf das Sie während des Kraulens mit einem Buntstift Spuren zeichnen. Sie können dies, wenn Sie möchten, mit geschlossenen Augen tun.*

   Anschließend tauschen Sie und ihre Partnerin bzw. ihr Partner zeichnet mit einer anderen Farbe ihre bzw. seine Gefühlsspuren auf das gleiche Papier.

   Vergleichen Sie Ihre Spuren. Was hat Sie dazu bewegt, das Gespürte in dieser Weise aufzuzeichnen? Ähneln sich Ihre Spuren? Worin? Können Sie Formen erkennen, bei denen Sie sich an die Art des Kraulens erinnern oder Punkte, die im Zusammenhang mit

   Spuren des Spürens

   dem Verlauf des Massageprozesses standen, wie z. B. Unterbrechungen, Tempo-, Rhythmus-oder Seitenwechsel?

   Sie können diese Forschungsaufgabe auch mit weiteren Partnerinnen oder Partnern durch-führen. Dann ist besonders interessant, ob auf dem Papier zu erkennen ist, wer massiert hat.

2. *Nehmen Sie nun noch einmal Ihre Assoziationen zum Begriff „Ästhetische Bildung" vom Beginn zur Hand! Vergleichen Sie diese mit Ihren neuen Erkenntnissen! Welche Aspekte waren bereits bekannt und welche noch nicht? Was ist völlig neu für Sie? Welche Ihrer Assoziationen sind nicht thematisiert worden?*

3. *Erläutern Sie, inwiefern Wahrnehmung, Kreativität sowie Spiel in einem Zusammenhang mit Ästhetischer Bildung stehen.*

4. *Auf viele Menschen, die kulturelle Bildung in ihrer Kindheit und Jugend erlebt haben, hat diese einen nachhaltigen Eindruck hinterlassen (siehe Domkowsky, 2008).*

   Erinnern Sie sich, in welchen Zusammenhängen Sie mit kultureller Bildung in Berührung gekommen sind:

   – *Wann war das erste Mal, an das Sie sich erinnern?*

   – *Haben Sie eine konkrete Situation im Kopf?*

   – *Können Sie sich an ein künstlerisches Werk oder Ereignis erinnern, das Sie beeindruckt hat (z. B. ein Bild, ein Foto, ein Theaterstück, eine Inszenierung, ein Konzert, ein Musical, ein Film, eine Skulptur)?*

   – *Waren Sie an der Gestaltung des Werkes oder Ereignisses beteiligt?*

   Können Sie sich daran erinnern, die Wechselwirkung zwischen sich selbst und einem künstlerischen Produkt oder Ereignis erfahren zu haben, sodass sie davon beeindruckt waren und zugleich etwas mit ihrer Wahrnehmung passierte?

   Können Sie sich an einen künstlerischen Prozess erinnern, an dem Sie mitgewirkt haben? Was fällt Ihnen als Erstes ein?

   Wovon ist Ihre negativste Erfahrung im Zusammenhang mit kultureller Bildung geprägt? Was zeichnet Ihre positivste Erfahrung aus? Welche Bedeutung haben diese Erfahrungen heute für Sie?

5. *Überlegen Sie, wann Sie Ihr letztes Kultur-Erlebnis hatten. Welches war das? Und was hat es Ihnen bedeutet? Tauschen Sie sich im Forum darüber aus, was Sie als Kultur-Erlebnis definieren.*

6. *Stellen Sie sich Ihr Leben ohne Kunst und Kultur vor! Wie viel wären Sie bereit, dafür zu geben, wieder mit Kunst und Kultur leben zu dürfen?*

7. *Bringen Sie Ihr Lieblingskunstwerk oder eine Reproduktion z. B. als Fotografie davon mit und präsentieren Sie es im Forum. Warum haben Sie es ausgewählt? Warum ist es so bedeutend für Sie? Was ist daran Kunst für Sie?*

4.2 Ästhetische Bildung im Elementarbereich

4.2.1 Die Entwicklung der Wahrnehmung in der Säuglingsforschung

Ästhetische Erfahrungen bilden den Ausgangspunkt aller Selbst- und Welterfahrung (vgl. Schäfer, 2006, S. 48). Der Zugang zur Welt durch die Sinne, das ästhetische Denken, der ästhetische Modus der Weltzuwendung ist der erste und grundlegendste für Kinder im Vorschulalter (vgl. Dietrich/Krinninger/Schubert, 2012, S. 81). Kinder bilden sich selbst, indem sie die Welt mit allen Sinnen erforschen. Ihre Herangehensweise ist eine ästhetische.

„Im versunkenen Spiel mit Sand oder Wasser, im forschenden Umgang mit Regenwürmern, Papierfetzen oder klingenden Alltagsgeräten befinden Kinder sich in diesem spielerischen Modus der sinnlichen Weltzuwendung, die noch ohne Bedeutungszuschreibungen auskommt. Er erlaubt ihnen, ihre Eindrücke frei zu gestalten, zu ordnen

und sogleich alles wieder in Frage zu stellen. Unabhängig von einem Ergebnis können sie sich im Hin und Her von Eindruck und Ausdruck, von Angestoßen-Sein und Darauf-Antworten ‚interesselos' der Dynamik des Geschehens hingeben."
(Dietrich/Krinninger/Schubert, 2012, S. 78)

Der Beginn dieses ästhetischen Welt-Verhältnisses hängt eng mit den Entwicklungen der sinnlichen Wahrnehmungsfähigkeiten des Kindes zusammen.

Zuerst entwickeln sich die Sinne, die uns Informationen über unseren Körper und seine Beziehung zur Anziehungskraft der Erde geben. Die Wahrnehmung des eigenen Körpers durch die „inneren Sinne" (Bewegungssinn, Gleichgewichts- und Lagesinn, Temperatursinn und Schmerzsinn) wird bereits in der 12. bis 15. Schwangerschaftswoche angelegt (vgl. Dietrich/Krinninger/Schubert, 2012, S. 78 f.). „Das taktile System ist nach J. Ayres (2002) das erste sensorische System, das sich schon im Mutterleib entwickelt und das bereits funktionsfähig ist, wenn visuelle und auditive Systeme sich erst zu bilden beginnen" (Zimmer, 2004, S. 71).

Die Differenzierung der Sinne, die uns Informationen über körperferne Dinge liefern, erfolgt erst später. Die Wahrnehmung der Außenwelt über Auge, Ohr, Nase wird gegen Ende der Schwangerschaft ausgebildet. Die Feinabstimmung erfolgt im ersten Lebenshalbjahr. Diese Wahrnehmung gibt den wesentlichen Zugang zur äußeren Welt. Bereits im Mutterleib nehmen Kinder Geräusche und Töne in differenzierter Weise wahr. Das vertrauteste Geräusch ist der Herzschlag der Mutter. Neue Studien zeigen, dass Neugeborene nicht nur die Stimme ihrer Mutter von der anderer Menschen unterscheiden können, sondern darüber hinaus auch ihre Muttersprache lieber hören als andere Sprachen. „Solche Präferenzen müssen sie während der Schwangerschaft gelernt haben" (Pauen, 2008, S. 9).

Da Neugeborene noch nicht in der Lage sind, über ihre Erfahrungen zu berichten, nutzten Säuglingsforscherinnen und Säuglingsforscher das natürliche Nuckelverhalten von Babys im Rahmen eines sogenannten Präferenzparadigmas, um etwas über die Wahrnehmungsfähigkeit der Kinder herauszufinden. In der Untersuchung gab man den Neugeborenen einen Spezialschnuller, der registrieren kann, wie häufig ein Kind pro Minute saugt. Sobald diese Basisrate festgestellt wurde, bekam das Baby einen Kopfhörer aufgesetzt, über den unterschiedliche Stimmen, Sprachen oder Geschichten eingespielt werden können, je nachdem, ob das Kind schneller oder langsamer am Spezialschnuller saugt, als es der Basisrate entspricht. Schon die ganz Kleinen lernten schnell, ihr Saugverhalten so anzupassen, dass sie über die Kopfhörer das von ihnen Präferierte hören konnten (vgl. Pauen, 2008, S. 9).

„In einem Versuch bat man Schwangere, während der letzten sechs Wochen vor Ende der Schwangerschaft einmal pro Tag eine ganz bestimmte Geschichte laut vorzulesen. Nach der Geburt konnte das Kind im Schnullerversuch entscheiden, ob es lieber diese Geschichte oder eine andere, fremde hören wollte. Die Neugeborenen dieser Versuchsgruppe bevorzugten die vertraute Geschichte, selbst wenn beide Geschichten von einer fremden Person vorgetragen wurden." (Pauen, 2008, S. 9)

Dieses erstaunliche Ergebnis zeigt nicht nur, wie gut das Gehör bereits bei der Geburt ausgeprägt ist, sondern vor allem, wie differenziert die akustische Wahrnehmung bereits in der vorgeburtlichen Phase zu sein scheint und wie differenziert sich Säuglinge bereits im Mutterleib merken, was sie hören. „Natürlich haben sie noch kein Verständnis für die Bedeutung der Worte, aber sie erkennen komplexe Lautmuster wieder" (Pauen, 2008, S. 9).

Nach der Geburt nimmt der Säugling durch seine Sinnesorgane und die sensorischen Erfahrungen mit dem eigenen Körper eine immense Zahl neuer Eindrücke aus seiner neuen, der äußeren Welt wahr und auf. Diese Erfahrungen und Eindrücke werden nach und nach verinnerlicht und bilden das Material von inneren Bildern und Tönen, von Vorstellungen, Erwartungen, Befürchtungen oder Hoffnungen. Das Kleinkind bebildert seine eigene (Innen-)Welt. Mit diesem Übergang vom „sensorischen" zum „imaginativen" Denken (siehe Schäfer, 1999) beginnt die Entwicklung des Wechselspiels von Wahrnehmung und Fantasietätigkeit (Imagination). „Sinnliche Erfahrungen über die Fernsinne, den Körper und die Gefühle […] bilden die Ausgangsbasis ästhetischer Erfahrung. Darauf baut ein ‚Denken' dieser Wahrnehmungserfahrungen mithilfe von Vorstellungen, Bildern, Imaginationen und Fantasien auf." (Schäfer, 2006, S. 48) Das Kind beginnt, symbolisch zu denken, z. B. wird das Kuscheltuch als Zeichen für Schlafen verstanden.

Die Fähigkeit zum imaginativen Denken und zur Symbolbildung ist die Grundlage für die Entwicklung von Kreativität. Vielsinnige Wahrnehmung und imaginatives Denken dieser Wahrnehmungserfahrung fasst Schäfer als „ästhetische Erfahrungs-Bildung" zusammen.

„Sie besteht in der Differenzierung und Strukturierung von Wahrnehmungen oder Vorstellungen sowie in der Bildung einer sinnlichen Ordnung der Welterfahrung im Kopf des Kindes. Nur das, was auf diese Weise in die Vorstellungs-, Fantasie- und Denkwelt überhaupt eingeht, kann von einem Kind als eigenständige Erfahrung verarbeitet werden. […] Ästhetische Erfahrung ist daher nichts, was man der kindlichen Entwicklung willkürlich oder auch ergänzend hinzufügen oder einfach von ihr wegnehmen könnte. Sie ist grundlegend dafür, dass das Kind aus eigener Erfahrung heraus […] sich seine Welt deuten kann." (Schäfer, 2006, S. 48)

Das ästhetische Denken legt das Fundament für alle weiteren Denkprozesse. Im Laufe der Entwicklung, spätestens mit Beginn der schulischen Bildung, wird es vom rational-logischen Modus überlagert (vgl. Dietrich/Krinninger/Schubert, 2012, S. 81). Die Ausdifferenzierung des ästhetischen Denkens entscheidet auch mit über die Qualität des rationalen (vgl. Schäfer 2006, S. 49).

Zwölf Thesen zur Bedeutung einer basalen ästhetischen Bildung
„(1) Sinnliche Erfahrungen über die Fernsinne, den Körper und die Gefühle bilden die Ausgangsbasis ästhetischer Erfahrung. Darauf baut ein ‚Denken' dieser Wahrnehmungserfahrungen mithilfe von Vorstellungen, Bildern, Imaginationen und Fantasien auf.

(2) Vielsinnliche Wahrnehmung und imaginatives Denken dieser Wahrnehmungserfahrung fasse ich als ästhetische Erfahrungs-Bildung zusammen. Sie besteht in der Differenzierung und Strukturierung von Wahrnehmungen oder Vorstellungen, sowie in der Bildung einer sinnlichen Ordnung der Welterfahrung im Kopf des Kindes. Ästhetische Erfahrung bildet damit den Ausgangspunkt aller Selbst- und Welterfahrung jedes neuen Erdenbürgers.

(3) Nur das, was auf diese Weise in die Vorstellungs-, Fantasie- und Denkweltwelt überhaupt eingeht, kann von einem Kind als eigenständige Erfahrung verarbeitet werden. Wo solche Erfahrungen fehlen, ist das Kind auf ein Kennenlernen aus zweiter Hand angewiesen. Deshalb scheint es sinnvoll, der Bildung dieser Wahrnehmungs- und Vorstellungstätigkeit genauso viel Aufmerksamkeit zu schenken, wie dem urteilenden Denken.

(4) Wegen seiner grundlegenden Bedeutung stelle ich das ästhetische Denken dem urteilenden Denken gegenüber und meine, dass der wichtigste Bildungsprozess in der frühen Kindheit in der Ausformung und Differenzierung dieses ästhetischen Denk- und Tätigkeitsbereiches liegt.

(5) Ästhetische Erfahrung ist damit nichts, was man der kindlichen Entwicklung willkürlich oder auch ergänzend hinzufügen oder einfach von ihr wegnehmen könnte. Sie ist grundlegend dafür, dass ein Kind aus eigener Erfahrung heraus – und diese bedeutet ja, dass man eigene Wahrnehmungen gemacht hat – sich seine Welt deuten kann.

(6) Man kann allerdings diesen Erfahrungsraum fördern oder einengen, unterstützen oder stören. Dementsprechend wird die Erfahrungsgrundlage des kindlichen Denkens breiter oder schmaler, differenzierter oder holzschnittartiger ausfallen.

(7) Sammeln, Fantasieren, Spielen und Gestalten (in allen Formen) sind zentrale – wenn auch nicht die einzigen – Bereiche, in denen Kinder ihre ästhetischen Erfahrungsmöglichkeiten vieldimensional ausloten.

(8) Ästhetische Erfahrung steht nicht im Gegensatz zu dem, was wir als das eigentliche Denken anzusehen gewohnt sind, nämlich das rationale. Es bildet vielmehr – bewusst oder unbewusst – dessen Grundlage, und seine Ausdifferenzierung entscheidet auch mit über die Qualität rationalen Denkens. Man könnte sagen: Denken beginnt mit der Frage: Was nehme ich überhaupt wahr?

(9) Lernprozesse, die nur die Realitätsgerechtigkeit und Rationalität kindlichen Denkens im Auge haben, lassen die Wahrnehmungs- und Erlebnisfähigkeit der Kinder unentwickelt. Damit ist Rationalität zwar leichter möglich, aber um den Preis von persönlichen Sinnfindungs- und Glücksmöglichkeiten.

(10) Wir müssen im späteren Leben von zwei unterschiedlichen Lernwegen ausgehen: Der eine geht von den eigenen Wahrnehmungen aus, die strukturiert, mit vergangenen Wahrnehmungen verglichen und mit den gegebenen Mitteln des Denkens verarbeitet werden. Der andere geht von sinnlich vorstrukturierten und vorgedachten Erfahrungen anderer Menschen aus, die dem Kind vorgestellt werden. Der wesentliche Unterschied zwischen beiden Lernwegen besteht darin, dass der zweite Weg kürzer ist. Er kann auf die eigene sinnliche Strukturierungsleistung des Kindes, auf eigene Fragestellungen und eigene Klärungsversuche des Wahrgenommenen verzichten. Das mag für manches Wissen und Lernen genügen. Was dabei aber nicht gelernt wird ist, neue, noch unbekannte, bislang ungedachte oder unzureichend gedachte Erfahrungen so zu strukturieren, dass sie gedacht, gelöst werden können. Darauf ist aber gerade kreatives Problemlösen angewiesen: bislang ungeklärte Wahrnehmungserfahrungen so aufzubereiten, dass man sie denken kann. Es ist also gerade das problemlösende Denken, welches auf die ästhetischen Erfahrungen, die ästhetischen Vorstrukturierungen und die ästhetischen Denkweisen angewiesen ist.

(11) Lernen wir besser wahrnehmen, das scheint die wichtigste Forderung zu sein, wenn wir ästhetische Erfahrung als Grundlage von (frühkindlicher) Bildung anerkennen wollen.

(12) Lernen wir besser wahrnehmen, lautet aber auch die Botschaft, wenn wir das problemlösende Denken in unseren Kindern unterstützen wollen. Hier berühren sich die Kreativität der kleinen und die der großen Kinder."

(Schäfer, 2006, S. 47 ff.)

Praxisaufgabe

1. *Setzen Sie sich mit den „Zwölf Thesen zur Bedeutung einer basalen ästhetischen Bildung" von Gerd E. Schäfer auseinander. Diskutieren Sie diese.*

2. *Informieren Sie sich über das „Sensomotorische Spiel". Wie kann diese Spielform gefördert werden? Inwiefern kann die Förderung dieser Spielform zu ästhetischen Bildungsprozessen beitragen?*

   Hinweise für die Recherche finden Sie bei den Literaturempfehlungen am Ende von Kapitel 4.

3. *Informieren Sie sich über das Rezeptionsspiel! Wie kann diese Spielform gefördert werden? Inwiefern können angeleitete Rezeptionsspiele für ästhetischen Bildungsprozesse genutzt werden?*

   Hinweise für die Recherche finden Sie bei den Literaturempfehlungen von Kapitel 4.

4. *Überlegen Sie zu zweit, wie die Wahrnehmungsfähigkeit von Kindern gefördert werden kann. Stellen Sie Ihre Vorschläge im Plenum vor.*

4.2.2 Elementare ästhetische Bildung

Elementare ästhetische Bildung besitzt eine Doppelstruktur. Die ästhetischen Erfahrungen sind zum einen „vielfach verbunden und verwoben mit den alltäglich praktischen Dingen" (Dietrich/Krinninger/Schubert, 2012, S. 84). Kinder erfahren durch die Sinne, wie Bedeutungen entstehen, oder besser: Bedeutsames entsteht und wie sie selbst Bedeutungen konstruieren (vgl. Dietrich/Krinninger/Schubert, 2012, S. 84). „Ein Raum etwa kann weich, warm, dunkel, leise oder laut, schrill, hell und hart erlebt werden. Präreflexiv findet sich das Kind in eine Welt verstrickt, in der es von den Dingen angesprochen wird und seiner eigenen Resonanzen darauf gewahr wird, bevor es überhaupt Worte hat, darüber zu sprechen" (Dietrich, 2009, S. 3).

Neben dem Ermöglichen dieser alltäglichen ästhetischen Erfahrungen muss ästhetische Bildung auch an Kunst und Kultur in all ihrer Vielfalt heranführen. Erst im Zusammenspiel beider Dimensionen kann ästhetische Bildung als Ganzes befördert werden. Elementare ästhetische Bildung ist also weder reine Wahrnehmungsschulung noch ein Vorbereitungskurs auf die Künste.

Gerd Schäfer fand einen eindrücklichen Vergleich für den elementaren ästhetischen Bildungsprozess:

„Ich will es mit dem Sprechenlernen der Kinder vergleichen. Kein Kind lernt selbstständig zu sprechen, wenn wir es lediglich veranlassen, von Erwachsenen gesprochene Sätze nachzusprechen. Vielmehr greifen Kinder auf, was sie gehört haben, und versuchen, daraus selbst etwas zu machen. Das muss im sprachlichen Sinn nicht immer ganz richtig sein. Sprechenlernen hat viele Hürden, und Kinder können nicht mehrere von ihnen auf einmal meistern. Deshalb gehen sie so vor, dass sie sich jeweils mit einem Muster vertraut machen. [...]
[Das Kind] lernt also nicht durch direkte Nachahmung der Sprachvorbilder, sondern entdeckt Muster von Regelmäßigkeiten im alltäglichen Sprechen der Erwachsenen und versucht, sie in seinen eigenen Lautproduktionen zu verwenden und zu verwirklichen. Ist es sich dessen sicher, dann sucht es sich die nächste Auffälligkeit und versucht, das Neue zu integrieren. Es baut also die Komplexität der Grammatik in kleinen Schritten auf, indem es Inseln des Könnens schafft, von denen es zu neuen Abenteuern der Entdeckung der Sprache aufbricht.

Wichtig ist dabei zweierlei: Es übernimmt vom Vorbild nur so viel, wie es augenblicklich verstehen und verkraften kann; und es lernt nicht durch sklavische Wiederholung des Vorbilds, sondern indem es das gefundene Muster in seinem konkreten Alltagshandeln verwendet. Es ahmt also nicht in erster Linie nach, sondern probiert in unterschiedlichsten Situationen aus, ob und wie es passt. Und – je nachdem – korrigiert es sich. Der Unterschied besteht vor allem darin, dass es das gefundene Muster in immer wieder neuen Situationen anwendet und damit diesen Situationen auch produktiv anpassen muss.

In diesem Sinne werden in den Gestaltungen der Kinder auch [künstlerische] Stilmerkmale […] verwendet. Sie werden nicht einfach nachgeahmt, sondern die Kinder setzen sie ein, um damit eigene Vorstellungen zu verwirklichen."
(Schäfer, 2008, S. 7)

Im Grunde lernen die Kinder Elemente einer künstlerischen Sprache kennen und arbeiten mit ihnen.

„Diese Sprache bedarf als ‚Träger' geeigneter Materialien, sie braucht geeignete Werkzeuge, mit welchen die Materialien von den Kindern be- und verarbeitet werden können; sie ist auf einen reichen Vorrat an sinnlichen Erfahrungen angewiesen, die […] verwandelt werden können [in Geräusche, Töne, Bilder, Szenen oder Bewegungen]; und die Kinder werden unterstützt durch Vor-Bilder, an denen sie abgucken können, wie man mit all diesen Elementen so umgehen kann."
(Schäfer, 2008, S. 7)

Praxisaufgabe

Informieren Sie sich über das Angebot Theater von Anfang an, das sich seit einigen Jahren in Deutschland etabliert. Inwiefern halten Sie diese Theaterform für ganz Kleine für bedeutsam?

4.2.3   Ästhetische Bildung bedeutet Partizipation

Der Grundgedanke ästhetischer Bildung ist eng mit einer partizipativen Herangehensweise verknüpft. Partizipation (lat.) bedeutet wörtlich übersetzt „Teilhabe" oder „Teilnahme". Von Partizipation kann gesprochen werden, wenn Kinder nicht nur gehört werden, sondern „einen Teil der Verfügungsgewalt über die eigene Lebensgestaltung von den Erwachsenen übernehmen" (Fatke/Schneider/Meinhold-Henschel u. a., 2006, S. 26), indem sie an Entscheidungen und ihrer Umsetzung mitwirken, die sie alltäglich betreffen.

In der Kindertagesbetreuung ist Partizipation ein wichtiges Qualitätskriterium. Der Dialog mit den Kindern muss gesucht werden. Auch jüngere Kinder sind sehr wohl in der Lage auszudrücken, was ihnen gefällt, was sie stört und wie aus ihrer Sicht etwas anders zu gestalten oder zu regeln ist. Die partizipative Vorgehensweise ist somit mit einer pädagogischen Grundhaltung verbunden. Kinder werden als Experten in eigener Sache gesehen.

Ästhetische Bildung ist unmittelbar mit partizipativen Aspekten verknüpft. Bildung ist ohnehin nur bei einer aktiven Mitwirkung der Betroffenen möglich (vgl. Schröder, 2007, S. 178), wenn Lernen als ein selbst gesteuerter Prozess verstanden wird (siehe BMFSFJ, 2005).

Ästhetische Erfahrung speist „aufs Ganze der Bildung gesehen, die elementare Fähigkeit zu Anteilnahme. Hellmuth Plessner bezeichnete diese Möglichkeit des sinnlich unmittelbaren Angesprochenseins als die leiblich-seelisch organisierte primäre Schicht des Teil-Seins in der Welt und mit dem Anderen (siehe Plessner 1982). Ästhetische Bildung fundiert damit das, was wir im umfassenden und ganz elementaren Sinne Partizipation nennen." (Dietrich/ Krinninger/Schubert, 2012, S. 84 f.)

Da ästhetische Bildung „in kulturell-ästhetische Symbolbestände im Sinne einer zusätzlichen Sprachlichkeit neben der Wortsprache" einführt, beinhaltet auch dies nach Cornelie Dietrich u. a. „ein Moment der Partizipation, nun aber nicht mehr auf der Ebene des unmittelbaren Mit-seins, sondern auf Ebene des vermittelten Teilnehmens am kulturell-symbolischen Austausch" (Dietrich/Krinninger/Schubert, 2012, S. 85).

In ästhetischen Auseinandersetzungen gibt es nicht nur die Möglichkeit, sondern es ist es vielmehr eine Notwendigkeit, aktiv zu sein. Wahrnehmungs- und Gestaltungsprozesse basie-ren auf geistig-kreativer Präsenz. Mitwirkung und Mitgestaltung sind somit als Anforderun-gen an Angebote ästhetischer Bildung zu verstehen. Die Möglichkeiten zur Partizipation von Kindern in künstlerischen Projekten sind häufig sehr unterschiedlich ausgeprägt. Repräsen-tiert ist das gesamte Spektrum vom Erfüllen strikter Vorgaben, wobei die Kinder relativ wenig Mitbestimmungs- und eigene Gestaltungsmöglichkeiten haben (z. B. ein Bild nach einer Schablone malen, eine Tanzchoreogrfaie exakt einstudieren, einen Text auswendig lernen und aufsagen), bis hin zu prozess- und erfahrungsorientierten Ansätzen, bei denen von den Kindern auch ein großer Teil der Projektgestaltung selbst übernommen werden kann.

Die Möglichkeiten zur Partizipation hängen nur bedingt vom Alter der Kinder ab. Entschei-dender für eine mehr oder weniger stark ausgeprägte partizipatorische Vorgehensweise sind die bereits vorhandenen ästhetisch-gestalterischen Fähigkeiten, vielmehr aber noch die Hal-tung der Anleitung. Sie kann Freiheiten und Möglichkeiten zur Mitgestaltung einräumen oder sogar einfordern, aber auch durch eine rigide Vorgehensweise verhindern. Partizipative ästhetische Bildung setzt eine besondere Beziehung zwischen Pädagogin bzw. Pädagogen oder Künstlerin bzw. Künstler und den Kindern voraus, welche nicht einem Lehrer-Schüler-Verhältnis mit stabilen Rollen entspricht.

Hier ist eine offene Haltung gefordert. Die Kinder müssen eigene Vorstellungen und Ideen entwickeln und einbringen können. Eine partizipative Herangehensweise ermöglicht Kin-dern intensivere ästhetische Erfahrungen. Sie erleben ihre eigene Ausdrucksfähigkeit und erfahren die Wichtigkeit ihrer eigenen Gestaltungsmöglichkeiten (vgl. Domkowsky, 2009, S. 15).

4.3   Ästhetische Bildung in der pädagogischen Praxis

„Es geht darum, Kinder mit dem Reichtum der Welt, mit dem Reichtum an Eindrucks-
und Ausdrucksmöglichkeiten bekannt zu machen und ihnen dabei eigene Zugänge und
Wege zu ermöglichen." (Duderstadt, 2009, o. S.)

Auf der Grundlage der Kinderforschung seit Beginn der 1990er-Jahre geht man davon aus,
dass das Kind sich aktiv selbst bildet. Dafür nutzt das Kind die Mittel, die es in seiner Umwelt
vorfindet. Selbstbildung kann daher nur im Rahmen der Möglichkeiten erfolgen, die dem
Kind angeboten werden (vgl. Schäfer, 2006, S. 37).

Ästhetische Erfahrungen sollten unterstützt und gefördert werden. Die Erfahrungsgrundlage
des kindlichen Denkens wird entsprechend breiter und differenzierter sein, je eher das gelingt,
je weniger ästhetische Erfahrungsräume eingeengt oder gestört werden (vgl. Schäfer 2006,
S. 48). Ästhetische Bildung im Elementarbereich sollte unbedingt an der natürlichen Beschäf-
tigungsweise der Jüngsten mit ihrer Welt ansetzen.

Folgende Angebote sind je nach Entwicklungsstand der Kinder zu empfehlen:

– Riech- , Schmeck-, Tast-, Hör- und Seh- sowie Bewegungsspiele,

– Sammeln, Fantasieren, Spielen und Gestalten,

– Umgang mit (Natur-)Materialien,

– Kennenlernen und Begegnungen mit der Umwelt (z. B. Waldspaziergang, Besuch im Zoo,
  Stadterkundung oder Museumsbesuch),

– Kinderzeichnungen, Bilder im weitesten Sinn, Bilderbücher, Sprache und Bild,

– Umgang mit Zeichen und Zeichensystemen, auch Buchstaben und Zahlen,

– Tanz, Zirkus (Gleichgewicht, Geschicklichkeit, Koordinationsvermögen),

– (theatrales oder Puppen-)Spiel.

Die Interessen und motorischen Geschicklichkeiten sowie die Einflüsse aus der umgebenden
natürlichen und kulturellen Wirklichkeit der kleinen Kinder müssen dabei aufgegriffen werden
(vgl. Schäfer, 2008, S. 6).

Die ästhetischen Erfahrungsmöglichkeiten sollten vieldimensional und interdisziplinär sein,
also z. B. die ästhetische Auseinandersetzung durch vielfältige Materialien und Werkzeuge
anregen, die die Kinder handhaben können und unter denen sie selbstständig ihre Auswahl
treffen. Dabei sollte auf eine hohe Qualität geachtet werden. Von den Materialien sollte eine
visuelle und haptische Anziehungskraft ausgehen. Außerdem sollten die Kinder Zeit und
Ruhe haben, um mit den Materialien vertraut zu werden und damit zu experimentieren. Dabei
dürfen die Kinder in keiner Weise genötigt werden. Sie sollten unterstützt werden, ohne sie
zu belehren und sie sollten Gelegenheiten bekommen, „mit geeigneten Materialien und
Werkzeugen zu experimentierten, sich intensiv mit ihren sinnlichen Erfahrungen auseinander zu setzen, mit anderen Kindern zu kooperieren" (Schäfer, 2008, S. 6).

Die Pädagogen müssen sich dabei auf die Wahrnehmungs- und Gestaltungsprozesse der
Kinder so einlassen, dass jedes Kind seine eigenen Wege entdecken und verfolgen kann (vgl.
Schäfer, 2008, S. 6).

4.3.1 Anforderungen an eine pädagogische Haltung

Die ästhetische Bildung in Kita und Vorschule verlangt von den Erwachsenen, seien es Pädagoginnen bzw. Pädagogen oder Künstlerinnen bzw. Künstler, eine entsprechende Haltung. Sie sollten sich in ästhetischen Prozessen immer selbst auch als Lernende und Forschende begreifen, auch wenn sie einen methodisch-didaktischen Wissensvorsprung gegenüber den Kindern haben. Angebracht ist es, die Rolle der Ermöglichenden, Fördernden, Unterstützenden, Beratenden und Moderierenden zu übernehmen. Entscheidend ist, ob für Kinder in Wahrnehmungs- und Gestaltungsprozessen Freiräume zur Selbstentfaltung und Selbstgestaltung bestehen und zugleich ihre Bereitschaft und ihre ästhetischen Fähigkeiten aktiv gefördert werden (vgl. Domkowsky, 2009, S. 15).

Ästhetische Bildungsprozesse sollten offen gehalten werden. Freiwilligkeit ist eine wichtige Voraussetzung. Versucht werden sollte

– Individualität anstatt Konformismus anzustreben,

– Freude am Prozess anstatt in der Leistung zu finden,

– Fragen anstatt Antworten zu finden,

– interdisziplinäres anstatt Fachwissen und enges Denken zu vermitteln,

– spielerische anstatt rigide Arbeitsmethoden anzuwenden (vgl. Landau 1984),

– den Kindern Vertrauen in die eigenen Fähigkeiten zu geben, sie zu ermutigen,

– sie zu bestärken und nicht voreilig zu bewerten,

– keine ständigen Verbote, Gebote und Belehrungen auszusprechen,

– Kinder ernst zu nehmen, ihnen und ihren Werken Achtung und Wertschätzung entgegenzubringen.

Für diejenigen, die Kindern ästhetische Bildungsprozesse ermöglichen wollen, wird eine Vielzahl von Anforderungen formuliert:

– Sie verfügen über die Fähigkeit, der Welt, sich selbst und ihren Mitmenschen gegenüber offen, neugierig und aufmerksam zu sein.

– Sie gehen spielerisch an Dinge heran und mit Dingen um.

– Sie sind in der Lage, die Verschiedenheit von Kindern wahrzunehmen. Sie sind fähig, diese Unterschiede nicht nur zu akzeptieren, sondern zu achten und zu schätzen. Der Umgang mit allen Kindern ist von einer wertschätzenden Haltung geprägt.

– Sie sind fähig, ihr Verhalten zu reflektieren, das heißt über ihr eigenes Denken nachzudenken.

– Sie fördern die Selbstständigkeit von Kindern, trauen ihnen eigene Schritte zu.

– Sie haben die Fähigkeit, mit Kindern Regeln und Vereinbarungen zu verabreden (siehe Duderstadt 2009).

– Sie analysieren, was Kinder können und wissen und was sie erfahren wollen. Sie eröffnen ihnen Zugänge zu Wissen und Erfahrungen in realen Lebenssituationen.

– Sie unterstützen Kinder, ihre Fantasie und ihre schöpferischen Kräfte im Spiel zu entfalten und sich die Welt in der ihrer Entwicklung gemäßen Weise anzueignen.

– Die pädagogischen Fachkräfte sind in der Lage, die Begabungen der Kinder zu erkennen und zu fördern.

In ästhetischen Bildungsprozessen werden Kinder nicht nur als lernende, sondern auch als wissende und denkende Personen gesehen, die über die verschiedensten Potenziale verfügen und von pädagogischen Begleiterinnen und Begleitern angeregt und animiert werden, ihre Potenziale zu entdecken und zu entwickeln.

4.3.2   Qualität in der ästhetischen Bildung

Im Mai 2004 hat die UNESCO in Zusammenarbeit mit dem Australia Council for the Arts und der International Federation of Arts Councils and Culture Agencies ein Projekt durchgeführt, um weltweit Qualität und Wirkung von Kunst und kultureller Bildung zu untersuchen[2]. Relevant für die ästhetische bzw. kulturelle Bildung im Elementarbereich ist, dass …

– qualitativ hochwertige kulturelle Bildung einen ausgeprägten Nutzen für die Gesundheit sowie das soziale und kulturelle Wohlergehen der Heranwachsenden bietet und

– der Nutzen kultureller Bildung nur bei qualitativ hochwertiger kultureller Bildung gegeben ist.

Positive Ergebnisse waren nur dort sichtbar, wo eine qualitativ hochwertige kulturelle Bildung weit verbreitet war (vgl. Bamford, 2006, S. 327). Auf der anderen Seite zeigten sich bei qualitativ schlechten Angeboten (immerhin 25 Prozent) keine oder – noch schlimmer – negative Auswirkungen. Unzulängliche Programme können das Potenzial der Kinder nicht freisetzen. Sie sind sogar schädlich für die kreative Entwicklung und das Vertrauen in die eigene Kreativität (qualitativ schlechte kulturelle Bildung verursacht zum Beispiel ein Abfallen des Kreativitäts-Levels um 28 Prozent). Das bedeutet, dass es besser ist, gar keine kulturelle Bildung anzubieten, wenn diese nicht auf einem hohen Qualitätsniveau gehalten werden kann. „Qualität muss daher von vornherein das Hauptziel sein" (Bamford, 2006, S. 327).

Die Untersuchung versucht auch festzustellen, was Qualität in der kulturellen Bildung bedeuten kann. Anne Bamford schlägt entsprechend der folgenden Abbildung zwei Determinanten vor: Relevanz (im Sinne von Bedeutung für das Individuum, für die Gesellschaft, für die Region) und Partizipation (siehe Bamford, 2008). Ein hoher Grad an Mitwirkungsmöglichkeiten ist nach Bamford also u. a. bestimmend für die Qualität der kulturellen Bildung.

---

[2] *Diese Studie wurde von Anne Bamford unter dem Titel: „The Wow-Factor. Global research compendium on the impact of the arts in education" vorgelegt (siehe Bamford, 2006). Es wurden umfassende qualitative und quantitative Informationen gesammelt und analysiert. „37 Länder und Organisationen sowie 260 Fallstudien trugen dazu bei, einen internationalen Überblick über die Qualität effektiver Partnerschaften zwischen Kunst und Bildung zu erstellen" (Bamford, 2006, S. 326). Die Ergebnisse zeigten die besonderen Bildungsbeiträge künstlerischer Arbeit.*

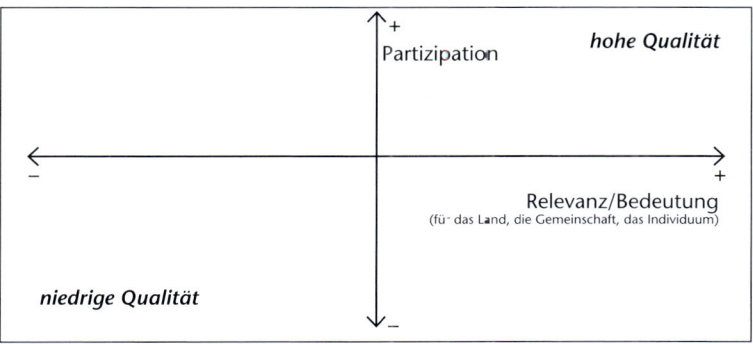

Qualität in der kulturellen Bildung (vgl. Bamford, 2008).

Qualitativ hohe kulturelle Bildung zeichnet sich durch eine große Anerkennung und Wertschätzung von Fertigkeiten und Ergebnissen aus (vgl. Bamford, 2008, S. 328). Sie entsteht durch ein Zusammenspiel von Strukturen und Methoden, z. B.:

– **Kulturelle Vielfalt**
Damit sind nicht nur vielfältige künstlerische Angebote gemeint. Kulturelle Vielfalt wird auch durch die Menschen repräsentiert, die die Projekte durchführen.

– **Zugänglichkeit für alle**
Qualitativ hochwertige Bildungsprogramme basieren auf dem Gedanken eines hochwertigen und vielseitigen Angebotes für alle (vgl. Bamford, 2008, S. 330). Das bedeutet, dass alle Kinder, ungeachtet ihrer Herkunft, ihrer künstlerischen Fähigkeiten, ihrer anfänglichen Motivation, ihres Verhaltens, ihres sozialen Hintergrundes, ihres kulturellen Potenzials oder anderer Eigenschaften dazu berechtigt sein sollten, hochwertige kulturelle Bildung zu erhalten. Bei Kindern anderer Herkunftssprache und mit besonderem Förderbedarf bringen künstlerische Herangehensweisen mehr als andere („Nichts funktioniert besser! – Nothing works better!", siehe Bamford, 2008).

– **Aktive Schaffensprozesse und deren Präsentation**
Lernerfolge stellen sich nur dann ein, wenn kulturelle Bildung mit aktiver künstlerischer Praxis verbunden ist (z. B. Ausprobieren unterschiedlicher Darstellungs- und Ausstellungsformen, Erstellung künstlerischer Produkte) (vgl. Bamford, 2008, S. 332).

– **Ganzheitliche und risikobereite Auseinandersetzung mit der eigenen Umwelt**
Negative Erfahrungen wurden bei Programmen berichtet, die als halbherzig, isoliert und weder mit den Kindern noch mit deren Umwelt oder anderen Lernprozessen in Verbindung stehend beschrieben wurden. Qualitativ hochwertige Bildungsprogramme ermöglichen es den Kindern, kreative Verbindungen mit ihrer Umwelt einzugehen. Sie ermuntern zu Risikobereitschaft und erlauben es ihnen, Fehler zu machen (vgl. Bamford, 2008, S. 332). Erst dadurch können sie ihr ganzes Potenzial erschließen (vgl. Domkowsky, 2008, S. 13 f.).

Aus den oben erläuterten Anforderungen an diejenigen, die Kindern ästhetische Bildungsprozesse ermöglichen wollen und Bamfords Qualitätsdeterminanten lassen sich folgende Qualitätsansprüche für die ästhetische Bildung im Elementarbereich formulieren:

➔➔➔ **Merksatz**

1. Pädagogische Fachkräfte schaffen Voraussetzungen für eine anregungsreiche Lernkultur.

2. Pädagogische Fachkräfte beobachten und erschließen sich Spielsituationen.

3. Pädagogische Fachkräfte unterstützen Kinder bei der Verwirklichung ihrer (Spiel-) Ideen und der Erweiterung ihrer Spiel-, Ausdrucks- und Gestaltungsfähigkeiten.

4. Pädagogische Fachkräfte schaffen fördernde Bedingungen für vielfältige und anregende Spiele und ästhetische Auseinandersetzungen.

5. Pädagogische Fachkräfte lernen gemeinsam mit Kindern und von ihnen.

Pädagogische Bemühungen, die eine Förderung von kreativen Potenzialen anstreben, müssen Raum geben, in der die Lust auf Neues geweckt wird, andere Sicht-, Wahrnehmungs- und Handlungsweisen ausprobiert und erfahren werden können. Voraussetzung dafür ist neben einer entsprechenden pädagogischen Grundhaltung das Vertrauen in die Kinder (vgl. Domkowsky, 2009, S. 11 f. und vgl. Domkowsky, 2011, S. 34 ff.).

Setzen Sie sich mit dem Anforderungsprofil für Personen, die ästhetische Prozesse anleiten, auseinander. Inwiefern finden sich diese Eigenschaften bei den pädagogischen Fachkräften wieder, wenn Sie …

1. an Ihre eigene Kindheit oder

2. an Ihre Beobachtungen und Erfahrungen in der pädagogischen Praxis denken?

Praxisforschungsaufgaben

Beobachten Sie den Alltag in einer pädagogischen Einrichtung im Elementarbereich und befragen Sie gegebenenfalls dort tätige Fachkräfte.

Schätzen Sie für jeden Qualitätsanspruch ein, inwiefern die genannten Kriterien zutreffen: trifft voll zu; trifft überwiegend zu; trifft weniger zu; trifft nicht zu.

Begründen Sie Ihre Einschätzung und benennen Sie charakteristische Beispiele.

*1. **Qualitätsanspruch I:** Werden in der Einrichtung Voraussetzungen für eine anregungsreiche Lernkultur geschaffen?*

– Die pädagogischen Fachkräfte beobachten systematisch die Aktivitäten einzelner Kinder und versuchen herauszufinden, welche Interessen, Fragen und Probleme die Kinder beschäftigen und welche Themen und Gegenstände sie interessieren.

– Die pädagogischen Fachkräfte schaffen eine akzeptierende Atmosphäre, in der die Kinder ernst genommen werden und die Möglichkeit haben, sich in ihren jeweiligen Persönlichkeiten zu erleben, zu erkennen, auszudrücken, auszuprobieren und weiter zu entwickeln.

– Die pädagogischen Fachkräfte halten die kindliche Neugier und die Lust am Lernen wach und zeigen den Kindern, dass auch Erwachsene lernen.

– Die pädagogischen Fachkräfte regen die Kinder dazu an, eigeninitiativ und selbstbestimmt tätig zu sein. Sie achten darauf, Kinder nicht mit vorgedachten Beschäftigungsangeboten fremd zu bestimmen.

– Die pädagogischen Fachkräfte unterstützen Kinder, ihre eigenen Lern- und Lösungswege zu finden, an einer Sache beharrlich dran zu bleiben und Fragen weiter zu verfolgen.

– Die pädagogischen Fachkräfte ermutigen Kinder zur Entwicklung einer positiven Fehlerkultur. Misserfolge werden als wertvolle Erfahrung und als Lernergebnis erlebt, an denen man sich weiterentwickeln kann.

– Die pädagogischen Fachkräfte geben Kindern die Zeit, die sie brauchen, um lernen zu können und achten darauf, individuelle Lernprozesse nicht zu unterbrechen.

– Die pädagogischen Fachkräfte eröffnen Kindern Erfahrungs- und Lernmöglichkeiten, die ihnen helfen, Übergänge in die nächste Bildungsstufe positiv zu gestalten.

2. Qualitätsanspruch II: Werden die Spielsituationen der Kinder von den pädagogischen Fachkräften beobachtet und erschlossen?

– Die pädagogischen Fachkräfte nehmen sich Zeit für zielgerichtete Beobachtungen, um Spielinhalte, Spielmotive und Spielverhalten von Mädchen und Jungen als Ausdruck kindlicher Auseinandersetzung und Aneignung von Welt zu entschlüsseln.

– Die pädagogischen Fachkräfte erkunden, welche Erlebnisse und Erfahrungen sich in den Spielen der einzelnen Kinder widerspiegeln.

– Die pädagogischen Fachkräfte beobachten, ob alle Kinder die Möglichkeit haben, sich zu beteiligen. Sie nehmen wahr, wenn Kinder sich zurückziehen oder ausgeschlossen werden und untersuchen die Gründe dafür.

3. Qualitätsanspruch III: Unterstützen die pädagogischen Fachkräfte Kinder bei der Verwirklichung ihrer (Spiel-)Ideen und der Erweiterung ihrer Spiel-, Ausdrucks- und Gestaltungsfähigkeiten?

– Die pädagogischen Fachkräfte ermuntern Kinder, eigene (Spiel-)Ideen zu entwickeln, akzeptieren ihre Vorschläge und unterstützen originelle und fantasievolle Varianten.

– Die pädagogischen Fachkräfte respektieren Kinder als die Expertinnen und Experten des Spiels.

– Die pädagogischen Fachkräfte stehen Kindern als Ansprechpartnerinnen bzw. Ansprechpartner und Ratgeberinnen bzw. Ratgeber zur Verfügung. Sie sind aufmerksam, offen und interessiert am Spielgeschehen und an den kindlichen Ausdrucksformen. Sie geben Impulse, um Spiele variantenreicher und interessanter zu gestalten. Sie spielen selbst mit, ohne die Spielideen zu dominieren.

4. Qualitätsanspruch IV: Schaffen die pädagogischen Fachkräfte fördernde Bedingungen für vielfältige und anregende Spiele und ästhetischen Auseinandersetzungen?

– Die pädagogischen Fachkräfte gestalten gemeinsam mit Kindern eine anregende Umgebung mit Anreizen und Freiräumen zu vielfältigen ästhetischen Auseinandersetzungen und Spielen.

– Die pädagogischen Fachkräfte geben Kindern die Möglichkeit, Räume innerhalb und außerhalb des Hauses zu wählen und je nach Spielidee zu gestalten.

– Die pädagogischen Fachkräfte stellen unterschiedliche – den Kindern frei zugängliche – Materialien zum Experimentieren und Forschen bereit.

- Die pädagogischen Fachkräfte stellen vielseitig verwendbares Spielzeug, Gegenstände des täglichen Lebens und Naturmaterialien zur Verfügung.

- Die pädagogischen Fachkräfte regen Kinder an, sich Spielmaterialien herzustellen.

- Die pädagogischen Fachkräfte ermöglichen Kindern elementare Erfahrungen mit Feuer, Wasser, Erde und Luft.

- Die pädagogischen Fachkräfte lassen Kinder nach Möglichkeit selbst entscheiden, wann, wie lange und mit wem sie spielen möchten.

- Die pädagogischen Fachkräfte ermöglichen Erlebnisse im Umfeld, die die Kinder anregen, ihre ästhetischen Erfahrungen und Spiele auszubauen und zu bereichern.

- Die pädagogischen Fachkräfte haben Spaß am Spiel und ästhetischen Forschen. Sie können Kindern ihre Wertschätzung und Freude vermitteln.

5. Qualitätsanspruch V: Lernen die pädagogischen Fachkräfte gemeinsam mit Kindern und von ihnen?

- Die pädagogischen Fachkräfte verstehen den Alltag mit Kindern als wertvolles Erfahrungs-feld für Kinder und für sich selbst.

- Die pädagogischen Fachkräfte nehmen Impulse, Anregungen und Fragen von Kindern auf und gehen mit ihnen auf Erkundung. Sie lassen sich auf die besondere Art der Auseinander-setzung der Kinder mit der Welt ein. Gemeinsam mit den Kindern probieren sie Neues aus. Die pädagogischen Fachkräfte eignen sich neue Kenntnisse an.

- Die pädagogischen Fachkräfte wissen und vermitteln, dass sie nicht alles wissen.

(vgl. Preissing, 2003, S. 105, 127 ff., 248)

4.3.3 Praxisbeispiele

In den Jahren 2009 bis 2011 wurden in Berlin vom Verein für Kinder- und Jugendkultursozial-arbeit Zirkus Internationale e. V.[3] die beiden Projekte „SpielZeit – Ästhetische Frühförderung" und „Blauer Elefant im Kaleidoskop – kulturelle Bildung in Kita & Schule" durchgeführt, die sich zum Ziel setzten, ästhetische und kulturelle Bildung in Kindertagesstätten zu integrieren.

Hier sah der Verein Zirkus Internationale einen besonderen Handlungsbedarf, da sowohl in den pädagogischen Ausbildungskonzepten für Kinder und Jugendkultursozialarbeit Zirkus Internatio-nale e. V. als auch in den Förder- und Bildungsprogrammen die ästhetische Bildung eine nachgeordnete Rolle spielt und es an qualitativ hochwertigen Angeboten fehlt. Für viele Bildungs-einrichtungen sind angesichts der aktuellen Bildungsstudien andere Bildungsbereiche von grö-ßerer Bedeutung. Ästhetische Auseinandersetzung passiert dort zufällig oder nebenbei.

Die Projekte setzten auf zwei Ebenen an: bei der Integration ästhetischer bzw. kultureller Bildung in die Kindertagesstätten und der Qualifizierung von pädagogischen Fachpersonal in diesem Bereich.

---

[3] Der Verein für Kinder- und Jugendkultursozialarbeit Zirkus Internationale e.V. arbeitet seit 1996 auf dem Gebiet der kulturellen Bildung und im interkulturellen Spannungsfeld mit Kindern und Jugendlichen im Alter von 3 bis 18 Jahren. Im Fokus stehen die ästhetische Arbeit in Projekten kultureller Bildung sowie ästhetische Bildung in Verbindung der künstlerischen Sparten Musik, Theater, Zirkus, Tanz als interdisziplinäre Praxis. Zahlreiche Projekte, Aktionen und Performances mit Kindern, Jugendlichen und Stadtteilgruppen wurden realisiert. Der Verein wurde in der Vergangenheit dafür mehrfach ausgezeichnet.

(1) Ansätze ästhetischer Bildung wurden von qualifizierten Fachleuten (Künstlerinnen bzw. Künstlern und Kunstpädagoginnen bzw. Kunstpädagogen) berlinweit direkt in die Kitas getragen. Vor Ort wurde mit den Kindern entsprechend gearbeitet. Diese Angebote sollten keine Strohfeuer bleiben, sondern als feste Bestandteile in die Arbeit der Bildungseinrichtungen integriert werden. Daher wurden die pädagogischen Fachkräfte so weit wie möglich aktiv in die Arbeit einbezogen.

Postkarte zum Projekt „SpielZeit- Ästhetische Frühförderung", Verein für Kinder- und Jugendkultursozialarbeit Zirkus Internationale e. V.

Inhaltlich ging es bei „SpielZeit" in erster Linie um den ästhetisch-sinnlichen Umgang mit dem eigenen Körper, das Experimentieren mit Materialien, Tönen und Musik – mit Dingen, mit denen sich die Kinder im Kita-Alltag weiter beschäftigen konnten. Die Entdeckung und die Entwicklung spielerischer Bewegungs- und Gestaltungsformen standen im Mittelpunkt. In den prozessorientierten Angeboten sollten Anlässe für die ästhetische Auseinandersetzung geschaffen werden. An eine künstlerische Frühförderung im engen Sinne (z. B. Vorbereitungskurs auf die Künste, Inszenierungen für die Eltern) war dabei bewusst nicht gedacht. Vielmehr ging es um das Experimentieren und Ausprobieren ästhetischer und künstlerischer Arbeitsweisen. Daher waren die Projekte bewusst nicht explizit auf künstlerische Produkte, wie Inszenierungen, Ausstellungen oder Aufführungen ausgerichtet.

Das Plakat zum Projekt „Blauer Elefant im Kaleidoskop – Kulturelle Bildung in Kita & Schule", Verein für Kinder- und Jugendkultursozialarbeit Zirkus Internationale e. V. (Entwurf: Marein Schau, Idee: Zirkus Internationale e. V.)

Beim Blauen Elefanten wurden interdisziplinäre Ansätze verfolgt, die Performance, (Objekt-)Theater, Objektkunst, Tanz, Bewegung, Literatur, Installationen und Bildende Kunst integrierten. Fantasieanregender Impulsgeber war der blaue Elefant im Kaleidoskop. Über ihn wurden Geschichten erfunden, (nach-)gespielt und gemalt. Es wurde mit Formen, Farben und Objekten experimentiert, mit Körperhaltungen und Bewegungen, Geräuschen und Musik. Die Kinder begaben sich auf ästhetische Forschungsreisen. Auf diese Weise wurden eigene Gestaltungs- und Ausdrucksformen entwickelt, meist unter Setzung weniger Impulse, die Spielanlässe generierten. Es wurden weder Schablonen, Haltungen oder Darstellungsweisen vorgegeben noch wurden die künstlerischen Experimente bewertet. Es wurde darauf geachtet, an den natürlichen Spielformen der Kinder, an deren eigenen Ausdrucks- und Bewegungsformen anzusetzen. Auf diese Weise entstanden situative, künstlerische Ereignisse, die zu den Abschlussevents gezeigt wurden. Dies geschah je nach künstlerischer Arbeitsweise und Bildungseinrichtung in Form von Performances, Inszenierungen, Installationen, Ausstellungen, Videodokumentationen oder offenen Spielstunden.

(2) Zur weiteren Sicherung der Nachhaltigkeit der Projekte fanden parallel dazu für diesen Bereich qualifizierende Fortbildungsreihen statt. Neben einer theoretischen Einführung wurden Praxisbeispiele vorgestellt und Methoden aus unterschiedlichen künstlerischen Bereichen vermittelt, mit denen bereits mit kleinen Kindern gearbeitet werden kann. Darüber hinaus bestand für die Teilnehmer die Möglichkeit, unter Supervision selbst ein Projekt zu entwickeln.

Die Workshops wurden überwiegend von Künstlerinnen und Künstlern angeboten, die in den Kooperationseinrichtungen tätig waren, sodass die Anbindung an die Praxis unmittelbar gewährleistet war. Eine Teilnahme an den Fortbildungen war für pädagogische Fachkräfte aus den kooperierenden Bildungseinrichtungen verpflichtend.[4]

Einblicke in zwei der Projekte

Beispiel

LandArt – mit Stock und Plastiktüte
(Ein Projekt von Kunigunde Berberich und Karen Linnenkohl)

Im Rahmen von „SpielZeit – Ästhetische Frühförderung" haben die beiden Künstlerinnen Kunigunde Berberich und Karen Linnenkohl gemeinsam mit den Mitarbeiterinnen der Kita Komşu in Berlin-Kreuzberg das Projekt „Mit Stock und Plastiktüte" entwickelt. Der Naturspielplatz, der sich neben der Kita befindet und im Winter kahl und farblos war, sollte verwandelt werden. Die Kinder vermissten ihre Verstecke. Diese sollten sie symbolisch zurückhalten. Gleichzeitig sollten ihre Lieblingsorte sichtbar werden.

---

[4] *Damit sollte eine zuverlässige Implementierung und Weiterführung ästhetischer Bildung in den Kitas erreicht werden. Die Erzieherinnen bzw. Erzieher konnten nach Beendigung des Projektes selbst als qualifizierte Kräfte in diesem Bereich tätig sein. Zunächst erlebten sie während der Durchführung des Projektes die Künstlerinnen und Kunstpädagoginnen als Ausbilderinnen und Vorbilder. Sie hatten die Möglichkeit zum Training-on-the-job. Das bedeutet, dass sie kontinuierlich und aktiv an den von den Künstlerinnen geleiteten Einheiten teilnahmen und darüber hinaus unter Supervision einer der beteiligten Künstler zunehmend selbst die Gestaltung dieser Stunden übernahmen. In der begleitenden Fortbildung bauten sie ihr methodisches Wissen aus und wurden bei der Durchführung erster eigener Projekte begleitet. Die praktische Arbeit in den Kindertagesstätten und die parallel durchgeführte Fortbildung waren somit eng verzahnt. Mit der Qualifizierung wurden darüber hinaus viele erreicht, die (noch) in Ausbildung standen. Die Fortbildungen wurden überregional nachgefragt.*

Am Projekt waren insgesamt 56 Kinder im Alter von 4 bis 6 Jahren aus drei Vorschulgruppen und 9 Kita-Mitarbeiter beteiligt.

Das Projekt war in vier Phasen gegliedert:

1. Fotografische Spurensuche
Mit Einwegkameras ausgestattet, zogen die Kinder über den Natur-spielplatz. Mit ihren Augen und der Kamera erkundeten sie das Gelände und fotografierten ihre Lieblingsplätze.

Fotografische Spurensuche

2. Herstellung und Verfremdung von Objekten und Materialien zur Verwandlung des Naturspielplatzes
Die Kinder haben gemalt, gebaut, mit verschiedenen Farben und Untergründen experimentiert: Plastikmüll, Fundstücke, Naturmaterialien angemalt und aufgefädelt, Müllsäcke als Ballons bearbeitet, Webrahmen und Holzobjekte aus Stö-cken und Gipsbinden angefertigt, Eisobjekte hergestellt.

Eislaternen

3. Orte bestimmen und markieren
Die Kinder haben ihre Lieblingsorte bestimmt. Dort wurden die zuvor entstandenen Arbeiten installiert.

Baumobjekt

Gewebtes Objekt

4. Spurensuche

Als Abschluss des Projektes fand eine gemeinsame Spurensuche statt. Die Kinder führten ihre Eltern über den verwandelten Naturspielplatz. Jede Kita-Gruppe hatte eine eigene Spur.

Beispiel

Spuren auf dem verwandelten Spielplatz

Puppenbau und Puppenspiel
(Ein Projekt von Loki Leopold und Frédéric Fernandes)

Auch das Projekt „Puppenbau und Puppenspiel" wurde im Rahmen von „SpielZeit – Ästhetische Frühförderung" durchgeführt. Ziel war es, den Kindern die Möglichkeit zu geben, künstlerisch aktiv zu werden und zu lernen, sich kreativ auszudrücken. Dabei setzten Loki Leopold und Frédéric Fernandes den Fokus vor allem auf die Partizipation. Indem die Kinder z. B. die Regeln aufstellten und sowohl die Puppen als auch das Bühnenbild selbst gestalteten, wurden sie in den Arbeitsprozess aktiv eingebunden. Damit lernten sie auch, Verantwortung für ihr eigenes Handeln zu übernehmen. Außerdem waren Loki Leopold und Frédéric Fernandes die Entwicklung der individuellen Ideen der Kinder und deren Realisierung im Prozess wichtig.

Ihre pädagogische Rolle verstanden sie eher als Begleiter und Impulsgeber. Vor allem unterstützten sie die Kinder während der Gestaltung bei handwerklich komplizierten Schritten und motivierten sie, kontinuierlich an der Projektarbeit teilzunehmen. Beim Spiel mit den Puppen hielten sie sich selbst weitestgehend zurück, um den Vorstellungen der Kinder gerecht zu werden. Dabei legten sie besonderen Wert darauf, den Kindern kein fertiges Theaterstück anzubieten, sondern ihre eigenen Ideen aufzugreifen. Durch ihre Fragen und Anregungen förderten sie schrittweise die Entstehung einer Geschichte.

Vorbereitung

Mit selbst hergestellter Knete übten die Künstler mit den Kindern die Gestaltung der Puppenköpfe. Während dieser Phase sammelten sie auch Materialien wie Holzmasse und -stäbe für den Puppenbau. Die Eltern der Kita-Kinder unterstützten sie dabei, indem sie Stoffreste, Knöpfe, Federn usw. mitbrachten.

1. Bau und Gestaltung der Puppe

Die Kinder wurden zunächst in Zweiergruppen eingeteilt. Um den Bau der Stabpuppen besser begleiten zu können, wurde jedes Kind einzeln betreut. Der Kopf der Puppe bestand aus Holzmasse, welche von den Kindern mit Wasser angerührt wurde, sodass sie sich später wie Knete formen ließ. Die Kinder überlegten, wie ihre jeweilige Puppe aussehen sollte. Danach formten sie den Puppenkopf und verzierten ihn mit diversen Materialien wie Perlen, Knöpfen, Haaren usw. nach ihren eigenen Vorstellungen. Der fertig gestaltete Kopf wurde mithilfe eines Drahtgestells auf einem Stab angebracht, um eine möglichst große Stabilität zu erreichen.

Für die Anfertigung der Puppenkleidung und Kostüme suchten die Kinder Stoffe aus und schnitten sie zurecht. Diese wurden dann am Puppenstab angebracht. Zur Befestigung der Kostüme diente ein kleines flügelförmiges Drahtgestell, das zuvor angebaut wurde. Nach Wunsch konnten die Köpfe angemalt oder geschliffen werden.

2. Spiel mit der Puppe

In der zweiten Phase widmeten sich Loki Leopold und Frédéric Fernandes mit den Kindern dem Theaterspiel. Die meisten hatten bereits während der ersten Phase damit begonnen, ihren Schöpfungen eine Persönlichkeit zu geben und allein oder zu zweit Geschichten über diese zu erfinden. Zunächst wurde mit einer Vorstellungsrunde der Puppen unter der Fragestellung „Wer sind wir?" oder später „Wie geht es uns?" begonnen, um das Puppenspiel anzuregen. Die Kinder stellten sich ihre Puppen gegenseitig vor.

Kleinere Rollenspiele helfen den Kindern, ihre Puppen zum Leben zu erwecken. Grundsätzlich sollten sie immer selbst entscheiden können, ob sie lieber eine Geschichte nachspielen oder kleine Spielszenen erfinden wollen. Gerade für kleine Kinder ist das Erzählen linearer Handlungsstränge weniger interessant.

Empfehlenswert ist es, mit Papier, Stift, Diktiergerät und/oder Videokamera die Aussagen der Kinder festzuhalten, um die Erfindungen zu dokumentieren. Dies ermöglicht eine detaillierte Erinnerung an die Ideen der Kinder. Diese können dann später aufgegriffen und vertieft werden. Je nach Bedarf kann eine Bühne gestaltet werden.

Die Kinder sollten auch selbst entscheiden können, ob und vor wem sie ihre Puppen (z. B. in einer Ausstellung) oder ihr Puppenspiel (z. B. bei einer Aufführung) zeigen wollen.

METHODE/TIPP

Loki Leopold und Frédéric Fernandes gestalteten mit den Kindern eine Wandzeitung als Dokumentation, welche den Projektverlauf darstellte. Jedes Kind, das am Projekt teilgenommen hatte, bekam zum Schluss ein Heft, in dem die von ihm erfundene Geschichte aufgeschrieben worden war. Es sollte eine bleibende Erinnerung für die Kinder sein.

Auf Wunsch der Kinder wurde das entstandene Märchen schließlich vor den anderen Kitakindern aufgeführt.

(vgl. Fernandes/Leopold, 2009, S. 27f.)

Weiterführende Literatur

Baer, Ulrich (Hrsg.): entdecken, gestalten, verstehen. Kreative Bausteine für die kulturelle Bildung in Kita, Hort und Grundschule, Münster, 2007.

Beek, Angelika von der: Pampers, Pinsel und Pigmente. Ästhetische Bildung von Kindern unter drei Jahren, Weimar/ Berlin, Verlag das Netz, 2008.

Bockhorst, Hildegard (Hrsg.): Kinder brauchen Spiel & Kunst. Bildungschancen von Anfang an – Ästhetisches Lernen in Kindertagesstätten, München, kopaed, 2006.

Bostelmann, Anja (Hrsg.)/ Fink, Michael : Das Krippenatelier. Malen, Matschen und Gestalten mit Kindern unter 3, Berlin, Bananenblau, 2011.

Braun, Daniela: Handbuch Kreativitätsförderung. Kunst und Gestalten in der Arbeit mit Kindern. Freiburg im Breisgau, Herder, 2007.

Breyhan, Halka: Malen, Formen und Gestalten. Konzepte frühester ästhetischer Bildung, Troisdorf.Bildungsverlag EINS, 2009.

Dietrich, Cornelie/Krinninger, Dominik/Schubert, Volker : Einführung in die Ästhetische Bildung. Weinheim/ Basel, Beltz Juventa, 2012.

Droste, Gabi dan (Hrsg.): Theater von Anfang an! Bildung, Kunst und frühe Kindheit, Bielefeld, transcript, 2009.

Ellneby, Ylva: Die Entwicklung der Sinne. Wahrnehmungsförderung im Kindergarten, Freiburg im Breisgau, Lambertus Verlag, 1998.

Fritz, Jürgen: Theorie und Pädagogik des Spiels. Eine praxisorientierte Einführung, Weinheim, Beltz Juventa, 1991.

Fritz, Jürgen: Das Spiel verstehen. Eine Einführung in Theorie und Bedeutung, Weinheim/ München, Beltz Juventa, 2004.

Gründler, Elisabeth C.: Freies Spiel von Säuglingen und Kleinkindern. Das Kind als Akteur seiner Entwicklung, 2006, online abrufbar unter www.familienhandbuch.de/kindliche-entwicklung/entwicklung-einzelner-fahigkeiten/freies-spiel-von-sauglingen-und-kleinkindern-das-kind-als-akteur-seiner-entwicklung [13.05.2013].

Heimlich, Ulrich: Einführung in die Spielpädagogik. Eine Orientierungshilfe für sozial-, schul- und heilpädagogische Arbeitsfelder, Bad Heilbrunn, Klinkhardt, 2001.

Kohl, Mary-Ann F.: Die Kunst-Ideen-Kiste für Kinder, Mühlheim an der Ruhr, Verlag an der Ruhr, 2005.

Kohl, Mary-Ann F./Ramsey, Renee/ Bowman, Dana: Erste Kunst mit allen Sinnen erfahren. Kreativität fördern bei Kindern unter drei Jahren, Troisdorf, Bildungsverlag EINS, 2008.

Liebau, Eckart/Zirfas, Jörg (Hrsg.): Die Sinne und die Künste. Perspektiven ästhetischer Bildung, Bielefeld, transcript, 2008.

Mollenhauer, Klaus: Grundfragen ästhetischer Bildung. Theoretische und empirische Befunde zur ästhetischen Erfahrung von Kindern, Weinheim/München, Beltz Juventa, 1996.

Preissing, Christa (Hrsg.): Qualität im Situationsansatz. Qualitätskriterien und Materialien für die Qualitätsentwicklung in Kindertageseinrichtungen, Weinheim/ Basel/ Berlin, Cornelsen Scriptor, 2003.

Renner, Michael: Spieltheorie und Spielpraxis. Ein Lehrbuch für pädagogische Berufe, Freiburg im Breisgau, Lambertus Verlag, 2008.

Reuys, Eva/ Hanne Viehoff: Jetzt kommen wir! Ideen und Spiele für die 1- bis 3-Jährigen. Wir kleistern, kneten, klecksen, München, Dom Bosco Verlag, 2006.

Schäfer, Gerd : Kinder sind von Anfang an notwendig kreativ. In: Bockhorst, Hildegard (Hrsg.): Kinder brauchen Spiel & Kunst. Bildungschancen von Anfang an – Ästhetisches Lernen in Kindertagesstätten, München, kopaed, 2006, S. 37-50.

Scholz, Karin: Kunst für Kinder. Reise durch die Geschichte der Kunst. Ein Werkbuch für den Elementarbereich, Dortmund, Verlag Modernes Lernen, 2009.

Seitz, Marielle und Rudolf: Rot, Gelb, Blau und alle Farben. Grundlagen und Spielideen für die pädagogische Praxis, München, Don Bosco Verlag, 2008.

Verein für Kinder- und Jugendkultursozialarbeit „Zirkus Internationale" e.V. (Hrsg.): Ästhetische Frühförderung und früh ansetzende Prävention in Theorie und Praxis, Berlin, Books on Demand, 2009.

Vom Wege, Brigitte/Wessel, Mechthild: Spielen im Beruf. Spieltheoretische Grundlagen für pädagogische Berufe, Troisdorf, Bildungsverlag EINS, 2012.

Walder, Elisabeth/ Zschokke, Beatrice: Sehreise. In Kindern Malfreude wecken, Bern, Haupt Verlag, 2006.

Wege, Brigitte vom/Mechthild Wessel: Spielen im Beruf. Spieltheoretische Grundlagen für pädagogische Berufe, Troisdorf, Bildungsverlag EINS, 2008.

Wierz, Jakobine: Spiel doch mit den Schmuddelkindern. Matschen, Schmieren, Spielen und Gestalten mit verschiedenen Materialien, Münster, Ökotopia Verlag, 2002.

Wierz, Jakobine: Vom Kritzelkratzel zur Farbexplosion. Kindliche Mal- und Gestaltungsfreude verstehen und fördern – mit zahlreichen praktischen Anregungen von 2 bis 10 Jahren, Münster, Ökotopia-Verlag, 2004.

Wierz, Jakobine: Kreativität fördern – Intelligenz entwickeln. Spiele und Übungen zur Förderung kognitiver, sozialer und emotionaler Intelligenz, Münster, Ökotopia-Verlag, 2010.

Wilmes-Mielenhausen, Brigitte: Kleinkinder in ihrer Kreativität fördern. Ideen für Krippe, Kita und Tagesmütter, Freiburg im Breisgau, Herder, 2009.

Zimmer, Renate: Handbuch der Sinneswahrnehmung. Grundlagen einer ganzheitlichen Bildung und Erziehung, Freiburg im Breisgau, Herder, 2005.

5 Elementardidaktik

Fabian Lamp und Holger Küls

5.1 Elementardidaktik und die Bildungsinstitution Kindertageseinrichtung

Seit PISA[1] wird in Deutschland wieder intensiv über Bildung diskutiert. In diesem Zusammenhang ist u. a. die Bedeutung der Kindertagesstätten stark in den Vordergrund gerückt. Auch wenn deren Bildungsauftrag eigentlich schon einige Jahre vorher in gesetzlichen Vorgaben formuliert (siehe SGB VIII, § 22) und in der Fachdiskussion intensiv thematisiert worden ist, werden nun die Einrichtungen des Elementarbereichs[2] auch in der öffentlichen Debatte als Bildungseinrichtungen mit einem eigenen Bildungsauftrag (mit Betonung auf dem Begriff Bildung) wahrgenommen.

Um diesen Bildungsauftrag genauer zu fassen, haben die einzelnen Bundesländer auf der Grundlage eines „Gemeinsamen Rahmens der Länder für die frühe Bildung in den Kindertageseinrichtungen" Bildungspläne für den Elementarbereich entwickelt (siehe Schuster, 2006). Stellenweise befinden sich diese inzwischen bereits in der Überarbeitung. Damit wurden auch für den Elementarbereich umfassende curriculare Überlegungen in Gang gesetzt. Gleichzeitig haben sich aufgrund der im deutschen Sprachraum parallel dazu sich intensivierenden Forschungen zum Lernen in der frühen Kindheit neue Erkenntnisse und ein verändertes Verständnis über Lern- und Bildungsprozesse von Mädchen und Jungen in den ersten Lebensjahren ergeben.

Diese Entwicklungen haben große Auswirkungen für die Fachkräfte im Elementarbereich bzw. in den Kindertageseinrichtungen. Die Erwartungen an sie, Bildungsprozesse von Kindern zu begleiten und individuell zu unterstützen, die Bildungspläne der Länder umzusetzen sowie diese Prozesse zu reflektieren und zu dokumentieren, sind deutlich in den Vordergrund gerückt (vgl. Schelle, 2011, S. 8). Damit müssen die Fachkräfte im Elementarbereich ihr eigenes Verständnis, wie Kinder lernen und auf welche Weise sie diese in ihren

---

[1] *PISA steht dabei symbolisch für eine ganze Reihe von Schulleistungsuntersuchungen, die im letzten Jahrzehnt durchgeführt wurden und die dem deutschen Schul- und Bildungssystem Rückmeldungen über seine Qualität gegeben haben wie z. B. die IGLU-Studie oder die TIMSS-Studie.*

[2] *Für die Ausführungen, die sich auf das Alter 3 bis 6 Jahre beziehen, werden hier die Begriffe „Elementarpädagogik", „Elementarbereich" und „Elementardidaktik" verwendet.*

Interaktionen unterstützen können, ständig weiter entwickeln. Und es gilt, sich darüber klar zu werden, welche Bildungsziele sie mit ihrer pädagogischen Arbeit in den Kindertagesstätten verfolgen.

Damit aber werden Aufgaben beschrieben, die klassisch in den Bereich der Didaktik fallen. Nach wie vor löst dieser Begriff im Feld der Elementarpädagogik Vorbehalte aus. Didaktik wird in erster Linie der Schule zugeordnet, in der im Klassenverband auf der Basis vorhergehender didaktisch-methodischer Vorbereitungen der Lehrkräfte, die an einem vorgeschriebenen Curriculum orientiert sind, gelernt wird. Dieses Vorgehen passt nicht zur Pädagogik in Kindertageseinrichtungen, die überwiegend situationsorientiert, individuell und nicht an – im stillen Kämmerlein durch die Fachkräfte – vorweg geplanten Unterrichtseinheiten ausgerichtet ist (vgl. Lamp/Küls, 2012, S. 100 ff.). Natürlich ist eine kritische Haltung gegenüber einem eingeschränkten Didaktikbegriff und einem mechanistischem Lernverständnis berechtigt. Allerdings ist man davon auch in der Schulpädagogik meilenweit entfernt (siehe Speck-Hamdan, 2012). Hier wird inzwischen ebenfalls mit kindorientierten, offenen, individualisierten und sozialen Lernformen gearbeitet. Das heißt allerdings nicht, dass didaktische Überlegungen umstandslos aus der Schulpädagogik auf die Kindheitspädagogik bzw. Elementarpädagogik übertragen werden können. Vielmehr ergibt sich die Anforderung, auf der Basis einer kindheitspädagogischen Fachlichkeit Überlegungen anzustellen, wie Lern- und Bildungsprozesse von Kindern in Kindertagesstätten didaktisch angebahnt und begleitet werden können.

Zu diesem Zweck werden in diesem Beitrag zunächst klassische Konzepte der Elementarpädagogik auf ihren didaktischen Gehalt hin untersucht. Anschließend werden die beiden Begriffe Didaktik und Elementardidaktik expliziert, bevor in einem dritten Schritt mit dem elementardidaktischen Quadrat ein Modell der Analyse und Reflexion elementardidaktischen Handelns vorgeschlagen wird.

5.2   Elementardidaktische (Vor-)Überlegungen in klassischen Konzepten der Elementarpädagogik

Auch wenn Didaktik oder didaktische Überlegungen in der Elementarpädagogik stellenweise auf Vorbehalte bis hin zu Widerstand treffen, ist und war die pädagogische Theorie und Praxis in Kindertagesstätten alles andere als frei von didaktischen Überlegungen. So gibt es in deren Geschichte von Beginn an viele Anknüpfungspunkte für die didaktische Analyse, Planung, Durchführung und Reflexion der pädagogischen Arbeit. Schon der Anfang des Kindergartens, der unauflösbar mit dem Namen Fröbel verbunden ist, stand in diesem Kontext.

Fröbel „gilt insbesondere als Begründer einer auf das Spiel konzentrierten frühpädagogischen Didaktik des Kindergartens." (Neumann, 2006, S. 110) Auf der Grundlage seines anthropologisch-philosophischen Bezugssystems einer „Philosophie der Sphäre" (Neumann, 2006, S. 110) hat er didaktische Folgerungen gezogen, die die pädagogische Entwicklung in diesem Bereich maßgeblich mitbestimmt haben. Hierbei zeigen sich logisch begründete Zielsetzungen im Sinne einer Elementarbildung, die Fröbel als das wechselseitige Sich-Erschließen der gegenständlichen Wirklichkeit durch den einzelnen Menschen und dessen Einsicht in die gegenseitige Verwiesenheit von Welt und Subjekt verstand (vgl. Heiland, 2010, S. 22). Sicherlich liegt bei Fröbel eine überwiegend kognitiv-strukturierende Dimension im Schwerpunkt (vgl. Neumann, 2006, S. 112) vor. Aber es werden eigenständige elementardidaktische Merkmale wie das Spiel, die Atmosphäre- und Umgebungsgestaltung, die Materialauswahl, das Handeln der

Erzieherin erörtert, die die Entwicklung im Feld der Elementarpädagogik stark geprägt haben. Dabei herrscht schon ein Verständnis von Bildung vor, das sich auch gegenwärtig wiederfindet. So stellt Neumann bezogen auf Fröbel fest: „Erziehung kann vor diesem Hintergrund nur als Unterstützung des kindlichen Selbstbildungsprozesses ihre Wirkung entfalten." (Neumann, 2006, S. 113)

Auch weitere elementarpädagogische Konzepte wie die reformpädagogisch geprägten Ansätze von Maria Montessori oder Célestin Freinet oder die in den 1960er- bis 1980er-Jahren entstandenen, ebenfalls zum Teil reformpädagogisch geprägten Ansätze der Reggio-Pädagogik, des Situationsansatzes bzw. situationsorientierten Ansatzes, der offenen Kindergartenarbeit und des Waldkindergartens zeigen viele didaktische Implikationen (siehe Knauf, 2006). Vor dem Hintergrund eines jeweils spezifischen Bildes vom Kind bzw. von Kindheit werden in diesen Konzepten Aussagen zu Erziehungs- und Bildungszielen, pädagogischen Programmen und Aktionsstilen, zur räumlichen Umgebung usw. getroffen – was letztlich nichts anderes darstellt als didaktische Überlegungen zu der Frage, wer was, von wem, wann, mit wem, wo, wie, womit und wozu in der pädagogischen Arbeit von Kindertageseinrichtungen lernen soll.

Allerdings hat sich in den 1970er-Jahren in diesem Kontext eine pädagogische Position durchgesetzt, die dem Begriff der Didaktik sehr kritisch gegenüberstand. Hintergrund war das Bemühen, „den eigenständigen Bildungsauftrag, und d. h. einen mit der Schule nicht kompatiblen Auftrag des Kindergartens zu betonen." (Kasüschke/Jares, 2010, S. 8). Dies führte – zumindest auf der Ebene der wissenschaftlich-fachlichen Diskussion – zu einer Abstinenz dieses Begriffs. Allerdings gab es in der Ausbildung der Fachkräfte, etwa in Form des Faches Didaktik/Methodik oder Praxis- und Methodenlehre, und in der gelebten pädagogischen Praxis weiterhin didaktisches Denken und Handeln.

In der Kontroverse um das Konzept der Selbstbildung in den 1990er-Jahren, in der es eine inzwischen überwundene Frontstellung der Frühpädagogen Fthenakis und Schäfer gab (vgl. Schelle, 2011, S. 13 ff und siehe Grochla, 2008), wurde implizit die Relevanz und der Umfang didaktischen Denkens debattiert. Dabei wurde die Betonung des Selbstbildungsansatzes und der damit zusammenhängenden Situationsorientierung häufig einer Elementardidaktik entgegengestellt. Hier liegt aber ein Missverständnis, bezogen auf didaktisches Handeln, vor. Auch hinter einem situationsorientierten Handlungsansatz steht ein didaktisches Verständnis, denn es geht ja auch in der Situationsorientierung darum, die für relevant erachteten Lernprozesse der Kinder zu ermöglichen. Hierbei übernimmt die Fachkraft eine wichtige Rolle, auch wenn sie bei den Fragen, Situationen und Interessen der Kinder ansetzt.

ZUSAMMENFASSUNG

Insgesamt zeigt sich: alle Konzepte der Frühpädagogik erörtern (zumindest implizit) mehr oder weniger didaktische Fragen. Selbst wenn man die Perspektive der Selbstbildung bzw. des Kindes als eigenständigem Akteur seiner Entwicklung stark betont, bleiben noch immer die didaktischen Fragen nach einer geeigneten Umgebungsgestaltung, nach lernförderlichen Materialien, Räumen, Zeitstrukturen, Inhalten usw. relevant.

Bei Ansätzen, die eher ko-konstruktivistische Vorstellungen in den Vordergrund stellen, in denen also die Unterstützung der Erwachsenen für Bildungsprozesse von Mädchen und Jungen in Kindertagesstätten für wesentlich erachtet wird, wird didaktisches Handeln neben diesen Fragen der indirekten Erziehung auch auf die Person der Fachkraft ausgeweitet.

5.3 Zum aktuellen Stand der Elementardidaktik

Trotz aller didaktischen Implikationen gibt es bisher aber keine systematisch begründete Elementardidaktik. „So fehlt nicht zuletzt eine wissenschaftlich fundierte ausgearbeitete Kindergartendidaktik" (Fried, 2008, S. 141), stellte Fried 2008 fest (vgl. Koeppel, 2012, S. 2). Im gleichen Jahr scheuten Daiber und Weiland noch davor zurück, eine Aufsatzsammlung „Fachdidaktik im Kindergarten" zu nennen, weil eine solche Bezeichnung zu viele Widerstände hervorgerufen hätte. Stattdessen wurde der eher unverfängliche Titel „Impulse der Elementardidaktik" gewählt (Daiber/Weiland, 2008, S. 4).

Seit einigen Jahren deutet sich allerdings ein Wandel an, bezogen auf eine Didaktik im Elementarbereich. Zunehmend wird in der Theorie und Praxis der pädagogischen Arbeit von Kindertageseinrichtungen die Bedeutung didaktischer Überlegungen für geplante und gestaltete Bildungsprozesse erkannt, ohne dass dabei das spielerische, ganzheitliche und situative Lernen von Mädchen und Jungen in den ersten Lebensjahren ausgeblendet werden muss. Daher finden sich, trotz verbleibender kontroverser Sichtweisen, inzwischen verschiedene Ansätze und Modelle auch für Kindertagesstätten (siehe Kasüschke/Jares, 2010, Leuchter, 2010, Schelle, 2011, Küls, 2012, Lamp/Küls, 2012). Es handelt sich dabei eher um didaktische Suchbewegungen und Abgrenzungsversuche. Eine begründete Modell- oder Theoriebildung liegt weiterhin nur in Ansätzen vor.

Zum gegenwärtigen Zeitpunkt fehlen hierzu im deutschsprachigen Raum noch eigenständige und systematische Untersuchungen und Forschungen. Es werden eher Darstellungen veröffentlicht, die einen Überblick über den aktuellen Stand und bisher vorliegende Ansätze und Modelle der Elementardidaktik geben. So versteht sich der Sammelband von Kasüschke und Jares, der sich erstmals mit dem didaktischen Gehalt frühpädagogischer Handlungskonzepte befasst und damit ausdrücklich das Thema Elementardidaktik angeht, diesbezüglich als eine „Bestandsaufnahme der momentanen Situation in der Pädagogik der frühen Kindheit", dass Fachkräfte Lern -und Spielgelegenheiten schaffen, indem sie etwa Räume anregend ausstatten (z.B. eine Forschungswerkstatt einrichten), sich selber mit bestimmten Dingen oder Themen beschäftigen und somit als Modell für die Kinder dienen können und insgesamt für ein emotionales Klima in der Kindertageseinrichtung sorgen, das die Jungen und Mädchen zum eigenen Handeln anregt. (vgl. Kasüschke/Jares, 2010, S. 8).

Einen Orientierungsrahmen für die derzeitigen elementardidaktischen Überlegungen stellt vor allem das Konzept der indirekten Erziehung von Liegle dar (siehe Liegle, 2010). Auf der Basis des Bildes vom Kind als Akteur seiner Entwicklung im Sinne eines ko-konstruktivistischen Lern- und Bildungsverständnisses trifft dieses Konzept eines „Vorrangs der indirekten vor der direkten Erziehung" (Küls, 2012, S. 24 ff.) auf breite Zustimmung.

Direkte Erziehung hingegen meint eher ein instruktives, anleitendes Vorgehen der Fachkräfte, das auch stellenweise seine Berechtigung hat, wenn es dialogisch ausgerichtet ist. Aber die didaktische Arbeit in Kindertagesstätten sollte vor allem durch eine indirekte Vorgehensweise gekennzeichnet sein. Damit werden einerseits Selbstbildungsprozesse der Kinder als konstitutiv für eine Elementardidaktik gesehen und gleichzeitig aber auch betont, dass im Rahmen von Erziehung Fachkräfte ihre spezifischen didaktischen Aufgaben haben (vgl. Schelle, 2011, S. 17). Bevor diese didaktischen Aufgaben von Fachkräften in der Elementarpädagogik anhand eines Modells konkretisiert werden, werden im Folgenden zunächst die Begriffe Didaktik und Elementardidaktik erläutert.

ZUSAMMEN-FASSUNG

Elementardidaktische Überlegungen sind nicht neu – didaktisch begründete Ansätze und Konzepte gibt es schon seit sehr langer Zeit. Gegenwärtig trifft eine indirekte Didaktik, die die didaktische Aufgabe der Fachkräfte vor allem in der Bereitstellung bzw. Schaffung geeigneter Spiel-, Entdeckungs- und Lerngelegenheiten sieht, auf breiten Konsens. Sie entspricht einem sozialkonstruktivistischem Lern- und Bildungsverständnis.

5.3.1   Der Begriff der Didaktik und der Elementardidaktik

Was verbirgt sich hinter dem Begriff der Didaktik bzw. Elementardidaktik?

➔➔➔ **Definition:**
Als Didaktik wird gemeinhin die Theorie und Praxis des Lehrens und Lernens bezeichnet (siehe Terhart, 2009).

Lehren meint dabei allerdings in einer elementardidaktischen Perspektive nicht die Instruktion oder das Dozieren einer Lehrkraft. Vielmehr geht es um die Gestaltung der Interaktion zwischen Fachkraft und Kind(ern) sowie um das Gestalten von lernförderlichen Umgebungsbedingungen. Dazu gehören neben dem Raum als drittem Erzieher z. B. auch die Zeit, Methoden und Medien sowie geeignete Themen, Inhalte und Materialien (vgl. Küls/Lamp, 2012, S. 101). Insgesamt sind mit der Theorie und Praxis des Lehrens und Lernens somit die zielorientierten und systematischen Aktivitäten der pädagogischen Fachkraft gemeint, die um der Begleitung und individuellen Unterstützung der Lern- und Bildungsprozesse von Kindern willen geschehen.

➔➔➔ **Definition:**
Dabei kümmert sich die Didaktik nach einer weit verbreiteten und griffigen Bestimmung um die Frage, wer, was, von wem, wann, mit wem, wo, wie, womit und wozu lernen soll (vgl. Jank/Meyer, 2002, S. 16).

Auch wenn sich hierbei schnell Assoziationen mit der Planung und Durchführung schulischen Unterrichts einstellen mögen, ist diese Gegenstandsbeschreibung der Didaktik nicht darauf beschränkt.

Beispiel
Auch wenn Fünf- und Sechsjährige etwas über die Feuerwehr lernen, während sie eine Exkursion zur Feuerwache machen und von den Feuerwehrleuten das Gerät und Fahrzeuge gezeigt bekommen, stecken dahinter didaktische Überlegungen. Die Fachkräfte haben sicherlich vorher darüber nachgedacht, mit welchem Ziel sie diese Exkursion verbinden, und was und wie die Kinder dabei lernen können. Sie haben die Mädchen und Jungen gegebenenfalls durch eine Reihe von Aktivitäten wie Bilderbuchbetrachtungen usw. darauf vorbe-

reitet, ihre Fragen erkundet und Motivation geschaffen. Und sie werden sich im Anschluss darüber austauschen, was die Kinder nun wirklich erfahren haben und woran sie mit ihren weiteren pädagogischen Aktivitäten anschließen können.

Und selbst, wenn es sich nicht um eine vorher geplante Exkursion handelt, sondern um eine spontane Interaktion im pädagogischen Alltag („Wachsen im Urwald Uhren?"), so kann diese Interaktion immer auch unter den oben genannten didaktischen W-Fragen betrachtet werden. An diesen Beispielen wird deutlich, dass sich didaktisches Handeln auch in der Kindertagesstätte auf die Vorbereitung (Analyse und Planung), die Begleitung und Unterstützung sowie die Reflexion der Bildungs- und Lernprozesse der Kinder bezieht.

5.3.2 Elementardidaktik und Didaktik in der Grundschule

Zentraler Bezugspunkt aller didaktischen Überlegungen sind hierbei die Bildungs- und Lernprozesse der Kinder. Während das Lernen im Allgemeinen Gegenstand der pädagogischen Psychologie ist, steht in der Didaktik das beabsichtigte Lernen in einer Bildungsinstitution wie z. B. der Kindertageseinrichtung oder der Schule im Mittelpunkt (siehe Terhart, 2009). Allerdings wäre es falsch daraus zu schließen, dass die didaktischen Zugänge in beiden Institutionen gleich sein können. Dies soll mit einem Blick auf die gesellschaftlichen Aufträge von Kindertagesstätte und Schule sowie auf die Adressaten der didaktischen Arrangements, also zum einen Kinder im Elementarbereich und zum anderen Kinder im Schulalter, plausibilisiert werden.

Unterschiede in Bezug auf die didaktischen Arrangements in der Schule und in der Kindertagesstätte ergeben sich zunächst aus den unterschiedlichen gesellschaftlichen Funktionen der Kinder- und Jugendhilfe (zu der die Kindertagesbetreuung gehört) und der Schule. Zwar haben beide Bereiche ihre Schnittmenge im Erziehungs- und Bildungs- sowie im Integrationsauftrag, aber die Schule hat darüber hinaus die Selektions- bzw. Allokationsfunktion zu erfüllen. Das bedeutet, Schule muss die Leistungen der Schülerinnen und Schüler benoten und teilt so – um es einmal drastisch zu formulieren – auch Lebenschancen zu (oder enthält sie vor). Dieses Spezifikum der Schule führt dazu, dass Lernen in der Schule immer auch darauf hinausläuft, dass die Schülerinnen und Schüler eine Bewertung ihrer Leistung erhalten. Und dies in Bezug auf vorgegebene Themen und vor dem Hintergrund eines (zumindest zu großen Teilen) vorgegebenen Horizonts an Erwartungen, die etwa in staatlich vorgegebenen Curricula implizit enthalten sind oder die in Bildungsstandards explizit gefordert werden.

Während Kinder und Jugendliche in der Schule in Bezug auf ihre Leistung also letztlich an einer vorgegebenen Norm gemessen werden, hat die Kinder- und Jugendhilfe einen anderen Auftrag, sie muss also in ihren didaktischen Überlegungen nicht von dem Ziel der Leistungsüberprüfung her denken, sondern kann allein von dem individuellen Bildungsweg und den individuellen Themen des einzelnen Kindes ausgehen. Hier zeigt sich die Möglichkeit, von der Elementarpädagogik aus das Lernen und die Gestaltung der Bildungsbedingungen in der Grundschulpädagogik (Primarpädagogik) zu überdenken.

Wie die Reformpädagogik und ihre schulpädagogischen Nachfolgeprojekte (z. B. Laborschule Bielefeld) nicht müde werden zu betonen, lernen Kinder mindestens genauso effektiv ohne ständige Leistungsbewertung, wobei natürlich eine individuelle Rückmeldung zum jeweiligen Lernfortschritt unabdingbar bleibt. Hingegen unterstützt dies den Erwerb sozialer Kompetenzen sowie die Bereitschaft zur Verantwortungsübernahme und Integration anderer.

Eine weitere Bedingung für didaktische Überlegungen im Elementarbereich ergibt sich aus dem Blick auf das Lernen im Kindesalter. Dieses folgt, wie vor allem auch die Entwicklungspsychologie und die Kindheitsforschung zeigen, in den ersten Lebensjahren eigenen Grundsätzen.

So lernen Kinder im Kindergartenalter vor allem ganzheitlich, spielerisch, ihrer Neugierde folgend, ausgehend von Alltagserfahrungen und Alltagssituationen, situativ und zufällig (siehe Liegle, 2009) und selbsttätig sowie durch eigenes praktisches Handeln (vgl. Küls, 2012, S. 16 ff.). Dabei konstruieren sie ihre Sicht der Welt nicht allein, sondern ko-konstruieren ihren Blick auf die Welt gemeinsam mit Gleichaltrigen und Fachkräften. Dennoch bleiben sie vor dem Hintergrund des konstruktivistischen Paradigmas in der Erkenntnistheorie und Lernforschung Akteur ihrer Entwicklung.

Aus den spezifischen Bedingungen frühkindlicher Lernprozesse ergeben sich ganz eigene didaktische Erfordernisse, die zu einem wichtigen Unterschied zwischen Elementar- und Schuldidaktik führen. Da die Grundsätze der frühkindlichen Bildung vor allem eigenaktives und interessengeleitetes Lernen erfordern, ist die didaktische Planung entsprechend auszurichten. In der Elementardidaktik ist diese deshalb offen und prozessorientiert zu gestalten und vor allem an dem geeigneten Auswahlprozess von Inhalten und Themen als Lernangebote für die Kinder auszurichten (siehe Koeppel, 2012).

Anders als in der Schule stammen die Lerninhalte und -gegenstände nicht aus einem an gesellschaftlich relevanten Fragen ausgerichteten und somit vorgegebenen Curriculum, sondern aus der Lebenswelt der Kinder, diese partizipieren also in besonderem Maße an der Themenwahl. Dabei bleibt unbenommen, dass auch Fachkräfte Themen auswählen und den Kindern zumuten können (vgl. Andres/Laewen, 2011, S. 118 ff.).

Methodische Planungen, die die Lernwege der Kinder vorüberlegen, sind im Gegensatz zur Schule weit weniger detailliert und festgelegt vorzunehmen, da die Kinder in ihrem forschenden und entdeckenden Lernen selbst ihre Lernwege bestimmen (sollen). Diese gilt es dann in Bildung anregenden Interaktionen zu begleiten. Elementardidaktik muss sich von daher mit verschiedenen Aspekten einer pädagogischen Situation auseinandersetzen: mit den Interessen sowie Bildungs- und Lernprozessen des einzelnen Kindes, mit der Gruppe der Gleichaltrigen, mit den Fachkräften, mit Themen und Inhalten (die von einem einzelnen Kind, der Gruppe oder von Fachkräften eingebracht werden können) und mit der Gestaltung des Raumes bzw. des Kontextes der Situation. Auf diese Aspekte wird im folgenden Abschnitt vertiefend eingegangen.

➜➜➜ **Definition:**
Didaktik ist die Theorie und Praxis der Gestaltung von Lernumgebungen und der Optimierung von Lernprozessen in Bildungsinstitutionen.

Elementardidaktik bezeichnet das didaktische Nachdenken und Handeln in Kindertagesstätten und damit im Elementarbereich. (vgl. Küls, 2012, S. 28)

5.4   Ein Modell der elementardidaktischen Planung und Analyse: Das elementardidaktische Quadrat

In der Didaktik existieren verschiedene Modelle zur Planung und Reflexion von Lern- und Bildungsprozessen, die dem pädagogischen Handeln Orientierungshilfe leisten sollen. Dabei helfen diese vor allem dabei, die relevanten Faktoren zu identifizieren und zu erläutern, die gestaltet werden müssen, um ein gewünschtes Ergebnis bezogen auf Lern- und Bildungsprozesse zu erreichen. Das weit verbreitete Modell des didaktischen Dreiecks etwa berücksichtigt die Komponenten „Lerninhalt/Thema", „Lehrkraft" und „Lernende".

Mädchen und Jungen ko-konstruieren ihre Sicht auf die Welt, wie oben beschrieben, zudem mit den gleichaltrigen Kindern, weswegen es sinnvoll erscheint, das didaktische Dreieck für den Bereich der Elementardidaktik um den Aspekt „Peers/Gruppe" zu erweitern (siehe zur Begründung auch Brandes, 2008). Zudem wurde auf den Stellenwert des indirekten Lernens im Elementarbereich und damit auf die Wichtigkeit der Gestaltung der konkreten Situation (Raum und Zeit) sowie auf die Berücksichtigung der natürlichen, sozialen und gesellschaftlichen Umwelt (Kontext) hingewiesen.[3]

Elementardidaktisches Nachdenken sowie die darauf gründende Praxis der Gestaltung von Lernumgebungen haben deshalb die fünf Bereiche Thema, Kind, Gruppe/Peers und Fachkraft sowie die sie umgebenden Situations- und Kontextfaktoren in ihren Wechselwirkungsverhältnissen in den Blick zu nehmen. Das sich daraus ergebende Modell ist prozess- und interaktionsorientiert und berücksichtigt damit die Besonderheiten des pädagogischen Handelns in Kindertagesstätten.

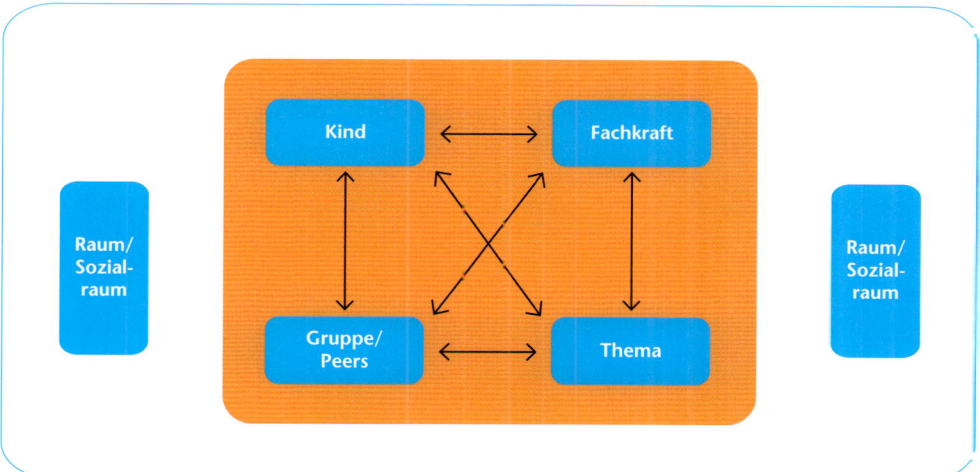

Das elementardidaktische Quadrat

Das elementardidaktische Quadrat eignet sich zum einen als Planungsinstrument für das pädagogische Handeln, zum anderen kann es zur systematischen Reflexion und Evaluation genutzt werden. Dabei können sowohl Planung als auch Reflexion von jedem beliebigen Punkt des Quadrats und vom Kontext bzw. der Situation ausgehen. Da es allerdings an der Fachkraft ist, didaktische Überlegungen anzustellen, soll zunächst die Perspektive der Fachkraft und deren notwendigen Kompetenzen für das elementardidaktische Handeln erläutert werden.

---

[3] *Aus dem Modell des aus der humanistischen Psychologie stammenden Konzepts der themenzentrierten Interaktion (TZI) ist dieser Bereich des Kontextes als „Globe" bekannt (vgl. Langmaack/Braune-Krickau, 2000, S. 91f.)*

5.4.1 Zur Rolle der Fachkraft in der Elementardidaktik

Am Anfang allen didaktischen Handelns steht das Bemühen der Fachkräfte, die vorliegende Situation im pädagogischen Feld zu erfassen. Das oben bereits skizzierte Bild vom Kind als Akteur seiner Entwicklung impliziert, dass die Eigenaktivität der Kinder Vorrang hat vor der Lenkung der kindlichen Bildungs- und Lernprozesse durch Erwachsene. Ausgangspunkt sind daher die Mädchen und Jungen der Kindertagesstätte, jeweils einzeln und in der Gruppe, mit ihren Fragen, Interessen, Gefühlen, Vorwissen, Erfahrungen, Erlebnissen usw. Fachkräfte brauchen deswegen Kenntnisse über pädagogische Beobachtungsverfahren[4], bei denen die Wahrnehmung der Handlungs-, Denk- und Lernweisen und Lernwege der Kinder im Vordergrund stehen[5].

Eine wesentliche Basis der Beobachtung ist das Wissen über den Ablauf und die Merkmale von kindlichen Lern- und Bildungsprozessen sowie über die Bedeutung des kindlichen Spiels als zentralem Medium für deren Bildungsprozesse. Zudem brauchen Fachkräfte Kenntnisse, mit deren Hilfe sie das Beobachtete verstehen und theoretisch einordnen können („Warum könnten die Themen Schnecken oder Geburt in diesem Moment für das Kind so interessant sein?").

Damit ist nun allerdings nicht gemeint, dass Fachkräfte den Anspruch haben sollten, kindliches Verhalten in jeder Situation immer erklären zu können. Vielmehr kommt es auf eine Grundhaltung an, die die Aktivitäten und Ausdrucksformen der Kinder sensibel wahrnimmt, sich in die Kinder hineinversetzt und auf der Basis eines solchen Perspektivenwechsels didaktische Angebote macht oder Impulse setzt (vgl. Viernickel/Stenger, 2011, S. 9 ff.).

Zum didaktischen Handlungswissen einer Fachkraft gehört also zunächst einmal die bewusste Wahrnehmung des Kindes und damit verbundene Fragen[6], z. B.

- womit sich das Kind beschäftigt,
- in Bezug auf welche Dinge oder Phänomene ein Kind Interesse entwickelt,
- welche Aufgaben es sich stellt,
- welche Angebote es wahrnimmt,
- welche Fragen es stellt,
- wobei es besonderes Durchhaltevermögen entwickelt,
- wo es Enttäuschung oder Frust aushält,
- wie es sich ausdrückt,
- welche Gefühle oder Ideen es äußert,
- für welche Ausdrucksformen anderer es sich interessiert,
- wo und wann es Begeisterung und Freude zeigt,
- welche Fragen es stellt,
- welche Vorschläge anderer es aufgreift usw.

[4] Hier sind weniger standardisierte Beobachtungsverfahren gemeint, sondern eher Konzepte, die kindliche Lern- und Bildungswege individuell und ganzheitlich erfassen und dokumentieren wie etwa die „Bildungs- und Lerngeschichten" vom Deutschen Jugendinstituts (DJI, siehe Leu/Fläming/Frankenstein u. a., 2007, s. auch Kupfer in Bd. 3, Kapitel 5 „Dokumentieren mit Lerngeschichten") oder die Hinweise zum Beobachten im infans-Konzept von Andres und Laewen (siehe Andres/Laewen, 2011).
[5] Dies in Absetzung zu eher diagnostischen Verfahren, die vor allem auf die Feststellung des Entwicklungsstandes des einzelnen Kindes zielen (vgl. Schelle, 2011, S. 31). Dies ist in der pädagogischen Arbeit zweifellos wichtig, steht aber nicht im Vordergrund der didaktischen Arbeit.
[6] Die folgenden Fragen lehnen sich an die Lerndispositionen an, die im Kontext der Bildungs- und Lerngeschichten in Neuseeland entwickelt wurden (vgl. Leu/Fläming/Frankenstein u. a., 2007, S. 48 ff. und 60 ff.).

Solche Beobachtungen sind im elementardidaktischen Kontext für zweierlei wichtig: zum einen können daraus unmittelbare Reaktionen der Fachkraft und Interaktionen zwischen ihr und dem Kind erwachsen, zum anderen sind diese Beobachtungen wichtig für einen übergeordneten Prozess der Entwicklung und Verfolgung von Bildungs- und Erziehungszielen in Kindertageseinrichtungen.

Zunächst zur unmittelbaren Reaktion der Fachkraft auf beobachtete Verhaltensweisen des Kindes: Verschiedene Studien weisen darauf hin, „dass bestimmte Interaktionsformen die Lern- und Bildungsprozesse der Kinder effektiver unterstützen als andere" (König, 2009, S. 17).

Es macht also einen qualitativen Unterschied aus, wie Fachkräfte mit Kindern interagieren. Von besonderer Bedeutung für eine positive Entwicklung des Kindes sind die aus der Untersuchung von Eltern-Kind Interaktionen und der Bindungsforschung herausgearbeiteten Konstrukte der Sensitivität und Reziprozität. Hintergrund der Untersuchung der frühen Eltern-Kind-Interaktion war die Frage, welche Interaktionen besonders förderlich für die Bindung zwischen Eltern und Kind und für die Lernerfahrungen des Säuglings sind.

Sensitives, also feinfühliges, Verhalten zeichnet sich nun dadurch aus, dass die Bezugspersonen in der Lage sind, das kindliche Verhalten und die damit intendierten Botschaften des Kindes wahrzunehmen und richtig zu deuten. Im Anschluss daran erfolgt im Idealfall eine angemessene und unmittelbare Reaktion der Bezugsperson (Reziprozität), sodass das Kind sich als selbstwirksam und aktiv handelnd erleben kann („Ich habe die Reaktion meines Gegenübers ausgelöst"). Was die Konstrukte der Sensitivität und der Reziprozität darüber hinaus im Einzelnen beinhalten könnten bzw. welche weiteren Faktoren wichtig für eine positive Eltern-Kind-Beziehung sein könnten, kann an dieser Stelle nicht weiter diskutiert werden (siehe dazu König, 2009, S. 101 ff.).

Übertragen auf das elementardidaktische Handeln von Fachkräften scheint jedoch die Annahme plausibel, dass es wichtig ist, das Verhalten von Kindern zunächst sensibel wahrzunehmen und durch eine angemessene Reaktion darauf das Kind zu weiterem Handeln oder weiteren Überlegungen herauszufordern. König macht konkrete Vorschläge, wie solche intensiven Phasen der Interaktion gestaltet sein können und teilt diese in eine Einstiegs-, eine Arbeitsphase und den Abschluss der Interaktion (vgl. König, 2010, S. 66 ff.). Auch wenn Interaktionen in der Praxis diesem starren Muster nicht immer folgen mögen, so sensibilisiert dieser Vorschlag doch dafür, dass es in der pädagogischen Praxis, vielleicht anders als in der eher intuitiven Eltern-Kind-Beziehung, notwendig ist, Interaktionen didaktisch zu gestalten, weil in ihnen zahlreiche Gelegenheitsstrukturen für subjektive Erfahrungs- und Lernprozesse der Kinder enthalten sind.

Es ist ein Zeichen pädagogischer Professionalität, diese Gelegenheitsstrukturen für Kinder nicht nur zu erkennen, sondern auch aktiv dafür zu sorgen, dass sich solche Lern- und Bildungsgelegenheiten ergeben, z. B. indem dem Kind offene Fragen gestellt werden, das Kind dazu motiviert wird, eine Interaktion fortzuführen, eine eigene Reaktion eingebracht wird oder in bestimmten Situationen abgewartet und zugehört wird (vgl. König, 2010, S. 68 f.). Im Idealfall sind sowohl Fachkräfte als auch Kinder an der Interaktion aktiv beteiligt und bearbeiten in einem gemeinsamen dialogisch-entwickelnden Denkprozess ein für sie relevantes Thema, etwa im Rahmen eines Projektes (siehe Küls, 2012).

Beobachtungen in Kindertageseinrichtungen sind aber auch aus einem zweiten Grund wichtig. Andres und Laewen (vgl. Andres/Laewen, 2011, S. 133 ff.) schlagen vor, aus den Beobachtungeder Fachkräfte für jedes Kind ein individuelles Curriculum abzuleiten. Grundlage dieser individuellen Curricula sind die Tätigkeiten und die darin verborgenen Themen der Kinder, auf die die Fachkräfte z. B. mit der Bereitstellung bestimmter Materialien reagieren. Für diesen Prozess bedarf es selbstverständlich mehrerer Beobachtungen und der Zusammenarbeit mehrerer Fachkräfte. Oben war bereits über die Befürchtung diskutiert worden, ob pädagogische Fachkräfte mit didaktischem Handeln die Kinder nicht in ihrem Konstruktionsprozess zu sehr beeinflussen oder einengen. Die Antwort von Andres und Laewen lautet, dass man Kindern Themen durchaus zumuten darf, um sie in ihrem eigenen Bildungsprozess zu fördern. Ausgangspunkt einer solchen Zumutung von Themen durch Erwachsene sollten jedoch möglichst die Themen der Kinder sein.

Die Herausforderung besteht darin, zwischen den Erziehungs- und Bildungszielen der Einrichtung und den Interessen des Kindes eine Brücke zu schlagen, sodass das Kind ein zugemutetes Thema zu seinem eigenen macht (vgl. Andres/Laewen, 2011, S. 127). In Ergänzung der oben eingenommenen Perspektive der didaktischen Gestaltung von Interaktionen zwischen Fachkräften und Kindern wird damit deutlich, dass zum didaktischen Handeln in Kindertageseinrichtungen Kompetenzen zur Planung, Durchführung und Evaluation methodischer Grundformen wie etwa Projektarbeit, Lernwerkstatt oder Experiment gehören. Denn diese Grundformen führen Kinder zu Themen hin, denen sie sich im freien Spiel u. U. nicht zugewandt hätten (vgl. Küls, 2012, S. 68 f).

> **ZUSAMMEN-FASSUNG**
>
> Elementardidaktisches Handeln der Fachkräfte bezieht sich zum einen auf die bewusst gestaltete Beziehung und Interaktion mit dem Kind, zum anderen auf die didaktisch geplante Gestaltung von geeigneten Lernumgebungen (Beispiel Projekt). Ausgangspunkt des didaktischen Handelns ist die Beobachtung der Kinder und der vorliegenden Situationen.

5.4.2   Zur Rolle des Kindes in der Elementardidaktik

Das Kind steht in zwei Dimensionen im Mittelpunkt elementardidaktischer Überlegungen: zum einen wird dem Kind zugetraut, dass es eigenständiger Akteur seiner eigenen Entwicklung ist (Bildungsdimension), zum anderen wächst jedes Kind in bestimmten sozialen Bezügen auf, mit denen es sich auseinandersetzen muss (Bewältigungsdimension).

Der Begriff der Bildung ist ins Zentrum der Diskurse um Kindertageseinrichtungen gerückt. Dabei wird Bildung in diesem Kontext als Prozess der ständigen Neuorganisation der inneren Strukturen eines Kindes verstanden, der nötig wird, weil Kinder tagtäglich vielfältige Eindrücke aufnehmen, die verarbeitet und mit den bisher gemachten Erfahrungen und Vorstellungen von der Welt in Einklang gebracht werden müssen (vgl. Merkel, 2005, S. 15). Anders ausgedrückt: Kinder machen sich ein Bild von der Welt, nehmen täglich neue Eindrücke auf und versuchen diese zu verstehen. Dabei kann es sich um die Erfahrung mit materiellen Dingen handeln oder um soziale Erfahrungen, die mit anderen Kindern oder Erwachsenen gemacht werden. Bildung ist dabei mehr als Lernen, bei dem „einzelne Informationen aufgenommen und in Beziehung zu anderen Informationen gebracht" (Merkel, 2005, S. 17) werden.

Während es beim Lernen also eher um kognitive Wissensbestände geht, vereinigt der Begriff Bildung die Weiterentwicklung im körperlichen, emotionalen, sozialen und kognitiven Bereich, weshalb der Bildungsbegriff auch für den Elementarbereich so attraktiv erscheint, für den in verschiedenen pädagogischen Konzepten ein ganzheitliches Lernen gefordert wird. Dem Kind wird dabei zugetraut, Akteur seiner eigenen Entwicklung zu sein: zwar braucht es andere Menschen, um z. B. soziale Erfahrungen machen oder mithilfe von Erwachsenen einen Blick auf die Wirklichkeit außerhalb der noch relativ eng begrenzten Lebenswelt des Kindes werfen zu können.

Wie diese Erfahrungen aber bewertet werden und wie sich das Kind in Zukunft aufgrund der gemachten Erfahrungen verhält, ist zunächst einmal ein individueller Verarbeitungsvorgang des einzelnen Kindes. In der aktuellen Kindheitspädagogik wird somit ein konstruktivistisches Lern- und Bildungsverständnis betont. Dabei liegt allerdings auf der Hand, dass die Selbstbildungsprozesse von Kindern nicht in einem sozialen und materiellen Vakuum stattfinden, sondern durch die anderen Bereiche des hier vorgeschlagenen elementardidaktischen Quadrats beeinflusst werden: durch die Fachkräfte, die anderen gleichaltrigen Kinder, durch die Themen, die die Kinder beschäftigen oder die ihnen zugemutet werden und schließlich durch den gestalteten Raum in der Kindertageseinrichtung.

Darüber hinaus sollte aber für elementardidaktische Erwägungen noch ein weiterer Aspekt eine Rolle spielen, der im Diskurs um das Kind als Akteur der eigenen Entwicklung gelegentlich zu kurz kommt: Das Bild vom Akteur suggeriert, dass das Kind stets das Heft des Handelns in der Hand hat, dass es (relativ) frei ist in der Wahl seiner Themen. Dies wäre eine unzulässige Verkürzung – denn Kinder wählen ihre Themen zwar zum Teil frei aus, andererseits machen sie aber in ihren sozialen Bezügen (zwangsläufig) Erfahrungen, mit denen sie sich auseinandersetzen (müssen), die sie bewältigen müssen. Der Begriff der Bewältigung stammt aus der Sozialpädagogik und macht den Gedanken stark, dass Individuen vor dem Hintergrund lebensweltlicher Erfahrungen nach Handlungsfähigkeit streben (vgl. Böhnisch, 2012, S. 47).

Dies gilt natürlich auch für Kinder, die – intuitiv bzw. unbewusst – schnell lernen, dass ihre soziale Umwelt, oder anders ausgedrückt, das soziale Milieu, Erwartungen an sie heranträgt, mit denen sie sich auseinandersetzen müssen. Böhnisch definiert das Milieu als „sozialwissenschaftliches Konstrukt, in dem die besondere Bedeutung persönlich überschaubarer, sozialräumlicher Gegenseitigkeits- und Bindungsstrukturen – als Rückhalte für soziale Orientierung und soziales Handeln – auf den Begriff gebracht ist" (Böhnisch, 2012, S. 52).

Mit anderen Worten: Kinder wachsen in unterschiedlichen Familienformen, mit unterschiedlichen Bezugspersonen, in unterschiedlichen räumlichen und sozialräumlichen Bedingungen auf, gehen dabei Beziehungen ein, orientieren sich in ihrer Lebenswelt. Die materiellen, sozialen und kulturellen Bewältigungsressourcen, die Kindern zur Lebensbewältigung zur Verfügung stehen, variieren nun je nach Lebenslage des einzelnen Kindes bzw. seiner Familie. Zudem ist es natürlich ein Unterschied, ob es sich bei Kindern um Mädchen oder Jungen, um Kinder mit oder ohne Migrationshintergrund, um Kinder mit oder ohne besondere Förderbedarfe handelt.

Vor dem Hintergrund gesellschaftlicher Individualisierungsprozesse wird es für Fachkräfte zu einer enormen Herausforderung, die lebensweltlichen Zusammenhänge des einzelnen Kindes zu erforschen und das Verhalten des Kindes auch als Bewältigungshandeln im Kontext einer je individuellen Lebenslage zu verstehen. Zur wesentlichen Aufgabe von Kindertageseinrichtungen wird es vor diesem Hintergrund, die sozialen und kulturellen Ressourcen zur Lebensbewältigung der Kinder zu erweitern, gerade dann, wenn es um Kinder geht, die von Entwicklungs- und Sozialisationsrisiken wie etwa Armut, Arbeitslosigkeit (der Eltern), Vernachlässigung, Alkohol- oder Drogenabhängigkeit (der Eltern), psychische Krankheit (der Eltern), Erkrankung oder Tod (der Eltern), Scheidung (der Eltern) usw. betroffen sind (siehe dazu auch Doyé/Lipp-Peetz, 1998)

Mit dieser sozialpädagogisch geprägten Aufgabe – übrigens ist dies ebenfalls ein Bereich, in dem die Schulpädagogik von der Elementarpädagogik lernen könnte – kommt wiederum die elementardidaktische Herausforderung ins Spiel: Als Schlüssel für die Erweiterung der sozialen und kulturellen Ressourcen der Kinder gilt Bildung. In der Gesellschaft für wichtig erachtete Themen finden sich in den jeweiligen Bildungsplänen der Länder. Mit der Beschreibung der Perspektive der Lebensbewältigung ist aber noch einmal deutlich geworden, wie wichtig ein lebensweltorientierter Blick auch für die Elementardidaktik ist, denn die Themen der Kinder dienen nicht allein dem Aufbau (schul-) relevanten Wissens, sondern vor allem auch der Bewältigung konkret vorzufindender Lebenssituationen.

ZUSAMMENFASSUNG

Mädchen und Jungen in Kindertagesstätten gestalten ihre Bildungsprozesse eigenständig (Bildungsdimension). Dieser individuelle Bildungsprozess findet statt vor dem Hintergrund verschiedener Lebenslagen und Lebenswelten (Bewältigungsdimension). Eine wesentliche Aufgabe elementardidaktischen Handelns besteht in der sensiblen Wahrnehmung der unterschiedlichen Lebenslagen und -welten von Mädchen und Jungen, um diese in ihren Bewältigungsversuchen unterstützen und begleiten zu können.

5.4.3   Zur Rolle der Peers/der Gruppe in der Elementardidaktik

Die Rolle von Peer-Beziehungen für den Bildungsprozess von Kindern wird, so Brandes (siehe Brandes, 2008, S. 8), in der Elementarpädagogik bisher nicht angemessen berücksichtigt. Vielmehr werde die Bildungsdiskussion verengt auf das einzelne Kind geführt, obwohl in Kindertageseinrichtungen überwiegend in und mit Kindergruppen gearbeitet werde. Für didaktische Überlegungen liegt die Relevanz der Gleichaltrigengruppe auf der Hand: im Alltag von Kindertageseinrichtungen finden – das ist schon allein der Relation von Erwachsenen und Kindern in Kindertageseinrichtungen geschuldet – häufiger Interaktionen unter Kindern statt als Interaktionen zwischen Erwachsenen und Kindern.

Umso erstaunlicher ist die Feststellung Brandes', dass trotz des sozialkonstruktivistischen Bildungsverständnisses der Elementarpädagogik die Gleichaltrigengruppe lange Zeit vor allem unter dem Gesichtspunkt des Erlernens von Konformität, Moral, Werten und Normen und vor dem Hintergrund einer linearen Vermittlungspädagogik thematisiert wurde (vgl. Brandes, 2008, S. 34 f.).

In Bezug auf die Interaktionen zwischen Kindern betonen Viernickel (vgl. Viernickel, 2006, S. 66) und Völkel (vgl. Völkel, 2010, S. 8) stattdessen den Stellenwert der Symmetrie: im Gegensatz zur asymmetrischen Erwachsenen-Kind-Interaktion, die durch ein Machtgefälle und (in den meisten Fällen) durch einen Wissensvorsprung des Erwachsenen gekennzeichnet sei, entstünde unter Kindern in Aushandlungen und vor allem im Rahmen des Spielens ein tatsächlicher Raum zur Ko-Konstruktion.

Kinder entwickeln innerhalb der Gruppe eigene Verfahren (etwa der Konfliktlösung), es finden Aushandlungsprozesse statt, Regeln werden entworfen (vgl. Viernickel, 2006, S. 67): Die

Kinder sind herausgefordert, sich eigene Gedanken zu einem Thema zu machen, diese zu versprachlichen und den anderen darzustellen, um dann in einem Aushandlungsprozess eine Lösung zu finden (vgl. Völkel, 2010, S. 8, vgl. auch Kasüschke/Jares, 2010, S. 231 f.).

Im Rahmen dieser Ko-Konstruktionsprozesse müssen sich Kinder in andere Kinder hineinversetzen, der eigene kindliche Egozentrismus muss überwunden werden, eigene moralische Haltungen werden aufgebaut (vgl. König, 2009, S. 106). Ko-Konstruktionsprozesse finden in den verschiedensten Zusammenhängen statt, etwa bezogen auf die Themen der Bildungsbereiche, aber auch und gerade bezogen auf die Themen, die die Kinder aus ihren Lebenswelten als Bewältigungsherausforderung mitbringen.

Von besonderer Bedeutung sind Gleichaltrige außerdem in der Sprachentwicklung, insbesondere bei der Entwicklung der Voraussetzungen zum Schriftspracherwerb. So erfordert ein Rollenspiel z. B. Klärungen darüber, welches Kind welche Rolle wie übernimmt. Das funktioniert nur, wenn der sprachliche Austausch dekontextualisiert wird, also unabhängig vom aktuellen Kontext ist, wenn z. B. eine Verständigung darüber erfolgt, dass „jetzt im Spiel" jemand die Baggerfahrerin ist. Diese Interaktionen stellen wichtige Schritte bezogen auf den Schriftspracherwerb dar (siehe Andresen, 2005, 2011). Die Gruppe der Gleichaltrigen muss somit im Elementarbereich als eigenständige Dimension von Bildung didaktisch berücksichtigt werden.

Aus didaktischer Sicht ergeben sich Implikationen bei altersgemischten Gruppen: So weisen Kasüschke und Jares auf die Tatsache hin, dass ältere Kinder in Gruppen mit erweiterter Altersmischung (mehr als drei Jahrgänge in einer Gruppe) besonders gut prosoziale Verhaltensweisen erlernen können, weil sie im Umgang mit jüngeren Kindern eher bereit seien, Rücksichtnahme, Hilfe und Unterstützung zu zeigen oder Dinge abzugeben und zu teilen. Die älteren Kinder stärken zudem ihr Selbstbewusstsein, indem sie für die jüngeren Kinder quasi als Lehrende fungieren. Kinder, die noch keinen altersangemessenen Entwicklungsstand erreicht hätten, fänden in der Altersmischung einen Schonraum, um Entwicklungsschritte nachzuholen (vgl. Kasüschke/Jares, 2010, S. 233 f.).

Fingerspitzengefühl müssen pädagogische Fachkräfte beweisen, wenn es darum geht, die Gruppe im didaktischen Sinne zu nutzen. Dass Kinder in ihren Gleichaltrigengruppen etwas lernen, dass dort Bildungsprozesse stattfinden, liegt auf der Hand – aber wie können diese Prozesse in Gruppen didaktisch genutzt werden? Hier gelten zunächst einmal die Hinweise, die oben zur didaktischen Gestaltung der Kommunikation mit einzelnen Kindern gemacht wurden.

Darüber hinaus stellt die Moderationsmethode eine Möglichkeit dar, Kindergruppen behutsam auf dem Weg einer Entscheidungsfindung oder Meinungsbildung zu begleiten. Die Moderationsmethode wird z. B. im Kontext von Partizipation in Kindertageseinrichtungen genutzt. Mit ihrer Hilfe soll der Dialog in Kindergruppen gefördert werden, die Kinder sollen dabei unterstützt werden, gemeinsame Ergebnisse zu erzielen (vgl. Hansen/Knauer/Sturzenhecker, 2012, S. 292).

Inhaltlich hält sich die Moderation zurück, dies ist im Zusammenhang mit Kindergruppen schon wegen der oben beschriebenen Asymmetrie der Beziehung zwischen Fachkraft und Kindern notwendig, sie ist ausschließlich verantwortlich für den Prozess: „Moderatoren begrüßen die Gesprächsteilnehmer, führen in das Thema ein, gestalten den Gesprächsverlauf, bemühen sich dabei um Transparenz, fördern den Dialog unter den Teilnehmern, fassen Ergebnisse zusammen und schließen das Gespräch ab" (Hansen/Knauer/Sturzenhecker, 2012, S. 288).

Von der Gestaltung lernförderlicher Interaktion abgesehen, stellen natürlich eine geschickte Strukturierung des Raumes und die Auswahl der angebotenen Materialien einen weiteren didaktisch relevanten Ansatzpunkt dar. Auf diese Weise lassen sich Lernumgebungen schaffen, die für die Kommunikation der Peers anregende Impulse geben. Zum Beispiel kann eine Bau- oder Schminkecke, eine Fotowand oder eine Hängematte vielfältige gemeinsame Aktionen von Kindern in einer Kindertagesstätte anstoßen.

ZUSAMMEN-FASSUNG

Die Bedeutung der Peers ist elementardidaktisch nicht zu unterschätzen. Damit tritt die Interaktion der Kinder in Kindertagesstätten gleichrangig neben die Erwachsenen-Kind-Interaktion. Sie ist durch die Gestaltung geeigneter Lernumgebungen zu unterstützen.

5.4.4   Lerninhalt und Thema als Bildungsinhalt

Es gibt verschiedene Quellen für Themen in der Kindertageseinrichtung. An erster Stelle stehen die Kinder, die eigene Themen mitbringen, seien dies nun Themen in der äußeren Erlebniswelt der Kinder (z. B. die Baustelle auf dem Weg zur Kindertageseinrichtung), Themen, die aus der Familie oder dem näheren sozialen Umfeld der Kinder kommen oder Themen, die sich aus dem Alltag in der Kindertageseinrichtung ergeben. Hier spielt die Fähigkeit der Fachkraft eine Rolle, in den Erzählungen der Kinder oder in deren Verhaltensweisen ein konkretes oder auch verallgemeinerbares Thema zu entdecken.

Voraussetzung dafür, dass etwas (also z. B. Dinge, Eigenschaften, Menschen, Tiere, Pflanzen, Kompetenzen oder Handlungen, vgl. Andres/Laewen, S. 2011, S. 119 f.) zu einem Thema für ein Kind wird, ist zunächst sein Interesse daran. Wofür sich ein Kind interessiert, ist durch Achtsamkeit dem Kind gegenüber und systematische Beobachtungen relativ leicht zu erkennen (vgl. Andres/Laewen, S. 2011, S. 119 f.).

Schwieriger ist die Identifikation der Relevanz eines Themas für ein Kind.

Beispiel
Als Beispiel beschreiben Laewen und Andres ein Mädchen, das sich häufig und gern bewegt, das aber auch Interesse an Büchern, Vorlesen und Buchstaben hat, was sich durch eine hohe Anstrengungsbereitschaft und Ausdauer zeigt. Werden ihr hingegen bestimmte Dinge verboten oder soll sie etwas tun, was sie nicht will, reagiert sie heftig (vgl. Andres/Laewen, S. 2011, S. 119 f.).

Vordergründig könnten Fachkräfte diese Interessen, die sie bei dem Mädchen identifiziert haben (also etwa Bewegung und Bücher), nun leicht bedienen, indem sie dem Kind verschiedene Materialien zur Verfügung stellen, es in diesen Bereichen weiter fördern. In Bezug auf ihre heftigen Reaktionen auf Verbote oder ungewünschte Aufgaben könnte man schnell zu dem Schluss kommen, dass sich das Mädchen u. U. an Regeln und Normen in der Kita zu gewöhnen habe.

Sinnvoller erscheint es jedoch, hier die Bewältigungsperspektive einzunehmen, die oben in Bezug auf das einzelne Kind vorgeschlagen wurde. Andres und Laewen berichten weiter, dass in diesem konkreten Fall Informationen aus der Familie hilfreich für das weitere Vorgehen waren. Das Mädchen, so wurde berichtet, hatte häufig Streit mit ihrem zwei Jahre älteren Bruder, an dem sie sich orientierte und der für sie in gewisser Weise ein Vorbild war. Hinter den vermeintlichen Interessen des Mädchens für Bewegung und Bücher verbirgt sich in diesem Beispiel ein ganzer Themenkomplex um die Frage nach Kompetenzen (des Bruders und der Schwester) oder auch ein Gender-Aspekt (was dürfen und können Jungen, was dürfen und können Mädchen?).

Wichtig ist also, nicht bei den vordergründigen Interessen der Kinder stehen zu bleiben, sondern in diesen Interessen einen roten Faden zu suchen. Wie in dem Beispiel angedeutet, kann es dafür von immenser Bedeutung sein, sensibel Informationen aus der Familie des Kindes zu berücksichtigen, denn häufig verarbeiten Kinder in der Kindertageseinrichtung die Erlebnisse, die sie im privaten Bereich machen.

Hinzu kommt die Herausforderung, auch entwicklungspsychologische Erkenntnisse zu berücksichtigen, denn vor dem Hintergrund bestimmter Entwicklungsschritte gibt es für Kinder auch Themen, die nicht in bestimmten Erlebnissen in ihrer Familie oder in ihrem Milieu wurzeln, sondern dem Entwicklungsstand des Kindes geschuldet sind. Beispiele hierfür wären etwa Themen wie Selbstständigkeit, Moralentwicklung oder Ängste.

Nicht immer geht es jedoch darum, nur Themen der Kinder zu identifizieren und zu bearbeiten. Vor dem Hintergrund des Erziehungs- und Bildungsauftrages von Kindertageseinrichtungen werden notwendigerweise auch Erziehungsziele von einzelnen Fachkräften, den Teams, der Einrichtung und des Trägers zu Themen der Kinder. Zudem findet (früh-)kindliche Bildung, Erziehung und Betreuung nicht in einem gesellschaftlichen Vakuum statt, sondern vor dem Hintergrund gesellschaftlicher Werte, Normen und Bildungsinhalte. Gerade die Bildungsinhalte, die die Länder in Bildungsplänen festgeschrieben haben, sollen bzw. müssen in den Kindertageseinrichtungen thematisiert werden. Hier gilt es, Brücken zu bauen zwischen den Interessen und Themen der Kinder und den in den Bildungsplänen der Länder vorgeschlagenen/festgeschriebenen Themen.

> Themen und Inhalte elementardidaktisch begründeter Bildungsarbeit müssen sich an den Interessen der Kinder sowie der Relevanz für diese orientieren. Sie sind im Hinblick auf die Kinder auszuwählen.

ZUSAMMEN-
FASSUNG

5.4.5   Zur Rolle des Raumes und des Sozialraumes in der Elementardidaktik

In didaktischen Erwägungen sind neben den vier bisher erörterten Bereichen schließlich noch relevante Umweltfaktoren zu berücksichtigen. In der Elementarpädagogik wird traditionell der Raum als dritter Erzieher neben den Fachkräften (oder allgemeiner: den Erwachsenen) und der Gleichaltrigengruppe genannt. In der pädagogischen Gestaltung des Raumes sind vielfältige Bildungsgelegenheiten für Kinder enthalten, angefangen von der Raumaufteilung und der Raumnutzung

bis hin zur Gestaltung und Ausstattung der Räume. Dabei sollen die Räume den Bedürfnissen der Kinder entgegen kommen, sie sollen Geborgenheit bieten, die Möglichkeit, sich zurückzuziehen (als Ruheraum/-ecke), allein, zu zweit oder mit mehreren Kindern, sie sollen aber auch Gelegenheit zu motorischen Aktivitäten bieten (als Bewegungsraum, mit Möglichkeiten zum Klettern, z. B. einer schiefe Ebene usw.) und Anregungen und Aufforderungscharakter für verschiedene Tätigkeiten bieten. Räume sollten Möglichkeiten offenhalten für das soziale Miteinander (als Gruppenraum), für die freie Entfaltung der Kinder (etwa in einem Bewegungsraum), für gestalterische Kreativität, für physikalische und/oder chemische Experimente usw.

Bei der Planung und Einrichtung von Kindertageseinrichtungen sind somit Fragen der Akustik, des Lichts, der Farben und der Materialien in ihrer Wirkung auf Kinder und in ihren Nutzungsmöglichkeiten durch Kinder zu reflektieren. All diese Dimensionen sollen hier nicht auf ihre didaktischen Implikationen abgeklopft werden, es liegt jedoch auf der Hand, dass Räume einen Einfluss auf das didaktisch geplante Handeln in Kindertageseinrichtungen haben (siehe Koeppel, 2012).

Aber nicht nur die Räume der Kindertageseinrichtungen können unter didaktischer Perspektive analysiert und geplant werden, auch die räumliche Umwelt der Kindertageseinrichtungen hat einen Einfluss auf das didaktische Handeln in Kindertageseinrichtungen bzw. kann aktiv für das didaktische Handeln genutzt werden. Für das, was hier zunächst umgangssprachlich als räumliche Umwelt bezeichnet wurde, hat sich in der Kinder- und Jugendhilfe der Begriff „Sozialraum" durchgesetzt.

Der Begriff Sozialraum kann als administrative Einheit angewandt werden (z. B. ein Stadtteil), aus Sicht von Menschen ist der Sozialraum ein Lebensraum mit unterschiedlichen Strukturen und funktionalen Verflechtungen (vgl. Kasüschke/Jares, 2010, S. 226). Konkreter identifizieren Thiersch und Thiersch (Thiersch/Thiersch, 2001, S. 147) in einem frühen Aufsatz zur Sozialraumorientierung von Kindertageseinrichtungen drei Dimensionen:

– die im Raum repräsentierten sozialen Strukturen,

– die räumlich-regionale Organisation institutioneller und professioneller Angebote,

– Sozialraum aus Sicht der Individuen als „die räumliche Dimension der Lebenswelt […], der erlebte und wahrgenommene Raum" (Thiersch/Thiersch, 2001, S. 147), der „Lebensraum".

Was aber bedeuten diese drei Dimensionen nun für didaktisches Handeln in der Kindertageseinrichtung? Die beiden erstgenannten Dimensionen beeinflussen das didaktische Handeln in der Kindertageseinrichtung eher mittelbar: Kindertageseinrichtungen berücksichtigen die Sozialstruktur in ihrem Sozialraum, indem sie sich z. B. fragen, welche Familien dort wohnen, wie hoch die Anzahl der Alleinerziehenden ist, wie hoch der Anteil der Familien mit Migrationshintergrund ist, ob es Kinder mit Behinderungen gibt und welche Form der Betreuung diese Kinder und ihre Eltern wünschen usw.

Aber auch Fragen in Bezug auf die baulichen und natürlichen Gegebenheiten können eine Rolle spielen, etwa wenn es kaum Möglichkeiten für Kinder gibt, draußen frei zu spielen oder wenn Kinder kaum unmittelbare Naturerfahrungen machen können. Kindertageseinrichtungen bauen die Ergebnisse solcher Sozialraumanalysen produktiv in ihre Konzeption ein: So könnte eine hohe Anzahl von Alleinerziehenden dafür sprechen, in Bezug auf die Öffnungszeiten der Kindertageseinrichtung flexibel zu sein. Allerdings, und deswegen ist der Hinweis auf den eher mittelbaren Einfluss der Sozialstruktur auf didaktisches Handeln wichtig, lassen sich aus der Analyse der Sozialstruktur vielleicht Hinweise ziehen, worauf die Kindertageseinrichtung konzeptionell achten sollte – letztlich muss aber im Einzelfall entschieden werden, welchen konkreten Bedarf die Kinder und ihre Familien haben. Andernfalls kann es zu stereotypen Verkürzungen kommen, etwa wenn aus einer hohen Anzahl von Kindern mit Migrationshintergrund automatisch auf einen erhöhten Bedarf an Sprachförderung geschlossen wird. Das kann so sein, muss es aber im Einzelfall nicht.

Auch die zweitgenannte Dimension, die sich auf das institutionelle und professionelle Angebot im Sozialraum bezieht, hat einen eher mittelbaren Einfluss auf didaktisches Handeln. In den letzten Jahren haben sich zahlreiche Kindertageseinrichtungen auf den Weg gemacht und ihr professionelles Angebot mit anderen Institutionen im Sozialraum abgestimmt und/oder sind Kooperationen eingegangen. Je nach Bundesland und/oder Kommune und je nach Bedarf sind Eltern-Kind-Zentren, Mehrgenerationenhäuser oder Familienzentren entstanden. Häufig haben sich Kindertageseinrichtungen aber auch auf den Weg zu Kooperation und Vernetzung gemacht, ohne sich einem dieser Labels unterzuordnen. Natürlich schlagen sich Kooperation und Vernetzung ebenfalls in der Konzeption dieser Einrichtungen nieder und haben dadurch einen mittelbaren Einfluss auch auf das didaktische Handeln.

Einen unmittelbaren Einfluss auf didaktisches Handeln in der Kindertageseinrichtung ergibt sich jedoch aus der dritten von Thiersch und Thiersch genannten Dimension der Sozialraumorientierung, die dort als Lebensraum-Dimension gekennzeichnet wird – gemeint ist der von den Kindern und deren Familien erlebte und wahrgenommene Raum. Dieser wahrgenommene Raum kann sich nach Klawe (siehe Klawe, 2000) auf eine geografische Dimension, eine soziale Dimension und auf die Dimension geteilter Deutungsmuster, Traditionen und akzeptierter Regeln beziehen.

Für ein sozialräumliches Verständnis im geografischen Sinne wären folglich etwa Fragen wichtig, in welchen Grenzen sich Kinder bewegen, welchen Aktionsradius sie dabei haben, welche zentralen Treffpunkte (z. B. Spielplätze o. Ä.) es gibt. In der sozialen Dimension wäre zu betrachten, welche sozialen Kontakte Kinder haben, welche wichtigen Vertrauenspersonen es gibt, welche Netzwerke bestehen, und schließlich wäre zu fragen, ob es geteilte Deutungsmuster im Sozialraum gibt, welche Traditionen bestehen usw.

All diese Dimensionen definieren die Lebenslagen der Kinder und deren Eltern und somit die strukturellen Chancen und Risiken des Aufwachsens und die Handlungsspielräume und -optionen der Akteure. Wichtig für das didaktische Handeln ist, dass Kinder sich die sozialräumlichen Gegebenheiten individuell aneignen. Aneignung meint dabei die eigentätige Auseinandersetzung mit der Umwelt, die kreative Gestaltung von Räumen, die Inszenierung und Verortung im öffentlichen Raum (als informelle Treffpunkte, z. B. Spielplätze), Erweiterung des Handlungsraumes, z. B. durch die kreative (Um-) Nutzung des Vorgegebenen (mit dem Skateboard über Bänke springen usw.) (vgl. Deinet, 2005, S. 221 f.).

In vielen Sozialräumen sind die Möglichkeiten der Aneignung durch Kinder eingeschränkt, dennoch ist die Erweiterung des eigenen Handlungsraumes eine dominante Tätigkeit im Aneignungsprozess von Kindern und Jugendlichen. In dieser tätigen Auseinandersetzung können die Kinder von den Fachkräften der Kindertageseinrichtungen begleitet werden, sei es durch die gemeinsame Erkundung des Sozialraumes, durch die gemeinsame Reflexion mit den Kindern, welche Orte sie kennen und nutzen, und welche nicht, durch bestimmte Projekte in Kooperation mit anderen Akteuren im Sozialraum usw.

ZUSAMMEN-FASSUNG

Räume in Kindertageseinrichtungen bieten vielerlei Möglichkeiten der didaktischen Gestaltung. Zudem hat auch der Sozialraum einen Einfluss auf das Aufwachsen und somit auf die Bildungsprozesse von Kindern. Diese sozialräumlichen Einflüsse sollten im Konzept der Einrichtung und im didaktischen Handeln berücksichtigt werden.

5.5   Didaktische Formen in der Elementardidaktik

Eine wichtige Frage elementardidaktischer Überlegungen ist die nach dem „Wie" der Unterstützung frühkindlicher Lern- und Bildungsprozesse durch die Fachkräfte. Dazu wurden in den bisherigen Ausführungen schon einige Hinweise gegeben. Klassisch ist damit der Bereich der Methodik angesprochen, allerdings nicht im verkürzten Sinne einer strikt durchzuführenden Methode, sondern nach Neuß und Westerholt (2010) eher verstanden als Frage nach den didaktischen Formen der pädagogischen Arbeit in Kindertagesstätten. Damit sind bewusst gestaltete Lernarrangements gemeint, die aber immer genügend Spielraum für das eigentätige und interessegeleitete Lernen der Mädchen und Jungen in Kindertagesstätten lassen müssen.

In der Praxis der Elementarpädagogik haben sich in den vergangenen Jahrzehnten eine ganze Reihe didaktischer Formen entwickelt und etabliert, auf die auch eine moderne Elementardidaktik zurückgreifen kann. Werden sie eingesetzt, sind sie allerdings immer vor dem Hintergrund der oben skizzierten Grundsätze einer Elementardidaktik bezogen auf die Faktoren Kind, Peers, Fachkraft, Inhalt und Kontextbedingungen zu reflektieren und diesbezüglich auf ihre Angemessenheit zu überprüfen. Leider lassen sich die vielfältigen Lernarrangements der Elementarpädagogik an dieser Stelle nicht weiter erläutert, aber zumindest die wesentlichsten bzw. am weitesten verbreiteten didaktischen Formen sollen hier aufgelistet werden. Natürlich gibt es noch viele weitere Lernarrangements bzw. bewusst gestaltete Formen der Lernunterstützung in den Kindertagesstätten.

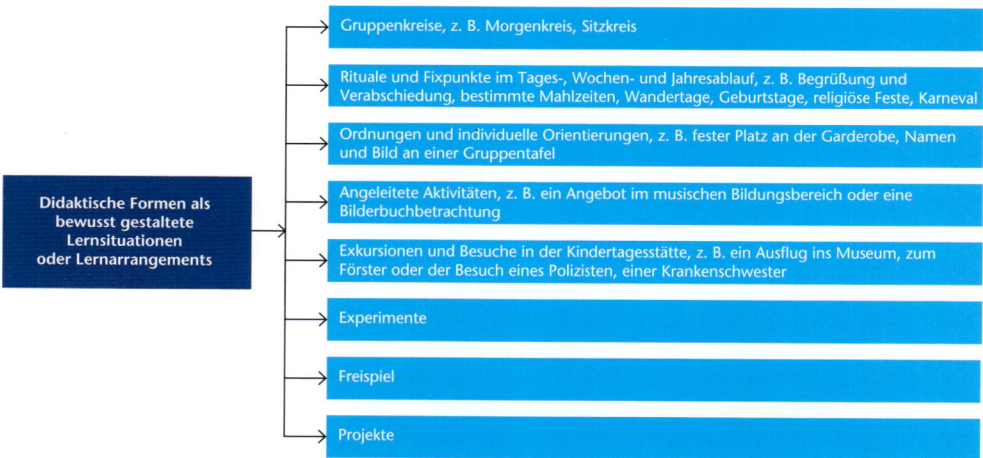

Didaktische Formen (vgl. Neuß/Westerholt, 2010, S. 203 ff.).

Am Beispiel der beiden bewährten didaktischen Formen Freispiel und Projekt soll angedeutet werden, wie diese vor dem Hintergrund des didaktischen Quadrats reflektiert und begründet werden können.

Freispiel

Im Freispiel wählt das Kind Spielpartner, -gegenstände, -ort, -zeit usw. selbst aus und bestimmt den Verlauf des eigenen Spiels. Aus didaktischer Sicht sollte diese Form der pädagogischen Arbeit allerdings nicht sich selbst überlassen bleiben. So können bestimmte Inhalte und Themen auch im Freispiel durch zur Verfügung stehende Materialien und eine anregende Umgebungsgestaltung immer wieder angeboten werden z. B. durch einen Experimentiertisch oder eine Schreibecke. Die Aufgabe der pädagogischen Fachkraft besteht dann vor allem darin, genau zu beobachten, um auf diese Weise Themen, Interessen, Befindlichkeiten, Motivationen der Kinder – auch vor dem Hintergrund ihrer Lebenswelt – zu erfassen und zur Grundlage weiterer didaktischer Angebote, z. B. einem Projekt, machen zu können. Sie steht natürlich ebenfalls für Gespräche mit den Kindern, für Rat und ggf. auch zum Mitspielen bereit. Im Freispiel bestehen zudem viele Möglichkeiten, die Interaktionen der Gleichaltrigen zu unterstützen, etwa durch abgeschirmte Raumecken als (Rollen-) Spielorte.

Projekte

Im Kontext der Präferenz indirekter Erziehung haben vor allem Projekte eine große Bedeutung in der Elementardidaktik erhalten bzw. immer schon gehabt (siehe Küls, 2012). Dieses didaktische Format stellt gegenüber dem Freispiel eine deutlich gezieltere Vorgehensweise dar, das Lernen der Kinder anzuregen und zu unterstützen.

Die Vorgehensweise ist dabei vor allem gekennzeichnet durch …

– die Mitwirkung und Partizipation der beteiligten Mädchen und Jungen,

– die Ausrichtung an deren Interessen und Themen,

– der Nutzung verschiedener, vor allem kooperativer, Sozialformen und Methoden,

– die Möglichkeiten und Notwendigkeiten vielfältiger inhaltlich bestimmter Interaktionen zwischen Kindern und Fachkraft bzw. zwischen den Kindern,

– einen offenen Verlauf in Planung und Durchführung sowie von den Fragen der Kinder ausgehenden Aktivitäten forschenden und entdeckenden Lernens.

Ohne die einzelnen Definitionsmerkmale im Detail zu erörtern, wird doch deutlich, dass Projekte viele Bedingungen einer zeitgemäßen Elementardidaktik erfüllen. Dazu ein kurzer Blick auf die Bereiche Thema, Fachkraft, Kind, Peers und Kontext: Planung und Durchführung von Projekten haben die Themen der Kinder aufzunehmen, wobei auch wichtige Themen eingebracht und zugemutet werden können. Ausgangspunkt ist auch hier, dass die Fachkraft erstmal beobachtet. Nur so geht die pädagogische Arbeit vom Kind aus. Projekte bieten zudem eine Menge Möglichkeiten und Anlässe zu Interaktionen, sowohl zwischen Fachkraft und Kind(ern) als auch zwischen den Peers. Vor allem können und sollen Projekte an der Lebenswelt der Kinder angedockt werden. Neben klassisch an Bildung ausgerichteten Projekten sind dabei auch solche denkbar, die der Lebensbewältigung dienen, z. B. wenn sie interkulturelle Themen aufnehmen oder Ruhe und Entspannung in den Mittelpunkt stellen oder Konflikte und Streit oder Emotionen.

5.6   Ausblick

Die Elementardidaktik als eigenständiger Theorie- und Diskussionszusammenhang steht erst am Beginn ihrer Entwicklung und damit vor der Aufgabe, ein eigenständiges Profil zu erarbeiten. Dazu muss sie ein eigenes Selbstverständnis finden und sich gleichzeitig von anderen Didaktiken wie z. B. der Grundschuldidaktik abgrenzen. Hierbei hat sie spezifische Bedingungen zu beachten, die sich vor allem aus dem Alter der Kinder in Kindertagesstätten und den sich daraus abzuleitenden Erfordernissen ergeben.

Häufig wird die Befürchtung geäußert, dass – im Rückenwind einer Bildungspolitik, die das Bildungssystem zunehmend effektiver gestalten will mit mehr und höheren Bildungsabschlüssen – die Schuldidaktik einen zu starken Einzug in die Kindertagesstätten hält. Dies führt häufig zu einer eher defensiven Haltung der Elementarpädagoginnen und -pädagogen gegenüber (elementar-) didaktischem Denken. Damit wird eine Chance vertan, die Didaktik in einer Pädagogik der Kindheit weiterzuentwickeln.

Ihre sozialpädagogische Tradition hilft, zentrale bildungspolitische Herausforderungen wie Inklusion, Umweltbildung, Demokratielernen und soziales Lernen nicht aus den Augen zu verlieren und geeignete Konzepte und Methoden hierfür weiterzuentwickeln. Davon kann auch das Schulsystem profitieren. Dabei geht es nicht darum, die Schule zu sozialpädagogischen Einrichtungen zu machen, sondern sie für die Herausforderungen der Gegenwart zu rüsten. Dazu reicht eine Didaktik, die den Wissenserwerb in den Vordergrund stellt, nicht aus. Sie muss erweitert werden um den Kompetenzerwerb für eine ganzheitliche Lebensbewältigung, einem Gebiet, auf dem die Sozialpädagogik und mit ihr die Kindertagesstätten stark sind.

Sicherlich wird sich in den nächsten Jahren die Forschung bezogen auf frühe Bildung noch weiter intensivieren und wichtige Erkenntnisse zu Fragen der Entwicklung, des Lernens und seiner Bedingungen, der Bedeutung kultureller und familiärer Kontexte, geeigneter Lernumgebungen, -methoden usw. beitragen. Wichtig ist, dass über das wissenschaftliche Analysieren und Forschen hinaus auch die pädagogische Praxis in den Kindertagesstätten im Auge behalten wird. Didaktik, und damit ebenfalls die Elementardidaktik, ist sowohl Theorie als auch Praxis des Lehrens und Lernens.

Hierzu bedarf es handhabbarer elementardidaktisch begründeter Prinzipien und Modelle. Deren handlungsleitende Konzipierung ist eine wesentliche Herausforderung der nächsten Jahre. Das dargestellte didaktische Quadrat kann hierbei als ein erster Anstoß verstanden werden, die relevanten Bereiche einer Elementardidaktik zu identifizieren und bezogen auf die Förderung der Lern- und Bildungsprozesse von Mädchen und Jungen in Kindertagesstätten zu erörtern.

Vorschläge für das Selbststudium

1. *Erarbeiten Sie, welche Konzepte und Modelle es in der allgemeinen Didaktik gibt.*

2. *Untersuchen Sie klassische und aktuelle Konzepte der Kindheitspädagogik auf ihren didaktischen Gehalt: Welche Vorstellungen didaktischen Handelns finden Sie etwa in den Konzepten von Fröbel, Montessori, in der Reggio-Pädagogik oder im Situationsansatz?*

3. *Untersuchen Sie verschiedene didaktische Konzepte der Grundschulpädagogik. Worin unterscheiden sich diese von der Arbeit in Kindertageseinrichtungen? Welche Aspekte können eventuell auch in der Elementardidaktik eine Rolle spielen, welche nicht? Begründen Sie Ihre Meinung.*

4. Reflektieren Sie Ihre Praxiserfahrungen entlang der fünf Bereiche des elementardidaktischen Quadrats:

a) Fachkraft: Inwiefern haben Sie die Umgebung der Kinder didaktisch gestaltet? Inwiefern haben Sie ihre Interaktion mit den Kindern didaktisch gestaltet?

b) Kind: Blicken Sie zurück auf einzelne Kinder. Was wissen Sie über die Lebenswelten und Lebenslagen einzelner Kinder? Ist vor diesem Hintergrundwissen das Verhalten der Kinder als Bewältigungshandeln erklärbar? Inwiefern?

c) Klären Sie den Begriff Lebensweltorientierung. Untersuchen Sie, inwiefern in der Kindertageseinrichtung lebensweltorientiert gearbeitet wurde.

d) Analysieren Sie, wie Kinder im Kindergartenalter lernen und wie Sie dies bisher unterstützt haben.

e) Gruppe/Peers: Erarbeiten Sie ein Soziogramm der Gruppe auf der Basis eigenständig festgelegter Merkmale. Verdeutlichen Sie anhand von Beispielen, welche Bildungsprozesse im Ko-Konstruktionsprozess verschiedener Kinder gefördert wurden.

f) Themen: Welche Themen wurden im Kontext Ihrer Praxiserfahrungen bearbeitet? Wer hat diese Themen eingebracht?

g) Zeichnen Sie die Räume der Kindertageseinrichtung oder (wenn möglich) erstellen Sie Fotos von der Einrichtung und skizzieren sie, welche didaktischen Möglichkeiten sich aus den Räumlichkeiten ergeben. Gehen Sie auch darauf ein, welche Einschränkungen möglicherweise auftreten könnten.

h) Skizzieren Sie den Sozialraum der Kindertageseinrichtung und sammeln Sie Informationen zur Sozialstruktur und zu den sozialen Organisationen, die im Sozialraum ansässig sind. Untersuchen Sie, inwiefern die Kindertageseinrichtung sozialraumorientiert arbeitet.

i) Didaktische Formen: Welche didaktischen Formen haben Sie kennengelernt? Welche selbst eingesetzt bzw. praktiziert? Untersuchen und erörtern Sie, inwiefern die Prinzipien einer Elementardidaktik berücksichtigt wurden.

5. Erarbeiten Sie für ein zukünftiges Praktikum eigenständig Schwerpunkte didaktisch begründeten Handelns. Orientieren Sie sich dabei an den Bereichen des elementardidaktischen Quadrats

Weiterführende Literatur

Andres, Beate/Laewen, Hans-Joachim: Das infans-Konzept der Frühpädagogik. Bildung und Erziehung in Kindertagesstätten, Weimar/Berlinn, Verlag das Netz, 2011.

Andresen, Helga: Vom Sprechen zum Schreiben. Sprachentwicklung zwischen dem vierten und siebten Lebensjahr, Stuttgartt, Klett-Cotta, 2005.

Andresen, Helga: Erzählen und Rollenspiel von Kindern zwischen drei und sechs Jahren, München, WIFF, 2011.

Bartosch, Ulrich/Maile, Anita/Speth, Christine: Qualifikationsrahmen Soziale Arbeit, 2008, online abrufbar unter www.fbts.de/fileadmin/fbts/Aktuelles/QRSArb_Version_5.1.pdf [3.9.2013].

Böhnisch, Lothar: Sozialpädagogik der Lebensalter, Weinheim/Basel, Beltz Juventa, 2012.

Brandes, Holger : Selbstbildung in Kindergruppen. Die Konstruktion sozialer Beziehungen, Münchenn, E. Reinhardt, 2008.

Brandes, Holger: Selbstbildungsprozesse von und in Kindergruppen. In: Gruppenpsychotherapie und Gruppendynamik, Heft 1, 2008, S. 33–51.

Daiber, Barbara/Weiland Inga (Hg.): Impulse der Elementardidaktik, Baltmannsweilerr, Schneider Verlag Hohengehren, 2008.

Deinet, Ulrich: Das sozialräumliche Muster in der Offenen Kinder- und Jugendarbeit. In: Deinet, Ulrich/ Sturzenhecker, Benedikt (Hg.): Handbuch Offene Kinder- und Jugendarbeit, Wiesbaden, VS Verlag für Sozialwissenschaften, Beltz, 2005, S. 217–229.

Doyé, Götz/Lipp-Peetz, Cornelia : Das soll einer verstehen! Wie Erwachsene und Kinder mit Veränderungen leben, Ravensburgg, Beltz, 1998.

Fried, Lilian: Bildung und Kompetenz. In: Thole Werner/Rossbach, Hans-Günther, Fölling-Albers, Maria/Tippelt, Rudolf (Hg.). Bildung und Kindheit. Pädagogik der Frühen Kindheit in Wissenschaft und Lehre, Opladen und Farmington Hills, Verlag Barbara Budrich, 2008.

Grochla, Nadine: Qualität und Bildung. Eine Analyse des wissenschaftlichen Diskurses in der Frühpädagogik, Berlin, LIT Verlag Münster, 2008.

Hansen, Rüdiger/Knauer, Raingard/Sturzenhecker, Benedikt: Partizipation in Kindertageseinrichtungen. So gelingt Demokratiebildung mit Kindern!, Weimar/Berlin, Verlag das Netz, 2012.

Heiland, Helmut: Fröbels Pädagogik der Kindheit – didaktische Überlegungen zu seiner Spielpädagogik. In: Kasüschke, Dagmar (Hg.). Didaktik in der Pädagogik der frühen Kindheit. Köln, Kronach, Carl Link, 2010, S. 15–44.

Jank, Werner/Meyer, Hilbert: Didaktische Modelle, Berlin, Cornelsen Scriptor, 2002.

Kasüschke, Dagmar/Jares, Lisa: Pädagogik in Kindertageseinrichtungen: Raum, Struktur und Handlung im Sozialen. In: Kasüschke, Dagmar (Hg.). Didaktik in der Pädagogik der frühen Kindheit, Köln, Kronach, Carl Link, 2010, S. 225–263.

Klawe, Willy: Lebensräume wahrnehmen und gestalten. Konjunktur und Umsetzung sozialräumlichen Handelns in der Kinder- und Jugendarbeit, in: deutsche jugend, 48 Jg., Heft 10, 2000, S. 437–443.

Klippert, Heinz: Heterogenität im Klassenzimmer. Wie Lehrkräfte effektiv und zeitsparend damit umgehen können, Weinheim/Basel, Beltz, 2010.

Knauf, Tassilo: Moderne Ansätze der Pädagogik der frühen Kindheit. In: Fried, Lilian/Roux, Susanna (Hg.). Pädagogik der frühen Kindheit. Handbuch und Nachschlagewerk, Berlin/Düsseldorf, Beltz, 2006, 118–129.

Koeppel, Gisela: Didaktische Grundlagen der Arbeit von ElementarpädagogInnen. Handreichungen zum Berufseinstieg von Elementar- und KindheitspädagogInnen – Heft B04, Bremen, 2012.

König, Anke: Interaktionsprozesse zwischen Erzieherinnen und Kindern. Eine Videostudie aus dem Kindergartenalltag, Wiesbaden, VS Verlag für Sozialwissenschaften, 2009.

König, Anke: Interaktion als didaktisches Prinzip. Bildungsprozesse bewusst begleiten und gestalten. Troisdorf, Bildungsverlag EINS, 2010.

Küls, Holger: Projekte ko-konstruktivistisch planen und durchführen, Köln, Bildungsverlag EINS GmbH, 2012.

Lamp, Fabian/Küls, Holger: Elementardidaktik – Aufbruch zu neuen Ufern? In: KiTa aktuell ND, Heft 4/2012, S. 100–102.

Langmaack, Barbara/Braune-Krickau, Michael : Wie die Gruppe laufen lernt, Weinheim, BeltzPVU, 2000.

Leu, H.R./Fläming, K./Frankenstein, Y./Koch, S./Pack, I./Schneider, K./Schweiger, M. (Hg.): Bildungs- und Lerngeschichten. Bildungsprozesse in früher Kindheit beobachten, dokumentieren und unterstützen, Weimar/Berlin, Verlag das Netz, 2007.

Leuchter, Miriam (Hg.): Didaktik für die ersten Bildungsjahre: Unterricht mit 4- bis 8-jährigen Kindern, Seelze, Kallmeyer in Verbindung mit Klett, Cornelsen Scriptor, 2010.

Liegle, Ludwig: Didaktik der indirekten Erziehung. In: Schäfer, Gerd E./Meiners, Kathrin/Staege, Roswitha (Hg.). Kinderwelten – Bildungswelten. Unterwegs zur Frühpädagogik, Berlin, Cornelsen Scriptor, 2010, S. 11–25.

Merkel, Johannes: Gebildete Kindheit. Wie die Selbstbildung von Kindern gefördert wird, Bremen, edition lumière, 2005.

Neumann, Karl: Klassiker der Pädagogik der frühen Kindheit. In: Fried, Lilian/Roux, Susanna (Hg.). Pädagogik der frühen Kindheit. Handbuch und Nachschlagewerk, Berlin/Düsseldorf, Beltz, 2006, S. 107–118.

Neuß, Norbert/Westerholt, Friederike: Didaktische Formen und Momente in der elementarpädagogischen Praxis – Dimensionen didaktischen Handelns im Elementarbereich, in: Kasüschke, Dagmar (Hg.): Didaktik in der Pädagogik der frühen Kindheit, Kronach, Carl Link, 2010 S. 199–224.

Schelle, Regine: Die Bedeutung der Fachkraft im frühkindlichen Bildungsprozess. Didaktik im Elementarbereich, München, WIFF, 2011.

Schuster, Käthe-Maria: Rahmenpläne für die Bildungsarbeit, in: Fried, Lilian/Roux, Susanna (Hg.): Pädagogik der frühen Kindheit. Handbuch und Nachschlagewerk, Weinheim/Basel, Beltz, 2006, S. 145–157.

Speck-Hamdan, Angelika: Grundschulpädagogisches Wissen – Impulse für die Elementarpädagogik?, München, WIFF, 2012.

Terhart, Ewald: Didaktik. Eine Einführung, Stuttgart, Reclam, 2009.

Thiersch, Hans/Thiersch, Renat: Dimensionen der Sozialraumorientierung. Entwicklungsperspektiven für Kindereinrichtungen. In: Konrad, Franz M. (Hg.). Kindheit und Familie. Beiträge aus interdisziplinärer und kulturvergleichender Sicht, Münster/New York/München/Berlin, Waxmann, 2001, S. 139–160.

Viernickel, Susanne: Zur Bedeutung der Peerkultur. In: Fried, Lilian/Roux, Susanna (Hg.). Pädagogik der frühen Kindheit. Handbuch und Nachschlagewerk, Berlin/Düsseldorf, Beltz, 2006, S. 65–74.

Viernickel, Susanne/Stenger, Ursula : Bildung in der Krippe. Didaktik einer Pädagogik für Kinder zwischen null und drei Jahren. In: Frühe Kindheit. Zeitschrift der Deutschen Liga für das Kind. 1/2011. S. 6–14.

Völkel, Petra: Wie und was Kinder von- und miteinander lernen. Die Bedeutung der Interaktion zwischen Kindern. In: Kindergarten heute 8/2010. Freiburg. S. 8–13.

6 Religiöse Grunderfahrungen

Ulrike Labuhn

6.1 Grundlagen für die religionspädagogische Arbeit in Kindertagesstätten

6.1.1 Religion in der Ausbildung

In der Ausbildung von pädagogischen Fachkräften findet sich eine breite Palette an Studierenden mit unterschiedlichen sozialen und kulturellen Hintergründen. Verschiedenste Glaubensrichtungen und Weltanschauungen treffen hier aufeinander, alle verbunden in dem gemeinsamen Ziel, sich auf die Arbeit mit Kindern im Rahmen von pädagogischen und bildungsrelevanten Inhalten vorzubereiten.

Wenn Studierende mit religiösen Themen konfrontiert werden, löst dies in der Regel zunächst eine Diskussion aus. Einige gehen neugierig auf das Thema zu und sind interessiert an wissenschaftlichen Erkenntnissen. Andere, vor allem die christlich sozialisierten und aktiv Gläubigen, gehen einen Schritt weiter und halten es für unerlässlich, geeignete Methoden kennenzulernen, die ihnen in der Praxis helfen, den eigenen Glauben bewusst an Kinder weiterzuvermitteln, da hierüber zentrale Werte und Normen transportiert würden. Wieder andere sind davon überzeugt, dass Religion kein Unterrichtsthema in einer pluralistischen Gesellschaft sei: „Der eigene Glaube ist so persönlich, dass jede(r) selbst entscheiden muss, wie er damit umgeht." „Ich glaube nicht an einen Gott, da kann ich gar nicht mitreden."

Diese Aussagen von Studierenden stellen infrage, ob etwas so Privates wie die eigene Überzeugung oder der eigene Glauben überhaupt ein Bildungsthema sein kann und darf. Dahinter steht die Sorge der Manipulation, wie es ein Student zum Ausdruck bringt: „Kinder sollen frei entscheiden können an was sie glauben und nicht von klein auf in eine Richtung gedrängt werden. Das ist doch Manipulation."

Dem ersten Teil des Satzes, der sich auf die Religionsfreiheit bezieht, ist ohne Frage zuzustimmen. Selbstverständlich soll jedes Kind, jeder Mensch selbst entscheiden dürfen, woran er glaubt und wie er diesen Glauben lebt. Widerspruch erzeugt allerdings der zweite Teil des Satzes, dass Kinder automatisch manipuliert werden, wenn sie von klein auf mit Glaubensinhalten konfrontiert werden.

Als Erwachsene transportieren wir das, was uns bewegt und trägt, und können es auch einem Kind nicht vorenthalten. Wenn pädagogische Fachkräfte also authentisch leben und handeln, dann können sie gar nicht anders als ihre eigenen Überzeugungen vorzuleben. Ein solches Vorbild tut Kindern gut und sie erkennen: Hier ist jemand wahrhaftig. Um wahrhaftiges und authentisches Vorbild sein zu können ist es wichtig, sich die eigenen Anschauungen und Überzeugungen bewusst zu machen. Die Ausbildung bietet Gelegenheit, sich neben wissenschaftlichen Grundlagen zur religiösen Entwicklung und Zugängen zur religiösen Praxis auch kritisch mit dem eigenen Glauben auseinanderzusetzen und bei den vielfältigen Fragen der Kinder nicht um eine Antwort verlegen zu sein. Wissen und die eigene Auseinandersetzung beugen der Manipulation vor, die erst dort beginnt, wo Erwachsene ihre eigenen (unreflektierten) Überzeugungen Kindern aufdrängen und sie als den einzig wahren Weg anpreisen. Religionsfreiheit für Kinder beginnt mit der eigenen Religionsfreiheit.

Der Religionspädagoge Frieder Harz spricht in diesem Zusammenhang von einer positiven und einer negativen Religionsfreiheit:

„Es kann nicht darum gehen, alle Kinder zum christlichen Glauben zu führen, sie in die Gemeinschaft der Glaubenden zu integrieren. Es ist aber auch umgekehrt nicht im Sinne religiöser Bildung, die Begegnung mit religiösen Traditionen so weit hinauszuschieben, bis die Kinder selbstständig eine Entscheidung über ihre religiöse Bildung und Zugehörigkeit zu treffen vermögen. Denn die Fähigkeit zu einer eigenen Entscheidung schließt die Kenntnis dessen ein, worüber entschieden werden soll. Wer religiöse Traditionen, Inhalte und Verhaltensweisen nicht kennt, kann sich auch nicht begründet für oder gegen sie entscheiden."
(Harz/Brahms/Kunze-Beiküfner, 2008, S. 10)

Diesen Gedanken verfolgt seit einigen Jahren auch der schulische Bereich mit dem Ansatz der sogenannten „performativen Religionspädagogik". Hintergrund ist, dass in Schulen auch Kinder am Religionsunterricht teilnehmen, bei denen keine religiöse Sozialisation vorausgesetzt werden kann. Kann man Religion also in den Lehrplan aufnehmen und ebenso lehren wie das Schreiben oder das Rechnen?

„Wie können sie [die Kinder] sich mit etwas auseinandersetzen, was sie nicht kennen? [...] Hier setzt die performative Religionspädagogik an. Sie ist überzeugt: Wenn man als Religion nur das Nachdenken über Religion vermittelt, wird das dem Wesen der Religion nicht gerecht – es wäre wie Musikunterricht ohne Gesang oder wie Sportunterricht ohne Bewegung" (Pohl-Patalong, 2012, S. 156, gekürzt). So setzt dieser Ansatz dort an, wo Kinder mit religiöser Praxis in Berührung kommen und selbst erfahren, wie man Gebete formuliert, in einen liturgischen Ablauf eingebunden sind oder den Segen erfahren. Im eigenen Erleben sollen sie Formen kennenlernen, um dann entscheiden zu können, wie sie selbst damit umgehen wollen. Als religiöses Probehandeln wird dies bezeichnet, so wie auch die Ausbildung von pädagogischen Fachkräften ein solches religiöses Probehandeln zulässt.

Bearbeitungsmöglichkeit in der Lehre oder im Selbststudium

Gruppenaufgabe: Talkshow

Wählen Sie eine Moderatorin oder einen Moderator aus und teilen Sie sich dann in zwei Gruppen auf.

Gruppe 1: „Ich möchte, dass mein Kind schon frühzeitig mit religiösen Inhalten und Ritualen vertraut wird."

Gruppe 2: „Ich möchte auf keinen Fall, dass mein Kind mit religiösen Inhalten und Ritualen in Berührung kommt."

Sammeln Sie zunächst in Ihrer jeweiligen Gruppe Argumente, die die Aussage begründen. Anschließend treffen sich die beiden Gruppen im Plenum und diskutieren die unterschiedlichen Statements. Die Moderatorin bzw. der Moderator leitet die Diskussion, achtet auf die Länge der Redezeiten und darauf, dass alle Beteiligten zu Wort kommen. Die Diskussion sollte maximal 15 Minuten dauern.

(Falls die Gruppen sehr groß sind, werden pro Gruppe max. vier Delegierte bestimmt, die die Gruppe in der Talkshow repräsentieren.)

6.1.2   Das Recht des Kindes auf Religion

In der Arbeit mit Kindern transportiert der Erwachsene zwar eigene Überzeugungen und Werte und handelt authentisch auf dieser Grundlage, jedoch darf sein Handeln kein gewünschtes oder erwartetes Ergebnis zum Ziel haben. Ziel und Mittelpunkt seines Handelns ist das Kind mit seiner angeborenen Neugier auch nach spirituellen und religiösen Themen. Zur Auseinandersetzung laden Kinderfragen ein, die in die Tiefe führen: „Warum bin ich auf dieser Welt?" oder „Wo gehen wir hin, wenn wir tot sind?"

Solche und andere Fragen in den Kontext des abendländischen Kulturkreises zu stellen bedeutet, als Erzieherin oder Erzieher um die eigene Geschichte (historisch wie persönlich) zu wissen und reflektierte, persönliche und authentische Antworten zu geben bzw. gemeinsam mit Kindern weiterzudenken.

SITUATION

Justus (5): „Also ich weiß nicht, ob die Blumen einfach so von alleine auf die Welt kommen."

Mutter: „Du meinst, ob es da jemanden gibt, der sie gemacht hat?"

Justus: „Na, ob die einer geschickt hat. So wie wenn Du mich mal schickst und sagst: hol mal Deine Sachen oder so. Und dann mach ich das."

Mutter: „Und Du meinst, dass den Blumen auch jemand sagt, sie sollen nun rauskommen und wachsen und blühen?"

Justus: „Ja, vielleicht, weil von sich alleine wissen die das doch nicht."

Mutter: „Also ich glaube, dass Gott die Blumen und alles was lebt gemacht hat und alles wachsen lässt."

Justus: „Mmh … Aber weißt du, manchmal weiß ich auch was von ganz alleine in mir drinnen, auch wenn du das gar nicht sagst."

Für Justus ist diese Frage nicht abschließend geklärt. Das Deutungsangebot seiner Mutter nimmt er interessiert auf und verbindet es mit seiner Wirklichkeit. Doch es bleibt die Frage: „Ist da wirklich jemand, der alles gemacht hat oder gibt es eine Kraft aus mir selbst heraus, die handelt?" Es ist die tiefe Frage nach der Existenz Gottes, die niemals abschließend beantwortet werden kann und die Menschen ihr ganzes Leben lang begleitet. Auch Justus wird sich weiter damit auseinandersetzen – mit seiner Mutter, mit anderen ihn umgebenden Personen, und auch mit den Erzieherinnen und Erziehern in der Kindertagesstätte.

Kinder haben ein Recht auf eine authentische Auseinandersetzung mit ihren Fragen. So lohnt es sich, spirituelle Themen gemeinsam mit Kindern von verschiedenen Seiten zu beleuchten und ihnen Deutungsangebote zu machen. Sie haben auch ein Recht darauf, dass dies auf der Basis ihrer eigenen Kultur geschieht und sie mit ihren kulturellen und damit auch religiösen Wurzeln vertraut werden. Kinder, die in unserem Kulturkreis aufwachsen, werden automatisch mit christlichen Traditionen, Hintergründen und Denkweisen konfrontiert:

- Unser Alltag gestaltet sich auf der Basis einer Sieben-Tage-Woche. Dieser jüdisch-christliche Hintergrund mit dem Wissen um einen Feier- und Ruhetag prägt, anders als andere Kulturen, unseren Lebensrhythmus.

- Im Jahreskreis durchbrechen Feste und Feiertage den Alltag und geben dem Jahr einen immer wiederkehrenden Rhythmus, unabhängig davon, wie diese Tage gestaltet und mit Leben gefüllt werden.

- Kirchengebäude und das Läuten von Glocken sind für Kinder deutlich sichtbar und hörbar. Der Besuch eines Gottesdienstes, die Besichtigung einer Kirche, das Betreten einer Kapelle während einer Wanderung – all dies regt zum Nachfragen ebenso an wie die Wahrnehmung unterschiedlicher Kirchengebäude wie z. B. Moscheen und Synagogen.

- Im städtischen wie dörflichen Leben begegnen uns christliche Symbole wie Kreuze, Statuen, Inschriften.

- Feste und Bräuche sind wichtige Rituale. Dazu gehören das Ostereier-Suchen und der Nikolaus ebenso wie Taufen, Hochzeiten und Beerdigungen.

- Kinder erfahren, dass Fragen zu Liebe, Gerechtigkeit und Moral auch religiös beantwortet und begründet werden.

- In Film und Literatur werden christliche Grundgedanken aufgegriffen. (Harry Potter ist nur ein Beispiel dafür, wie die Liebe das Böse besiegt.)

- Durch den Besuch von Gottesdiensten, durch Gebete, Rituale, Lieder und Symbole sind Kinder Teil einer Gemeinschaft, in der Glauben gelebt wird. Sie können so Gesehenes und Gehörtes authentisch erleben und erfahren – in der eigenen Familie, im Freundeskreis oder im sozialen Umfeld.

(Originalquelle: Katholische Pfarrgemeinde Sankt Martin, Nottuln)

Das Wissen um diese Traditionen ist nur ein Beweggrund, Kindern die Auseinandersetzung mit religiösen Themen anzubieten. Ein weiterer zentraler Grund liegt in den Kindern selbst verankert. Der Tübinger Religionspädagoge Friedrich Schweitzer (2001) spricht von existenziellen Fragen, die sich alle Kinder stellen. Es sind Fragen, die nicht einfach beantwortet werden können, sondern die hinausweisen in eine Welt, die hinter dem Sichtbaren liegt und die voller Geheimnisse ist. Er benutzt dafür ein Bild: Die Fragen der Kinder sind wie Fenster, wie eine Verbindung zwischen dieser Welt und einer Welt voller Geheimnisse und des Unendlichen.

- Wer bin ich und wer darf ich sein? – Die Frage nach mir selbst
- Warum musst du sterben? – Die Frage nach Sinn und Tod
- Wo finde ich Schutz und Geborgenheit? – Die Frage nach Gott
- Warum soll ich andere gerecht behandeln? – Die Frage nach Ethik
- Warum glauben manche Kinder an Allah? – Die Frage nach anderen Religionen

Es sind nicht nur Fragen der Kinder, sondern Fragen, die alle Menschen das gesamte Leben lang begleiten, also lebenslange Fragen, die in unterschiedlichen Lebensphasen und Kontexten immer wieder anders beantwortet werden. Es ist unmöglich, Kinder mit einer einfachen Antwort abzuspeisen, eine Annäherung an gültige Antworten erfordert vielmehr eine intensive Beschäftigung damit.

Der Tübinger Religionspädagoge Albert Biesinger fordert bereits im Titel seines 1994 erschienenen Buches dezidiert, „Kinder nicht um Gott (zu) betrügen." (siehe Biesinger, 1994). Die Religion aus der frühen Erziehung und Bildung auszuklammern würde bedeuten, Kindern zentrale und positive Gedanken und Symbole vorzuenthalten wie z. B. Gerechtigkeit, Friede, Ehrfurcht vor der Schöpfung und Hoffnung auf Gott. (vgl. Biesinger, 1994, S. 18 f.)

Friedrich Schweitzer formuliert dies in seinem Buchtitel positiv: „Das Recht des Kindes auf Religion" (siehe Schweitzer, 2001). Damit sind eigene Entscheidungen und Positionierungen nicht ausgehebelt. Ethisch-religiöse Bildungs- und Lernvorgänge widersprechen durchaus nicht der Freiheit des Kindes (bzw. des Menschen), denn sie sind nicht nur von Fremd-, sondern auch von Selbstsozialisation und damit von Freiheit abhängig. Die Entwicklung von Glauben ist eben kein planbarer und manipulierbarer Mechanismus.

6.1.3   Religion – ein Bildungsauftrag

In den Bildungsplänen der Länder wird gefordert, Kinder in der Wahrnehmung und dem Umgang mit ihrer Unterschiedlichkeit zu unterstützen. Auch der Weg, den die Diskussion um eine inklusive Erziehung und Bildung beschreitet, fordert eindeutig den bewussten Umgang mit Verschiedenartigkeit und Vielfalt sowie der Auseinandersetzung mit den eigenen (biografisch bedingten) Vorurteilen. Spiritualität und Religion sind nur ein Bereich, in dem sich Vielfalt manifestiert. In allen Bildungsplänen findet der Umgang mit kultureller und religiöser Vielfalt Erwähnung und ist in der Regel mit Werteentwicklung und ethisch-moralischen Bildungsinhalten verknüpft.

Die im Folgenden exemplarisch dargestellte Gegenüberstellung dreier Bildungspläne zeigt den unterschiedlichen Umgang der jeweiligen Bundesländer mit diesem Thema. Während Baden-Württemberg Religion in einen ganz eigenen Bildungsbereich einbettet, ist in Berlin nachträglich der Bereich „ethische und religiöse Bildung" hinzugefügt worden. Im Land Brandenburg wird das Thema Religion in einer ergänzenden Erklärung der kirchlichen Träger aufgegriffen.

	Berliner Bildungsprogramm (2004)	Brandenburg: Grundsätze elementarer Bildung (2005)	Orientierungsplan für Bildung und Erziehung für die badenwürttembergischen Kindergärten (2006)
Titel	Ethische und religiöse Bildung	Bildungsverständnis konfessioneller Träger	Sinn, Werte und Religion
Inhalte	– Identitätsentwicklung im familiären Umfeld – existenzielle und soziale Erfahrungen durch religiöse Geschichten unterschiedlicher Kulturen – Begegnung mit Festen und Ritualen verschiedener Religionen	– spirituelle Entwicklung als Querschnittsaufgabe – Begegnung mit Religion – Eingebunden-sein in Kirchengemeinden – Ausdrucks- und Bilderwelten für eigene Erfahrungen entdecken – Offenheit und Respekt gegenüber anderen Religionen und Überzeugungen	– Entwicklung von Vertrauen in das Leben und Stärkung der Hoffnung auf eine lebenswerte Zukunft – Kenntnis über unterschiedliche Zugänge zum Leben und vielfältige religiöse und weltanschauliche Orientierungen – Kennen und Verstehen der christlichen Prägung unserer Kultur – Erfahrung von Geborgenheit, Gemeinschaft, Stille und Konzentration

	Berliner Bildungsprogramm (2004)	Brandenburg: Grundsätze elementarer Bildung (2005)	Orientierungsplan für Bildung und Erziehung für die badenwürttembergischen Kindergärten (2006)
Ziel	Achtung und Respekt gegenüber anderen Religionen, Kulturen und Weltanschauungen	– Wertschätzung und Respekt gegenüber allem Leben – Friedens- und Konfliktfähigkeit – Vertrauen, Gerechtigkeitssinn und Solidarität – Fähigkeit zum Mitfühlen und Helfen – Achtung, Respekt und Toleranz gegenüber anderen	– Angenommen- und Geborgensein in religiösen bzw. weltanschaulichen Prägungen, Haltungen und Meinungen – Die Kita ist Partner für das Philosophieren und/oder Theologisieren über das Leben und die Welt

In allen drei Fällen wird der bewusste Umgang mit Vielfalt und den damit verbundenen Werten deutlich. Er setzt Wissen und Erfahrungen voraus. Nur so können eigene Traditionen mit denen anderer in Verbindung gesetzt und die eigene Position gefunden und formuliert werden. Es ist unabdingbar, sich bereits während der Ausbildung mit Grundlagen der religiösen Bildung zu beschäftigen und mit der Erlangung von Wissen sowie praktischen Übungen einen Weg in die kritische Auseinandersetzung zu finden. Nur so kann ein Dialog mit Kindern gelingen, der Wege zu eigenen Entscheidungen öffnet.

Religion begegnet Kindern nicht nur in den oben genannten gelebten Traditionen des eigenen Kulturkreises, sondern eben auch in der Vielschichtigkeit des alltäglichen Zusammenseins. Die Kita ist ein zentraler Ort, an dem Kindern deutlich wird, dass Traditionen und Praktiken unterschiedlich sind.

Beispiel
– Marita fragt: „Warum trägt Aysches Mutter eigentlich immer ein Kopftuch?"

– Aaron freut sich über das Licht der Kerze: „Wir haben einen viel größeren Kerzenständer zu Hause, mit ganz vielen Kerzen. Soll ich den mal mitbringen?"

– Tim wundert sich: „Karl feiert nie seinen Geburtstag hier in der Kita!"

– Clarissa ist besorgt: „Der arme Ali kriegt nie Weihnachtsgeschenke. Die haben noch nicht mal einen Weihnachtsbaum!"

– Indira zeigt den anderen Kindern stolz den Inhalt ihrer Hosentasche: „Hier ist mein Lieblingsgott drin, den hab ich immer bei mir."

– Tommy versteht die Welt nicht mehr: „Was, du darfst keine Wurst essen? Die ist doch voll lecker!"

Das sind Situationen, die Kindern Anlass zum Gespräch liefern. Sie bieten Erzieherinnen und Erziehern eine gute Plattform für Antworten und Erklärungen und für das Aufmerksam machen auf die Verschiedenartigkeit von Menschen mit ihren religiösen und kulturellen Traditionen. Damit verbunden ist die Wahrnehmung der Verschiedenheit von Ansichten und Überzeugungen, die Kinder immer wieder neu auf bereits Erfahrenes blicken lässt und bisherige Überzeugungen ins Wanken bringen können:

Beispiel
- *Klara ist unsicher: „Tim hat gesagt, sein Papa hat gesagt, dass es gar keinen Gott gibt."*

- *Johannes ist irritiert: „Ich dachte, der Jesus lebt hier in der Kirche, aber da hängt ja nur so eine Figur am Kreuz. Dann hat Franz doch recht, dass es den gar nicht in echt gibt."*

- *Lilian macht sich Gedanken: „Warum kommt der Opa eigentlich nie mit in die Kirche?"*

Der bewusste Umgang mit dieser Unterschiedlichkeit bedarf einer guten Vorbereitung. Der authentische Umgang mit den eigenen Überzeugungen darf Angebote zur Vielfalt nicht vergessen. In dem Buch „Weltwissen der Siebenjährigen" von Donata Elschenbroich kann nachgelesen werden: „Ein siebenjähriges Kind sollte schon einmal auf einem Friedhof gewesen sein, ein Gebet kennen und in einer Kirche (einer Moschee, einer Synagoge) gewesen sein" (Elschenbroich, 2001, S. 119), heißt es in der Weltwissen-Liste. In irgendeinem Stadium seines Lebens sei jedes Kind einmal ein Religionsstifter, indem es versuche „Sinn zu machen aus dem Unterschied zwischen einer Kirche und einem Stadion, es rätselt über Kruzifix und Grabkreuz, es sucht nach Stoffen und Bildern für seine Transzendenzerfahrungen beim Tod eines Tieres." (Elschenbroich, 2001, S. 119)

6.2 In der religiösen Vielfalt das Eigene entdecken und stärken

6.2.1 Religiosität und Spiritualität

Sucht man nach einer wissenschaftlich anerkannten Definition für den Begriff Religion, so sucht man vergeblich. Religionen leben von Wertevorstellungen, Traditionen und Verhaltensweisen. Religiöse Menschen finden in ihrer Religion Antworten auf die Frage nach dem Sinn des Lebens, nach dem Woher und Wohin, nach Anfang und Ende. Sie binden sich an eine höhere Macht, an einen Gott (oder Götter).

Aus dem Lateinischen kommend (religio) kann der Begriff wörtlich übersetzt werden mit „Rückbindung", im weiteren Sinne heißt das: sich verbinden mit einem höheren Wesen/mit Gott. Kinder werden hineingeboren in ein solches Werte- und Traditionssystem, entdecken jedoch in ihrem sozialen Umfeld auch andere Systeme. Die Fähigkeit, sich in der religiösen Vielfalt zurechtzufinden, die eigene Position darin zu finden und eine (vorläufige) Meinung zu haben zu den großen Fragen des Lebens basiert auf zwei zentralen Komponenten: Zum einen lässt die natürliche Neugier das Kind nach Antworten suchen auf die existenziellen Fragen des Lebens wie Sinn, Glück, Identität, Gott, Tod oder Gerechtigkeit. Zum anderen steht vor der Zuordnung und Positionierung zu einer Religion bzw. Religionsgemeinschaft zunächst der Begriff der Spiritualität.

Während der Begriff der Religiosität sich auf ein bestimmtes Verhältnis und konkretes Verhalten zu Religion, Kirche und Theologie bezieht und unterschiedliche Arten von Glaubenshaltungen wie Rituale, Werte und moralische Handlungen in den Blick nimmt, setzt der

Begriff der Spiritualität schon viel früher an. Jeder Mensch sei spirituell und komme so schon auf die Welt, sagt die britische Spiritualitätsforscherin Rebecca Nye (vgl. Nye, 2009, S. 13). Diese Spiritualität sei eine treibende Kraft bei der Suche nach dem Sinn des Lebens und der Suche nach Gott. Wohin sich der Mensch dann entwickelt und wofür er sich entscheidet, hängt ab von drei wesentlichen Komponenten:
– dem Kulturkreis, in den der Mensch hineingeboren wird,
– seiner Sozialisierung durch Familie und Umfeld,
– seiner eigenen Freiheit.

Spiritualität versteht sich somit als Voraussetzung für die religiöse Entwicklung. Die Definitionen von Spiritualität sind so vielfältig wie die Menschen selbst.

Hier sei eine kleine Auswahl genannt:

➜➜➜ **Definition:**
   Spiritualität …
   – ist der Glaube, dass es eine unsichtbare Ordnung gibt.
   – ist Geist, Hauch, Atem.
   – ist eine nach Sinn und Bedeutung suchende Lebenseinstellung.
   – bedeutet Verpflichtung, Wertschätzung und Streben.
   – heißt, intensiv zu leben.
   – ist die Suche nach Gott.
   – heißt, auf einem inneren Weg zu sein.
   – ist das Gefühl der Suche nach Sinn und Zugehörigkeit.
   – heißt, still und andächtig zu werden.
   – ist das, was die Welt im Innersten zusammenhält.
   – hilft bei der Suche nach dem Sinn des Lebens.
   – ist ein Gefühl, das man nicht beschreiben kann.

Bearbeitungsmöglichkeit in der Lehre oder im Selbststudium

Persönliche Frage: Welchen oben genannten Definitionen können Sie sich zuordnen? Fügen Sie den Aussagen, mit denen Sie sich identifizieren können, ein Ausrufezeichen hinzu und diejenigen, über die Sie weiter nachdenken möchten, versehen Sie mit einem Fragezeichen. Fällt Ihnen eine eigene Definition ein?

Spiritualität ist eine „Qualität menschlichen Lebens, die sich auf den Sinn und die Geheimnisse in der Tiefe unserer Erfahrung bezieht und diese umfasst." (Nye/Hay, 1998, S. 119)
In einem Forschungsprojekt der Universität Nottingham versuchten die britischen Spiritualitätsforscher Rebecca Nye und David Hay von 1994 bis 1997 der Frage nachzugehen, was das Wesen der kindlichen Spiritualität ausmache. Sie beriefen sich zunächst auf das grundlegende Verständnis von Spiritualität im anglikanischen Sprachgebrauch, das sich vom Verständnis im deutschsprachigen Raum grundlegend unterscheidet.

Während hierzulande Spiritualität als ein Unterbegriff von Religiosität verstanden wird, ist es im anglikanischen Verständnis genau umgekehrt. Der Begriff wird sehr viel weiter gefasst und versteht Religion/Religiosität als eine Unterkategorie. Somit wird Spiritualität zu etwas, „das jedem zukommt, auch wenn er nicht religiös ist". (Freudenreich/Mette, 2005, S. 305). Auf dieser Grundlage verstehen Nye und Hay Spiritualität als grundlegende Erfahrungen, Gefühle,

Gedanken, Haltungen und Handlungen, die ein Mensch von früher Kindheit an in sich trägt. Die Kindheit bezeichnen sie als einen „Zeitraum im menschlichen Leben, in welchem Spiritualität noch weitgehend unverfälscht und intensiv gelebt werden kann. Kinder werden in ihrer Art und Weise, in der Welt zu sein, sehr ernst genommen und ihre Ansichten werden nicht als naiv zurückgewiesen." (Freudenreich, 2009, S. 15)

Für Nye und Hay hat Spiritualität unmittelbar mit Beziehung zu tun, mit einem Beziehungsbewusstsein. In der Beziehung mit anderen Kindern ebenso wie mit Erwachsenen zeigt sich, ob Kinder mit ihren spirituellen Erfahrungen und Erlebnissen ernst genommen werden. Wie mit ihnen hier umgegangen wird, ist wesentlich.

Spiritualität ist Verbundenheit

Der Arbeitsschwerpunkt des römisch-katholischen Theologen und Pädagogen Anton Bucher (2007) ist die wissenschaftliche Erforschung der Psychologie von Spiritualität und Religiosität. Er fragt danach, wie Menschen heute glauben lernen und was sie glauben. Spiritualität definiert er als eine tiefe Verbundenheit, die sich auf sieben verschiedenen Ebenen manifestieren kann:

Sich verbunden fühlen …
- in der Beziehung zu Gott oder einem höheren Wesen,
- mit der Natur,
- in der Beziehung zu anderen,
- in der Selbsttranszendenz,
- in der Beziehung zu sich selbst,
- in Gebet und Meditation (oder anderen Formen gelebter Praxis),
- durch paranormale Erfahrungen und Fähigkeiten.

(vgl. Bucher, 2007, S. 26)

Bearbeitungsmöglichkeit in der Lehre oder im Selbststudium

Persönliche Frage: Mit wem oder was fühlen Sie sich verbunden? Finden Sie Beispiele dafür, wo diese Verbundenheit in Ihrem Leben sichtbar und spürbar wird. Haben Sie diese Verbundenheit jemals mit dem Begriff der Spiritualität in Verbindung gebracht?

Spiritualität ist das Schöpfen aus Kraftquellen für das Leben

Der evangelische Religionspädagoge Frieder Harz (2008) versteht Spiritualität als das Schöpfen aus Kraftquellen für das Leben und Zusammenleben. Das entspräche auch dem, was man sonst als Religiosität im weitesten Sinne bezeichnen kann. Das Wort Religiosität wird bei Spiritualität meist vermieden, um nicht zu viel Nähe zu den tradierten Religionen und ihren Glaubensinhalten zu signalisieren.

Der Religionspsychologe James Fowler (2008) hat in diesem Sinne zwischen den beiden englischen Begriffen *faith* und *belief* unterschieden: „belief" ist die objektive Seite, wie sie uns in den Religionen begegnet, „faith" der Lebensglaube, das Suchen und Finden von Lebenssinn, das Aufgehoben sein in der Welt, die innere Stimme, die Stimmigkeit mit sich und der Welt, das Geborgensein in etwas Höherem oder das Glücksempfinden. In allen Religionen geht es auch um Spiritualität als der subjektiven Seite des religiösen Geschehens, verbunden mit den objektiven Inhalten, die Identität und Zugehörigkeit stiften.

Bearbeitungsmöglichkeit in der Lehre oder im Selbststudium

Persönliche Frage: Was würden Sie in Ihrem Leben als Kraftquelle bezeichnen?

6.2.2   Religiöse Entwicklung

Das Gespräch der ungeborenen Zwillinge

„Ein ungeborenes Zwillingspärchen unterhält sich im Bauch seiner Mutter:

‚Sag mal, glaubst du eigentlich an ein Leben nach der Geburt?', fragt der eine Zwilling.

‚Ja, auf jeden Fall! Hier drinnen wachsen wir und werden stark für das, was draußen kommen wird', antwortet der andere Zwilling.

‚Ich glaube, das ist Blödsinn!', sagt der erste. ‚Es kann kein Leben nach der Geburt geben – wie sollte das denn bitteschön aussehen?'

‚So ganz genau weiß ich das auch nicht. Aber es wird sicher viel heller als hier sein. Und vielleicht werden wir herumlaufen und mit dem Mund essen?'

‚So einen Unsinn habe ich ja noch nie gehört! Mit dem Mund essen, was für eine verrückte Idee. Es gibt doch die Nabelschnur, die uns ernährt. Und wie willst du herumlaufen? Dafür ist die Nabelschnur viel zu kurz.'

‚Doch, es geht ganz bestimmt. Es wird eben alles nur ein bisschen anders.'

‚Du spinnst! Es ist noch nie einer zurückgekommen von »nach der Geburt«. Mit der Geburt ist das Leben zu Ende. Punktum.'

‚Ich gebe ja zu, dass keiner weiß, wie das Leben nach der Geburt aussehen wird. Aber ich weiß, dass wir dann unsere Mutter sehen werden und sie wird für uns sorgen.'

‚Mutter?? Du glaubst doch wohl nicht an eine Mutter? Wo ist sie denn bitte?'

‚Na hier – überall um uns herum. Wir sind und leben in ihr und durch sie. Ohne sie könnten wir gar nicht sein!'

‚Quatsch! Von einer Mutter habe ich noch nie etwas bemerkt, also gibt es sie auch nicht.'

‚Doch, manchmal, wenn wir ganz still sind, kannst du sie singen hören. Oder spüren, wenn sie unsere Welt streichelt …'"

(Nouwen, 1994, S. 36)

Auf der Basis der entwicklungspsychologischen Stufenmodelle lassen sich auch in der religiösen Entwicklung verschiedene Phasen feststellen. Diese Phasen sind nicht zwangsläufig für alle Kinder gültig, da die religiöse Entwicklung von vielen anderen Faktoren, z. B. soziokulturelles Umfeld, Prägung durch das Elternhaus und individuelle Besonderheiten, abhängig ist. Man kann jedoch davon ausgehen, dass sich religiöse Entwicklung in Stufen vollzieht und sich Gottesbilder im Laufe des Alters und der Entwicklung eines Kindes verändern.

So ist das erste Lebensjahr eines Kindes geprägt von Vertrauen und der tiefen Erfahrung von Verbundenheit. Seine Abhängigkeit von der Liebe, Zuwendung und Güte seiner Bezugspersonen und deren bedingungslose Annahme schenkt ihm ein Urvertrauen, das es für den Rest seines Lebens begleiten wird. Das Gefühl, von den Bezugspersonen gewollt zu sein, stellt eine wichtige Grundlage für ein späteres Gottesbild dar. In dieser ersten Lebensphase jedoch kann Gott noch nicht als ein Gegenüber verstanden werden, das sich in Form eines konkreten Gottesbildes darstellt, vielmehr kann Gott präsent sein in dem Gefühl des unbedingten Gewollt- und Angenommen-Seins.

Ab dem zweiten Lebensjahr ist das Kind in der Lage, seine Welt aktiver und selbstgesteuerter als zuvor zu erkunden. Die Fähigkeit des Laufens und Sprechens bietet ihm nun die Möglichkeit, sich bewusster mit den kleinen und großen Fragen des Lebens auseinanderzusetzen. Mit zunehmender sprachlicher Sicherheit fragen Kinder nach dem Ursprung aller Dinge, fragen nach dem Warum, suchen Erklärungen, auf die Erwachsene nicht immer eine Antwort parat haben.

Im weiteren Entwicklungsverlauf werden die Fragen deutlicher, gezielter, tiefgründiger. Mit zunehmendem logischen Verständnis brennen Kinder darauf, den Dingen auf den Grund zu gehen und fordern Erwachsene mit ihren Fragen heraus. Erklärungen und Deutungsmuster von Erwachsenen werden gehört und verstanden, jedoch stehen eigene Antworten und Deutungen gleichberechtigt daneben, denn in der sogenannten magischen Phase ist alles möglich. Kinder stellen sich Dinge vor, sie imaginieren und schaffen sich damit eine eigene Wirklichkeit. Dies bezieht sich auch auf Gottesbilder.

Kita-Projekt: Wo wohnt Gott?

Die nachfolgenden Bilder stammen von einer Gruppe vier- bis sechsjähriger Kinder aus einer evangelischen Kindertagestätte in Potsdam. Die Kinder sind religiös sehr unterschiedlich sozialisiert und kommen aus christlichen und nichtchristlichen Familien. Die Ausgangsfrage lautete: „Wo wohnt Gott?"

Zeichnungen von vier- bis sechsjährigen Kindern im Rahmen des Kita-Projektes „Wo wohnt Gott?" (Fotos: Ulrike Labuhn)

Bearbeitungsmöglichkeit in der Lehre oder im Selbststudium

Betrachten Sie die folgenden Kinderbilder und deuten/interpretieren Sie diese. Tauschen Sie Ihre Gedanken in einer Kleingruppe aus.

- *Wie interpretieren Sie Vorstellungen von Gott auf den einzelnen Bildern?*

- *Können Sie sich an Gottes-Vorstellungen aus Ihrer Kindheit erinnern?*

- *Haben Sie heute eine Vorstellung davon, wie Gott aussehen könnte?*

In den meisten Kinderbildern wird Gott sehr konkret dargestellt: Er hat ein Gesicht, er hat einen festen Platz (z. B. im Himmel, in einer Höhle, oben), wird oft begleitet von Engeln. Er kann alles (z. B. die Menschen machen, Blumen bunt machen, alles sehen). Gleichzeitig ist es erstaunlich, dass Kinder im Gespräch auch immer wieder symbolische Gottesbilder aufgreifen: Gott ist unsichtbar, er ist wie ein Wind, wie das Licht, wie ein warmes Feuer usw.

Für Kita-Kinder können solche personalen und symbolischen Gottesbilder nebeneinander stehen, ohne sich auszuschließen, während zu Beginn des Grundschulalters ein eher anthropomorphes Gottesbild vorherrscht. Gott bekommt nun menschliche Eigenschaften zugesprochen und ist direkt ansprechbar. Mit ihm kann verhandelt werden, denn das eigene Verhalten hat Folgen für die Reaktion Gottes (z. B. „Wenn ich brav bin und jeden Abend bete, dann bekomme ich auch das Geschenk, dass ich mir zum Geburtstag gewünscht habe.").

6.3   Vom Glauben erzählen

6.3.1   Biblische Geschichten

Die Bibel ist eine reichhaltige Quelle von Wertvorstellungen, die in unserer Kultur von Bedeutung sind. Hier erzählen Menschen von ihrem Glauben und ihren Erfahrungen mit Gott. Sie erzählen von ihrem Vertrauen, ihren Ängsten, Freuden und Nöten. Sie erzählen von ihren Grenzen und davon, was ihrem Leben Sinn gibt. Sie erzählen von der Verantwortung, die Menschen füreinander und für die Welt tragen. Mit ihren Geschichten beauftragt die Bibel Menschen auf ihrem Lebensweg und sie ist Grundlage für ethische Entscheidungen.

Natürlich sieht unser heutiges Leben ganz anders aus als das der Menschen damals. Doch die Erfahrungen, die die Menschen vor langer Zeit machten, sind so archaisch, so grundlegend, dass sie auch heute noch gelten, wenn auch in einem anderen Lebens- und Gesellschaftskontext. Es lohnt sich der Frage nachzugehen, wie Menschen damals gehandelt haben und es in Bezug zu dem zu setzen, wie wir heute leben und handeln.

Die Bibel stellt mit ihren vielfältigen Geschichten eine breite Bildungslandschaft dar. Ausgewählte Geschichten, spannend aufbereitet und erzählt, treffen auf Grundbedürfnisse von Kindern. Der Religionspädagoge Frieder Harz schlägt vor, biblische Geschichten nach ihren inhaltlichen Schwerpunkten auszuwählen und unterscheidet sieben Geschichten-Arten und wie diese auf die Grundbedürfnisse von Kindern antworten. Gleichzeitig charakterisiert er sie als Aspekte des biblisch-christlichen Menschenbildes (vgl. Harz 1992, S. 9 f.).

Leben mit Geheimnissen – Begegnungsgeschichten
Kinder lieben das Geheimnisvolle, das Unfassbare, das Unverfügbare. Sie sind offen für Erklärungen und Erfahrungen, die weit über das Sichtbare und rational Begründbare hinausweisen. In ihrem Spiel geht es oft um das So-tun-als-ob und das Was-wäre-wenn?. Sie lieben es, sich Dinge vorzustellen und daraus ihre eigene Wirklichkeit zu konstruieren. In Begegnungsgeschichten geschehen geheimnisvolle Dinge und Menschen kommen Gott nahe auf eine nicht rational erklärbare Art und Weise.

Beispiele:
- *Abraham und Sarah*
- *Mose (Brennender Dornbusch, Zehn Gebote)*
- *Ostern und die Emmaus-Geschichte*
- *Paulus*

Erfahrungen mit Ohnmacht und Hoffnung – Wundergeschichten

Immer wieder geraten Kinder an ihre Grenzen: sie sind zu klein, um Dinge erreichen zu können, zu schwach, um sich gegen den Stärkeren wehren zu können, zu ängstlich, um sich zu trauen. Erwachsene trauen ihnen nicht zu, Dinge alleine tun zu können, sind ängstlich, lassen sie nicht teilhaben, schließen sie von wertvollen Erfahrungen aus. „Dafür bist du noch zu klein", heißt es oft.

Wundergeschichten zeigen Kindern: „Gib nicht auf!" Sie erzählen von Menschen in schwierigen Lebenslagen, die es mit der Hilfe anderer schaffen mit ihrer Mutlosigkeit, ihrer Schwäche, ihrer Behinderung umzugehen und neue Perspektiven zu sehen. Sie zeigen Kindern: „Schau noch einmal genau hin, vielleicht kannst auch Du etwas verändern, vielleicht geschieht auch an Dir ein Wunder. Gib die Hoffnung nicht auf!"

Beispiele:
- *Mose im Schilfmeer*
- *David und Goliath*
- *Der blinde Bartimäus*
- *Die Heilung des Gelähmten*

Bedürfnis nach Geborgenheit – Vertrauensgeschichten

Das aufgeschlagene Knie, der Streit mit der Freundin, die Wut auf die Mutter, die Trauer um den Tod des Hamsters, die Angst vor dem ersten Schultag – in Situationen wie diesen braucht es Menschen, die das Kind begleiten und in denen es erfährt: Du bist nicht alleine.

Im besten Fall sind Eltern, Großeltern, Freunde, Erzieherinnen bzw. Erzieher direkt vor Ort um zu trösten und Geborgenheit zu schenken. Doch manchmal muss ein Kind auch ganz allein eine schwierige Situation bewältigen oder Entscheidungen treffen. Da tut es gut zu wissen, dass es Menschen gibt, die trotz aller Not das Vertrauen haben, dass alles gut wird und sie sich geborgen, begleitet und behütet fühlen dürfen.

Beispiele:
- *Psalm 23*
- *Die Weihnachtsgeschichte*
- *Die Sturmstillung*
- *Kindersegnung*

Frage nach Regeln – Aufgabengeschichten

„Pass bitte auf Deine kleine Schwester auf, ich bin mal kurz bei der Nachbarin." Das kann eine schöne Aufgabe sein, wenn sie vertraut ist, wenn die kleine Schwester nicht schreit, wenn alles gut geht. Es kann auch eine Überforderung sein, Ängste und Wut auslösen. „Was soll ich denn tun, wenn sie anfängt zu schreien?" oder „Warum immer ich?"

Aufgabengeschichten in der Bibel erzählen von Menschen, denen Gott eine Aufgabe auferlegt hat, manchmal gern wahrgenommen, manchmal unfreiwillig oder kaum zu bewältigen. Sie erzählen auch von Menschen, die sich dagegen aufgelehnt und gewehrt haben oder die versucht haben, sich heimlich aus dem Staub zu machen. Und die dann letztendlich erkannt haben, dass sie eine Verantwortung tragen und dass sie davor nicht davonlaufen können.

Beispiele:
- *Noah*
- *Jona*
- *Der Barmherzige Samariter*
- *Propheten-Geschichten*

Neugieriges Erkunden der Umwelt – Schöpfungsgeschichten

Kinder erkunden neugierig ihre Umwelt. Sie fragen sich: „Wer hat das alles gemacht?" oder „Warum bin ich auf der Welt?" In Schöpfungsgeschichten werden sie vertraut mit verschiedenen Ansichten und Deutungen. Sie lernen etwas über die Verantwortung, die Gott den Menschen gegeben hat, sie entdecken die Vielfalt des Lebens und können darauf mit Kreativität und Fantasie reagieren und die (Um-)Welt gestalten und erhalten.

Beispiele:
- *Die beiden Schöpfungsberichte (Gott erschuf die Welt in sieben Tagen, Der Paradiesgarten)*
- *Der Zug durch das Schilfmeer*
- *Das Gleichnis vom vielfachen Acker*
- *Psalm 139*

Suche nach Anerkennung und Selbstständigkeit – Erwählungsgeschichten

„Das kann ich alleine!" – Kinder wollen eigene Erfahrungen machen. Sie freuen sich, wenn es gelingt und sind stolz über ihren Erfolg. Sie wollen gelobt werden für das, was sie geleistet haben. Besonders dann, wenn es sie viel Mühe gekostet hat, wenn sie über den eigenen Schatten springen mussten oder dafür auf etwas verzichtet haben. Erwählungsgeschichten erzählen von Menschen, denen Gott etwas zugetraut hat, die Besonderes schaffen und deren Leitungen anerkannt werden. Erwählungsgeschichten machen Mut. Sie ermutigen Kinder sich auszuprobieren in dem Vertrauen, etwas bewirken und verändern zu können.

Beispiele:
- *Wunderheilungen*
- *David und Goliath*
- *Zachäus*
- *Gleichnis vom verlorenen Schaf*

Umgang mit Fehlern und Schwächen – Vergebungsgeschichten

Durch Fehler wird man klug, doch das weiß man meist erst hinterher. Zunächst einmal ist es unangenehm, manchmal sogar peinlich, wenn man merkt: das war verkehrt, ich habe mich falsch entschieden, ich habe jemandem wehgetan mit meinem Verhalten, ich habe gelogen. Sind Dinge einmal geschehen oder Worte gesagt, dann kann man sie nicht mehr zurücknehmen. Doch man kann Fehler einsehen und sich entschuldigen.

Vergebungsgeschichten erzählen von Menschen, die Fehler machen und denen vergeben wird, sodass sie einen neuen Anfang machen können.

Beispiele:
- *Abraham und Lot*
- *Mose: der Auszug aus Ägypten*
- *Zachäus*
- *Petrus*

6.3.2 Ein Erzählbeispiel

Zachäus sitzt vor seiner Hütte. Heute kann er keinen Zoll eintreiben, die ganze Stadt ist voll von Menschen, die keine Ware bei sich tragen, sondern einzig und allein wegen Jesus gekommen sind. Zachäus versteht die Welt nicht mehr: Wegen diesem Typen ein solcher Trubel? Was ist das für einer, dass die Menschen alle Straßen verstopfen und sich in großen Trauben um ihn scharen um ihn zu sehen, zu hören, ihm nahe zu sein? Eigentlich hat er keine Lust, sich dem Trubel anzuschließen. Er hat ernsthaftere Dinge zu tun und im Gewühl hat er sich noch nie wohlgefühlt. Außerdem ist er nicht gern gesehen bei den Menschen aus Jericho. Sein Beruf bringt das halt mit sich: er treibt den Straßenzoll ein. Das passt den Menschen nicht, dass sie zahlen müssen, wenn sie an ihm vorbei wollen. Und, naja, wenn er ehrlich ist: er schlägt gerne mal ein bisschen was drauf und macht kein schlechtes Geschäft dabei. Sein Haus ist geräumig, mit der Zeit hat er ein paar hübsche Dinge angehäuft und er lässt es sich gut gehen. Was soll er sich also mit dem Straßenvolk abgeben.
Aber da ist auch eine andere Stimme in ihm. Er spürt eine Neugier, wie er sie lange nicht mehr gespürt hat. Wer ist dieser Jesus? Was ist denn so Besonderes an ihm? Eine lang nicht mehr dagewesene Sehnsucht erfasst ihn, er wird ganz aufgeregt und spürt: ich muss da hin, ich muss ihn sehen, ich will ihm nahe sein. Erklären kann er das nicht, er spürt es einfach ganz tief in sich drinnen.
Und so mischt er sich unter die Menge. Sehen kann er nichts, denn er ist klein und wird immer wieder weggedrängt. Da läuft er voraus und klettert auf einen Maulbeerbaum. Er ist sicher: Jesus muss hier vorbeikommen und dann wird er ihn sehen können. Und richtig: er hat noch nicht lange dort oben gehockt, als Jesus und die ganze Menge bei ihm vorbeikommt. Als Jesus ihn sieht, sagt er: „Hallo Zachäus, was machst Du da auf dem Baum? Komm schnell herunter und lade mich ein, ich möchte bei Dir essen und trinken." Ihr glaubt nicht, wie schnell Zachäus vom Baum herunter war und alles herrichtete zum Essen und Trinken. Die anderen meckerten und murrten: „Ausgerechnet bei dem will er einkehren. Einer, der die anderen ausnimmt und sich an ihnen bereichert. Soll Jesus doch lieber mit uns essen und trinken, wir sind nicht solche Sünder wie er." Zachäus selbst kann es kaum glauben. Ihn hat er ausgewählt. Er genießt die Nähe und das Vertrauen, das Jesus in ihn setzt. Lange hat er so etwas nicht mehr gespürt. Ohne lange darüber nachzudenken sagt er: „Es tut so gut, Dich hier bei mir zu haben, Jesus. Es ist so befreiend, ich weiß nun, was ich zu tun habe. Die Hälfte meines Besitzes werde ich den Armen abgeben, gleich morgen früh. Und wenn ich jemanden betrogen habe, dann will ich es ihm doppelt und dreifach, nein vierfach zurückgeben."
(Die Bibel, Das Evangelium nach Lukas 19, 1–10)

Viele Ebenen werden in dieser Geschichte angesprochen. Kinder erfahren etwas über die alte Zeit, sie erfahren einen kleinen Ausschnitt aus dem Leben der Menschen damals in der Stadt Jericho, was ein Zöllner ist und wie es zuging auf den Straßen. Wer geschichtsinteressiert ist, wird mehr erfahren wollen, ein Bibelatlas zeigt den Standort der Stadt Jericho, weitere Geschichten erzählen mehr über das Umfeld und das Leben. Andere Kinder spielen die Situation nach, sie gehen bewusst in der Rolle der Menschen von damals, geben sich hinein in eine andere Welt, eine andere Wirklichkeit. Hier geht es auch um Werte und Normen, um das Thema Gerechtigkeit. Es gehört sich einfach nicht, sich an anderen zu bereichern, sie übers Ohr zu hauen.

Aber auch die eigenen Grenzen erkennen: auch wir machen nicht immer alles richtig. Manchmal, wir wissen selbst nicht genau warum, verhalten wir uns nicht gerecht, versuchen unseren eigenen Vorteil rauszuschinden. Da braucht es schon Mut, um aus dem Gewohnten herauszutreten und zu spüren: da ist jemand, der gibt mir die (vielleicht einmalige) Chance in meinem Leben etwas zu verändern. Jemand, der mich sieht und der es gut mit mir meint. Es geht um Verzeihen und Vertrauen. Sehnsüchte, die so alt und so neu sind, dass wir alle sie kennen. Davon erzählt nicht nur diese Geschichte, sondern viele andere auch. Es lohnt sich, biblische Texte und Geschichten genau anzuschauen und herauszufinden, was sie heute mit unserem Leben und dem der Kinder zu tun haben.

Biblische Geschichten sprechen viele verschiedene Ebenen an:

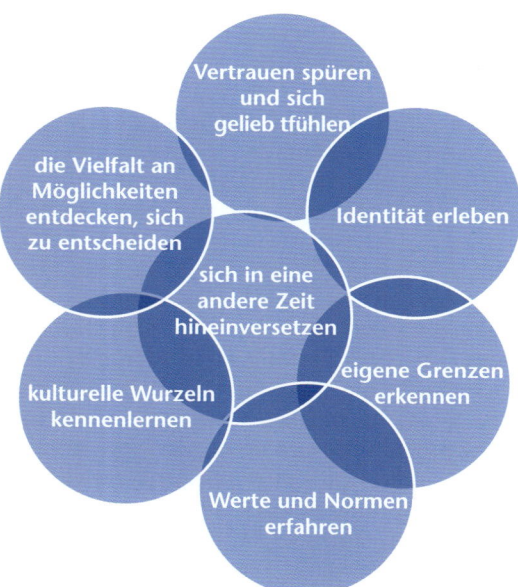

Kinder mit biblischen Geschichten vertraut zu machen heißt, sie selbst zu kennen und zu wissen, welche Aussagen dahinter stehen. Das folgende Modell lädt dazu ein, sich selbst mit einer Geschichte vertraut zu machen und sowohl für sich als auch in der Gruppe eine Annäherung zu finden.

Bearbeitungsmöglichkeit in der Lehre oder im Selbststudium

Gruppenarbeit: Texterarbeitung angelehnt an das Göttinger Stufenmodell

Wählen Sie eine biblische Geschichte aus. Lassen Sie eine Person aus Ihrer Gruppe den Text ein- oder zweimal laut vorlesen. Tragen Sie nun Ihre Eindrücke in der unten stehenden Reihenfolge zusammen.

Bitte beachten Sie: Eine Person aus Ihrer Gruppe sammelt Ihre individuellen Antworten zu den ersten drei Fragen zunächst auf einem Flipchart oder Poster, ohne sie zu diskutieren. Diskutieren Sie Ihre Schlussfolgerungen erst zum vierten Punkt.

1. *Was haben Sie gehört?*
   (Bleiben Sie am Text und vermeiden Sie Interpretationen.)

2. *Welche Gefühle löst das Gehörte bei Ihnen aus?*
   (Gibt es Stellen, die Sie z. B. froh, wütend, ohnmächtig machen oder überraschen? Vermeiden Sie auch hier Interpretationen.)

3. *Welche Assoziationen oder Einfälle kommen Ihnen zu dem Gehörten?*
   (Fallen Ihnen z. B. Bilder, Lieder, Gedichte oder Erlebtes ein?)

4. *Welche Schlussfolgerungen schließen Sie aus dem Text? Welche Ebenen werden hier berührt? Auf welche Bedürfnisse der Kinder antwortet diese Geschichte? Diskutieren Sie und nehmen Sie dabei verschiedene Altersstufen/Kindergruppen in den Blick.*

(vgl. Heigl-Evers/Heigl, 1973, S. 132 ff)

Versuchen Sie abschließend, die Geschichte mit eigenen Worten zu erzählen.

6.4 Mit Kindern theologisieren

Eine biblische Geschichte ansprechend aufbereiten und erzählen, sodass Kinder anknüpfen können mit ihren Lebensthemen, das ist eine Ebene. Eine zweite, noch zentralere Ebene ist der Umgang mit der Geschichte nach dem Erzählen. Bieten Erzieherinnen bzw. Erzieher Raum an für die Fragen der Kinder? Geben sie Impulse und Anstöße zum Weitererzählen, zum Hinterfragen von Zusammenhängen?

Wenn eine Geschichte einlädt nach Gott zu fragen oder sich mit der Frage der (möglichen) Existenz Gottes zu beschäftigen, wenn Kinder diesen Gesprächsfaden aufgreifen, dann sind sie mittendrin im Theologisieren. Manchmal tauchen zentrale Fragen nicht unmittelbar nach einer Geschichte auf, sondern entstehen aufgrund anderer Erlebnisse im Alltag des Kindes. Ein solch theologisches Gespräch zu unterstützen und zu fördern, ist zentrale Aufgabe von pädagogischen Fachkräften, wobei das Ziel des Theologisierens nicht ein fertiges Ergebnis, kein richtig oder falsch beinhaltet, sondern das Einüben einer lebenslangen fragenden Haltung auf der Suche nach Gott. Diese Haltung wird von Erzieherinnen bzw. Erziehern vorgelebt, indem sie …

- Kindern einen einladenden Raum zur Verfügung stellen,
- die Themen der Kinder wahrnehmen und aufgreifen,
- die Deutungen die Kinder nicht werten,
- darauf achten, dass alle Kinder sich beteiligen können,
- sich gegenseitig zuhören und ernst nehmen,

– alle Kommentare der Kinder wertschätzen,
– durch gezielte Fragen Anregungen zum Weiterdenken geben,
– ermutigen, auch das Undenkbare zu denken,
– verschiedene Positionen gegenüberstellen,
– Angebote machen, um sich weiter mit diesem Thema zu beschäftigen.

Die Kindertheologie geht von drei Formen aus, in denen Kinder zum Theologisieren ermutigt werden und in denen pädagogische Fachkräfte verschiedene Rollen einnehmen.

Theologie *für* Kinder

Mit dem Erzählen oder Vorlesen von biblischen Geschichten, in gemeinsamen Gebeten und Liedern, mit der Gestaltung von Morgenkreis, Andacht oder Gottesdienst setzen Erwachsene konkrete Impulse. Pädagogische Fachkräfte planen diese Angebote, bereiten Raum und Material vor und geben dadurch Anstöße, die die Kinder aufnehmen und weiterentwickeln können. Kinder werden hineingenommen in vertraute Rituale und Traditionen, die ihnen Sicherheit geben. Dieses Schaffen von konkreten Gesprächsanlässen bezeichnet man auch als geplantes Theologisieren. Erwachsene sind hierbei stimulierende Gesprächspartnerinnen und Gesprächspartner.

Theologie *mit* Kindern

Es braucht nicht immer einen geplanten Impuls von außen, damit sich Kinder mit existenziellen Themen und Fragen beschäftigen. Meist reicht der Anblick einer Blume auf dem Rasen, das Entdecken eines toten Vogels auf der Straße, die schwangere Frau oder der Anblick des Nikolaus auf den vorweihnachtlichen Straßen zum Einsteigen in eine theologische Diskussion. Ganz unvorbereitet werden Erzieherinnen bzw. Erzieher dann mit existenziellen Fragen konfrontiert. Dieses spontane Theologisieren erfordert ein schnelles Sich-Einstellen und genaues Wahrnehmen der kindlichen Themen. Pädagogische Fachkräfte sind hierbei gleichberechtigte Gesprächspartner, die die Gedanken und Erfahrungen der Kinder ernst nehmen und in einen Austausch auf Augenhöhe gehen. Erwachsene sind ebenso wie Kinder Experten und begleiten sie im Suchen von Antworten.

Theologie *der* Kinder

Kindern wird hier von Geburt an eine eigenständige Beziehung mit Gott zugesprochen. Bereits Neugeborene erspüren das Göttliche in der Erfahrung von Zuwendung und bedingungsloser Annahme. Sie machen spirituelle Erfahrungen, für die sie zunächst noch keine Sprache haben, sodass es nicht einfach ist, diese spirituelle Ebene bei Kindern wahrzunehmen. Die wichtigste Aufgabe von pädagogischen Fachkräften liegt darin, Kinder aufmerksam in ihrem Tun und ihrem Spiel zu beobachten. Sie sind Zuhörer, die staunend den Reaktionen und Antworten der Kinder lauschen.

6.5   Konzeptionelle und methodische Zugänge

6.5.1   Der dimensionale Ansatz

Geschichten lassen Kinder teilhaben. Kinder erleben und erfahren Spiritualität und Religiosität nicht nur im gesprochenen Wort. Die Möglichkeiten und Angebote in der Kita, sich mit sich selbst und mit Gott auseinanderzusetzen, sind vielfältig.

In der vierbändigen Buchreihe „Kinder brauchen Hoffnung" (siehe Scheilke/Schweitzer 2006) wurde in den 1990er-Jahren der Gedanke aufgegriffen, dass Religion und religiöse Erziehung nicht nur dann stattfindet, wenn auch explizite religiöse Traditionen und Geschichten dazu anregen. Religiöse Erziehung und Bildung beginnt bereits im Umgang und in der Gestaltung von Raum und Zeit und spiegelt sich in verschiedensten Bildungsebenen der Kindertagesstätte wider.

Das Konzept hebt sich damit ab von einer expliziten Religionspädagogik, die mit speziellen Angeboten arbeitet (z. B. Geschichten erzählen und gestalten, Gottesdienste feiern, Gebete sprechen und formulieren, Meditationen usw.). Das Zusammenwirken von verschiedenen Dimensionen geht von einer impliziten Religionspädagogik aus, die neben konkreten Angeboten auch die Haltung der Erwachsenen in den Blick nimmt und religiöse Erziehung und Bildung als eine durchgängige Aufgabe im Alltag eines Kindes versteht. „Als Dimensionen bezeichnen wir die in jedem Kindergarten vorhandenen Gestaltungsmöglichkeiten, etwa im Umgang mit Raum und Zeit, bei menschlichen Beziehungen oder beim Erzählen. Die Gestaltung dieser Dimensionen des Kindergartens hat Folgen für die religiöse Erziehung, und aus der religiösen Erziehung ergeben sich Anstöße für die Gestaltung der Einrichtung." (Scheilke/Schweitzer, 2006, S. 15)

(vgl. Scheilke/Schweitzer, 2006, S. 10).

Raum
Räume geben Orientierung, Geborgenheit und Schutz, bieten Möglichkeiten für Gemeinschaft und Individualität. Einladende und vorbereitete Räume schaffen eine Atmosphäre des

Vertrauens, machen neugierig und laden ein zu Bewegung, Ruhe und Andacht. Das Gefühl des Willkommenseins beginnt bereits an der Tür und zieht sich durch alle inneren und äußeren Räume. So lädt eine Gestaltung der Mitte zum Morgenkreis ein zum Ankommen im Kreis mit den anderen. Eine solche Mitte hilft, zur Ruhe zu kommen und schafft einen vertrauensvollen Rahmen, in dem wichtige Ereignisse und Gespräche stattfinden können.

Religiöse Symbole machen den gemeinsamen Bezug deutlich, in dem der Morgenkreis stattfindet und laden ein zum miteinander reden, zum Hören einer Geschichte, zur Beschäftigung mit einem (religiösen) Thema.

Zeit

Der Umgang mit Zeit ist vielschichtig. Wichtig ist die Zeit, die Erwachsene den Kindern schenken, in dem sie offen sind für ihre Bedürfnisse, Fragen und Sorgen, für Gespräche und Aktivitäten. Wichtig ist ebenso, Zeit zu geben für den eigenen Rhythmus der Kinder. Dazu gehört z. B. auch Langeweile zuzulassen und zu akzeptieren, dass es auch schwierige Zeiten gibt, die Trost oder Sein-lassen erfordern.

Für Kinder ist es zentral, dass sie ausreichend Zeit bekommen für ihr Spiel, doch auch die Begrenzung von Zeit ist ein wichtiges Element, denn Zeit bedeutet Struktur für das Leben, das Jahr, den Tag. Alles was wir tun und was geschieht hat einen Anfang und ein Ende, es gibt eine Vergangenheit und eine Zukunft.

Auch die Geschichten, die Kindern erzählt werden, sind zu unterschiedlichen Zeiten entstanden. Das folgende Beispiel zeigt, wie Kinder zu lange zurückliegenden Zeiten einen Zugang finden können.

Beispiel
In den Höhlen von Qumran am Toten Meer wurden in den 1950er-Jahren Schriftrollen gefunden, die mehr als 2000 Jahre alt sind. Sie enthalten Bibeltexte, die wir heute in gedruckter Form in der Bibel nachlesen können. Kinder im Kita-Alter haben noch keine Vorstellung davon, was ein Zeitraum von 2000 Jahren bedeutet. Doch können sie durch das Herstellen von Schriftrollen eine Vorstellung davon bekommen, wie Menschen damals die Geschichten aufgeschrieben und weitergegeben haben.

Herstellung von Schriftrollen
Dazu benötigt man: zwei dicke Stöcke (z. B. halbierte Besenstiele), Tapetenrolle, Klebstoff, eine Feder und Tinte. Die Enden der Tapetenrolle werden an den Stöcken so befestigt, dass sie von beiden Seiten aufgerollt werden können. Mit Feder und Tinte können nun die älteren Kinder den Namen der Evangelisten (Matthäus, Markus, Lukas, Johannes) darauf schreiben, die Jüngeren Symbole oder Bilder malen.

Beziehungen

Mit anderen in Beziehung sein bedeutet, nicht alleine zu sein. Begegnungen können Vertrauen und Sicherheit schenken, aber auch Ablehnung auslösen. Den Bezugspersonen kommt eine besondere Bedeutung zu, wenn sie in der Beziehung zum Kind eine gute Balance zwischen Nähe und Distanz herzustellen. Vertrauensvolle Beziehungen zu den Bezugspersonen schaffen die Basis für den Aufbau von Freundschaften und das Vertrauen in andere Menschen. Sie ermöglichen auch eine Beziehung zu Gott.

Feste und Rituale

Feste und Rituale geben unserem Alltag Struktur und Ordnung. Dazu gehören persönliche Rituale im Jahreszyklus (z.B. Geburtstage) oder Lebenszyklus (z.B. Geburt, Taufe, Einschulung, Hochzeit, Beerdigung) ebenso wie persönliche und gesellschaftliche Traditionen (vom Tischgebet bis zum Weihnachtsgottesdienst). Feste und Rituale begleiten uns bei Übergängen z.B. von der Kindertagesstätte in die Schule. Sie ermöglichen Pausen vom Alltag und laden ein zum Innehalten, zum Feiern, zu einer besonderen Gestaltung. Manche Rituale begleiten Menschen ein ganzes Leben lang, andere verändern sich im Laufe des Lebens.

Nach dem Mittagessen tut es Kindern gut, mit einem Ritual die Aktivitäten des Vormittags hinter sich zu lassen und sich auf eine Ruhephase vorzubereiten. Diejenigen Kinder, die sich hinlegen möchten, genießen es, wenn die Erzieherin mit einer Feder zu jedem Einzelnen kommt und ihm damit sanft über die Haut streicht. Diese Geste kann z.B. begleitet werden von einem Segenswort: Gott behüte Dich, wenn Du schläfst.

METHODE/TIPP

Spiel

Das Spiel ist die Arbeit des Kindes. Die unterschiedlichen Formen des Spiels ermöglichen ihm eine intensive Auseinandersetzung mit all dem, was ihm begegnet und was es beschäftigt. Im Spiel setzt sich das Kind auch mit existenziellen Fragen auseinander. Was-wäre-wenn?- und So-tun-als-ob-Spiele ermöglichen ihm, sich Dinge vorzustellen, die über das Sichtbare und Verstehbare hinausgehen, sodass es ganz versunken in eine Tätigkeit auch tiefe spirituelle Erfahrungen machen kann.

Stille, Meditation und Gebet

Neben dem Drang nach Bewegung und Aktivität suchen Kinder auch immer wieder nach ausgleichenden Momenten der Ruhe und Stille und erleben diese als wohltuend. Wenn Kinder zur Ruhe kommen, so gibt ihnen dies Gelegenheit, sich auf die leisen Dinge zu konzentrieren und in sich selbst hineinzuhören. Dies ist eine wichtige Voraussetzung für spirituelle Erfahrungen und Gebete.

Kinder brauchen dazu einerseits Räume, Ecken oder Nischen, in denen sie sich zurückziehen können, andererseits ist eine Unterstützung und Anleitung hilfreich, um ihnen diese zentrale Erfahrung im betriebsamen Kita-Alltag zu ermöglichen. Dazu bieten sich z.B. Meditationsübungen, Yoga, Entspannungsgeschichten und Fantasiereisen ebenso an wie die Stilleübungen von Maria Montessori. Sie fördern eine intensive Körperwahrnehmung, schärfen die Sinne und die Aufmerksamkeit und können als Vorerfahrungen für religiöse Praxis wie z.B. das Gebet verstanden werden.

Stilleübung nach Maria Montessori

Die Kinder sitzen entspannt im Kreis. Eine kleine Schüssel mit Wasser wird langsam von Kind zu Kind weitergegeben und jedes Kind hält sie so lange in seinen Händen, bis die Wasseroberfläche ganz ruhig wird. (vgl. Montessori, 1958, S. 172)

Erzählen

Kinder erzählen gern von dem, was sie beschäftigt. Sie lauschen ebenso gern Geschichten, die ihnen erzählt werden. Sie folgen fasziniert der eigenen Lebensgeschichte, versinken in die Traumwelt von Märchen und Abenteuergeschichten, und hören den Großeltern zu, wenn diese von damals erzählen.

Auch das Erzählen von biblischen Geschichten ist ein zentraler Beitrag zur Bildung von Kindern. Es eröffnet ihnen Deutungsmöglichkeiten und hilft ihnen damit auf ihrem Weg zu Selbstbewusstsein und Selbstsicherheit in der Welt. In der Auseinandersetzung mit zentralen Personen und Geschichten findet die Klärung nach der Frage der eigenen Identität statt.

Bearbeitungsmöglichkeit in der Lehre oder im Selbststudium

Entwickeln Sie weitere praktische Beispiele, wie Sie religiöse Inhalte innerhalb dieser Dimensionen umsetzen könnten.

6.5.2   Godly Play

➜➜➜ **Definition:**

Godly Play ist ein religionspädagogischer Ansatz, der Kinder zum spielerischen Entdecken von Bibel und Glauben ermutigt.

Für den Theologen Jerome Berryman (Episcopal Church, USA) gab sein Studium bei Sofia Cavaletti, einer Schülerin von Maria Montessori, in den 1970er-Jahren den Anstoß zur Umsetzung dieses Konzepts, das in den letzten Jahren zunehmend an Bedeutung im europäischen Raum gewonnen hat.

Godly (engl. göttlich) Play (engl. das Spiel) steht in der Tradition des Erzählens von lebensbedeutenden Geschichten. Bei dieser Form religiöser Bildung steht das Kind mit seiner natürlichen Neugier im Mittelpunkt. Dem Kind wird nicht gesagt, wer und wie Gott ist oder wie und was man glauben soll, sondern es hat die Möglichkeit, dies selbst für sich zu entdecken. Eine Geschichte trifft auf die Erfahrungswelt der Kinder und regt ihre natürliche Neugier an. So können Kinder das Erzählte in die eigene Realität zu übertragen und sich im Spiel mit ihrer Spiritualität und ihrem Glauben auseinanderzusetzen. Dies geschieht in einem ritualisierten Ablauf, der Kindern Gelegenheit gibt, in unterschiedlichen Phasen eine nonverbale und verbale (religiöse) Sprache zu finden. Aufbauend auf der Pädagogik von Maria Montessori wird diese spezielle Ausdrucksform von Geschichten in den Gesamtkontext von Raum, Zeit und Beziehung gestellt (siehe Steinhäuser, 2006).

Das Konzept sieht einen vorbereiteten Raum vor, der beim Betreten einer weit geöffneten lebendigen Bibel gleicht. Das ästhetische Material für die Vielzahl an Geschichten umgibt die Kinder in einer logischen und immer gleichbleibenden Anordnung, sodass sie immer wissen, wo sie das Material finden können. Es ist ein besonderer Raum, in dem Kinder spüren können: hier bin ich willkommen, hier darf ich so sein, wie ich bin. Und ich bin eingeladen, neugierig zu schauen und die Geschichten zu einem Teil meines eigenen Lebens zu machen.

In diesem Raum dürfen Kinder in ihrem eigenen Tempo ihre Erfahrungen einbringen und Gott hörend, staunend und spielend begegnen. Dabei sollen sie sich sicher sein dürfen, dass dieser Raum Schutz und Geborgenheit bietet. Gefördert wird dieses Anliegen dadurch, dass die Kinder bereits an der Tür, an der Schwelle, willkommen geheißen werden.

Kinder sollten Zeit haben, sich in diesem geschützten Raum in ihrem eigenen Tempo auf biblische Geschichten einzulassen. In einer Einheit von maximal 1,5 Stunden (je nach Gruppe, Alter und Handlungsfeld) gibt es fünf verschiedenen Phasen, die die Zeit strukturieren:

Ankommen
Bereits die Begrüßung an der Tür bietet den Kindern die Möglichkeit, bereit zu werden für die Geschichten und den Prozess im Raum. Im Raum selbst ist dann Zeit, sich in Ruhe einen Platz im Kreis zu suchen, anzukommen in der Gemeinschaft mit anderen, sich auszutauschen und letztlich auch still zu werden. Dies kann durch ein Lied oder ein besonderes Ritual gefördert werden.

Darbietung einer Geschichte
Die erzählende Person holt nun das Material für die jeweilige Geschichte in den Kreis und beginnt mit dem Erzählen. Ihre Worte begleitet sie mit gezielten Gesten und dem Bewegen der Materialien. Dabei ist ihr Blick konzentriert auf die Geschichte gerichtet, ein Blickkontakt mit den Kindern findet nicht statt.

Dadurch wird deutlich, dass zu diesem Zeitpunkt nicht die Beziehung zueinander, sondern die Beziehung zur Geschichte den Mittelpunkt darstellt. Hier treffen sich Erzählperson und Kinder im gemeinsamen Erleben. Das Erzählen findet in einer sehr elementarisierten Form statt, mit einer eher sparsamen Sprache, die eigene Interpretationen offenlässt. Wortlaut und Gesten der Geschichte sind festgelegt, sodass Kinder beim nochmaligen Hören die Geschichte wiedererkennen.

Es gibt drei verschiedene Genres von Geschichten:

➜➜➜ **Definition:**
> **Glaubensgeschichten** erzählen von Identität und Wurzeln, vom Eingebunden sein in eine große Geschichte. Sie wollen ein Gefühl von Einheit und Identität im Glauben vermitteln.
> **Gleichnisse** erzählen davon, wie Jesus seinen Freunden das Himmelreich erklärt. Dies ist so schwer zu verstehen, dass es dafür Bilder braucht.
> **Geschichten zum liturgischen Handeln** erzählen von kirchlichen Ritualen und Traditionen und wollen mit den Erfahrungen aus dem kirchlichen Kontext verbinden.

Als ein viertes Genre könnte man die **Stille** bezeichnen, in der Kinder auf eine nonverbale Weise mit der Geschichte und mit Gott in Berührung kommen können.

Ergründen

Nach dem Hören der Geschichte führen vorbereitete Fragen hinein in das gemeinsame Ergründen und Theologisieren.

Beispiel
- *„Nun frage ich mich, welcher Teil der Geschichte euch am liebsten ist?"*

- *„Was ist wohl das Wichtigste an dieser Geschichte?"*

- *„Erzählt die Geschichte auch etwas von euch?*

- *„Was meint ihr, könnte man wohl einen Teil der Geschichte weg lassen und wir hätten immer noch die ganze Geschichte?"*

Jedes Genre hat seine eigenen Fragen. Hierbei geht es nicht um eine Wissensabfrage, sondern um eine Identifikation mit der eigenen Lebensrealität. Es sind Fragen, die in die Tiefe führen und die Möglichkeit ins Theologisieren hinein eröffnen. Hörend, staunend und moderierend leitet die Erzählerin bzw. der Erzähler das Gespräch. Richtige oder falsche Antworten gibt es nicht und es wird auf einen wertschätzenden und respektvollen Umgang miteinander geachtet.

Spiel- und Kreativphase

Nun beginnt eine Phase, in der die Kinder selbst kreativ werden können. Sie entscheiden selbst, womit sie sich nun beschäftigen wollen. Dazu steht ihnen die gehörte Geschichte ebenso zur Verfügung wie alle anderen Geschichten im Raum. Auch Bücher laden ein zum Nach- und Weiterlesen und mit vielfältigem Bastelmaterial kann die Geschichte weiterentwickelt werden. So kann das Gehörte spielerisch verarbeitet werden und nicht selten ist in dieser Phase das selbstvergessene und hochkonzentrierte Tun zu beobachten, das Maria Montessori mit dem Begriff der „Polarisation der Aufmerksamkeit" (Berg, 1999, S. 41) belegt. Zum Ende dieser Phase ertönt ein Zeichen und zeigt den Kindern an, ihre Materialien wieder zurückzustellen.

Fest und Verabschiedung

Jede Godly-Play-Einheit endet mit einem Fest. Alle kommen wieder im Kreis zusammen zum gemeinsamen Danken, Beten, Singen und Sich-Austauschen.

Ein Glas Wasser oder Saft, Obst oder Kekse laden ein, miteinander zu teilen. Die Kinder verteilen es an alle und gegessen und getrunken wird dann, wenn alle etwas haben. Anschließend werden die Kinder an der Tür wieder verabschiedet.

Bearbeitungsmöglichkeit in der Lehre oder im Selbststudium

Gruppenaufgabe

1. Welche Chancen und Grenzen sehen Sie in dem Godly-Play-Ansatz für die Arbeit in der Kita?

2. Stellen Sie diesen Ansatz in Verbindung mit dem dimensionalen Ansatz (siehe Scheilke/ Schweitzer, 2006, vgl. Kap. 6.5.1, S. 168).

3. Vergleichen Sie die Aussagen zur Kindertheologie (vgl. Kap. 6.4, S. 167) mit dem Godly-Play-Konzept (siehe Steinhäuser, 2006)

6.5.3 Die religionspädagogische Praxis (RPP)

In den 1970er-Jahren entwickelte der Theologe und Pädagoge Franz Kett gemeinsam mit Sr. Esther Kaufmann ein religionspädagogisches Konzept, dem ein ganzheitlicher und sinnorientierter Weg der religiösen Bildung zugrunde liegt.

Ziel ist es, Kindern biblische Geschichten und Traditionen zu vermitteln und ihnen damit die Möglichkeit zu geben, auf ihre Fragen nach Sinn zu reagieren. Dieser reformpädagogische Ansatz geht von vier pädagogischen Ebenen aus:

- Da ist zum einen die **Daseinspädagogik**. Das Leben ist gleichermaßen Gegebenheit, Gabe und Aufgabe. Aufgabe von pädagogischen Fachkräften ist es, das Kind in seinem Dasein zu bestärken und es in seinen Erfahrungen zu unterstützen, dass dieses Dasein zwar nicht immer leicht ist, dass es aber gut ist, „dass es mich gibt".

- Die **Beziehungspädagogik** betrachtet den individuellen Menschen in Bezug zu seiner Umwelt (Natur, Kultur) wie auch zu seiner Mitwelt (von der Ursprungsfamilie bis zur Völkergemeinschaft). Erzieherische Aufgabe ist hier die Schaffung und Förderung von Begegnungen und Beziehungen.

- Die **Pädagogik der Selbstverwirklichung** beinhaltet einen achtsamen, schauenden und liebenden Umgang mit der Welt. Sie will Verantwortung für die Umwelt und einen fürsorglichen Umgang miteinander fördern.

- Die **christliche Pädagogik** geht davon aus, dass der Sinn- und Seinsgrund in der Existenz Gottes verankert ist (siehe Kett/Koczy, 2009).

Basierend auf diesen vier pädagogischen Ebenen werden Kindern mithilfe von Legematerial (z. B. Tücher, Schnüre, Naturmaterialien, Perlen, Kegelfiguren und Federn) biblische Geschichten vermittelt, in dessen Erzählen sie ganzheitlich eingebunden sind.

Dies geschieht in unterschiedlichen Phasen:

Hinführungsphase
In dieser Phase finden sich die Kinder mit einem Ritual im Kreis zusammen. Bevor deine Geschichte erzählt wird, führt eine Frage, eine Übung oder ein Erspüren auf den zentralen Inhalt der Geschichte hin. So kann z. B. bei einer Wüstengeschichte zunächst ein Schälchen mit Sand herumgereicht werden, den die Kinder mit ihren Händen erspüren.

Beispiel
Bei der Geschichte „Das verlorene Schaf" kann im Vorfeld gefragt werden:
- *„Ist euch das schon einmal passiert, dass ihr verloren gegangen seid?"*
- *„Wer hat Euch wiedergefunden?"*
- *„Wie hat sich das angefühlt?"*

So werden die Kinder auf das Thema der Geschichte vorbereitet und können sich einstimmen.

Begegnungsphase
Nun wird die Geschichte erzählt. Die erzählende Person beginnt mit der Gestaltung einer Mitte, eines Zentrums. Hier ist der Mittelpunkt, der Ausgangspunkt der Geschichte. Dann beginnt ein Prozess, in dem sich die Geschichte ausbreitet.

Man kann zum Erzählen fertige Texte nutzen, jedoch bietet das freie Erzählen bessere Möglichkeiten, die Geschichte in der Beziehung mit den Kindern entstehen zu lassen und die Kinder beim Erzählen zu ermutigen sowohl dem Inhalt als auch den Anderen bewusst zu begegnen. So gehen Begegnungs- und Gestaltungsphase ineinander über und ergänzen sich wechselseitig.

Gestaltungsphase

In den vielfältigen Materialien finden Kinder Ausdrucks- und Gestaltungsmöglichkeiten, um das Gehörte auszudrücken und nachklingen zu lassen. Sie gestalten das vom Erzähler begonnene Bild mit, sodass etwas ganz Neues entsteht. Sie sind in den Gesamtprozess integriert und nehmen Anteil an der Geschichte ebenso wie an den Ausdrucksmöglichkeiten der anderen.

Deutungsphase

Zum Ende werden die Erfahrungen der Kinder noch einmal zusammengefasst. Dies kann geschehen, indem die Kinder um das entstandene Bild herumlaufen, es von allen Seiten betrachten und ihren (vorläufig) abschließenden Eindruck dazu wiedergeben. Eine andere Möglichkeit ist die, dass die erzählende Person das Bild in Worten wiedergibt und interpretiert. Möglich ist auch eine Anknüpfung an die erste Phase der Hinführung: „Erinnert ihr euch noch daran, was ihr ganz zu Anfang erzählt habt?", „Hat die Geschichte auch von solchen Situationen erzählt?"

Bearbeitungsmöglichkeit in der Lehre oder im Selbststudium

Gruppenaufgabe:

1. Welche Chancen und Grenzen sehen Sie in diesem Ansatz für die Arbeit in der Kita?

2. Vergleichen Sie diesen Ansatz mit dem Ansatz von Godly Play. Wo sehen Sie Gemeinsamkeiten und Unterschiede? (vgl. Kap. 6.5.2, S. 172)

Weiterführende (Kinder-)Literatur

Darlin, June E.: Der große Arena Bibelatlas mit Geschichten aus dem Alten und Neuen Testament, Würzburg, Arena Verla, 2005.

Dörrie, Doris: Der verlorene Otto, Frankfurt/Main, Hansisches Druck- und Verlaghaus, 2011.

Grosche, Erwin/Geisler, Dagmar: Der kleine Herr Wunder, Stuttgart/Wien, Gabriel-Verlag, 2007.

Lindgren, Astrid: Die Brüder Löwenherz, Hamburg, Oetinger Verlag, 1973.

Scheidel, Gerda Marie/Pfister, Marcus: Die vier Lichter des Hirten Simeon, Zürich, NordSüd Verlag, 1986.

Schmid, Eleonore: Die Weihnachtsgeschichte, Zürich, NordSüd-Verlag, 1990.

Scheffler, Ursel : Zum Taufen nimmt man Wasser ohne Seife, Stuttgart, Gabriel Verlag, 2005.

Stählin, Christof/Reichel, Anja: Das kleine Schaf und der gute Hirte, Stuttgart/Wien, Thienemann Verlag, 2000.

Varley, Susan: Leb wohl, lieber Dachs, Berlin/Wien, Annette Betz Verlag, 1984.

Vinje, Kari/Zahl Olsen, Vivian: Pelle und die Geschichte mit Mia, Gießen, Brunnen Verlag, 2008.

Filmbeispiele

Godly Play (deutsch) e. V.: Was ist Godly Play? Online verfügbar unter www.godlyplay.de/was-ist-godly-play.html [20.08.2013]

Der 20-minütige Film spiegelt in seiner ästhetisch-emotionalen Ausführung die Grundwerte dieses Konzeptes spiritueller Bildung wieder und möchte Lust machen, mehr über Godly Play zu erfahren.

Starost, Antje/Grotjahn, Hans Helmut: 7 – oder Warum ich auf der Welt bin. Ein Film über die Fragen von Kindern. DVD., 2012, 87 Minuten.

7 Frühe mathematische Bildung

Eva Maria Suermann und Janna Pahnke

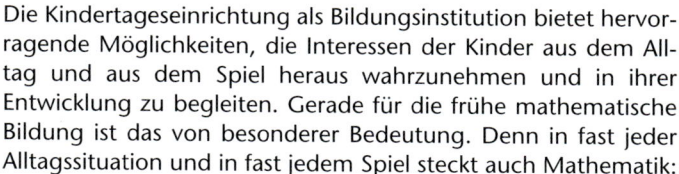

Die Kindertageseinrichtung als Bildungsinstitution bietet hervorragende Möglichkeiten, die Interessen der Kinder aus dem Alltag und aus dem Spiel heraus wahrzunehmen und in ihrer Entwicklung zu begleiten. Gerade für die frühe mathematische Bildung ist das von besonderer Bedeutung. Denn in fast jeder Alltagssituation und in fast jedem Spiel steckt auch Mathematik:

Beispiel
Beim Kochen und Backen werden Zutaten abgewogen, Pizza
wird in vier gleich große Teile geteilt oder ein Apfel in zwei Hälften geschnitten. Bei Bewegungsspielen bilden sich gleich große
Gruppen oder jedes Kind sucht sich einen Partner (Eins-zu-eins-Zuordnung).

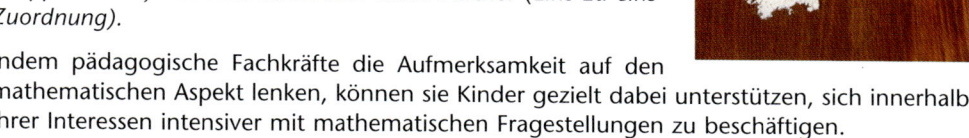

Indem pädagogische Fachkräfte die Aufmerksamkeit auf den mathematischen Aspekt lenken, können sie Kinder gezielt dabei unterstützen, sich innerhalb ihrer Interessen intensiver mit mathematischen Fragestellungen zu beschäftigen.

Grundlage dieses Beitrags ist die 2011 erschienene Publikation: „Mathematik entdecken. Praxisideen und Hintergründe zur frühen mathematischen Bildung" der Stiftung „Haus der kleinen Forscher". Die Publikation zeigt neben theoretischem Wissen zur frühen mathematischen Bildung vielfältige Anregungen für die Praxis auf. (Auch online unter www.haus-der-kleinen-forscher.de als Pdf-Datei verfügbar).

Das folgende Kapitel zur frühen mathematischen Bildung richtet den Blick auf pädagogische Fachkräfte in Kindertageseinrichtungen. Es steht unter der Leitfrage: „Was benötigen pädagogische Fachkräfte, um Kinder in der mathematischen Bildung gut begleiten zu können?"

Pädagogische Fachkräfte benötigen …

– eine Vorstellung, was die Ziele der frühen mathematischen Bildung sind. Diese werden auf Grundlage der Orientierungs-, Rahmen- oder Bildungspläne bzw. -programme (die Bezeichnungen variieren von Bundesland zu Bundesland) für den Elementarbereich zu Beginn vorgestellt.

– Kenntnisse, wie sich das Denken der Kinder entwickelt, wie Kinder ihren Weg in die Welt der Mathematik finden und woran sie den Entwicklungsstand eines Kindes erkennen können. Es werden entwicklungspsychologische Grundlagen mit einer Übersicht über die alterstypischen mathematischen Kompetenzen von Kindern zwischen 0-6 Jahren und Anregungen für Fördermöglichkeiten in der Praxis gegeben.

– eine Vorstellung, wie und mit welcher Haltung sie Kinder auf geeignete Weise unterstützen können. Es wird ein bewährter, pädagogisch-didaktischer Ansatz vorgestellt: Kindliche Lernprozesse gelingen gut, wenn Kinder und Erwachsene gemeinsam die Lernprozesse gestalten.

– fachliches Wissen, um beurteilen zu können, welche Materialien und pädagogische Handlungsstrategien für die Kinder sinnvoll sind. Es werden Anregungen gegeben, die bei der Auswahl von mathematischen Bildungsprogrammen und -konzepten Orientierung geben.

– konkrete Ideen, wie sich mathematische Bildung vielseitig in den Alltag der Kinder integrieren lässt. Hierfür gibt es eine Reihe von Ansätzen und praktischen Materialien, u. a. das Fortbildungsangebot der gemeinnützigen Stiftung „Haus der kleinen Forscher".

Exkurs: Die Stiftung „Haus der kleinen Forscher"

Die Stiftung „Haus der kleinen Forscher" unterstützt bundesweit Bildungseinrichtungen für Kinder im Kita- und Grundschulalter dabei, die Begegnung mit Naturphänomenen, Technik und Mathematik nachhaltig in die alltägliche Arbeit zu integrieren. Pädagogische Fach- und Lehrkräfte erhalten ein kontinuierliches Fortbildungsangebot und vielfältige pädagogische Materialien, u. a. zum Themenschwerpunkt Mathematik.

Hauptaktivitäten der Stiftung sind die Qualifizierung von Multiplikatoren, die pädagogische Fachkräfte vor Ort kontinuierlich fortbilden, die Bereitstellung von Materialien und Arbeitsunterlagen, der Aufbau starker lokaler Netzwerke und die Zertifizierung von Einrichtungen als „Haus der kleinen Forscher".

Kontakt zum lokalen Netzwerk „Haus der kleinen Forscher" finden pädagogische Fachkräfte in ihrer Nähe unter www.haus-der-kleinen-forscher.de.

Derzeit werden die Stiftungsangebote im Bereich Mathematik überarbeitet und für die Alterspanne der drei- bis zehnjährigen Kinder weiterentwickelt. Hierzu pflegt die Stiftung einen intensiven Austausch mit Fachexperten, u. a. im Rahmen der Arbeitsgruppe „Zieldimensionen mathematischer Bildung im Elementar- und Primarbereich".

7.1   Inhalte und Ziele der Bildungspläne

Kinder in deren mathematischer Bildung zu unterstützen, gehört zum Auftrag der Kitas. In allen Bildungsplänen ist der Erwerb von mathematischen Grundlagen verankert, jedoch in sehr unterschiedlicher Ausprägung. Einen fachlich begründeten Rahmen für die mathematische Bildung, der die Vorgaben aller Bildungspläne berücksichtigt, ist von den Mitarbeiterinnen und Mitarbeiter des Projekts „Natur-Wissen schaffen" unter der Leitung von Wassilios E. Fthenakis erstellt worden (vgl. Fthenakis/Schmitt/Daut u. a., 2009, S. 92 ff.).

Demnach gelten für alle Einrichtungen – egal in welchem Bundesland – im Grundsatz folgende fünf inhaltliche Bereiche der frühen mathematischen Bildung:

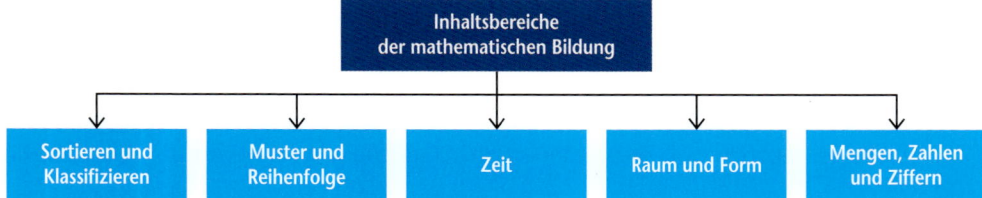

Inhaltsbereiche der frühen mathematischen Bildung

Sortieren und Klassifizieren
Dinge oder Ereignisse werden ständig nach Ähnlichkeiten bzw. nach Unterschieden geordnet. Beim Sortieren und Klassifizieren werden Kinder in der Einsicht unterstützt, dass Dinge nach verschiedenen Kriterien zusammengefasst werden können. Ihre Abstraktionsfähigkeit, sich nur auf ein bestimmtes Merkmal zu konzentrieren (z. B. auf alle roten Steine) und alle anderen Merkmale auszublenden (z. B. die Größe der Steine), wird gestärkt.

Muster und Reihenfolgen
Regelhafte Beziehungen, Zusammenhänge, Ordnungen und Strukturen zu erkennen und zu beschreiben – dies meinen Mathematiker, wenn sie Mathematik als die „Wissenschaft von den Mustern" bezeichnen. Gelingt es, Reihenfolgen zu bilden (z. B. nach ihrem Gewicht, ihrer Größe oder ihrem Preis), so unterstützt dies die Einsicht für das Zahlenverständnis und die Zahlreihe, die stets einer bestimmten Reihenfolge, einem bestimmtem Muster folgt.

Zeit
Zeitliche und rhythmische Abfolgen (z. B. Schlaf- und Wachphasen, „vor" und „nach dem Mittagessen") helfen den Kindern bei der Orientierung in der Lebenswirklichkeit. Solche Abfolgen bieten Struktur, Sicherheit und Orientierung, nicht zuletzt auf Grund ihrer Wiederholungen.

Raum und Form
Räumliche Orientierung und räumliches Vorstellungsvermögen ermöglichen es, gezielt Formen und Körper wiederzuerkennen, auf Dinge zuzugehen, Orte wiederzufinden und auch Wege zu planen. Dinge oder Ereignisse werden im Kopf, in der Vorstellung geordnet, d. h., damit werden Strukturen geschaffen, die das Denken beeinflussen.

Mengen, Zahlen und Ziffern
Ein großer Teil der frühen mathematischen Bildung besteht darin, Zahlen und Ziffern im Alltag zu entdecken und mit gegenständlichen Mengen zu hantieren. Kindern den Umgang mit Zahlsymbolen („3"), Zahlwörtern („drei") und der entsprechenden Menge (z. B. „drei Äpfel") zu ermöglichen, zählt zu den Aufgaben der Kita. Mit dieser Ausbildung wird ein wichtiges Fundament für das schulische Mathematiklernen gelegt.

In jedem dieser fünf Inhaltsbereiche beschreiben die Bildungspläne Ziele auf drei unterschiedlichen Ebenen, die miteinander verzahnt sind und aufeinander aufbauen:

Kinder sammeln zunächst in jedem Bereich unterschiedliche konkrete (Sinnes-)Erfahrungen (Ebene 1). Sie sortieren z. B. gesammelte Kastanien und Eicheln in zwei verschiedene Schalen, sie fädeln Perlen nach einer bestimmten Reihenfolge auf, erfahren zeitliche Abfolgen, nehmen mit ihrem Körper verschiedene Positionen (liegend, sitzend, stehend) in einem Raum ein und kommen mit gegenständlichen Mengen, z. B. „einer Menge Äpfel" in Berührung.

Aufbauend auf diese Erfahrungen knüpft der Dialog mit den Kindern an. Die Kinder sollen ermutigt werden, ihre Erfahrungen, Gedanken, Ideen und Fragen zu verbalisieren. Zum Beispiel beschreiben die Kinder ihre Körperposition, ein Muster oder eine geometrische Figur. Damit werden sie in ihrer sprachlichen Ausdrucksfähigkeit gefördert (Ebene 2). Sich sprachlich genau auszudrücken hilft den Kindern auch, allgemeine Prinzipien und Regelmäßigkeiten, die hinter ihren Beobachtungen stecken, zu entdecken.

Sich von der konkreten und sinnlichen Erfahrung zu lösen und in der Lage zu sein, die Beobachtungen auch auf andere Situationen zu übertragen, führt dann zu einem vertieften mathematischen Verständnis (Ebene 3), z.B. erschließen sich die Kinder die Regelhaftigkeit von Mustern, wenn sie diese fortsetzen oder stellen räumliche Verhältnisse dar, indem sie selbst Baupläne anfertigen.

Bearbeitungsmöglichkeit in der Lehre oder im Selbststudium

- *Sammeln Sie Ideen, wo Kinder im Kita-Alltag der Mathematik begegnen.*

Beispiel
Situationen wie beim Kuchenbacken (Messen, Wiegen), Aktivitäten wie Bausteine-nach-Farben-ordnen (Sortieren und Kategorisieren), Tisch Decken (Muster und Reihenfolgen) oder auch Beschreibungen wie groß – klein, vor – hinter, oben – unten.

Ziel ist es, zu erkennen, dass in vielen verschiedenen Alltagssituationen Mathematik enthalten ist.

- *Ordnen Sie die Ideen den fünf Bereichen, die für die frühe mathematische Bildung wichtig sind, zu.*

Bei der Zuordnung kann es gut sein, dass einzelne Beispiele nicht nur einem Bereich zugeordnet werden können, sondern je nach Schwerpunktsetzung verschiedenen Bereichen.

Beispiel
Zum Beispiel kann das Tisch-Decken dem Bereich Muster und Reihenfolge zugeordnet werden (1. Gedeck, 2. Gedeck …), aber auch zu Mengen, Zahlen, Ziffern (pro Kind genau ein Teller Eins-zu-eins-Zuordnung).

Ziel ist es, die verschiedenen Bereiche in der frühen mathematischen Bildung bewusst zu machen.

7.2 Entwicklungspsychologische Erkenntnisse

Von Geburt an bringen Kinder geistige Fähigkeiten mit, die ihnen den Einstieg in die Welt der Mathematik erleichtern (siehe Pahnke/Pauen, 2009, 2012).

Die frühe mathematische Bildung setzt bei den Interessen der Kinder an. Sie fördert das Interesse für Formen, Zahlen und Muster in der Lebenswelt der Kinder und unterstützt sie dabei, Regelmäßigkeiten und Prinzipien zu finden.

Früh erworbene mathematische Kompetenzen haben starke Vorhersagekraft für den späteren Schulerfolg. Schon vor Schuleintritt finden sich schichtabhängige Unterschiede in mathematischen Kompetenzen, die nicht von allein verschwinden, sondern sich später noch vergrößern (vgl. Baroody/Lai/Mix, 2006, S. 119 ff.). Der frühen mathematischen Bildung kommt somit eine wichtige Bedeutung zu, Bildungschancen für alle Kinder zu ermöglichen und einen Schereneffekt in der Kompetenzentwicklung zu verhindern.

Damit die Unterstützung gut gelingen kann, sollten sich die Angebote an dem gegebenen Entwicklungsstand des Kindes orientieren und auf einen entwicklungsgemäßen nächsten Schritt hin ausgerichtet sein. Denn die Kinder profitieren dann am meisten von den Angeboten, wenn sie den eigenen Fragen entsprechen und die Kinder weder über- noch unterfordern. Die mathematische Bildung muss daher entwicklungsgerecht gestaltet sein. Eine entwicklungsgerechte Förderung wird unterstützt, wenn bekannt ist, wie sich das Denken der Kinder entwickelt und wie Kinder ihren Weg in die Welt der Mathematik finden.

Um diese Fragen beantworten zu können, wurden lange Zeit allgemeine Entwicklungstheorien zur Erklärung herangezogen. Bekannte und einflussreiche Vertreter sind Jean Piaget und Lev Wygotski, deren Forschungsarbeiten das Verständnis der allgemeinen Denkentwicklung von Kindern stark vorangebracht haben.

7.2.1   Allgemeine Denkentwicklung von Kindern

Nach Jean Piaget (siehe Piaget, 1969) sind Kinder von sich aus (intrinsisch) motiviert zu lernen. Sie wollen von Anfang an lernen und alles um sich herum entdecken und verstehen. Eine Belohnung durch Erwachsene ist nicht die Antriebsfeder eigenen Lernens. Kinder wollen von sich aus denken; sie lernen täglich durch die Auseinandersetzung mit ihrer Welt.

So konstruieren sich Kinder ihr eigenes Bild von der Welt, gestalten dadurch aktiv ihren Lern- und Verstehensprozess und entwickeln diesen immer weiter, indem sie neue Erfahrungen sammeln. Hierbei verändern Kinder ihre Vorstellungen auch und passen diese entsprechend ihrer Erfahrungen (besser an die Realität) an. Sie erweitern ihr Wissen und entwickeln sich dadurch weiter. Entwicklung ist ein ständiger Anpassungsprozess von Vorstellungen und Erfahrungen und hört auch im Erwachsenenalter nicht auf.

Beispiel
Bietet z. B. ein Erwachsener einem Kind aus einem Bonbonglas eine Süßigkeit an, indem er sagt: „Möchtest du eins?", so könnte das Kind die Vorstellung aufbauen, das Wort „eins" beschreibe die Süßigkeit. Sobald das Kind aber weitere Erfahrungen rund um die Süßigkeit (z. B. die Bezeichnung Bonbon) und das Wort „eins" (das es im Zusammenhang mit sehr vielen anderen einzelnen Dingen hört) gesammelt hat, wird es erkennen, dass das Wort „eins" in diesem Fall nicht der Name für die Süßigkeit ist, sondern die Anzahl beschreibt.

Lev Wygotski interessierte sich dafür, wie die Umwelt die kindliche Entwicklung beeinflusst. „Was das Kind heute in der Zusammenarbeit zu leisten vermag, das wird es morgen selbstständig auszuführen im Stande sein.", so Lev Wygotski (Wygotski, 2002, S. 348). Menschliches Denken entwickelt sich somit stets im sozialen Umfeld. Er spricht von der „Zone der nächsten Entwicklung" (Wygotski, 2002, S. 348), die den Raum der Entwicklungsmöglichkeiten meint, den ein Kind zu einem gegebenen Zeitpunkt besitzt.

Beispiel
Baut ein Kind ein Spielzeug zunächst mit der Unterstützung eines Erwachsenen zusammen (dieser hält das Spielzeug dann und wann fest, sodass dem Kind das Andrehen der Räder gelingt), so geht Wygotski davon aus, dass das Kind in Kürze das Spielzeug selbstständig zusammenbauen kann.

Diese „Zone der nächsten Entwicklung" kann das Kind mit geeigneter Unterstützung durchschreiten, um von seinem aktuellen Entwicklungsstand zu einem neuen zu gelangen. Hierbei hilft die pädagogische Umwelt.

Zone der nächsten Entwicklung (Lew Wygotski), (vgl. Stiftung „Haus der kleinen Forscher", 2011).

Der Entwicklungsschritt kann durch einen Hinweis, eine Frage oder einen Impuls passieren, kann aber auch durch bestimmte Materialien oder andere Anreize ausgelöst werden. Das Kind steigt die Entwicklungsleiter selbst hinauf. Es wird nicht von Stufe zu Stufe getragen, sondern erklimmt die Leiter aus eigenem Willen und mit eigener Kraft.

Beim Aufstieg können die Kinder unterstützt werden, indem die Leiter passend steht. Sie steht dann gut, wenn dafür gesorgt wird, dass an die Vorerfahrungen, Vorstellungen und Ideen der Kinder angeknüpft wird. Es ist daher wichtig zu erkennen, auf welchem Entwicklungsstand sich das Kind gerade befindet und welche Lerngelegenheiten es ihm am besten ermöglichen, selbstständig einen Schritt weiter zu gehen.

Bearbeitungsmöglichkeit in der Lehre oder im Selbststudium

Die „Zone der nächsten Entwicklung" gilt nicht nur für die kindliche Entwicklung. Auch Erwachsene durchschreiten sie fortwährend. Finden Sie ein für sich aktuelles Thema und ein Thema aus der Kindertagesstätte, zu dem ein aktueller Entwicklungsstand und ein möglicher Entwicklungsstand wahrgenommen werden. Was ist nötig, um das Ziel, den möglichen Entwicklungsstand, zu erreichen? Welche Form der Lernbegleitung würde unterstützend wirken?

Beispiel
Ein Beispiel aus dem eigenen Alltag

Der aktuelle Entwicklungsstand beim Joggen ist, dass 10 km gut ohne Pause gelaufen werden. Ein möglicher Entwicklungsstand ist der Lauf eines Halbmarathons (21 km). Um diesen Entwicklungsstand zu erreichen, hilft eine Laufgruppe (pädagogische Leiter), die motiviert, regelmäßig zu trainieren.

Ein Beispiel aus der Kindertagesstätte

Ein Kind kann schon recht gut zählen, verzählt sich aber häufig beim Abzählen, da es Dinge doppelt zählt. Eine pädagogische Leiter könnte ein Körbchen oder die Hand der Erzieherin sein, in die das Kind die bereits gezählten Dinge hineinlegt.

7.2.2   Alterstypische mathematische Entwicklung

Die Frage, ab wann und auf welche Weise man Kindern am besten helfen kann, mathematische Kompetenzen aufzubauen, ist mit allgemeinen Theorien zur Denkentwicklung nur schwer zu beantworten. Seit Beginn der 1990er-Jahre entstanden neuere Forschungsansätze zur Entwicklung des Wissens in einzelnen Inhaltsbereichen, sogenannte domänenspezifische Ansätze. Aus diesen bereichsspezifischen Studien gehen sehr viele Erkenntnisse über die alterstypische mathematische Entwicklung von Kindern im Alter von 0 bis 6 Jahren hervor.

Hintergrundwissen zu typischen Entwicklungsschritten macht es pädagogischen Fachkräften leichter, beobachten und einschätzen zu können, auf welchem Entwicklungsstand das Kind gerade ist und welcher Schritt als nächstes folgen könnte. Lange Zeit wurden Kinder in ihren mathematischen Kompetenzen unterschätzt. Heute weiß man, dass Kinder ähnlich wie beim Erlernen der Sprache, von Geburt an besondere Voraussetzungen mitbringen, um sich die Welt der Mathematik zu erschließen (siehe Wynn, 1992 und siehe Xu/Spelke, 2000).

Um zu dieser Erkenntnis zu kommen, konzentrieren sich Wissenschaftlerinnen und Wissenschaftler auf das Blickverhalten von Babys. Grundidee ist, dass sich Kinder für Neues und Unerwartetes stärker interessieren und es daher länger anschauen als Bekanntes, Erwartetes und Vertrautes.

Wird den Säuglingen immer wieder das gleiche Bild (z.B. eine Abbildung mit acht Punkten darauf) gezeigt, so gewöhnen sich die Kinder an das Bild und ihre Blickzeit nimmt ab (sie „habituieren"). Sobald etwas Neues präsentiert wird (z.B. eine Abbildung mit 16 Punkten), steigt ihr Interesse, sie sind aufmerksamer und schauen länger auf das Objekt (sie „dishabituieren"). Mit Hilfe dieser sogenannten Habituations-Dishabituations-Methode fanden Wissenschaftlerinnen und Wissenschaftler u.a. heraus, dass bereits Säuglinge ein Konzept von „mehr" und „weniger" haben.

Die folgende Zusammenstellung lehnt sich an die Inhalte des Kapitels „Entwicklung des mathematischen Denkens" von Janna Pahnke und Sabina Pauen im Buch „Vom Klein-Sein zum Einstein" an (vgl. Pahnke/Pauen, 2009, S. 22 ff). Neben den wissenschaftlichen Erkenntnissen werden Praxisanregungen gegeben, wie pädagogische Fachkräfte Kinder beim Aufbau der mathematischen Kompetenzen unterstützen können.

Babys (bis 1 Jahr)
– Bereits vier Monate alte Babys erkennen Mengenunterschiede, wenn sich diese im Verhältnis 1:2 unterscheiden, z.B. acht Punkte und 16 Punkte (intuitiver Mengensinn).

– Babys verstehen die Bedeutung von mehr und weniger. Sie können dieses Wissen aber nur bei einer kleinen Anzahl (bis max. vier) anwenden, z.B. entscheiden sie sich bei der Wahl zwischen zwei oder drei Keksen sicher für die größere Anzahl, zeigen aber keine klare Bevorzugung, wenn sie zwischen fünf und sechs Keksen wählen dürfen (Simultanerfassung – Verarbeitung einer Anzahl mit geringem Umfang).

➜➜➜ **Merksatz**
> Wörter wie „mehr" und „weniger" helfen bei Bezügen auf eine überschaubare Anzahl von Objekten und Personen (bis vier) oder auf Mengen, die sich deutlich unterscheiden (Verhältnis 1:2).

Beispiel
„Auf der Seite der Wippe sitzen weniger Kinder als auf der anderen Seite. Dort sitzen mehr Kinder."

– Bereits Babys haben eine Erwartung darüber, was bei Veränderungen der Anzahl passiert: Sie verstehen, dass eine Anzahl von Dingen mehr wird, wenn etwas hinzukommt, und weniger, wenn man etwas wegnimmt.

➜➜➜ **Merksatz**
> Durch Kommentare kann die Erzieherin oder der Erzieher die Veränderung der Anzahl bei den Kindern bewusst machen, wenn z. B. zu einer Anzahl etwas hinzukommt und sie dadurch größer wird.

Beispiel
„Ich hole noch einige Teller (etwas hinzufügen), dann haben wir mehr, und jedes Kind bekommt einen eigenen Teller."

Kleinkinder (2 bis 3 Jahre)
Kleinkinder benutzen fast von dem Moment an, in dem sie zu sprechen beginnen, Zahlwörter. Sie lernen, dass Zählen bei einzeln erfassbaren Dingen sinnvoll ist (z. B. Lollis) und dass es von Bedeutung ist, wenn z. B. jedes von drei Kindern eine Süßigkeit bekommt (Eins-zu-eins-Zuordnung). Mit drei Jahren können sie in der Regel von eins bis fünf zählen und dabei auf Objekte zeigen.

➜➜➜ **Merksatz**
> Fingerspiele und Zahlenreime unterstützen die Kinder beim Erlernen der Zahlenreihe durch das spielerische Wiederholen.

Beispiel
„Eins, zwei, drei, wir alle sind dabei, vier, fünf, sechs, die Birne ist ein Gewächs, sieben, acht, neun, du musst es sein!"

Kinder im Vorschulalter (4 bis 6 Jahre)
Kinder im Vorschulalter verinnerlichen die Zählprinzipien. All diese Teilaspekte sind wichtig, um richtig zählen zu können.

Zählprinzipien

Eins-zu-eins-Zuordnung

Jedes Objekt wird beim Abzählen mit genau einem Zahlwort benannt. Kinder, die dieses Prinzip verstanden haben, wissen, dass jedem Objekt im Rahmen eines Zählvorgangs genau ein Zahlwort zuzuordnen ist. Dabei ist es egal, welches Objekt zuerst und welches zuletzt gezählt wird. Liegen die Objekte z. B. in einer Reihenfolge, kann ein Abzählen von beiden Seiten begonnen werden. Wichtig ist nur, dass jedes Element genau einmal gezählt wird.

Beispiel
Fördermöglichkeiten, um Kinder dabei zu unterstützen, diese Teilkompetenz (weiter) aufzubauen:

– *Die Kinder legen die abgezählten Gegenstände in eine separate Schale.*

– *Die Kinder ordnen die Gegenstände in einer Reihe und zählen diese während der Sortierung oder anschließend ab.*

– *Bewusstes Tisch-Decken: Jedes Kind erhält einen Teller.*

– *Rhythmus von Zählversen oder -liedern mit Bewegungen wie Hüpfen oder Springen begleiten.*

– *Eine Erzieherin bzw. ein Erzieher schneidet z. B. einen Apfel klein und überlegt gemeinsam mit den Kindern, ob für jedes Kind ein Stück da ist.*

– *Die Kinder zum Abzählen ermuntern: „Kannst du diese Dinge zählen?"*

Prinzip der stabilen Rangfolge

Sortieren die Kinder Stifte oder Stäbe nach ihrer Größe, so beschreiben sie eine Anordnung von groß nach klein (bzw. umgekehrt von klein nach groß). Sie beobachten, dass eine Reihe mit verschieden großen Elementen entsteht. Haben Kinder das Prinzip bei der Reihung begriffen, fällt es ihnen leicht, auch die Anzahl in eine Reihenfolge zu bringen und diese mit den passenden Zahlworten zu benennen. Die Reihenfolge der Zahlwörter bleibt immer gleich: eins, zwei, drei, vier, fünf, sechs …

Hat ein Kind das Prinzip der Reihung und die stabile Rangfolge der Zahlwörter verstanden, so weiß es, dass die Abfolge der Zahlen beim Zählen und deren Zuordnung zu den entsprechenden Anzahlen nie variiert. Die mündliche Zahlwortreihe sicher zu beherrschen ist eine wichtige Grundvoraussetzung, um richtiges Abzählen zu erlernen. Zu Beginn sagen die Kinder die Zahlenreihe vielleicht wie ein Gedicht auf. Ihnen fehlt dann noch die Vorstellung, was „hinter" den Zahlen steckt. Aber allein das Aufsagen der Zahlworte in der richtigen Reihenfolge ist schon sehr wichtig, denn wenn dieser Prozess sicher und fast automatisch beherrscht wird, wird die Verarbeitung neuer Informationen erleichtert.

Beispiel
Fördermöglichkeiten, um Kinder dabei zu unterstützen, diese Teilkompetenz (weiter) aufzubauen:

– *verschiedene Dinge wie Stäbchen, Stifte oder Bausteine von groß nach klein ordnen (bei kleinen Kindern zunächst 2 bis 3 Objekte, bei älteren Anzahl steigern),*

– *Lieder und Reime zur Zahlenreihe,*

– *Versteckspielen: bis 20 zählen.*

Kardinalitätsprinzip

Beim Abzählen gibt das letzte Zahlwort die Anzahl der gezählten Objekte an. Kinder, die das Kardinalitätsprinzip begriffen haben, wissen, dass durch Zählen die Größe einer Anzahl ermittelt werden kann. Es geht um die Frage, wie viele Objekte insgesamt z. B. auf einem Tisch liegen.

Beispiel
Fördermöglichkeiten, um Kinder dabei zu unterstützen, diese Teilkompetenz (weiter) aufzubauen:

- *Die Erzieherinnen bzw. Erzieher zählen Obstteile, Trinkflaschen, Stühle oder Jacken laut ab und fügen hinzu, dass insgesamt z. B. zehn Teile da sind.*

- *Im Morgenkreis zählen die Kinder jedes anwesende Kind und erkennen, dass heute insgesamt z. B. dreizehn Kinder da sind.*

- *Bedeutung des Zählens deutlich machen: „Jetzt wo wir wissen, wie viele Kinder heute da sind, wissen wir, wie viele Teller wir decken müssen." Die Kinder erkennen, dass das Zählen dazu dient, Alltagsfragen zu lösen.*

- *Den Rhythmus zählen: Falls die Kita ein Tamburin oder eine Schellentrommel hat, schlägt ein Kind, und die anderen zählen die Schläge leise mit und sagen oder zeigen anschließend die Gesamtzahl.*

- *Die Kinder nach der Anzahl einer bestimmten Menge fragen: „Wie viele sind das?"*

Prinzip der Irrelevanz der Reihenfolge beim Abzählen

Werden die ersten drei Prinzipien, also stabile Rangfolge, Eins-zu-eins-Zuordnung und Kardinalitätsprinzip beachtet, so spielt die Reihenfolge, in der eine gegebene Menge abgezählt wird, keine Rolle. Die Kinder erkennen, dass sie bei einem beliebigen Objekt mit dem Zählen beginnen können.

Abstraktionsprinzip

Zahlwörter beschreiben eine Anzahl und nicht eine bestimmte Art von Dingen. Mit Zahlwörtern werden also keine konkreten Gegenstände benannt, sondern sie beschreiben die Anzahl von Dingen unabhängig von deren Aussehen oder deren Funktion. Es lässt sich fast alles zählen (Hunde, Kinder, Schritte usw.). Hat ein Kind die Abstraktion des Zählvorgangs verstanden, begreift es, dass jede beliebige Art von Objekten auf die gleiche Weise zählbar ist.

Beispiel
Fördermöglichkeiten, um Kinder dabei zu unterstützen, diese Teilkompetenz (weiter) aufzubauen:

- *Die Erzieherin bzw. der Erzieher zählt Dinge unterschiedlicher Art laut ab.*

- *Gemeinsam mit den Kindern wird eine anregende Lernumgebung gestaltet. z. B. ein Zähltisch, auf dem verschiedene Materialien zum Anfassen, Sortieren und Abzählen motivieren.*

Bearbeitungsmöglichkeit in der Lehre oder im Selbststudium

Stellen Sie sich vor Ihrem geistigen Auge z. B. einen Hund vor. Wahrscheinlich mit vier Beinen, einem Kopf und einem Schwanz und einem wuscheligen Fell. Der Begriff beschreibt ein Tier.

Dann stellen Sie sich anschließend vor Ihrem geistigen Auge die Zahl 3 vor.

Mit der Zahl 3 dagegen können drei Äpfel, drei Autos oder drei Menschen in die Vorstellung kommen. Zahlworte sind abstrakt und bezeichnen eine Anzahl von Dingen.

Neben der Zuordnung von Anzahl und Zahlwörtern lernen Kinder im Vorschulalter auch den Umgang mit Zahlsymbolen wie Ziffern. Mit der Zeit entwickeln die Kinder eine Verbindung zwischen den Ziffern und den Zahlwörtern. Sie erkennen die Ziffer 3 und bezeichnen es mit dem Wort drei. Und umgekehrt können sie zu dem Zahlwort drei die Ziffer 3 zuordnen.

Zentral ist die Entwicklung des Verständnisses, dass zu den Zahlwortsymbolen jeweils eine entsprechende Anzahl von Elementen gehört (Kenntnis der Anzahl-Symbol-Zuordnung).

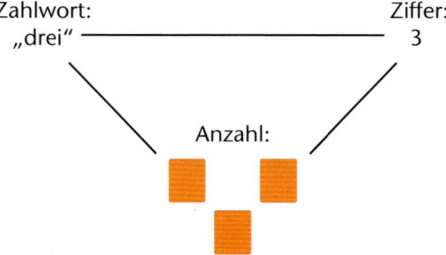

Zusammenhang Ziffer – Zahlwort – Anzahl

Für Kinder sind diese Verbindungen keine Selbstverständlichkeit. Sie bauen sie erst auf und können von pädagogischen Fachkräften dabei unterstützt werden.

Beispiel
Fördermöglichkeiten, um Kinder dabei zu unterstützen, dass sie den Zusammenhang zwischen Zahlsymbol und Anzahl erkennen:

– *Anzahl mit Ziffern und Worten zusammenbringen (siehe Schema oben)*

– *Zahlensuche: Wo finden sich Zahlsymbole in der Kita?*

– *Würfelspiele, z. B. Mensch-ärgere-dich-nicht: Das Würfelbild zeigt an, um wie viele Schritte die Spielfigur weitergesetzt werden darf.*

– *Die Erzieherin bzw. der Erzieher baut mit den Kindern einen Kalender. Jeden Tag hat ein Kind Kalenderdienst und bespricht mit den anderen das Datum. Interessant sind z. B. die Tage nach dem Wochenende oder Tage nach Ausflügen, denn dann gilt es, einen Tag oder mehrere Tage gedanklich zu überspringen.*

– *Gelegenheiten schaffen, bei denen die Kinder Zahlwörter anwenden können, z. B. die Kinder gestalten die Treppenstufen mit Zahlen.*

7.3   Bildungsprozesse gestalten

Welche Inhalte in den Bildungsplänen zur frühen mathematischen Bildung festgeschrieben sind und wie diese Anforderungen seitens der Kinder und ihrer Entwicklung gemeistert werden können, wurden bis hierhin vorgestellt.

Ziel ist es nun, diese beiden Seiten zu verbinden. Das Wie steht dabei im Mittelpunkt: Wie begleiten und unterstützen pädagogische Fachkräfte die Kinder in der Kita am besten dabei, selbstständig einen Schritt in ihrer mathematischen Entwicklung weiterzukommen? Einen pädagogisch-didaktischen Ansatz für diese Lernunterstützung zeigt z. B. Fthenakis auf (vgl. Fthenakis, 2009, S. 141 ff; siehe Stiftung „Haus der kleinen Forscher", Pädagogischer Ansatz der Stiftung „Haus der kleinen Forscher", 2013).

Laura: „Schau mal, so viele Kastanien habe ich gesammelt! Ich will sie heute zählen!" Antwort einer der Erzieherinnen: „Hier hast du ein paar Becher, vielleicht kannst du sie gebrauchen."

Hier trifft ein Kind auf eine pädagogische Fachkraft, die ihm die Möglichkeit gibt, seine eigenen Kompetenzen zu nutzen, um Fragen zu beantworten und Probleme selbst zu lösen. Durch das Verhalten der Erzieherin bzw. des Erziehers kann ein gemeinsamer, konstruktiver Lernprozess in Gang gebracht werden: Die Fachkraft nimmt die Interessen und eigenen Überlegungen des Kindes ernst, stärkt es in seiner Kreativität, hat eine forschende Grundhaltung und setzt diese beim Kind ebenfalls voraus. Sie gibt Anregungen und sieht sich als Begleiterin des Kindes.

In einem solchen Lernumfeld wird das gemeinsame Forschen und Entdecken gelebt (siehe Stiftung Haus der kleinen Forscher, Pädagogscher Ansatz, 2013). Gemeinsam – mit der Fachkraft oder auch mit anderen Kindern – erweitern die Beteiligten ihr Wissen und ihr Verständnis. Die Kinder erhalten Anregungen für den eigenen Lösungsweg und für die sich daraus ergebende Reflexion.

Derartige Lernprozesse verlangen von den Pädagoginnen und Pädagogen viel Sensibilität und Einfühlungsvermögen in die Gedanken- und Vorstellungswelt sowohl der Kindergruppe als auch der einzelnen Kinder. Das Kind mit seinen individuellen Vorerfahrungen genau dort abzuholen, wo es steht, ist eine wichtige Voraussetzung für erfolgreiche Lernprozesse. Das Vorwissen der Mädchen und Jungen, und insbesondere ihre Vorstellungen über die Welt, wahrzunehmen und darauf einzugehen ist Aufgabe der pädagogischen Fachkräfte.

7.4   Verschiedene Bildungskonzepte

Für die frühe mathematische Bildung liegen viele verschiedene Bildungskonzepte und Programme vor. Für das einzelne Kind ist jenes Konzept sinnvoll, das es in seiner mathematischen Bildung unterstützt und voranbringt, das also eine gute Leiter darstellt, um dem Kind das Durchschreiten der nächsten Entwicklungsstufe zu ermöglichen. Es kommt auf die Passung zwischen dem Konzept und dem aktuellen Entwicklungsstand des Kindes an.

Beispiel
Die Stiftung „Haus der kleinen Forscher" bietet als einen weiteren Themenschwerpunkt neben naturwissenschaftlichen und technischen Inhalten Fortbildungen und pädagogische Materialien im Bereich Mathematik an, die in Zusammenarbeit mit dem Mathematikum Gießen, der Universität Osnabrück, Arbeitsgruppe Prof. Schwank, und einem lokalen Netzwerk der Stiftung, nibe Südwest, entwickelt wurden. Dieses Bildungsangebot wurde in einer Pilotphase von der Universität Vechta, Arbeitsgruppe Prof. Winter, evaluiert; die Ergebnisse und Anregungen sind in das Konzept, das seit 2011 Verbreitung in der Fläche gefunden hat, eingeflossen (siehe Grieshop/ Winter, 2012, in: Wissenschaftliche Untersuchungen zur Arbeit der Stiftung „Haus der kleinen Forscher", Band 3).

Dabei soll eine pädagogische Anregung bei den bestehenden Kompetenzen des Kindes ansetzen und gleichzeitig den nächsten Entwicklungsstand anvisieren. Beherrscht ein Kind z. B. schon die mündliche Zahlwortreihe, hat aber noch ein ungefestigtes Verständnis von Zahlsymbolen wie Ziffern, von Würfelbildern oder der Eins-zu-eins-Zuordnung beim Zählen, könnte es etwa vom Spielen einfacher Zahlenbrettspiele profitieren. Ist ein Kind dagegen unsicher in der Abfolge der Zahlwortreihe, singt aber gern, könnte ein Zahlenlied zur Übung der Reihenfolge das Passende sein. Oft suchen sich Kinder auch von selbst Anregungen und Beschäftigungen aus, die ihrem jeweiligen Entwicklungsprozess entsprechen.

Die Erzieherin bzw. der Erzieher sollten die verschiedenen Konzepte, Ansätze und Spiele somit als pädagogische Leiter betrachten. Je mehr Ansätze sie kennen, desto flexibler und freier können sie auf die mathematischen Gelegenheiten in der Welt reagieren und auf die Ideen und das Vorwissen der Kinder eingehen. Dabei gilt, dass die mathematische Bildung entwicklungsgerecht gestaltet sein muss. Die Bedürfnisse und Fragen der Kinder stehen im Vordergrund.

Weiterführende Literatur und Filme

Beutelsbacher, Albrecht/Wagner, Marcus: Wie man durch eine Postkarte steigt, Freiburg im Breisgau, Verlag Herder, 2008.
Mathematische Experimente, Mathematik zum Anfassen und Selbermachen, das stellen die beiden Autoren auf unterhaltsame und interessante Art und Weise dar.

Blum, Wolfgang: Was ist was – Mathematik, Nürnberg, Tessloff Verlag, 2008.
Dieses Buch bestätigt, dass Mathematik nicht staubtrocken und langweilig ist, sondern fesseln kann, sodass man alles um sich vergisst.

Bostelmann, Antje (Hrsg.): Jederzeit Mathezeit!, Mülheim: Verlag an der Ruhr, 2009.
Das Buch zeigt mit vielen Praxisbausteinen, wie die frühe mathematische Bildung gut in den Alltag der Kinder integriert werden kann.

Ebbutt, Sheila/Mosley, Fran/Skinner, Carole: Mathematische Grundbildung im Kindergarten, Troisdorf, Bildungsverlag EINS, 2006.
Die Autoren gehen auf die verschiedenen mathematischen Bereiche wie „Zahlen und Zählen", „Erstes Rechnen" und „Form, Raum und Maße" ein. Dabei steht im Vordergrund, dass die frühe mathematische Bildung an die Erfahrungen und Kompetenzen der Kinder anknüpft.

Fthenakis, Wassilios E./Eitel, Andreas: Dokumentation des Forschkönig-Wettbewerbs, Troisdorf, Bildungsverlag EINS, 2008.
Dieser Band stellt die Projekte von Kitas in ganz Deutschland vor, die sich am Wettbewerb „Forschkönig" der Deutschen Telekom Stiftung beteiligt haben. 18 Projekte zur naturwissenschaftlichen, mathematischen und technischen Bildung werden in diesem praxisnahen Band beschrieben, von Ideen zur Projektfindung über Durchführung sowie mögliche Weiterentwicklungen. Die im Buch enthaltene CD-ROM zeigt die Umsetzung dieser Bildungsinhalte in den einzelnen Einrichtungen und lässt die Erzieherinnen und Erzieher ihre wertvolle Arbeit kommentieren.

Hoenisch, Nancy/Niggemeyer, Elisabeth: Mathe-Kings, Junge Kinder fassen Mathematik an, Weimar/Berlin, Verlag das Netz, 2007.
Das Buch gibt viele Anregungen zu verschiedenen mathematischen Bereichen, wie „Sortieren und Klassifizieren", „Muster", „Zahl", „Raum und Geometrie", „Wiegen, Messen und Vergleichen" sowie „grafische Darstellung und Statistik".

Lorenz, Jens Holger: Kinder begreifen Mathematik. Frühe mathematische Bildung und Förderung. Stuttgart, Kohlhammer, 2012.
Das Buch beschreibt die Entwicklung, Diagnose und Förderung der wesentlichen mathematischer Kompetenzen, die Kinder in der Regel schon im Vorschulalter erwerben und die sie auf einen erfolgreichen Start in die Welt der Mathematik vorbereiten.

Österreicher, Herbert: Das Zahlenheft, Weimar/Berlin, Verlag das Netz, 2008.
Zahlen von eins bis zehn einmal anders. Die Rolle, die sie in der Mathematik und anderen Feldern wie der Biologie, den Geowissenschaften oder der Architektur spielen, lässt die Zahlen in einem neuen Licht erscheinen.

Peter-Koop, Andrea/Grüßing, Meike: Mit Kindern Mathematik erleben, Seelze, Erhard Friedrich Verlag, 2007.
Das kommentierte Foto-Bilderbuch zeigt Erwachsenen auf eindrucksvolle Weise, wo Kinder die Mathematik im Alltag überall entdecken und erleben.

Stiftung „Haus der kleinen Forscher" (Hrsg.): Handbuch für Lehrerinnen und Lehrer an Fachschulen für Sozialpädagogik, Berlin 2011, online verfügbar (als PDF) unter www.haus-der-kleinen-Forscher.de [20.08.2013]
Diese Publikation unterstützt Lehrerinnen und Lehrer bei der Integration von Naturwissenschaften und Technik in die Ausbildung von Erzieherinnen und Erzieher. Zahlreiche erprobte Praxisbeispiele zur Gestaltung von Unterrichtseinheiten werden vorgestellt.

Wehrli, Ursus: Kunst aufräumen, Zürich, Kein&Aber Verlag, 2004.
Dieses Buch besticht durch seinen Witz und seine charmant verrückten Ideen. Ob z. B. Klee, Kandinsky, Matisse oder van Gogh, Werke all dieser Künstler und vielen weiteren werden nach Farbe und Form sortiert und ordentlich aufgeräumt.

Filmbeispiele
Elschenbroich, Donata/Schweitzer, Otto: Das Kind ist begabt, München, 2007.
Der einfühlsame Film zeigt begabte Kinder in ihrem Spiel, im Forschen und Erfinden. So wird ein mathematisch begabter Junge porträtiert, wie er ausdauernd Maschinen bastelt, keine Gelegenheit auslässt zu zählen und zu rechnen. Das Werk zeigt Beispiele aus Bildungseinrichtungen, die den Kindern Freiräume und Zeit zur Verfügung stellen und sie in ihrer Entwicklung begleiten.

Philibert, Nicolas: Sein und Haben, Originaltitel: Être et avoir, Ventura Film 2002.
In der Zwergschule von Saint-Etienne-sur-Usson in der Auvergne unterrichtet der Lehrer Georges Lopez 13 Schülerinnen und Schüler zwischen drei und elf Jahren in einer einzigen Klasse. Geduldig begleitet er die Kinder beim Lernen. Es ist ihm ein Anliegen, dass sie sich physisch und psychisch gesund entwickeln.

Stiftung „Haus der kleinen Forscher" (Hrsg.): Kleine Forscher pädagogisch begleiten, Berlin 2010.
Dieser Film greift das pädagogische Konzept der Stiftung „Haus der kleinen Forscher" auf und bietet Fachkräften anschaulich Hilfestellung bei der Begleitung von Kindern im Kita-Alltag. Kinder, als aktiv lernende, neugierige und weltoffene Individuen, werden in ihren Kompetenzen und ihrer Erfahrungswelt eindrucksvoll wertgeschätzt und gefördert.

8 Naturwissenschaftliche Grunderfahrungen

Axel Werner

Überblick

Kinder erforschen von Natur aus ihre Umwelt. Das menschliche (also nicht nur das kindliche!) Gehirn ist darauf eingestellt, vierundzwanzig Stunden am Tag zu lernen. Lernen kann süchtig machen, erfolgreiches Lernen macht Lust auf mehr. Wenn diese Aussagen richtig sind, dann muss es verwundern, weshalb unsere Schulkinder den Eindruck erwecken, dass Lernen keinen Spaß macht, dass Physik langweilt, dass Mathe nicht zu begreifen ist, dass das Beste am Schulalltag die Pausen sind, das Beste an der Schule die Ferien. Freizeit wird als lernfreie Zeit empfunden und deswegen geliebt.

Dass insbesondere der naturwissenschaftliche Unterricht mehrheitlich nicht zu funktionieren scheint, liegt offen zutage. Doch es gibt Beispiele für gelingende, kindgerechte (besser gesagt: gehirngerechte) Vermittlung naturwissenschaftlicher Sachverhalte. Die folgenden Ausführungen beziehen sich auf Erfahrungen, welche über einen Zeitraum von sechs Jahren im wissenschaftlichen Mitmachmuseum Extavium in Potsdam gemacht wurden. Die vorgeschlagenen Experimente sind mit einer sehr großen Anzahl Kinder ab 5 Jahren erfolgreich durchgeführt worden. Die zugrunde liegende Methodik hat sich in Tausenden Experimentierkursen und Workshops bewährt. Ein besonderes Augenmerk liegt dabei auf der Vermittlung eines Grundverständnisses. Ist dieses vorhanden, kann leicht vieles andere daraus abgeleitet werden. Die Bedeutung der erfolgreichen Vermittlung naturwissenschaftlicher Grunderfahrungen kann also gar nicht überschätzt werden.

Aufbau des Beitrages

Dieses Kapitel soll dazu motivieren, den Kindern bereits im Vorschulalter spannende, lustige und anregende Angebote zu unterbreiten, sich durch erhellende Experimente ihre Welt nach und nach zu erschließen (siehe Kap. 8.1). Im Kap. 8.2 wird erläutert, wozu Menschen ein Organ besitzen, welches mit großem energetischem Aufwand vierundzwanzig Stunden Tag und Nacht lernen möchte. Kap. 8.3 setzt den Spaß in den Vordergrund, der für ein erfolgreiches Lehren und Lernen unabdingbare Voraussetzung ist. Je mehr Sinne beim Lernen eingesetzt werden, desto nachhaltiger kann Wissen verankert werden (Kap. 8.4). Die pädagogische Fachkraft sollte nicht nur dafür sorgen, dass die Kinder experimentieren und staunen, sondern selbst aktiv dabei sein, mitmachen, mitstaunen und Begeisterung zeigen (Kap. 8.5). Das frühkindliche experimentelle Entdecken der Umwelt braucht kein Überangebot und keine zu raschen Wechsel in den Themen. Sich den Dingen mit Ruhe und in Ruhe hinzugeben ist wichtig und notwendig und daher gilt: Weniger ist mehr (Kap. 8.6). Konkrete experimentelle Anleitungen inklusive Materiallisten, Choreografien, Erklärungen und Geschichten sowie weitergehendes Hintergrundwissen für die pädagogische Fachkraft werden anhand der Fragestellungen, z. B. wie Tauchen und Schwimmen funktionieren, in Kap. 8.7 ausführlich behandelt. Speziell die „Rubriken „Was steckt dahinter?" und „Wusstest du schon?" eignen sich zum thematischen Selbststudium. Auf die Bedeutung der Atmosphäre, welche während des Lernens erlebt und mit abgespeichert wird, geht Kap. 8.8 ein. In Kap. 8.9 und 8.10 werden die Fragen aufgeworfen, wie viel die pädagogische Fachkraft selbst wissen sollte, um erfolgreich lehren zu können und wie mit Kinderfragen umzugehen ist. Kap. 8.11 fasst schließlich zusammen, wie Bildung gelingen kann.

8.1 Auf den Anfang kommt es an

Wann ist ein Mensch in dem geeigneten Alter, sich den vermeintlich schwer zu erschließenden Themenwelten der Naturwissenschaften zu widmen? Gibt es dafür ein zu früh oder zu spät? Welchen Hintergrund hat die Tatsache, dass wir Kindern erst zur Mitte ihrer regulären Schulzeit die Unterrichtsfächer Physik und Chemie anbieten? Man sollte sich zunächst diese Fragen beantworten, um daraus abzuleiten, inwiefern das Erforschen der Natur ein Thema ist, welches man in den ersten Lebensjahren eines Kindes erfolgreich umsetzen kann.

Zunächst gilt uneingeschränkt: Kinder erforschen von Geburt an ihre Natur. Noch bevor sie sich sprachlich artikulieren können oder gar Beobachtungen, Gedanken, Vermutungen verbal äußern können, erfahren sie in ihrem Alltag Naturphänomene. Sie erkennen irgendwann, dass Dinge nach unten fallen, wenn man sie loslässt und erwarten dann auch, dass dies immer so passiert. Sie lernen dabei, dass es die Gravitation gibt, ohne dieses Wort je gehört zu haben oder überhaupt verstehen zu können. Dass sie im Erkennen
dieses Grundprinzips besondere Freude entwickeln, indem sie Gegenstände gern mehrfach einfach loslassen und ihr Fallen beobachten, zeigt, dass sie eben dabei sind, etwas zu lernen, was zum Leben dazu gehört.

Beispiel
Dass sich im Sandkasten mit feuchtem Sand und einem entsprechenden Förmchen ein Kuchen viel besser backen lässt als mit trockenem Sand ist eine Erfahrung, die wohl jedes Kind sehr frühzeitig macht.

Es braucht zu dieser Erkenntnis keine schwierigen Begriffe und Formeln, sondern einfach nur Empirie: das sinnlich Wahrgenommene wird als Erfahrung abgespeichert. Derlei Beispiele lassen sich zahllose finden. Das Erforschen der Umwelt beginnt vom ersten Tag des Lebens an. Wir sind dafür geschaffen, unsere Umwelt zu ergründen, um zu verstehen, wie die Dinge funktionieren. Entwicklungsbiologisch hätten wir wohl kaum überlebt, wenn uns diese Eigenschaft nicht immanent wäre. Daher verwundert es, dass wir unseren Kindern dann doch offensichtlich vor dem zehnten bis zwölften Lebensjahr nicht zutrauen, die physikalischen und chemischen Aspekte unserer Lebenswelt zu verstehen.

Warum diese Thematik in der Schule vergleichsweise spät behandelt wird, fußt auf einem Irrtum. Basierend auf Untersuchungen Piagets in der ersten Hälfte des zwanzigsten Jahrhunderts leitete man für den Schulunterricht ab: Kinder können erst mit einem gewissen Reifegrad des Gehirns kausale Zusammenhänge verarbeiten, verstehen, gar selbst herleiten. Das logische Denken sei dem Menschen erst ab einem Alter von etwa 12 Jahren gegeben. Und um Naturwissenschaften zu machen, muss man logisch denken können. Also: Naturwissenschaftlicher Unterricht kann vorher gar nicht mit Erfolg durchgeführt werden.

Trotz der Tatsache, dass dies seit Jahrzehnten nicht mehr der aktuellen Forschung entspricht, hat sich innerhalb der Bildungspläne diesbezüglich kaum etwas geändert. Beobachtet man Kinder im Vorschulalter, so wird deutlich, mit welch großer Freude sie spielen, spielend lernen, das Experimentieren als Spielen empfinden (genau genommen ist es das auch exakt). Die Erfahrungen aufzusaugen, wie ihre Umwelt funktioniert, entspricht ihnen und somit ist der Ansatz, Kindern, noch bevor sie das reguläre Schulalter erreicht haben und auch Kindern im Grundschulalter den experimentellen Zugang zu den Naturphänomenen zu ermöglichen, a priori positiv zu bewerten.

Es geht darum, den Kindern Angebote zu unterbreiten und Gelegenheiten zu schaffen, sodass sie einzelne Naturphänomene und auch Verknüpfungen und Zusammenhänge entdecken, erkennen, verstehen. Aus der Erfahrung heraus, dass der naturwissenschaftliche Unterricht in den späteren Schuljahren bei der überwiegenden Zahl der Jugendlichen nicht mehr zu den favorisierten Fächern zählt, kann abgeleitet werden, dass trotz guter Ansätze ein Erfolg erst dann verzeichnet werden kann, wenn auch die Umsetzung gelingt. Welche Methoden zur Anwendung kommen sollten, welches die geeigneten Themen sind, ob man sehr fachbezogen unterrichtet oder stets die Lebensweltbezüge aufzeigt und sich damit weit aus dem eigentlichen Schulunterrichtsfach herausbewegt, ob Theorie oder Praxis das Geeignetere ist, sich einem Thema anzunähern führt zu einer Frage, die sich auf der darüber liegenden Ebene befindet: Warum lernen wir?

8.2   Warum lernen wir?

Einen eindrücklichen Zugang zu der Frage, warum wir überhaupt ein Denkorgan besitzen, liefert die Verhaltensbiologie. In der freien Natur haben sich unsere Vorfahren den üblichen Widrigkeiten ausgesetzt und sich stets gewisser Gefahren erwehren müssen. Schaut man weit genug zurück, dann wird klar, dass wir nicht ausschließlich Jäger waren, sondern auch Gefahr liefen selbst gejagt zu werden.

Um zu Überleben hat es sich etabliert, einer Gefahr geeignet zu begegnen. Das kann bedeuten, dass man sich ihr von vornherein entzieht, das kann bedeuten, dass man zum Angriff übergeht, das kann bedeuten, dass man flüchtet. Mit Blick auf die Tierwelt wird deutlich, dass Skelett, Muskulatur, Reaktionsvermögen, Verhaltensrepertoire von Fluchttieren hinsichtlich

Flucht optimiert sind. Die Antilope, welche den Löwen wittert, ist gut beraten, unmittelbar zur Flucht überzugehen.

Kreative Problemlösungsstrategien zu ventilieren, Optionen zu durchdenken und abzuwägen wäre nicht nur nicht förderlich, sondern nicht selten tödlich. Vor diesem Hintergrund muss man darüber nachdenken, weshalb es innerhalb unserer eigenen Evolution möglich wurde, dass sich ein für die wesentliche Aufgabe, nämlich zu überleben, scheinbar hinderliches Organ herangebildet hat. Immerhin verwertet unser Gehirn bei nur 2 Prozent Körpermasse selbst im Ruhezustand 20 Prozent unseres gesamten Energieumsatzes. Sind wir denkend aktiv, können daraus 40 Prozent werden.

Wäre es nicht sinnvoller, wir hätten größere Muskeln, um kräftiger auf einen Gegner einwirken zu können (umso leichter käme man an Nahrung) oder flinker einem Jäger zu entwischen (was die Überlebensrate der Population verbessert)? Unterstellen wir, dass sich im Laufe der Geschichte Unsinniges und Hinderliches nicht durchsetzt, so dürfen wir die These formulieren, dass der Besitz eines überproportional Energie benötigenden Denkorgans eine noch bessere Überlebenschance bot als stärkere Muskeln, schnellere Beine oder schärfere Augen.

Wenn das menschliche Gehirn ein Organ ist, welches vierundzwanzig Stunden am Tag lernen möchte und unsere Vorfahren durch das Gelernte einen deutlichen Überlebensvorteil hatten, so scheint eine weitere These evident: Es lohnt sich nur, Dinge zu lernen, die zum Überleben notwendig sind. Etwas sanfter formuliert und auf die heutige Zeit bezogen, wo es zumindest in unserer zivilisierten Umgebung nicht täglich ums nackte Überleben geht, ließe sich sagen:

→→→ **Merksatz**

   Es lohnt sich, Dinge zu lernen, die mein Leben verbessern, die mich voranbringen, die mir eine möglichst hohe Stellung innerhalb des sozialen Gefüges sichern, die es mir erleichtern, einen Partner zu finden usw. Diese Aussage schließt ein, dass es vielleicht sogar unmöglich ist, sinnlose Dinge zu lernen.

Betrachten wir eine typische Lehr- bzw. Lernsituation, in der ein physikalischer oder chemischer Sachverhalt untersucht wird. Wenn sich den Lernenden nicht erschließt, wofür der Lerninhalt dient, wenn ihnen vermittelt wird, dass der Lernstoff lediglich insoweit von Bedeutung ist, dass eine anstehende Prüfung überstanden werden muss, wenn jeglicher Lebensweltbezug fehlt (bzw. nicht aufgezeigt wurde), dann kann Lernen nicht funktionieren!

Eine Information, welche aufgenommen werden soll, wird (unbewusst) zunächst auf Neuigkeitswert hin überprüft.

Beispiel
Wird in einem Experiment gezeigt, wie sich Farben vermischen, dann ist dies aufregender, spannender und interessanter, wenn das Phänomen bislang unbekannt war.

Das nunmehr Erfahrene ist neu und damit prädestiniert, als Wissen abgespeichert zu werden. Ist es bereits bekannt, hat also keinen Neuigkeitswert, kann nichts gelernt werden – man weiß es ja schon.

Das Neue wird nun noch einer zweiten Prüfung unterzogen. Es erfährt (wiederum unbewusst) eine Bedeutungszumessung. Ist die Information wichtig? Hat es Bedeutung für mein Leben, sich mit dem Informationsgehalt auseinanderzusetzen, die Information als Wissen abzuspeichern? Wird diese Frage mit Ja beantwortet, kann die neue Information ins Langzeit-gedächtnis aufgenommen werden. Wenn diese Frage mit Nein beantwortet wird, wird es keinen Transfer ins Langzeitgedächtnis geben.

Unser Unterbewusstsein kann jedoch offen-sichtlich einem Lernstoff nicht unbedingt ansehen, ob er eine Bedeutung hat. Ansons-ten dürfte niemand in der Schule Probleme mit dem Lernen haben, denn in gewisser Weise haben die Stoffinhalte, welche vermit-telt werden sollen, eine Bedeutung, sind wich-tig – dass es dennoch nicht jedem gelingt, sich die Inhalte zu merken, also zu lernen, liegt an der Tatsache, dass sich die Bedeutung nicht bedingungslos mitvermittelt, sondern sie muss klar und deutlich kommuniziert werden.

Beispiel
Wenn man versucht, den Begriff der Dichte zu verstehen, reicht es nicht, ihn mit anderen (ähnlich unverständlichen) Begriffen zu beschreiben. Dass die Dichte den Quotienten aus Masse und Volu-men repräsentiert, ist zwar korrekt, als Erklärung jedoch nicht hilfreich. Um aufzuzeigen, dass die Dichte im richtigen Leben eine ziemlich wichtige Rolle spielt, müssen Fragen aufgeworfen werden: Warum schwimmt ein tonnenschweres Schiff, wo doch ein leichter Kieselstein gnadenlos unter-geht? Wieso kann eigentlich ein U-Boot wieder auftauchen? Wie tief taucht ein Wal und wie macht er das? Warum steigt warme Luft nach oben? Weshalb kann ich im Wasserbecken der Schwimm-halle nicht auf dem Boden sitzen, sondern steige im Wasser immer wieder auf? Was ist das Geheimnis eines Heißluftballons?

Diese Fragen und die dazu gehörigen Antworten haben erkennbaren Lebensweltbezug und liefern die notwendige Bedeutung, sich mit der Dichte zu befassen, zu lernen, was Dichte ist.

8.3　Spaß muss sein!

Nicht selten wird innerhalb von Lernsituationen ein gewisses Maß an Ruhe und Ernsthaftig-keit erwartet. Nimmt Unruhe zu, wird gelacht und werden Fragen gestellt, die scheinbar nicht zum Thema gehören, dann liegt die Vermutung nahe, dass der Lehrende zu der Über-zeugung gelangt, dass unter diesen Umständen niemand mehr etwas lernen kann. Doch stehen sich der Spaß und der Ernst wirklich diametral gegenüber? Handelt es sich hier tat-sächlich um ein Entweder-Oder?

Es kann als erwiesen angenommen werden, dass erfolgreiches Lernen überhaupt nur erfolgt, wenn man bei der Verarbeitung des Lernstoffs Spaß hat. In bildgebenden Verfahren konnten Wissenschaftler und Wissenschaftlerinnen aus der Hirnforschung zeigen und damit beweisen, dass beim Lernprozess innerhalb des Gehirns Botenstoffe frei werden, die eine notwendige Voraussetzung darstellen, damit gelernt wird, damit Wissen abgespeichert und behalten wird. Wird Dopamin (ein endogenes Morphin) ausgeschüttet, wird dies als angenehm und befrie-digend empfunden. Eine „Dopamindusche" ist ein körpereigenes Belohnungssystem und kann regelrecht süchtig machen. Dopamin wird frei, wenn wir uns glücklich fühlen, wenn wir Spaß haben. Gleichzeitig liefert diese Chemie die Grundlage dafür, dass neues Wissen behalten werden kann. Ohne diese Botenstoffe kann kein Lernen erfolgen.

Spaß ist eine notwendige Voraussetzung für erfolgreiches Lernen. Das schließt den Ernst und das korrekte, disziplinierte Arbeiten keinesfalls aus. Spaß bedeutet beim Experimentieren nicht, dass alle zur Verfügung stehenden Experimentierutensilien wahllos vermischt und zerstört werden. Der Spaß und die Freude entstehen, wenn man beginnt zu verstehen, was beim Experiment gerade abläuft, was Ursache und Wirkung ist, wie man ein Phänomen erzeugen und beeinflussen kann. Der größte Spaß ist ein wirkliches Aha-Erlebnis. Etwas nun doch endlich begriffen zu haben, eine Antwort auf eine Frage zu erhalten, die man schon lange hatte, und nun hat man die Antwort wirklich verstanden, vielleicht sogar selber im Experiment gefunden, ist befriedigend, berauschend (Dopamindusche!) – genau durch dieses Maß an Spaß hat ein effizienter Lernvorgang stattfinden können.

8.4 Mit allen Sinnen

Das Experimentieren mit Naturphänomenen startet im Kleinstkindalter und beginnt durch ausschließlich sinnliche Wahrnehmung. Schmecken, Fühlen, Riechen, Sehen und Hören werden benutzt, um Erfahrungen zu sammeln, um ein erstes Wissen über die umgebende Welt aufzubauen. Je mehr Sinne zum Einsatz kommen, umso besser. In der Regel gelingt es Kindern bis zum Eintritt in das Schulsystem, ihre Umwelt vornehmlich aktiv und sinnlich zu erfassen.

Bereits im vorschulischen Vermitteln von naturwissenschaftlichem Lernstoff sollte es eine Rolle spielen, ob …

– sich das Kind tatsächlich eine Frage stellt, somit an der Antwort interessiert ist, also eine Problemstellung hat (Aufgabe, Problemstellung, Frage),

– das Kind eine eigene Idee hat, welche Mittel es benötigt, um das Experiment durchzuführen, ob es aus einem größeren Angebot von Experimentierutensilien gern selbst eine Auswahl treffen möchte (Experimentierequipment),

– das Kind einen eigenen Weg finden würde, sich an der einen oder anderen Stelle gern länger aufhalten würde, Zwischenergebnisse länger betrachten möchte (Ergebnissicherung),

– dem Kind klar ist, wieso nur ein ganz bestimmtes Ergebnis herauskommen kann, warum nicht auch ein anderes bzw. ob das Kind das Experimentierergebnis anders deuten würde und wenn ja, wieso (Interpretation der Ergebnisse),

– das Kind erkennen kann, dass es das nun gefundene Ergebnis benötigt, und wo es im richtigen Leben des Kindes eine prominente Rolle spielt (Bedeutungszumessung).

Wenn das Experiment nur in der Theorie behandelt wird, ist die Chance, etwas zu lernen, vernachlässigbar klein. Da sich die Naturwissenschaften regelrecht aufdrängen, experimentell erobert und sinnlich begriffen zu werden, bietet sich die sehr gute Möglichkeit, gehirngerecht zu lernen. Der Übergang zum Abstrakten, zu Gedankenexperimenten, zu Gleichungen und Formeln an der Tafel kann und sollte fließend erfolgen. Lehrbuchwissen zu vermitteln und überhaupt durch Lesen naturwissenschaftliche Kenntnisse zu erlangen, können erfolgreich funktionieren, wenn sie nicht an den Anfang gestellt werden.

Das erste Wissen, das Basiswissen, muss sinnlich und durch eigene Erfahrungen erworben werden. Lehrbücher fassen die Erfahrungen anderer zusammen, präsentieren sie in relativ kompakter Form, zeigen keine Erkenntniswege auf, keine Nebenpfade und keine Irrwege. Dies ist lebensfremd und entspricht nicht der Art und Weise, wie Naturwissenschaftlerinnen und Naturwissenschaftler arbeiten, denken, suchen, entdecken, deuten, vermuten, staunen und irren.

8.5   Mitmachen, Staunen, Verstehen

Die Freude am Experimentieren, Basteln und Tüfteln wird groß, wenn die Ansprüche und bereits die Themenstellung altersgerecht sind, wenn jeder etwas allein tun kann, man aber auch zu zweit oder in kleinen Gruppen arbeiten und sich austauschen kann. Jeder sollte etwas machen, und v. a. jeder sollte mitmachen können. Auch die pädagogischen Fachkräfte, die Erwachsenen, die das Experiment anleiten, die Experimentierumgebung geschaffen haben, sollen mitmachen. Und mitstaunen!

Es ist wichtig für die Kinder zu erfahren, welche Wege es gibt, um forschend die Antworten auf spannende Fragen zu erhalten. Dass diesbezüglich Erwachsene eine größere Lebenserfahrung und gute Ideen haben, darf sich den Kindern gern vermitteln. Dabei sollen die Kinder aber auch sehen, wie Erwachsene suchen, beobachten, Geduld zeigen, zweifeln, alternative Wege finden, staunen und sich freuen können. Wenig motivierend ist es, Erwachsene zu erleben, die scheinbar alles wissen, die nicht mehr staunen können, die einem die Umwege abnehmen, die einem die Mühe, selbst kreativ zu werden, ersparen möchten. Das macht den Weg zum Ziel glatt und mühelos – jedoch auch langweilig.

Auch demonstrativ geäußertes mangelndes Interesse am Experiment (z. B. durch eine Äußerung wie „Das brauch ich nicht mitmachen, das kenn ich schon, ich weiß ja, was dabei passiert.") wirkt sich auf die Kinder, die im gleichen Atemzug zum forschenden Entdecken aufgefordert werden, lerntechnisch negativ aus. Die Vorbildwirkung der erwachsenen Person in der Runde, die automatisch die Rolle eines oder einer Lehrenden einnimmt, ist sehr groß und damit entscheidend für den Lernerfolg.

➔➔➔ **Merksatz**
> Möchte ich einen bestimmten Lernstoff erfolgreich vermitteln, dann muss ich den Kindern zeigen, dass er mich persönlich enorm interessiert, dass er mir so wichtig ist, dass ich unbedingt möchte, dass die Kinder ihn verstehen.

Bei einem naturwissenschaftlichen Experiment darf ich durchaus jedes Mal wieder mitstaunen und mich mitfreuen, dass es geklappt hat, dass es etwas zu entdecken gab. Sprechen wir also von Mitmachen, ist ganz wesentlich auch das Mitmachen der anleitenden erwachsenen Person gemeint, ohne dass das Verstehen bei den Kindern behindert wird. Denn wie wichtig ist wohl der Ausgang eines Experiments, wenn es den oder die Lehrenden selbst kaum interessiert?

8.6   Weniger ist mehr

Welche Experimentierumgebung ist die geeignete? Welche und wie viele Experimente bereitet man vor, um sie mit den Kindern durchzuführen? Welcher zeitliche und inhaltliche Umfang ist angebracht?

Hier spielen zwei Faktoren eine Rolle: zum einen das Alter der Kinder und zum anderen vordergründig deren Experimentiererfahrung. Da in diesem Kapitel die Grunderfahrungen behandelt werden, sei unterstellt, dass es sich um jüngere Kinder handelt, die noch keine wesentlichen Kenntnisse und Fertigkeiten in Bezug auf angeleitete naturwissenschaftliche Experimente haben. Das Alter der Kinder darf bei der Auswahl der Ideen und bei der Art der Umset-

zung nicht unberücksichtigt bleiben. Erfahrungen zeigen jedoch, dass man mit 7-jährigen, welche schon ein bis zwei Jahre Experimentiererfahrung haben, deutlich weiter kommt als mit Schulkindern, die die Schulfächer Physik, Biologie und Chemie bereits auf dem Stundenplan haben, dort und auch zuvor jedoch keine Experimente machten und zum Teil genau deswegen inzwischen bereits frustriert sind und sich auf den naturwissenschaftlichen Unterricht nicht mehr freuen können.

Wie bei allem, was Spaß macht, sollte man die Dosis langsam erhöhen; am Anfang gilt jedoch keineswegs „Viel hilft viel!", sondern „Weniger ist mehr!". Erste Experimente sollten solche sein, die neben allen vorgenannten Aspekten (Spaß, Lebensweltbezug, Begeisterung des oder der Erwachsenen, Einsatz möglichst vieler Sinne, aktives Handeln, Abfordern von Kreativität) mit wenig materiellem Aufwand auskommen. Günstigstenfalls wird ausschließlich Experimentiermaterial verwendet, welches im Alltag der Kinder vorkommt, welches zudem ungefährlich ist und bei dem der Umgang damit als allgemein bekannt vorausgesetzt werden kann. Dies bietet den Vorteil, dass ein gewisses Vorwissen bereits vorhanden ist, auf dem man aufbauen kann.

Ein geringes Maß an experimentellem Aufwand wirkt zudem entschleunigend und vermittelt den Eindruck, dass es nicht allzu sehr schwierig ist und man darauf vertrauen kann, dass das Experiment gelingt. Letzteres ist besonders entscheidend, wenn Kinder bereits erfahren haben, dass Experimente langweilig sein können, nichts bringen, schief gehen können, nur mit Spezialequipment durchführbar sind und man außerdem schnell den Überblick, den roten Faden und den Spaß verlieren kann.

8.7 Experimente und Geschichten

Beispielhafte Experimente, die die bislang zitierten Gesichtspunkte berücksichtigen und zudem das Potenzial aufweisen, mit 4- bis 5-jährigen Kindern ebenso erfolgreich wie mit älteren Schulkindern bis hin zu einem Physik-Leistungskurs durchgeführt werden zu können, gehen den spannenden Fragen nach: Warum können wir schwimmen? Und: Wie funktioniert das Tauchen?

8.7.1 Wie funktioniert das Schwimmen?

Experiment 1: Die Grundlage des Schwimmens

Was brauchst du?
– etwas Knete
– eine Schüssel mit kaltem Leitungswasser
– einige Steinchen, Kugeln, Muttern oder ähnliche kleine Gewichte

METHODE/TIPP

Was musst du tun?

1. Probiere zunächst aus, ob deine Knete als Kugel oder Stange schwimmt.

2. Forme aus deiner Knete ein kleines Boot.

3. Probiere zwischendurch immer mal, ob dein Boot schon schwimmen kann.

4. Wenn dein Kneteboot stabil auf dem Wasser schwimmt, belade es mit einigen deiner kleinen Gewichte. Wie viel Last trägt dein kleines Boot?

Was kannst du beobachten?

– Die Knete in Form einer Kugel oder Stange schwimmt nicht, sondern geht unter.

– Auch ein lediglich flach gewalztes Stück Knete taucht ab.

– Formst du einen Hohlkörper, so schwimmt die Knete auf dem Wasser.

– Je mehr sich deine Knete der Form eines Bootes oder einer Halbkugel annähert, umso mehr Last kannst du zuladen.

– Sobald Wasser beginnt, in dein Schiff zu strömen, geht dieses zwangsläufig unter.

Was steckt dahinter?

Knete selbst ist zu schwer, um zu schwimmen. Wenn du deine Knete zu einer Kugel formst und dir nun vorstellst, du hättest eine ebenso große Kugel Wasser, dann wäre deine Knetekugel schwerer als die Wasserkugel. Um auf dem Wasser schwimmen zu können, müsste sie jedoch leichter sein.

Formst du ein Boot, so befindet sich nun innerhalb des Bootskörpers Luft. Jetzt vergleichst du nicht mehr das Gewicht der Knete, sondern das Gewicht von Knete plus Luft mit dem Gewicht des Wassers. Als Boot geformt, und weil sich dort jetzt Luft im Innern befindet, nimmt deine Knete nun viel mehr Platz ein. Ein gleichgroßes Gebilde aus Wasser, das heißt, wenn nun alles, was an deinem Kneteboot Knete oder Luft heißt, aus Wasser bestünde, würde mehr Masse aufweisen, wäre also schwerer. Das leichtere Kneteboot schwimmt deshalb an der Wasseroberfläche.

Belädst du nun dein Boot, kommt diese Last zwar noch mit dazu. Aber solange Knete plus Luft plus Ladung zusammen immer noch leichter ist als wenn alles zusammen aus Wasser bestünde, schwimmt das Boot. Übrigens: auch Steine können schwimmen. Bimssteine sind poröses Vulkangestein und haben so viele Lufteinschlüsse, dass diese Steine sogar in Wasser nicht untergehen.

Wusstest du schon?

Unsere Kontinente sind große, etwa 100 Kilometer dicke Platten, die auf einem Meer aus aufgeschmolzenem, fließfähigem Gestein schwimmen. Dadurch kommt es auf unserer Erde zu einer ständigen Bewegung aller Kontinente. Die Geschwindigkeit scheint nicht hoch zu sein: einige Zentimeter im Jahr. Aber im Laufe mehrerer Millionen Jahre sind das dann auch mehrere Millionen Zentimeter. Schau dir mal auf einem Globus die beiden Kontinente Afrika und Südamerika an. Afrikas Westküste und Südamerikas Ostküste passen so gut zusammen, dass vor etwa 100 Jahren der Polarforscher Alfred Wegner (1880 – 1930) daran erkannte, dass sich unsere Kontinente im Laufe der Zeit verschieben. Geglaubt hat ihm das allerdings zu seinen Lebzeiten noch niemand. Erst seit etwa 40 Jahren, also seit den 1970er-Jahren, ist die Idee der Plattentektonik allgemein anerkannt.

Vor 100 Millionen Jahren trennten sich Afrika und Südamerika. In 100 Millionen Jahren liegt das heutige Nordamerika nicht mehr über, sondern neben Südamerika. Die Welt wird dann ganz anders aussehen als heute. Lediglich in der vergleichsweise kurzen Zeit eines menschlichen Lebens scheint alles still zu stehen.

An diesem Beispiel lässt sich erkennen:

- Eine spannende Frage motiviert, sich mit dem Thema zu befassen.

- Es werden Materialien des Alltags verwendet. Der Umgang mit ihnen (z. B. mit Knete) kann im Allgemeinen als bekannt vorausgesetzt werden.

- Die empfohlenen Schritte werden nacheinander aufgezeigt. Je nach verfügbarer Zeit kann und sollte zugelassen werden, dass auch andere, eigenständige Teilschritte von den Kindern gegangen werden.

- Um einen Abgleich herzustellen zwischen dem, was man hätte sehen sollen und dem, was man tatsächlich sieht, wird aufgelistet, was es alles zu entdecken gab.

- Um zu erfahren, was dahinter steckt, braucht es nun eine altersgerechte und dem jeweiligen Abstraktionsniveau angepasste Erklärtiefe. Im Umgang mit physikalisch definierten Begriffen sollte man eher zurückhaltend agieren. Sind die Begriffe, welche zur Erklärung herhalten, nicht bekannt bzw. ist die zugrunde liegende Definition nicht korrekt verfügbar und verstanden, verwirrt und frustriert der Erklärtext (geschrieben oder gesprochen), weil diejenigen, die experimentieren, zwar erfahren, dass das Experiment super gelaufen ist. Nur warum, das haben sie dann letzten Endes doch nicht verstanden.

  Beispiel
  Würde man die Tatsache, dass ein Schiff schwimmt mit „Das ist wegen des archimedischen Prinzips." erklären oder sagen „Das ist wegen der Verdrängung.", „Das geschieht wegen des Auftriebs." usw., dann hat man zwar nichts Falsches gesagt, aber als Erklärung hat es auch nicht funktioniert. Die Gefahr ist immer, dass ein unbekannter Begriff mit anderen unbekannten Begriffen erklärt wird. In den vorgenannten Beispielen hätte der Lernende nämlich bereits wissen müssen, was das archimedische Prinzip ist oder was es mit der Verdrängung auf sich hat oder wie Auftrieb definiert ist.

- Neben der Erläuterung des konkreten Phänomens sollte der Querbezug in andere Wissensbereiche hinein nicht fehlen. Im oben präsentierten Beispiel wird anhand der Erkenntnis, dass manche Dinge auf dem Wasser schwimmen, erzählt, dass es das Phänomen Schwimmen auch noch ganz woanders gibt.

  Solche Querbezüge können Geschichten und Anekdoten sein über diejenigen, welche die wichtigen Erfindungen oder Entdeckungen machten, die für unser Experiment eine Rolle spielen (Wer war denn dieser Archimedes? Wann und wo hat er gelebt? Was hat er sonst so gemacht?). Sie können das Tor öffnen zu einem weiteren Experiment, von dem man zunächst gar nicht angenommen hätte, dass es mit dem eben gemachten irgendwie zusammenhängt.[1]

Diese Querverbindungen zu ziehen ist entscheidend dafür, dass der Lebensweltbezug aufleuchtet, dass die Bedeutung des soeben Erfahrenen gleichsam allgemeingültigen Charakter hat: Man weiß jetzt nicht nur, was man mit Knete machen muss, damit diese schwimmt, sondern man weiß, dass Leichteres auf Schwererem schwimmt und was der Trick ist, entsprechend leicht zu werden (auch tonnenschwere Schiffe mit dicker Stahlwandung sind entsprechend leicht, weil relativ viel Luft in ihnen eingeschlossen ist). Außerdem kommen die einzelnen Experimente nicht als singuläre Erscheinungen daher, welche mit nichts anderem in Beziehung stehen, sondern der Eindruck wird verstärkt, dass es eine Menge Zusammenhänge und Gemeinsamkeiten gibt.

Üblicherweise bringt in der Wissenschaft die Antwort auf eine Frage eine Reihe neuer Fragen hervor.

Beispiel
Während des Experimentierens gelingt es erst am Schluss, dass das Kneteboot mit einem ansehnlichen Ballast tatsächlich schwimmt. Zuvor ist es immer wieder untergegangen. Beim Beladen trat zwangsläufig irgendwann der Moment ein, dass Wasser ins Boot lief und kurz danach das Boot unrettbar unterging.

Selbiges kennt man aus Filmen und den Nachrichten: hat ein Boot ein Leck, sodass schneller Wasser eindringen kann als man es wieder nach draußen zu befördern vermag, dann ist es nur eine Frage der Zeit, dass das Boot sinkt. Man denke an die Titanic – übrigens auch eine Geschichte, die sich zu erzählen lohnt. Nun gibt es jedoch Schiffe, die können unter Wasser sein und wieder auftauchen, so oft sie wollen und aus eigener Kraft: U-Boote. Die Frage liegt daher nahe: Wieso kann ein U-Boot tauchen?

METHODE/TIPP

Experiment 2: Wieso kann ein U-Boot tauchen?

Was brauchst du?
– eine durchsichtige Plastikflasche mit Schraubverschluss und möglichst breiter Öffnung
– einen zum Teil durchsichtigen Knick-Strohhalm
– eine Schere
– einige Büroklammern
– Leitungswasser

Was musst du tun?
1. Knicke den Strohhalm und schneide von dem längeren Ende soviel ab, dass es ebenso kurz wie das zweite, kürzere Ende wird.

2. Biege eine Büroklammer auf, wobei du den inneren Bogen belässt. Diesen stecke in eine der Öffnungen des Strohhalms.

---

[1] *Durch die Plattentektonik kommt es zur Bildung von Faltengebirgen. Das kann mit der Knete, welche ohnehin gerade zur Verfügung steht, nachgebildet werden. Dies wird im Experiment „Die Faltung der Erde" weiter unten noch näher erläutert.*

3. Hänge an diese erste Büroklammer 3 bis 4 weitere Büroklammern.

4. Fädele das zweite, noch freie Ende der ersten Büroklammer nun in die andere Öffnung des Strohhalms ein.

5. Befülle die Plastikflasche mit Wasser. Lass oben etwa 3 bis 4 cm Luft. Setze den Strohhalm hinein und verschließe die Flasche fest mit dem passenden Schraubverschluss.

6. Drücke mit beiden Händen die Flasche zusammen. Wie verhält sich dein Strohhalm-Taucher? Und was geschieht, wenn du aufhörst zu drücken?

Was kannst du beobachten?
– Wenn du mit deinen Händen die Flasche zusammendrückst, gelangt Wasser in das Innere des Strohhalms und er taucht ab.

– Lässt du mit dem Druck nach, verschwindet das Wasser wieder aus dem Strohhalm und er taucht wieder auf.

Was du eventuell beobachtest:
– Dein Strohhalm taucht trotz hohem Druck auf die Flasche nicht ab? – Dann musst du ihn noch etwas mehr beschweren. Hänge einfach eine weitere Büroklammer ein.

– Dein Strohhalm taucht sofort unter, sobald er ins Wasser geworfen wird? – Dann musst du mindestens eine Büroklammer wieder entfernen.

– Dein Strohhalm schwimmt zunächst, kommt jedoch nach dem Abtauchen nicht wieder nach oben? – Manchmal haben die Strohhalme ein kleines Leck im Knick. Dadurch gelangt zuviel Wasser ins Innere. Du musst einen anderen Strohhalm verwenden.

Was steckt dahinter?

Mit einer gewissen Anzahl von Büroklammern wird der Strohhalmtaucher so schwer, dass er gerade noch schwimmt.

Durch Drücken auf die verschlossene Flasche schiebst du Wasser in das Innere deines Strohhalmes. Dadurch verdichtet sich dort die Luft, sie wird regelrecht zusammengeschoben. Die Luft wird nicht weniger, sie benötigt jetzt nur weniger Platz, weil die Luftteilchen etwas näher zueinander rücken.

Wenn Wasser eindringt, wird der Taucher aber insgesamt schwerer. So wie auch ein Schiff schwerer wird, wenn Wasser durch ein Leck eindringt. Es kann dabei so schwer werden, dass es gnadenlos untergeht.

Lässt der Druck nach, dehnt sich die Luft wieder aus und schiebt das zuvor eingedrungene Wasser wieder aus dem Strohhalm heraus. Der Taucher wird wieder leichter und strebt nach oben.

Wie bereits im vorigen Experiment war dein Strohhalmtaucher zunächst leichter als Wasser und schwamm oben. Durch das Zusammendrücken der Flasche wurde er schwerer, weil Wasser, welches ja auch Masse hat, hinzukam. Seine Form hat der Taucher dabei nicht geändert. Er hatte nun also bei gleichem Platzbedarf mehr Masse, wodurch er schwerer als Wasser wurde und unterging.

Wusstest du schon?
Ammoniten waren Kopffüßer, die in grauer Vorzeit in den Weltmeeren lebten. Sie bewohnten eine Art Schneckenhaus, wobei die oberen Etagen aber nicht bewohnt, sondern mit Luft gefüllt waren. Wollten sie nach unten abtauchen, z.B. um einem Fressfeind auszuweichen, ließen sie Wasser in ihr Häuschen strömen. Um wieder aufzutauchen, pressten sie das Wasser wieder heraus. Sie machten sich also künstlich schwerer und leichter. Und genau so tauchen heutzutage U-Boote: sie können in spezielle Tanks Wasser reinlaufen lassen, wodurch sie schwer werden und absinken. Zum Auftauchen wird Pressluft in diese Tanks gepumpt, wodurch das Wasser wieder aus dem U-Boot gedrückt wird. Ob Ammonit oder U-Boot: das Spiel hieß und heißt: Wasser rein, Wasser raus ...

Übrigens: Unsere Strohhalmtaucher gibt es auch als Spielzeug: die Flaschenteufel. Man nennt sie auch cartesische Taucher, benannt nach René Descartes, der sich auf Lateinisch Cartesius nannte und im 17. Jahrhundert lebte und angeblich als erster so etwas bastelte.

In dem gerade durchgeführten Experiment findet noch eine zusätzliche Rubrik Erwähnung: Was man eventuell beobachtet. Wenn ein Experiment empfindlich von der Einhaltung einiger Parameter abhängt (hier die Anzahl der gewählten Büroklammern, die darüber entscheidet, ob unser Taucher schwerer oder leichter als Wasser ist), dann sollte das Spielen mit diesen Parametern auch Teil des Experimentierablaufs sein. Die Kinder können selbst probieren, welche Menge Ballast die geeignete ist.

Durch den angebotenen Querbezug, dass dieses Tauchprinzip auch in der Tierwelt angewandt wird, stellt sich die Frage, ob alle Meeresbewohner an Masse zulegen, wenn sie abtauchen und Masse abgeben, wenn sie wieder auftauchen wollen. Wie machen das die Fische? Und vor allem die Wale, die als Lungenatmer unbedingt immer wieder nach oben müssen und zur Jagd teilweise sehr weit nach unten tauchen? Damit ist der Übergang zum nächsten Experiment inhaltlich sofort gegeben.

METHODE/TIPP

Experiment 3: Wie taucht eigentlich ein Wal?

Was brauchst du?
- eine durchsichtige Plastikflasche mit Schraubverschluss
- einen zum Teil durchsichtigen Strohhalm
- eine Schere
- etwas Knete
- ein Glas
- Leitungswasser

Was musst du tun?

1. Schneide von deinem Strohhalm ein etwa 5 cm langes Stück ab.

2. Verschließe beide Enden des Strohhalmes mit etwas Knete. Auf einer Seite sollte das Knetestück größer sein. Die Knete muss die Öffnungen vollständig und luftdicht verstopfen.

3. Befülle das Glas mit Wasser. Das Glas muss hoch genug sein, sodass der Strohhalmtaucher schwimmen kann, ohne den Glasboden zu berühren.

4. Setze dein Strohhalmstück hinein. Sollte es untergehen, musst du ein wenig von deiner Knete wieder entfernen. Optimal ist es, wenn der Strohhalm senkrecht nach unten hängt und oben nur noch sehr wenig aus dem Wasser ragt. Guckt er noch zu weit heraus, dann beschwere ihn noch weiter mit der Knete.

5. Hat dein Strohhalm den Schwimmtest im Glas bestanden, befülle nun auch die Plastikflasche mit Wasser. Lass oben etwa 3 bis 4 cm Luft. Setze den Strohhalm hinein und verschließe die Flasche fest mit dem passenden Schraubverschluss.

6. Drücke mit beiden Händen die Flasche zusammen. Wie verhält sich dein Strohhalmtaucher? Und was geschieht, wenn du aufhörst zu drücken?

Was kannst du beobachten?

– Durch das größere Knetestück wird dein Strohhalm in eine senkrechte Position gebracht, da dieses ihn nach unten zieht. Das hat den Vorteil, dass sich der Strohhalm nicht quer legen kann und somit nicht in der Flasche verkantet und dadurch hängen bleiben kann.

– Wenn du mit deinen Händen die Flasche zusammen drückst, taucht der Strohhalm ab. Lässt du mit dem Druck nach, taucht er wieder auf.

– Das Strohhalmstück wird bei Druck von außen schlanker und nimmt seine Originaldicke wieder an, sobald der Druck nachlässt.

Was du eventuell beobachtest:

– Dein Strohhalm taucht trotz hohem Druck auf die Flasche nicht ab? – Dann ist er noch zu leicht und du musst ihn noch etwas mehr beschweren.

– Dein Strohhalm taucht sofort unter, sobald er ins Wasser geworfen wird? – Dann ist er zu schwer und du musst noch etwas von der Knete entfernen.

– Dein Strohhalm schwimmt zunächst und taucht ab, wenn du auf die Flasche drückst, kommt dann aber nicht wieder nach oben? – Dann war wenigstens eine der beiden Öffnungen nicht gut genug mit der Knete abgedichtet. Durch ein kleines Leck konnte Wasser in den Strohhalm gelangen. Du musst die Dichtung erneuern.

– Dein Strohhalm taucht ab und auf, wird jedoch beim Abtauchen nicht schlanker? – Dann gelangt Wasser in den Taucher, wenn du drückst, und wenn du loslässt, wird das Wasser wieder aus dem Strohhalm heraus gedrängt. Deine Knete dichtet nicht ab, sondern es gibt wenigstens ein recht großes Leck, durch welches das Wasser rein und raus strömen kann. Du musst die Dichtung erneuern.

Was steckt dahinter?

Wenn dein Strohhalmtaucher perfekt abgedichtet ist, kann kein Wasser ins Innere gelangen. Wenn du mit deinen Händen die Flasche zusammenpresst, so drückst du zwar nicht das Wasser im Innern der Flasche zusammen, aber die Luft. Du kannst auch an der Luftblase oben in der Flasche erkennen, dass diese bei Druck kleiner wird. Auch der Strohhalm spürt den Druck. Die Luft in seinem Innern lässt sich zusammendrücken (das nennt man auch komprimieren). Dadurch wird er schlanker, also kleiner. Und das heißt, dass er weniger Platz benötigt. Er verteilt seine Masse, die sich ja nicht ändert, nun auf einen kleineren Raum. Das Wasser selbst benötigt auch einen gewissen Platz und hat eine bestimmte Masse. Zum Beispiel wiegt ein Liter Wasser genau ein Kilogramm. Alles, was leichter als Wasser ist, schwimmt oben. Alles, was schwerer als Wasser ist, geht unter. Und damit etwas schwerer ist, muss es entweder mehr als ein Kilogramm wiegen, wenn es genau den einen Liter Raum einnimmt. Oder es wiegt genau ein Kilogramm, benötigt jedoch weniger Platz als den einen Liter.

Unser Strohhalmtaucher war zunächst leichter als Wasser und schwamm oben. Durch das Zusammendrücken verteilte sich seine Masse nun auf einen kleineren Raum, wodurch er schwerer als Wasser wurde und unterging.

Wusstest du schon?

Pottwale sind Säugetiere und müssen an die Wasseroberfläche zum Atmen. Zum Jagen jedoch müssen sie Tausende Meter in die Tiefe tauchen. Unser Wissen über das Leben in der Tiefsee haben wir zu großen Teilen dadurch, dass der Mageninhalt toter Pottwale untersucht werden konnte und dabei völlig unbekannte Lebensformen zutage traten. Man fand z.B. Riesenkalmare, um die herum sich dann Legenden von gigantischen Kraken und anderen Seeungeheuern bildeten, die komplette Schiffe unter Wasser zögen. Um leichter abtauchen zu können, macht der Wal sich schlank. Er kann seine sehr große Lunge durch spezielle Muskeln auf Fußballgröße zusammendrücken. Fische verringern ebenfalls ihre Größe, indem sie die Luftmenge in ihrer Schwimmblase verändern können.

Für die drei vorgestellten Experimente sollte man sich jeweils etwa 30 Minuten Zeit nehmen. Da die untersuchten Inhalte zweifelsfrei zusammengehören, ist es ratsam, die drei Teile auch insgesamt zu behandeln. Mit jüngeren Kindern sollte jedoch nach einer 30- bis 45-minütigen experimentellen Arbeit nicht sofort weiter geforscht werden. Das eben Erfahrene muss sich erst setzen, muss zunächst verarbeitet werden. Liegt zwischen regelmäßig stattfindenden Experimentierkursen z.B. eine Woche Zeit, so kann problemlos der Bezug zum Experiment der vergangenen Woche kurz hergestellt werden, bevor man mit dem neuen Experiment fortfährt. Die Kinder werden sich genau erinnern können und sie haben die Ruhe, die Kraft und die Aufnahmefähigkeit für den nächsten Schritt. Um gut lernen zu können, sind Pausen notwendig.

8.7.2 Methodische Hinweise

Werden diese Experimente mit jüngeren Kindern durchgeführt, kann man bei einigen Handgriffen damit rechnen, hin und wieder unterstützend einzugreifen. Daher sollte die Kindergruppe nicht allzu groß sein. Im Kindergartenalter bietet sich eine Gruppengröße von etwa acht Kindern an. Sind die Kinder bereits älter, dann können sie alle Handgriffe allein bewältigen, sind auch geduldiger und rufen nicht sofort nach Hilfe. Das hat Auswirkungen auf die mögliche Gruppengröße, bei der ein solches Experiment noch sinnvoll durchgeführt werden kann. Wenn unterstellt werden darf, dass alle Handgriffe durch die Kinder verstanden und allein geschafft werden, ist gegen eine beliebige Gruppengröße nichts zu sagen.

Der Erklärumfang und die Erklärtiefe hängen ebenfalls von der Alterstruktur der experimentierenden Kinder ab. Allgemein gilt, dass man sich bei jüngeren Kindern mit Erklärungen lieber zurückhalten sollte und die Phänomene lustig umschreibt und das Selbermachen in den Vordergrund rückt. Lebensweltbezüge aufzuzeigen ist stets eine sehr gute Idee, jedoch ist zu beachten, dass es sich um die Lebenswelt der experimentierenden Kinder handeln muss. Alle Geschichten müssen zu diesem jeweiligen Erfahrungshorizont passen. Einem 5-Jährigen zu erzählen, dass Archimedes im 3. Jahrhundert vor unserer Zeitrechnung in Syrakus lebte, ist unsinnig, weil der 5-Jährige weder weiß, was ein Jahrhundert ist, noch weiß, was unsere Zeitrechnung bedeutet (wahrscheinlich weiß er überhaupt noch nicht, was Zeit ist) und wo, was oder wer Syrakus ist, weiß er auch nicht (da würde der Hinweis, dass Syrakus auf Sizilien liegt, auch nicht weiter helfen).

Die geeignete Formulierung wäre an dieser Stelle eher derart:

Beispiel
„Vor sehr langer Zeit lebte einmal ein Mann namens Archimedes … " – das klingt wie der Anfang eines Märchens und schon befindet man sich in der Gedankenwelt der Kinder.

8.7.3 Die Atmosphäre

Wenn wir uns einem angebotenen Lernstoff widmen, so geschieht dies zwangsläufig in einem bestimmten Umfeld, in einer bestimmten Atmosphäre. Neben dem eigentlichen Lernthema, welches vielleicht bereits positiv oder negativ auf uns einwirkt (z. B. weil wir in Bezug auf das Thema irgendein Vorurteil hegen), wirkt auch die Lernumgebung auf uns. Die Atmosphäre greift unsere Gefühlswelt vielleicht sogar noch stärker an als das Thema selbst.

Wenn wir den Inhalt lernen und abspeichern, dann speichern wir die Gefühle, welche wir beim Lernen haben, mit ab. Wird später der gelernte Inhalt abgerufen, kommen auch diese Emotionen wieder mit hervor. Das bedeutet: Wenn wir mathematische und naturwissenschaftliche Stoffgebiete durcharbeiten, ob nun theoretisch oder experimentell, und währenddessen ein in der Summe negatives Gefühl haben, dann treten diese Gefühle in jedem einzelnen Fall wieder auf, wenn auf den Lernstoff zugegriffen werden soll. Viele Schulkinder kennen das Gefühl, innerhalb einer Testsituation (Prüfung, Klassenarbeit) einen Blackout zu haben, ein seltsames Krampfen im Bauch, man fühlt sich komplett unwohl und ist nicht in der Lage, kreativ zu denken.

Um in den naturwissenschaftlichen Feldern im Angesicht zu lösender Probleme und zu beantwortender Fragen mit Spaß und Kreativität arbeiten zu können, reicht es nicht aus, Fakten abzuspeichern, sondern man muss auch in der Lage sein, spielerisch mit dem Gelernten umzugehen, es mit Freude aufzurufen, es kreativ zu kombinieren, es auf neue Probleme anzuwenden.

Gehen die mit abgespeicherten Gefühle in negativer Richtung jedoch so weit, dass sie einer Art Angst entsprechen, wird das zuvor Genannte nicht mehr möglich sein. Und Angst kann beim mit dem Lernstoff konfrontierten Kind erzeugt werden, wenn es erfährt, dass es etwas falsch gemacht hat, dass das Experiment nicht geglückt ist, dass es eine falsche Antwort gegeben hat oder eine (für die lehrende Person) unpassende Frage gestellt hat. Vermeintliches Versagen steigert das Selbstwertgefühl und das Selbstvertrauen der Kinder im Umgang mit dem Lernstoff keineswegs, sondern erzeugt gegenteilige Effekte.

Hier kann es nun beim Lernenden zu einer strudelartigen Entwicklung kommen:

- *Ich kann dem Lernstoff nicht in dem Maße folgen wie die lehrende Person es erwartet, deshalb werden mir schlechte Leistungen quittiert, mangelhafte Mitarbeit, unzureichender Fleiß, d. h. in der Summe ein gewisses Maß von Unvermögen.*

- *Dies führt bei mir zu Frustration; die Lust, sich mit dem Thema zu befassen, lässt nach.*

- *Nun werden meine Leistungen auch objektiv schlechter.*

- *Ich gehe mit einer negativen Voreinstellung in jede neue Lernsituation.*

- *Das negative Gefühl manifestiert sich; jedes Mal, wenn ich mit dem Lernstoff konfrontiert werde, bekomme ich das negative Gefühl zu spüren.*

- *Ich habe Angst vor dem Thema.*

- *Ich kann nicht mehr klar denken, wenn es darauf ankommt (z. B. bei einem Test, einer Prüfung, einer Präsentation).*

Die einzelnen Themen, welche sich im Rahmen der Naturwissenschaften anbieten behandelt zu werden, verfügen nicht a priori über einen dermaßen hohen Schwierigkeitsgrad, dass das Scheitern eine unvermeidliche Tatsache ist. Nicht das Thema ist das Problem, sondern die Art und Weise der Vermittlung und hierbei oft auch die Atmosphäre, innerhalb der der Stoff vermittelt wird.

Positive Gefühle beim Lernen naturwissenschaftlicher Sachverhalte stellen sich ein, wenn der Stoff spannend ist, einen Neuigkeitswert hat, eine Bedeutung für das richtige Leben hat, beim Lernen alle Sinne angesprochen werden, man kreativ sein darf und man spürt, dass die lehrende Person für ihr Fachgebiet brennt und ihre Begeisterung sehr gern mit dem Lernenden teilen möchte.

Wenn ich als Kind in Experimentierkursen oder entsprechenden Arbeitsgemeinschaften oder später im naturwissenschaftlichen Unterricht dies alles geboten bekomme, frei denken darf, meine Spekulationen äußern darf, frei assoziieren darf, lachen darf und wenn ich merke, dass ich der erwachsenen Bezugsperson wichtig bin, sie mich und meine Gedanken ernst nimmt, dann lebe und lerne ich in einer guten, positiven Atmosphäre. Dann findet gehirngerechtes Lernen statt. Dann fühle ich mich gut. Dann bin ich glücklich und begeistert. Und dann und nur dann kann ich später mit dem Gelernten kreativ umgehen und gestalten. Denn in einer solchen Umgebung zu lernen, ist sehr motivierend. Diese intrinsische Motivation ist entscheidend für die Bereitschaft, sich einem Lernstoff zu widmen.

➜➜ ➜   **Merksatz**
>
> Extrinsische Motivationen (z. B. Benotungen, Belohnungen wie ein extra Taschengeld, Androhung von Bestrafungen wie abends kein Fernsehen) führen nicht zu nachhaltigem Lernen.

8.8   Hintergrundwissen

In den vorgestellten Experimenten geht es stets um die gleiche physikalische Größe: die Dichte. Dennoch konnte bislang vermieden werden, diesen Begriff zu verwenden. Es wurden jedoch die für das Verständnis des Begriffs notwendigen Aspekte untersucht und erklärt.

Die Wissen vermittelnde Person sollte sich jedoch mit dem jeweiligen Thema weitergehend auseinandersetzen, um in Gesprächen mit den Kindern (oder den Eltern) sinnvoll argumentieren zu können. Dabei sollte es um einen Mix aus Fakten, spannenden Geschichten und lustigen Anekdoten gehen, was nachfolgend mit Bezug auf die oben behandelten Fragestellungen erläutert und dargestellt wird.

8.8.1   Physikalisches Wissen

Die Dichte
Die Dichte entspricht dem Verhältnis einer Masse zu dem Volumen, welches diese einnimmt. Jeder Körper hat irgendeine Masse und benötigt Platz.

Beispiel
Wenn wir von einem gegebenen Körper ausgehen, z. B. dem U-Boot aus dem Experiment, dann fragt die Dichte, wie viel Platz das U-Boot benötigt, welchen Raumbedarf es hat, also welches Volumen es einnimmt oder ausfüllt. Um der Frage auf den Grund zu gehen, ob unser U-Boot schwimmen kann, interessiert nicht nur die Dichte des U-Bootes, sondern auch die Dichte des Wassers. Denn beide müssen verglichen werden. Das U-Boot taucht auf, wenn seine Dichte kleiner ist als die des Wassers. Das U-Boot taucht ab, wenn seine Dichte größer ist als die des Wassers. Das U-Boot bleibt auf einer bestimmten Wassertiefe hängen, taucht weder auf noch ab, wenn seine Dichte genau der Dichte des umgebenden Wassers entspricht.

Welches ist nun die Dichte des Wassers? Wird die Frage genau so gestellt, glauben viele, sie nicht beantworten zu können. Und dennoch weiß jeder: Ein Liter Wasser wiegt genau ein Kilogramm. Unsicherheit kann entstehen, weil bestimmte physikalische Begriffe im Alltagssprachgebrauch nicht immer ganz exakt verwendet werden.

Beispiel
Wenn wir Lebensmittel einkaufen, dann kaufen wir viele Dinge nach ihrer Masse: 100 Gramm Käse oder 2 Kilogramm Kartoffeln oder 250 Gramm Schokolade usw. Bei Getränken wird jedoch nach Rauminhalt verkauft: 0,5 Liter Limonade, 1 Liter Milch, 1,5 Liter Wasser.

Man könnte also denken, dass auch Literangaben sich auf eine Masse beziehen, insbesondere weil 1 Liter Wasser, Milch, Saft tatsächlich genau oder fast genau ein Kilogramm sind. Mit Bezug auf Wasser kann man sagen: 1 Liter entspricht 1 Kilogramm. Man darf aber nicht sagen: 1 Liter ist 1 Kilogramm! Denn genau genommen stimmt es nur bei Wasser überein, alles andere weicht davon ab. Dies sei sogleich ein Hinweis für ein weiteres Experiment.

Beispiel
In mehrere 1-Liter-Wasserflaschen werden jeweils verschiedene Dinge gefüllt: Wasser, Speiseöl, Erbsen, Sand usw. Stellt man diese auf eine Haushaltswaage, wird ersichtlich, dass ein Liter jeweils unterschiedlichen Massen entspricht.

Liter ist also definitiv keine Massenangabe, sondern eine Volumenangabe. Ein Liter sind 1.000 Kubikzentimeter. Ein typischer Würfel eines Würfelspiels hat eine Kantenlänge von etwa einem Zentimeter. Damit hat er ein Volumen von einem Kubikzentimeter. Tausend von diesen Würfeln würden nun theoretisch genau in die Literflasche passen. Praktisch klappt es vielleicht nicht ganz, denn dazu dürfte es natürlich keinerlei Zwischenräume geben, die man aber kaum vermeiden könnte, wenn man genau dies einmal ausprobieren würde.

Dennoch kann man über dieses Zahlenbeispiel eine Vorstellung bekommen, was genau eigentlich ein Liter ist.

Beispiel
Man kann die Würfel statt in eine Flaschen zu stopfen nebeneinander auf den Tisch legen: 10 Würfel in eine Reihe und 10 Reihen davon nebeneinander. Dann liegen dort 10 × 10 = 100 Würfel und bilden eine quadratische Fläche. Zehn dieser Flächen übereinander (das sind 1.000 Würfel) bilden dann einen Würfel mit der Kantenlänge 10 cm.

Der Rauminhalt eines solchen Würfels ist ein Liter. Um nun die eingangs gestellte Frage nach der Dichte des Wassers zu beantworten: ein Kilogramm Wasser hat einen Raumbedarf von einem Liter. Insofern wäre es nicht verkehrt zu sagen: Die Dichte des Wassers beträgt ein Kilogramm pro Liter.

Jedoch wird die Dichte für gewöhnlich in einer anderen Einheit angegeben, nämlich in Gramm pro Kubikzentimeter (g/cm^3).

Demnach müssen wir noch kurz umrechnen:

$$1 \text{ Kilogramm} = 1.000 \text{ Gramm und } 1 \text{ Liter} = 1.000 \text{ Kubikzentimeter}$$

(Kilo steht übrigens immer für tausend, z. B. auch bei Kilometer = tausend Meter)

Beim Wasser verteilen sich 1.000 Gramm auf 1.000 Kubikzentimeter, also braucht jedes Gramm genau einen Kubikzentimeter.

Für die Dichte des Wassers bedeutet dass: $1 \ g/cm^3$.

(Ein Würfel aus Wasser mit der Kantenlänge 1 Zentimeter wiegt 1 Gramm.)

Nachdem dies geklärt ist, kann die Frage, ob unser U-Boot auf- oder abtaucht, leicht beantwortet werden. Die eigentliche Frage ist nämlich, auf welches Volumen sich die Gesamtmasse des U-Bootes verteilt, und ob dies mehr als ein Gramm pro Kubikzentimeter ist (dann taucht es ab) oder weniger als ein Gramm pro Kubikzentimeter (dann taucht es auf).

Wie ermittelt man Masse und Volumen eines Körpers? Die Masse zu ermitteln, ist einfach: man wiegt den Gegenstand mit einer geeigneten Waage. Oder man wiegt die Einzelteile und rechnet dann alle Einzelmassen zusammen. Das Volumen herauszufinden, ist zunächst einmal nur bei einfachen geometrischen Körpern leicht. Bei Würfeln, Kugeln, Zylindern und dergleichen gibt es ganz bestimmte Zusammenhänge zwischen Kantenlängen oder Durchmessern und dem dazu gehörigen Volumen. Entsprechende Formeln kann man leicht nachlesen. Somit kann man eine einfache Messung mit dem Lineal vornehmen und sich das Volumen ausrechnen.

Wie aber ermittelt man von unregelmäßig geformten Körpern das Volumen? Diese Frage konnte in der Tat lange Zeit nicht beantwortet werden. Aber im 3. Jahrhundert vor unserer Zeitrechung fand sich eine Antwort.

8.8.2 Geschichten fassen uns an

In dieser Zeit, im 3. Jahrhundert vor unserer Zeitrechnung, lebte auf Sizilien, genau genommen in der zu dieser Zeit griechischen Kolonie Syrakus, ein Mann namens Archimedes, dem wir etliche Erkenntnisse in der Mathematik verdanken, die heute noch in der Schule gelehrt werden. Auch das sogenannte Hebelgesetz stammt von ihm.

Eines Tages wandte sich der König von Syrakus Hieron II. an Archimedes. Er wollte wissen, ob die goldene Krone, welche er von einem Goldschmied hatte anfertigen lassen, wirklich ausschließlich aus Gold bestand. Natürlich sollte die Krone bei der Untersuchung nicht beschädigt werden. Niemand hätte zu dieser Zeit diese Aufgabe erfüllen können. Man konnte die Krone wiegen. Aber danach wusste man lediglich die Masse, ob diese Masse jedoch reinem Gold entsprach, war solange unklar, wie man nichts Genaues über das Volumen der Krone aussagen konnte. Hätte man sie eingeschmolzen und zu einem Würfel geformt, hätte man das Volumen gekannt. Dann aber wäre die Krone zerstört gewesen, was zumindest für den Fall, dass sie tatsächlich aus reinem Gold bestanden hätte, ärgerlich gewesen wäre.
Archimedes grübelte und während er darüber nachdenkend in der Badewanne saß, bemerkte er etwas, was auch wir jedes Mal feststellen: steigt man in eine Badewanne, dann steigt der Wasserspiegel an. Offensichtlich verdrängen wir Wasser. Würde man eine Badewanne bis zum Rand mit Wasser füllen, dann einen Gegenstand hineinlegen, der seinerseits zwangsläufig Wasser verdrängt (denn wo er ist, kann nicht gleichzeitig Wasser sein), dann liefe dieses Wasser über den Badewannenrand. Man könnte es in einem Gefäß auffangen. Da Flüssigkeiten die Eigenschaft haben, sich jeder Form anzupassen, kann dieses Wasser dann in eine Form gegossen werden, von der man wiederum leicht das Volumen bestimmen kann. Und dass das Volumen des verdrängten Wassers genau dem Volumen des wasserverdrängenden Körpers entspricht, ist offensichtlich.
Dies alles wurde Archimedes auf einmal deutlich. Der Legende nach war er so erfreut über diese Erkenntnis, dass er aus der Badewanne sprang und nackt durch die Straßen von Syrakus rannte. Dabei rief er unentwegt „Heureka!", was übersetzt bedeutet: „Ich hab es gefunden!".
Damit war ein für alle mal klar, wie man das Volumen ungleichmäßig geformter Körper ermittelt. Und noch heute wird es genau so gemacht!
Archimedes kannte nun das Volumen der Krone. Somit brauchte er nur ein gleich großes Volumen echten Goldes und musste nun die beiden Massen miteinander vergleichen. Da die beiden Massen nicht übereinstimmten, war eindeutig bewiesen, dass in der Krone auch andere Materialien verarbeitet wurden, denn verschiedene Stoffe haben ein unterschiedliches spezifisches Gewicht. Durch die Zugabe unedler Metalle hatte der Goldschmied den König Hieron betrügen wollen und dieser bestrafte den Goldschmied mit dem Tode.

Später verfeinerte Archimedes seine Experimente und seine Aussagen. Das nach ihm benannte archimedische Prinzip muss beim Bau von Schiffen unbedingt beachtet werden. Es spielt auch bei unseren Knetebooten im Experiment eine Rolle.

➜➜➜ **Definition:**

> Das archimedische Prinzip besagt, dass ein Körper im Wasser um so viel leichter wird, wie das Wasser wiegt, das er beiseiteschiebt.

So kann dann ein tonnenschweres Stahlschiff schwimmen, wenn es derart geformt ist, dass es eine sehr große Menge Wasser verdrängt. Wiegt dieses verdrängte Wasser mehr als das ganze Schiff, dann (und nur dann!) kann das Schiff auf dem Wasser schwimmen.

Beispiel
Unsere Knetestange oder Knetekugel vom Anfang verdrängt ebenfalls Wasser und zwar genau so viele Kubikzentimeter oder Kubikmillimeter wie ihrem eigenen Volumen entspricht. Offensichtlich war diese Wassermenge jedoch zu leicht. Die Knete wurde zwar etwas leichter, war aber immer noch zu schwer und sank zu Boden. Die gleiche Masse Knete als Hohlkörper mit einer größeren Form verdrängt erheblich mehr Wasser, wird also wesentlich leichter und nun offensichtlich leicht genug, um oben auf dem Wasser schwimmen zu können.

Wenn wir heute sagen, dass die Dichte gleich Masse pro Volumen ist, dann ergibt sich aus der Betrachtung der Gleichung, dass man die Dichte auf mehrerlei Art und Weise verändern kann.

➜➜➜ **Definition:**

> Wenn Dichte = Masse/Volumen ist, dann gilt:
> – Die Dichte wird *größer*, wenn die *Masse größer* wird (Volumen ändert sich nicht).
> – Die Dichte wird *größer*, wenn das *Volumen kleiner* wird (Masse ändert sich nicht).
>
> Auch umgekehrt gilt:
> – Die Dichte wird *kleiner*, wenn die *Masse kleiner* wird (Volumen ändert sich nicht).
> – Die Dichte wird *kleiner*, wenn das *Volumen größer* wird (Masse ändert sich nicht).

Es können sich natürlich auch beide Größen, Masse und Volumen, gleichzeitig ändern. Dann hängt es davon ab, welche Größe sich stärker verändert, damit im Endeffekt die Dichte größer oder kleiner wird (oder sogar gleich bleibt, weil sich die beiden Größen gerade derart ändern, dass sich das Ganze gegenseitig aufhebt).

Beispiel
Wir haben in unseren Experimenten gesehen, dass sowohl das U-Boot als auch der Ammonit mit der Dichte variieren, indem sie ihr Volumen nicht ändern, aber ihre Masse. Durch Wasseraufnahme und -abgabe laden sie Masse zu oder geben Masse ab. Dadurch wird ihre Dichte bei Massezunahme größer und sie sinken. Bei Wasserabgabe wird die Masse kleiner, damit auch die Dichte, und sie tauchen wieder auf.

Ein Wal oder auch Fische spielen ebenfalls mit der Dichte. Jedoch ändern sie nichts an ihrer Masse, sondern sie verändern ihr Volumen. Ein Wal komprimiert seine Lunge, Fische ihre Schwimmblase. Dadurch werden sie schlanker. Ihre Masse muss sich nun auf ein kleineres Volumen verteilen. Dadurch wird ihre Dichte größer, was den Sinkvorgang unterstützt. Dekomprimieren sie die Lunge bzw. die Luftblase, verteilt sich ihre Masse wieder auf ein größeres Volumen. Die Dichte ist nun so gering, dass sie nach oben treiben.

8.8.3 Wie viel muss ich selbst wissen?

Fachlehrerinnen und Fachlehrer sollten mehr als nur ihr Fachbuch auswendig kennen: Sie sollten Spezialisten in ihrem Fach sein. Und sie sollten auch darüber hinaus Universalisten sein, die profunde Kenntnisse in anderen, wenigstens den benachbarten Fächern haben. Ohne diese Kenntnisse sind sie selbst nicht in der Lage, mit den Inhalten kreativ zu spielen, die Fragen und Einwürfe der Kinder einzubinden und überhaupt zu erkennen, wo sie sie einzuordnen haben. Ohne Überblickswissen in den anderen Fachbereichen fehlt den Lehrerinnen und Lehrern das Handwerkszeug, Querverbindungen zu ziehen und Lebensweltbezüge aufzuzeigen. Diese hohen Ansprüche erfüllt naturgemäß nur jemand, der selbst von seinem Fach begeistert ist, vom Typ her quasi ein geborener Lehrer ist und im günstigsten Fall selbst eine sehr gute Ausbildung genossen hat.

Als Erzieherin oder Erzieher, sei es im Kita- oder Hortbereich oder in der Betreuung Jugendlicher ist man kein Fachlehrer für die Naturwissenschaften. Jedoch kann davon ausgegangen werden, dass die Kinder genau das ja wissen. Als Erzieherin und Erzieher hat man jedoch eine besondere Chance, über die Lehrerinnen und Lehrer oftmals nicht verfügen. Fachlehrkräfte sehen an einem einzigen Tag nicht selten mehr als hundert verschiedene Kinder. Diese Kinder dabei auch als individuelle Persönlichkeiten kennenzulernen, ihre Interessen und ihre Stärken mit einzubinden, ist schwierig bis unmöglich. Außerdem können sich Lehrerinnen und Lehrer nicht aussuchen, welchen Stoff sie behandeln, sondern dieser ist weitestgehend durch Bildungs-, Rahmenlehr- und Schulpläne vorgegeben.

Als Erzieher oder Erzieherin arbeitet man mit eher kleineren Gruppen und kennt die Kinder besser. Der Umgang ist persönlicher und durch größere Nähe geprägt. Auf die Themen bezogen kann der Erzieher und die Erzieherin selbst entscheiden, welche Experimente gemacht werden und sich auf diese Themen konzentrieren. Diese Aspekte sind sehr entscheidend und sichern die Möglichkeit eines Arbeitens auf hohem Niveau.

Das grundsätzliche Interesse vorausgesetzt, ist es möglich, sich durch eine geeignete Lektüre in ein naturwissenschaftliches Thema hineinzuarbeiten. Einige geeignete Experimentieranleitungen sind in Buchform oder im Internet bereitgestellt. Bevor Sie ein Experiment mit den Kindern gemeinsam durchführen, sollten Sie es in Ruhe allein ausprobieren. Manchmal sind die Anleitungen lückenhaft oder enthalten kleine Fehler, was beim Lesen der Anleitung zunächst nicht auffällt. Auch erkennt man im Probieren, welcher Anspruch an die Feinmotorik und die Geduld gestellt wird und wie lange das Experiment dauert. So und auch dadurch, dass Sie die Kinder gut kennen, können Sie das Experiment sehr gut vorbereiten.

Mögliche Fragen, die sich beim Ausprobieren stellen, sind eventuell auch die Fragen der Kinder, sodass man sich bereits im Vorfeld um die Antworten bemühen kann. Entscheidend ist, dass man sich erst dann mit einer gefundenen Antwort zufrieden gibt, wenn man sie wirklich verstanden hat. Nur dann findet man den Kindern gegenüber auch eine Erklärung in deren Sprache, und auch nur dann kann man umschreiben, findet Bilder, Vergleiche und Analogien.

Das Zitieren von Definitionen, wie sie einem Physiklehrbuch entstammen könnten, führt selten dazu, dass ein Sachverhalt verstanden wird. Kinder verstehen keine Definitionen. Kinder brauchen spannende Geschichten, die ihnen unter die Haut gehen.

8.8.4   Kinderfragen

„Warum ist der Himmel blau?", „Wieso können Vögel fliegen?" oder „Wieso sind Steine hart?" – Kinder sind ab dem Vorschulalter sehr wissbegierig und möchten sich mit Erwachsenen über solche Fragen unterhalten. Sie möchten wissen, wie ihre Welt funktioniert. Das kindliche Gehirn ist begierig danach, neues Wissen aufzunehmen, will entdecken, lernen, kombinieren. Eltern kennen das. Manch ein Erwachsener fürchtet sich ein wenig davor. Denn nicht selten kann man dabei feststellen, dass man keine gute Antwort hat. Manchmal haben wir eine Erklärung, können sie aber nicht in eine Sprache übersetzen, welche das Kind versteht. Wie können und sollen wir nun damit umgehen?

Offeriert man Kindern Experimentierrunden, so werden sie mit großer Freude dieses Angebot in Anspruch nehmen. Dass dabei Fragen entstehen, liegt nahe. Dass eine Frage gestellt wird, die man nicht beantworten kann, ist fast unvermeidbar. Die Befürchtung, eine Frage nicht richtig beantworten zu können, kommt auch oft dadurch zustande, dass man Sorge hat, keine korrekte Antwort geben zu können.

Beispiel
Selbst wenn man genau weiß, wie ein Atom aufgebaut ist, ist es schwierig, einem 5-Jährigen auf die von ihm gestellte Frage „Was ist eigentlich ein Atom? Warum kann ich das nicht sehen?" oder gar „Sind die kleinen Atome bunt?" eine befriedigende Antwort zu geben. Denn das, was er schon verstehen könnte, würde zu einer bildlichen Vorstellung führen, die sicher nicht mit einem Atom-modell in einem Physiklehrbuch korreliert.

Diesem scheinbaren Dilemma entkommt man, wenn man berücksichtigt, dass Kinder mit einer ersten Erklärung sehr zufrieden sind. Wenn sie später die gleiche Frage nochmals stellen, kann schon mehr dazu gesagt werden. In dem Falle aber ist etwas sehr Wichtiges bereits vorhanden: Vorwissen.

Beim Lernen gilt, dass Wissen entsteht, wo bereits Wissen vorhanden ist. Eine Art Basiswissen stellt den Kondensationskeim dar, an dem neues, weiteres Wissen anhaftet. Große Sorgfalt muss also insbesondere auf das erste Wissen gelegt werden. Dieses erste Wissen erfahren Kinder vorzugsweise sinnlich. Beispielsweise welche Dinge nass und welche trocken sind wird sehr früh durch Tasten und Probieren festgestellt. Erste vorsichtige Formulierungen können kleine Repräsentationen von Basiswissen im Gehirn bilden. Später heftet sich dazu gehöriges Wissen an diese Repräsentationen an. Die Wissensinseln werden größer.

Man muss also keineswegs auf die erste Frage zum Thema Atome oder Wind oder Dinosaurier sofort das ganze Weltwissen ausschütten und einen langen Vortrag liefern. Hilfreich für die Kinder sind bildhafte Vergleiche. Die nichtlebende Materie darf dabei ruhig animiert werden. Warum nicht den kleinen Atomen Arme und Füßchen geben, Nasen und lustige Augen. Dann kann man nämlich auch plausibel machen, wieso es Tische, Steine, Blätter, Pferde oder Buntstifte gibt. Denn dazu müssen sich jeweils viele Atome zusammenfinden und zusammenbleiben. Sie müssen sich festhalten. Dass Atome sich über kovalente, metallische oder ionische Bindungen vereinen, kann Kindern nicht vermittelt werden. Dass Atome sich festhalten, weil sie kleine Hände haben, kann Kindern vermittelt werden. Damit ist ein erstes Wissen (Atome können sich verbinden, bis so große Sachen entstehen, dass ich sie sehen kann.) entstanden.

Kinder sind zu Konzeptwechseln bereit. Wenn einem älteren Kind vermittelt wird, dass der bildhafte Vergleich (Das Atom hat Hände, mit denen kann es andere Atome festhalten.) nur eine Hilfestellung war, und man sich das Aneinanderfesthalten auch anders vorstellen kann, dann wird das Kind diesen Ausführungen, die nun wiederum altersgerecht sind, mit Begeisterung folgen und nicht bis ins hohe Alter behaupten, dass es mal gelernt hat, dass Atome Augen, Nasen und Ohren haben. Hat das Kind z. B. Experimente mit Magneten oder mit der anziehenden und abstoßenden Kraft bei elektrostatischen Erscheinungen gemacht, kann man erzählen, dass derartige anziehende und abstoßende Kräfte auch bei den Atomen wirken. Und bei zwei Magneten sieht man ja, dass sie aneinander haften, ohne dass kleine Hände herausragen, die sich aneinander festhalten.

Es gibt keine für jedes kindliche oder jugendliche Alter gleichermaßen gültige, geeignete oder empfehlenswerte Erklärung für ein naturwissenschaftliches Phänomen. Es gibt keine eindeutige und einzig richtige Antwort auf die Frage, warum der Himmel blau ist. Empfehlenswert ist, sich selbst eine Antwort zu suchen, die befriedigend ist und vor allem: die man selbst versteht. Der Inhalt dieser Antwort muss dann auf das Alter der Kinder angepasst umformuliert und gegebenenfalls gekürzt werden.

Kinderfragen sind manchmal nicht spontan zu beantworten. Den Kindern zu bedeuten, dass dies eine sehr spannende Frage sei und man sich am Abend erkundigen und schlau machen wird und beim nächsten Mal die Antwort mitbringt, ist für die Kinder ein akzeptables Ergebnis. Als pädagogische Fachkraft wird man vertrauenswürdig, wenn man sich derart ehrlich äußert und dann zum versprochenen Zeitpunkt die Antwort nachliefert. Man verliert an Vertrauen, wenn man stets sofort eine Antwort hat, sich dann aber herausstellt, dass diese oft falsch ist.

In unserem Experiment „Die Grundlage des Schwimmens" wurde bereits darauf verwiesen, dass es gleichsam die Vorbereitung für ein neues Experiment sein kann. Eine Kinderfrage könnte ja sein, ob es auch Steine gibt, die schwimmen können. Dies wurde bereits mit Hinweis auf Lavagestein bejaht. Man kann sogar das Aussehen unserer heutigen Erde damit erklären und vor allem auch, dass deswegen, weil auch Steine schwimmen können, sich dieses Aussehen ständig ändert. Nur eben sehr langsam und im Verlaufe eines Menschenlebens unmerklich wenig.

Experiment 4: Die Faltung der Erde
Unsere Erde ist über viereinhalb Milliarden Jahre alt. In dieser Zeit hat sich das Aussehen der Welt immer wieder verändert. Kontinente wanderten über den Globus, Gebirge entstanden und wurden wieder abgetragen.

Die Entstehung eines Gebirges dauert lange. Innerhalb eines Menschenlebens sind kaum Veränderungen zu bemerken. Ließe man jedoch in Gedanken eintausend Jahre in einer einzigen Sekunde passieren, dann würde man in diesem Zeitraffer plötzlich Bewegungen erkennen.

Was brauchst du?
- eine knetfeste Unterlage
- vier unterschiedlich farbige Knetestreifen
- eine Flasche zum Ausrollen der Knete
- ein Messer (kann stumpf sein)

METHODE/TIPP

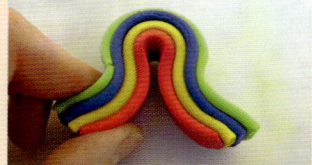 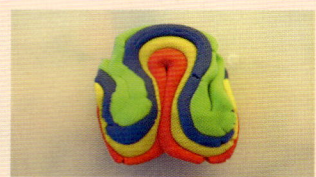 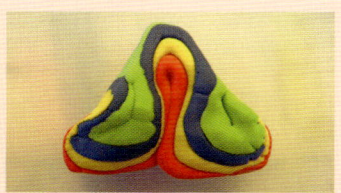

Was musst du tun?

1. Walze zuerst mithilfe der Flasche jeden einzelnen Knetestreifen auf deiner Knetunterlage aus. Die nun platten Knetestreifen sollten gleich lang und ungefähr 2 cm breit sein.

2. Lege die Knetestreifen auf der Unterlage genau übereinander und drücke diese dann vorsichtig mit deiner Hand gleichmäßig zusammen. Ganz unten sollte ein roter Knetestreifen liegen.

3. Berühre das Knetestreifenpaket nun so, dass dein linker Daumen und Zeigefinger das Paket links umschließen und rechter Daumen und Zeigefinger das Paket rechts umschließen.

4. Schiebe nun beide Hände so aufeinander zu, dass sich das Knetepaket zu einem Berg mit Bergkuppe zusammenschiebt.

5. Drücke deinen Kneteberg an allen Seiten noch einmal gut zusammen. Achte dabei darauf, dass der Berg sich nach oben verjüngt.

6. Stelle deinen Berg auf die Knetunterlage. Schneide mit dem Messer einmal quer durch den Berg hindurch und zwar von der Bergspitze bis zum Fuß des Berges. Nun hast du einen Querschnitt durch die Schichten hergestellt, welche deinen Berg bilden.

7. Du kannst nun auch noch die oberste Spitze deines Berges mit dem Messer abtrennen. Da du zwei Hälften hast, kannst du einmal nur ein wenig und einmal etwas mehr von der Bergkuppe abtrennen.

Was kannst du beobachten?

- Schneidest du den Berg von oben nach unten mit dem Messer durch, wirst du feststellen, dass deine anfangs übereinander geschichteten farbigen Knetstreifen zwar immer noch in der gleichen Reihenfolge übereinander liegen, nun aber auch von unten nach oben durch deinen Berg verlaufen. Interessant ist hier insbesondere, dass die ehemals unterste Schicht ebenfalls in die Bergspitze gewandert ist.

- Schneidest du etwas von der Bergspitze ab, erkennst du vormals untere Schichten auch mit dem Blick von oben auf den Berg. Trennst du noch etwas mehr ab, liegt irgendwann sogar die ursprünglich unterste der Schichten frei.

- Der unterste, rote Knetestreifen steht symbolisch für das heiße Magma. Dieses befindet sich ziemlich tief in der Erde. Aber wie du siehst, gelangt es durch die Faltung nach oben. Kommt dann auch noch die Bergkuppe abhanden, liegt es frei und kann als Lava aus dem Berg fließen.

Was steckt dahinter?

Die Alpen in Europa, der Himalaya in Asien, die Rocky Mountains in Nordamerika, der Atlas in Afrika, die Anden in Südamerika und viele andere Gebirge sind durch Faltung entstanden. Man nennt sie daher etwas genauer auch Faltengebirge. Was du mit der Kraft deiner Finger in wenigen Sekunden bei deiner Knete geschafft hast, dazu braucht es in der Natur eine sehr viel größere Kraft und sehr viel längere Zeiträume. Das Grundprinzip ist jedoch das gleiche. Gestein wird durch seitlich von außen einwirkende Kräfte zusammengestaucht. Wenn Kontinentalplatten aufeinandertreffen, kann so etwas im großen Stil geschehen. Das Gestein weicht nach oben aus. Solange der äußere Druck anhält, wächst dadurch ein Gebirge. Zum Beispiel findet eine solche Kontinent-Kontinent-Kollision zwischen der Eurasischen und der Indischen Platte statt und führte zur Bildung des Himalaya.

Bergspitzen sind selten richtig spitz. Meist sind sie abgeflacht. Durch Wind und Wetter werden Stück um Stück die obersten Schichten abgetragen. Dieser Prozess heißt Erosion (der Begriff hat seinen Ursprung wie viele wissenschaftliche Begriffe im Lateinischen: erodere heißt abtragen). – Somit ist irgendwann eine Schicht von ganz unten plötzlich ganz oben zu sehen.

Wusstest du schon?

Lange Zeit hatte man keine gute Erklärung dafür, wieso sich im Hochgebirge Fossilien finden lassen. Muschelabdrücke in einigen tausend Metern Höhe? Einige Forscher glaubten, dass wohl dereinst das Wasser so hoch gestanden haben muss. Sie entwickelten die Idee von einem gigantischen Urmeer. Nach dem römischen Gott des Meeres nannte man die Vertreter dieser Theorie Neptunisten.

Der schottische Gelehrte James Hutton (1726 bis 1797), der auch ein Landwirt war, beobachtete, dass die Sandkrumen von seinen Feldern immer wieder abgetragen und fortgeweht wurden. Gleichgültig, wie oft er die Erde umgrub: irgendwann war sie wieder fast glatt. Er schloss, dass sich dieser Prozess auch im großen Stile abspielt. Nur, dass er da viel länger dauert. Ihm war als einem der ersten klar, dass geologische Prozesse viel langsamer ablaufen als dass Menschen sie in Echtzeit beobachten könnten. Die Entstehung der Gebirge durch Faltung und Aufwerfen riesiger Gesteinsmassen in für Menschen unsichtbar langsamem Tempo, war für ihn die Erklärung auch dafür, wie Abdrücke von Meeresbewohnern Tausende Meter über dem Meeresspiegel in Felswänden auftauchen können.

Die Anhänger dieser Theorie nannte man Plutonisten (Pluto ist in der römischen Sagenwelt der Herrscher der Unterwelt), da ihrer Meinung nach die Gestaltung der Welt durch die Prozesse im heißen und beweglichen Erdinnern geschieht. Und da hatten sie gar nicht so Unrecht: dass die Kontinente sich bewegen können, liegt daran, dass ihre festen Platten (auf denen wir den ganzen Tag lang herum laufen) auf einem Ozean flüssigen Gesteins schwimmen. Dieses Gestein ist wegen der hohen Temperaturen im Erdinneren flüssig.

Übrigens hat unsere Erde im Zentrum eine Temperatur von etwa 6.000 Grad Celsius. Interessanterweise ist dies genau die Oberflächentemperatur unserer Sonne. Und schon hat man einen Übergang zu einer neuen experimentell zu erobernden Welt: das Licht, die Farben, der Regenbogen oder das Wetter.

8.9   Zusammenfassung: Bildung kann gelingen!

Naturwissenschaftliche und mathematische Grunderfahrungen werden unvermittelt bereits in der frühesten Kindheit gemacht. Ab einem Alter von etwa 5 Jahren sind Kinder an Naturphänomenen bewusst interessiert und zeigen dies auch. Ihnen Gelegenheiten zu schaffen, sich kindgerecht (spielerisch) und mit Spaß experimentell zu betätigen, ist die Aufgabe der betreuenden Erwachsenen, insbesondere der Eltern, der Erzieherinnen bzw. Erzieher und Lehrerinnen bzw. Lehrer.

Damit Bildung gelingen kann, müssen uns die Bildungsinhalte, also der Lernstoff, berühren, ergreifen, beeindrucken und begeistern. Für ein Thema begeistern kann nur derjenige, der sich selbst für sein Thema begeistert; sinnbildlich kann der Funke (auf das Kind) nur dann überspringen, wenn man selbst (als Wissensvermittler) für sein Thema brennt. Wer von seinem Thema selbst fasziniert ist, wirkt authentisch und erweckt Vertrauen. Unbewusst spiegeln die Kinder dies wider und empfinden eine analoge Faszination. Wem ein Thema nicht unter die Haut geht, kann genau dies auch nicht vortäuschen. Zeigen Sie Begeisterung!

Natürlich darf man beim Erforschen der Natur auch mal ernst schauen. Den Spaß an der Sache sollte man jedoch niemals unterdrücken. Wer innerhalb eines Experimentierkurses mit Kindern nicht wenigstens einmal erreicht, dass alle Kinder lachen, hat ganz sicher etwas falsch gemacht. Spaß motiviert uns, sich mit Dingen zu beschäftigen. Er ist der Motor, der alles am Laufen erhält. Er ist notwendige Bedingung für erfolgreiches Lernen. Haben Sie Spaß!

Beim Experimentieren sollte jedes Kind etwas machen können. Dabei sollten so viele Sinne wie möglich zum Einsatz kommen. Ein Experiment anzuleiten ist oft eine gute Idee, um ein bestimmtes Ergebnis auch mit Sicherheit zu erreichen. Aber auch das freie Experimentieren ist anregend, spannend, fordert und fördert die Kreativität. Stellen Sie sich beim Experimentieren auf das Tempo der Kinder ein. Es kann sein, dass Kinder erst einmal entschleunigt werden müssen. Gelingt Ihnen dies (das kann sich manchmal über mehrere Experimentierkurse erstrecken), werden Sie das wirkliche kindliche Tempo entdecken. Und die übergroße Freude, sich solange wie man möchte, einer Sache ganz kontemplativ hinzugeben. Weniger ist mehr!

Es geht nicht um große Erklärungen. Es geht nicht darum, dem Anspruch Erwachsener gerecht zu werden, die gern eine vollständig richtige Erklärung wollen. Kinder brauchen eine verständliche Erklärung. Gelingt es Ihnen, ein Naturphänomen, ein experimentelles Ergebnis in wenigen Worten und für die Kinder verständlich zu beschreiben, dann ist Ihre Erklärung auch richtig. Nutzen Sie dazu Geschichten und Anekdoten, Beispiele und Vergleiche, hauchen Sie der unbelebten Natur Leben ein. Finden Sie Bezüge zum Alltag der Kinder. Wählen Sie Themen, die den Kindern nicht fremd sind und Experimentierequipment, was die Kinder auch zuhause vorfinden. Tauchen Sie in die Lebenswelt der Kinder ein!

Weiterführende Literatur

Die nachfolgenden Literaturempfehlungen zeigen auf, wie gehirngerechtes Lernen funktioniert, wie Naturwissen Schaffen Spaß macht, wie Experimente gelingen, was einen gelungenen Anfang ausmacht, wie und warum Lernen süchtig machen kann.

– *Sehr gute Übersichten darüber, wie Lernen funktioniert:*

   Manfred Spitzer: Lernen – Gehirnforschung und die Schule des Lebens, München/Heidelberg, Verlag Spektrum 2009.

   Gerhard Roth: Bildung braucht Persönlichkeit – Wie lernen gelingt, Stuttgart, Verlag Klett Cotta, 2011.

   Ralf Caspary (Hg.): Lernen und Gehirn – Der Weg zu einer neuen Pädagogik, Freiburg im Breisgau; Basel; Wien, Verlag Herder, 2009.

   Anna Leetz: Wie nachhaltiges Lernen bei Kindern in Vorschule und Grundschule gelingen kann – Eine humanethologische Betrachtung (Diplomarbeit), Extavium, 2012.

– *Fragen, die sich jedem stellen, die in der Schule aber nicht behandelt werden:*

   Bill Bryson: Eine kurze Geschichte von fast allem, München, Verlag Goldmann, 2005.

– *Funktionierende Experimente zum Nachmachen und mit geeigneten Erklärungen:*

   Gisela Lück: Handbuch der naturwissenschaftlichen Bildung – Theorie und Praxis für die Arbeit in Kindertageseinrichtungen, Freiburg/Br./Basel/Wien, Verlag Herder, 2009.

   Axel Werner: Wie funktioniert die Welt? – Das Forscherbuch für Schüler, Verlag Mosaik Steinchen für Steinchen, Berlin, 2009.

   Axel Werner: Wie funktioniert die Welt? Teil 2 – Das Forscherbuch für Schüler, Verlag Mosaik Steinchen für Steinchen, Berlin, 2010.

Literaturverzeichnis

Ahnert, Lieselotte (Hrsg.): Frühe Bindungen. Entstehung und Entwicklung, München, Basel, Ernst Reinhardt, 2004.

Ahnert, Lieselotte: Wie viel Mutter braucht ein Kind? Bindung – Bildung – Betreuung: öffentlich und privat, Heidelberg, Spektrum Akademischer Verlag, 2010.

Auer, Reinhard Lambert/Bregenzer, Martin/Haigis, Peter/Höschele, Robby/Kaiser, Arnd/Schäfer-Bossert, Stefanie/Ziegler, Gerd (2006): Mehr als nur schöner Schein – Ästhetische Bildung als Aufgabe der Kirche. Vom Fachbeirat Kunst als Vorlage zur Diskussion eingebrachtes Arbeitspapier im „Rat für Kultur in der württembergischen Landeskirche", http://www.kirche-kunst.de/fileadmin/mediapool/gemeinden/medien_E_Verein_Kirche_Kunst/Grundlagenpapier.pdf (19. Januar 2010).

Auer, Peter: Sprachliche Interaktion. Eine Einführung anhand von 22 Klassikern, Tübingen, Max Niemeyer Verlag, 1999.

Astington, Janet W.: Wie Kinder das Denken entdecke,. München, Basel, Ernst Reinhardt, 2000.

Ayres, A. Jean: Bausteine der kindlichen Entwicklung, Berlin, Springer Verlag, 2002.

Bachtin, Michail: Das Problem der sprachlichen Gattungen. In: Ehlich, K./Meng, K. (Hrsg): Die Aktualität des Verdrängten. Studien zur Geschichte der Sprachwissenschaft im 20. Jahrhundert, Heidelberg, Synchron, 2004.

Bahr, Stephanie/Kallinich, Kristin/Beudels, Wolfgang/Fischer, Klaus/Hölter, Gerd/Jusmund, Christina/Krus, Astrid/Kuhlenkamp, Stefanie: Bedeutungsfelder der Bewegung für Bildungs- und Entwicklungsprozesse im Kindesalter. In: Motorik, 35 (3), 2012, S. 98–109.

Bamford, Anne: The Wow-Factor: Global research compendium on the impact of the arts in education, Münster, Waxmann, 2006.

Bamford, Anne: Evaluating the impact of the arts education. Vortrag auf dem Symposion „szenenwechsel[3]" an der Universität der Künste Berlin am 25. September 2008.

Bamford, Anne: Quality Arts Education. Globaler Überblick über die Erforschung der kulturellen Bildung. In: Jurké/Linck/Reiss 2008, S. 325–333.

Baroody, Arthur J./Lai, Meng-Lung/Mix, Kelly S.: The development of young children's early number and operation sense and its implications for early childhood education, in: Handbook of research on the education of young children, hrsg. v. Bernard Spodek/Olivia N. Saracho, Mahwah, NJ, US: Erlbaum, 2006, S. 187–221.

Bauer, Joachim: Kleine Zellen, große Gefühle – wie Spiegelneuronen funktionieren. Die neurobiologischen Grundlagen der „Theory of Mind". In: Herrmann, Ulrich (Hg.): Neurodidaktik. Grundlagen und Vorschläge für gehirngerechtes Lehren und Lernen, Weinheim, Basel, Beltz, 2009, S. 49–57.

Bederna, Katrin/König, Hildegard: Wohnt Gott in der Kita?, Berlin/Düsseldorf, Cornelsen Sciptor, 2009.

Berg, Horst Klaus: Montessori für Religionspädagogen, Stuttgart, Verlag Katholisches Bibelwerk GmbH, 1999.

Bethke, Christian/Braukhane, Katja/Knobeloch, Janina: Bindung und Eingewöhnung von Kleinkindern; hrsg. von Viernickel, Susanne/Völkel, Petra, Troisdorf: Bildungsverlag EINS, 2009.

Bielefeld, Jürgen: Zur Begrifflichkeit und Strukturierung der Auseinandersetzung mit dem eigenen Körper. In: Bielefeld, Jürgen (Hrsg.): Körpererfahrung. Grundlagen menschlichen Bewegungsverhaltens, 2. Auflage, Göttingen, Toronto, Zürich: Hogrefe, 1991, S. 3–33.

Biesinger, Albert: Kinder nicht um Gott betrügen. Freiburg, Herder, 1994.

Böhnisch, Lothar: Sozialpädagogik der Lebensalter, Weinheim/Basel, Beltz Juventa. 2012.

Bossert, Stefanie/Ziegler, Gerd: Mehr als nur schöner Schein – Ästhetische Bildung als Aufgabe der Kirche. Vom Fachbeirat Kunst als Vorlage zur Diskussion eingebrachtes Arbeitspapier im „Rat für Kultur in der württembergischen Landeskirche", 2006, online abrufbar unter www.kirche-kunst.de/fileadmin/mediapool/gemeinden/medien_E_Verein_Kirche_Kunst/Grundlagenpapier.pdf [19.01.2010].

Boos, Evelyn: Das große Buch der Kreativitätstechniken, München, Compact, 2007.

Bröder, Monika: Gesprächsführung in Kita und Kindergarten. Ein praktischer Leitfaden, Freiburg, Herder, 2004.

Bruner, Jerome: Wie das Kind sprechen lernt, Bern, Göttingen, Toronto, Seattle, Hans Huber, 2002.

Bucher, Anton: Psychologie der Spiritualität, Weinheim/Basel, Beltz, 2007.

Bühler, Karl: Sprachtheorie. Die Darstellungsfunktion der Sprache, Stuttgart, Lucius & Lucius, 1934/1999.

Bundesministerium für Familie, Senioren, Frauen und Jugend (BMFSFJ): Nationaler Aktionsplan. Für ein kindgerechtes Deutschland 2005 – 2010, Berlin, 2005.

Daiber, Barbara/Weiland, Inga (hg.): Impulse der Elementardidaktik, Baltmannsweiler, Schneider-Verl. Hohengehren, 2008.

Delfos, Martine: „Sag mir mal… " Gesprächsführung mit Kindern (4 bis 12 Jahre), Beltz Taschenbuch, 2004.

Dewey, John: Kunst als Erfahrung, Frankfurt, Suhrkamp Verlag, 1988.

Dietrich, Cornelie: Kapitel 4. Anfänge Ästhetischer Bildung – Materialien. Hand-out zur Vorlesung: Einführung in die Ästhetische Bildung im Studiengang Erziehung und Bildung im Kindesalter an der Alice-Salomon-Hochschule Berlin, Sommersemester 2009.

Dietrich, Cornelie/Krinninger, Dominik/Schubert, Volker: Einführung in die Ästhetische Bildung, Weinheim und Basel, Beltz Juventa, 2012.

Dittrich, Gisela/Dörfler, Mechthild/Schneider, Kornelia: Wenn Kinder in Konflikt geraten. Eine Beobachtungsstudie in Kindertagesstätten, Neuwied, Luchterhand, 2001.

Domkowsky, Romi: Erkundungen über langfristige Wirkungen des Theaterspielens. Eine qualitative Untersuchung, Auf Spurensuche, Saarbrücken/Berlin, VDM Verlag, 2008.

Domkowsky, Romi: Ästhetische Bildung in Kita und Vorschule. In: Verein für Kinder- und Jugendkultursozialarbeit „Zirkus Internationale" e.V. (Hrsg.): Ästhetische Frühförderung und früh ansetzende Prävention in Theorie und Praxis, Berlin, Books on Demand, 2009, S. 8–12.

Domkowsky, Romi: Theater spielen – Theater machen. In: Bundesverband der Jugendkunstschulen und Kulturpädagogischen Einrichtungen e.V. (bjke)/Landesarbeitsgemeinschaft Kulturpädagogische Dienste/Jugendkunstschulen NRW e.V. (LKD) (Hrsg.): infodienst – Das Magazin für kulturelle Bildung Nr. 92. Lampenfieber. Theater in der kulturellen Bildung. Theorie – Konzepte – Praxis, Unna, LKD-Verlag, 2009, S. 13–15.

Domkowsky, Romi: Wissenschaftliche Untersuchungen über ästhetische Bildung. In: Verein für Kinder- und Jugendkultursozialarbeit „Zirkus Internationale" e.V. (Hrsg.): Ästhetische Frühförderung und früh ansetzende Prävention in Theorie und Praxis, Berlin, Books on Demand, 2009, S. 13–16.

Domkowsky, Romi: Theaterspielen – und seine Wirkungen, 2011, Berlin, http://opus4.kobv.de/opus4-udk/frontdoor/index/index/docId/25 (05.01.2014).

Domkowsky, Romi: Forschen im „ästhetischen Modus". In: Zeitschrift für Theaterpädagogik, Heft 63, Jahrgang 29, 2013.

Dornes, Martin: Die emotionale Welt des Kindes, Frankfurt/Main, Fischer Taschenbuch Verlag, 2000.

Dornes, Martin: Die Seele des Kindes. Entstehung und Entwicklung, Frankfurt/Main, Fischer Taschenbuch Verlag, 2006.

Duderstadt, Matthias: Improvisation und Ästhetische Bildung, Ein Beitrag zur Ästhetischen Forschung, Köln, Salon Verlag, 2003.

Duderstadt, Matthias: Elementarbereich Lern- und Erfahrungsfeld Ästhetische Bildung, 2007, Bachelor, online abrufbar unter www.profis-in-kitas.de/studiengangsentwicklung/module/uni-bremen/asthetik_ub [31.08.2009].

Duderstadt, Matthias: Ästhetische Bildung (in Bachelor-/Master-Studium), 2009, online abrufbar unter www.aesthetische-bildung.uni-bremen.de/Aesthetische%20Bildung.html [31.08.2009].

Eggert, Dietrich/Reichenbach, Christina/Bode, Sandra: Das Selbstkonzept Inventar (SKI) für Kinder im Vorschul- und Grundschulalter. Theorie und Möglichkeiten der Diagnostik, 2. Auflage, Dortmund, Borgmann, 2010.

Einsiedler, Wolfgang: Das Spiel der Kinder, Bad Heilbrunn, Klinkhardt, 1999.

Elschenbroich, Donata: Weltwissen der Siebenjährigen, München, Antje Kunstmann GmbH, 2001.

Fatke, Reinhard/Schneider, Helmut/Meinhold-Henschel, Sigrid/Biebricher, Martin: „Jugendbeteiligung – Chance für die Bürgergesellschaft". In: Aus Politik und Zeitgeschichte (56) 12 2006, S. 24–32.

Fernandes, Frédéric/Leopold, Loki: Puppenbau und Puppenspiel – Ästhetische Bildung durch Partizipation. In: Verein für Kinder- und Jugendkultursozialarbeit „Zirkus Internationale" e.V. (Hrsg.): Ästhetische Frühförderung und früh ansetzende Prävention in Theorie und Praxis, Berlin, 2009, S. 27–28.

Fischer, Klaus: Einführung in die Psychomotorik, 3. Auflage, München, Ernst Reinhardt, 2009.

Fonagy, Peter/Gergely, György/Jurist, Elliot L./Target, Mary: Affektregulierung, Mentalisierung und die Entwicklung des Selbst, Stuttgart, Klett-Cotta, 2002.

Fowler, James/Nipkow, Karl Ernst/Schweitzer, Friedrich (Hrsg.): Glaubensentwicklung und Erziehung, Gütersloh, Gütersloher Verlagshaus, 2008.

Freudenreich, Delia: Spiritualität von Kindern. Was sie ausmacht und wie sie pädagogisch gefördert werden kann, Kassel, University press, 2009.

Freudenreich, Delia/Mette, Norbert: Spiritualität und interreligiöses Lernen. In: Schreiner, Peter/Sieg, Ursula/Elsenbast, Volker (Hrsg.): Handbuch Interreligiöses Lernen, Gütersloh, Gütersloher Verlagshaus, 2005, S. 304–315.

Fried, Lilian: Bildung und Kompetenz, In: Thole Werner/Rossbach, Hans-Günther, Fölling-Albers, Maria/ Tippelt, Rudolf (Hg.): Bildung und Kindheit. Pädagogik der Frühen Kindheit in Wissenschaft und Lehre, Opladen und Farmington Hills, Budrich, 2008.

Fritz, Jürgen: Das Spiel verstehen. Eine Einführung in Theorie und Bedeutung, Weinheim, Juventa, 2004.

Fthenakis, Wassilios E./Schmitt, Annette/Daut, Marike/Eitel, Andreas/Wendell, Astrid: Natur-Wissen schaffen, Band 2: Frühe mathematische Bildung, Troisdorf, Bildungsverlag EINS, 2009.

Gehlen, Arnold: Der Mensch, Wiesbaden, Vittorio Klostermann, 1978.

Gloger-Tippelt, Gabriele: Individuelle Unterschiede in der Bindung und Möglichkeiten ihrer Erhebung bei Kindern. In: Ahnert, L. (Hrsg.): Frühe Bindungen. Entstehung und Entwicklung, München/Basel, Ernst Reinhardt, 2004, S. 82–109.

Goffman, Erving: Footing. In: Goffman, Erving (Hrsg.): Forms of talk, Philadelphia, University of Philadelphia Press, 1981.

Gopnik, Alison/Kuhl, Patricia/Meltzoff, Andrew: Forschergeist in Windeln, München/Zürich, Piper, 2005.

Grieshop, Gabriele/Winter, Martin: Einführung des Schwerpunktthemas Mathematik mit den Mathematikkarten der Stiftung „Haus der kleinen Forscher" – Ein Modellprojekt im nifbe Regionalnetzwerk SüdWest, in: Wissenschaftliche Untersuchungen zur Arbeit der Stiftung „Haus der kleinen Forscher", Band 3, hrsg. v. Stiftung Haus der kleinen Forscher, Köln, Bildungsverlag EINS, , 2012, S. 83–143 (auch online als PDF verfügbar unter www.haus-der-kleinen-forscher.de).

Grossmann, Klaus E./Grossmann, Karin (Hrsg.): Bindung und menschliche Entwicklung: John Bowlby, Mary Ainsworth und die Grundlagen der Bindungstheorie, Stuttgart, Klett-Cotta, 2003.

Grossmann, Klaus E.: Theoretische und historische Perspektiven der Bindungsforschung. In: Ahnert, Lieselotte (Hrsg.): Frühe Bindungen. Entstehung und Entwicklung, München/Basel, Ernst Reinhardt, 2004, S. 21–41.

Grupe, Ommo: Zur Bedeutung von Körper-, Bewegungs- und Spiel-Erfahrungen für die kindliche Entwicklung. In: Altenberger, Helmut/Maurer, Friedemann (Hrsg.): Kindliche Welterfahrung in Spiel und Bewegung, Bad Heilbrunn/Obb., Julius Klinkhardt, 1992, S. 9–38.

Günzel, Werner/Laging, Ralf: Sportunterricht und Schulsport auf neuen Wegen – eine Einführung. In: Laging, Ralf (Hrsg.): Neues Taschenbuch des Sportunterrichts, Kompaktausgabe, 3. Auflage, Baltmannsweiler, Schneider Hohengehren, 2007, S. 2–11.

Handwerker, Hermann O.: Somatosensorik. In: Schmidt, Robert F./Schaible, Hans-Georg (Hrsg.): Neuro- und Sinnesphysiologie, 4. Auflage, Berlin, Heidelberg, New York, Springer, 2000, S. 227–256.

Hansen, Rüdiger/Knauer, Raingard/Sturzenhecker, Benedikt: Partizipation in Kindertageseinrichtungen. So gelingt Demokratiebildung mit Kindern!, Weimar/Berlin, Verlag Das Netz, 2012.

Hardy, Sarah Blaffer: Mütter und andere. Wie die Evolution uns zu sozialen Wesen gemacht hat, Berlin, Berlin Verlag, 2009.

Harz, Frieder: Biblische Geschichten – eine Anleitung zum Erzählen, Bayreuth, Emil-Mühl GmbH, 1992.

Harz, Frieder: Religiöse und ethische Bildung und Erziehung im evangelischen Kindergarten, Troisdorf, Bildungsverlag EINS, 2008.

Heigl-Evers, Annelise/Heigl, Franz: Konzepte der analytischen Gruppenpsychotherapie. In: Gruppenpsychotherapie und Gruppendynamik, Bd. 7, Heft 2, 1973, S. 132–157.

Heimlich, Ulrich: Spiel als Entwicklung – Entwicklung als Spiel. In: TPS: Wie Kinder sich entwickeln – Basiswissen für Erzieherinnen, Heft 9/10, 2004, S. 50–55.

Holle, Britta: Die motorische und perzeptuelle Entwicklung des Kindes. Ein praktisches Lehrbuch für die Arbeit mit normalen und retardierten Kindern, 5. Auflage, Weinheim/Basel, Beltz, 2011.

Huizinga, Johan: Homo Ludens – Vom Ursprung der Kultur im Spiel, Hamburg, Rowohlt, 1958.

Hüther, Gerald: Sich zu bewegen lernen, heißt fürs Leben lernen! Die erfahrungsabhängige Verankerung sensomotorischer Repräsentanzen und Metakompetenzen während der Hirnentwicklung. In: Hunger,

Ina/Zimmer, Renate (Hrsg.): Bewegung. Bildung. Gesundheit. Entwicklung fördern von Anfang an, Schorndorf, Hofmann, 2007, S. 12–22.

Hüther, Gerald: Die Bedeutung sozialer Erfahrungen für die Strukturierung des menschlichen Gehirns. In: Herrmann, Ulrich (Hrsg.): Neurodidaktik. Grundlagen und Vorschläge für gehirngerechtes Lehren und Lernen, Weinheim/Basel, Beltz, 2009, S. 41–48.

Hüther, Gerald: „Mein Kind hat doch kein Stroh im Kopf!". In: Mehr Zeit für Kinder e.V. & Barmer GEK (Hrsg.): Du bist mir wichtig! Sicher und geborgen in die Welt hinaus, Eigenverlag, 2012, S. 14–23.

Irmischer, Tilo: Motopädagogik II. Unveröffentlichtes Skript, Marburg, Philipps-Universität, 2000.

Jampert, Karin/Zehnbauer, Anne/Best, Petra/Sens, Andrea/Leuckefeld, Kerstin/Laier, Mechthild (Hg.): Kinder-Sprache stärken. Wie kommt das Kind zur Sprache? Weimar/Berlin, Verlag das Netz, 2009.

JMK: Bildung fängt im frühen Kindesalter an, 2002, online unter: www.mbjs.brandenburg.de/sixcms/media.php/5527/TOP%204%20-%20Beschluss.15475542-pdf, [05.06.2013].

JMK/KMK: Gemeinsamer Rahmen der Länder für die frühe Bildung in Kindertageseinrichtungen, 2004, online unter: www.kmk.org/fileadmin/veroeffentlichungen_beschluesse/2004/2004_06_04-Frühe-Bildung-Kitas.pdf, [05.06.2013].

Kämpf-Jansen, Helga: Ästhetische Forschung. Wege durch Alltag Kunst und Wissenschaft – Zu einem innovativen Konzept ästhetischer Bildung, Köln, Tectum- Verlag, 2000.

Kasüschke, Dagmar/Jares Lisa: Pädagogik in Kindertageseinrichtungen: Raum, Struktur und Handlung im Sozialen, In: Kasüschke, Dagmar (Hg.): Didaktik in der Pädagogik der frühen Kindheit, Köln, Kronach, 2010, S. 225–263.

Keller, Monika: Moralische Entwicklung als Voraussetzung für soziale Partizipation. In: Sturzbecher, Dietmar/Großmann, Heidrun (Hrsg.): Soziale Partizipation im Vor- und Grundschulalter. Grundlagen. München/Basel, Reinhardt, 2003, S. 143–172.

Keßel, Peter: „Entspannung? Massagen? Das ist doch uncool" – oder etwa nicht?. In: Hunger, Ina/Zimmer, Renate (Hrsg.): Frühe Kindheit in Bewegung. Entwicklungspotenziale nutzen, Schorndorf, Hofmann, 2012, S. 386–390.

Kett, Franz/Koczy, Robert: Die Religionspädagogische Praxis – ein Weg der Menschenbildung, Landshut, RPA Verlag, 2009.

König, Anke: Interaktionsprozesse zwischen Erzieherinnen und Kindern. Eine Videostudie aus dem Kindergartenalltag, Wiesbaden, VS, Verl. für Sozialwiss., 2009.

König, Anke: Interaktion als didaktisches Prinzip. Bildungsprozesse bewusst begleiten und gestalten, Troisdorf, Bildungsverlag EINS, 2010.

Kohl, Eva Maria: Spielzeug Sprache. Ein Werkstattbuch, Weinheim/Basel, Beltz, 2006.

Krappmann, Lothar/Oswald, Hans: Alltag der Schulkinder. Beobachtungen und Analysen von Interaktionen und Sozialbeziehungen, Weinheim, Juventa, 1995.

Krappmann, Lothar: Sozialisation in der Gruppe der Gleichaltrigen. In: Hurrelmann, Klaus/Ulich, Dieter (Hrsg.): Neues Handbuch der Sozialisationsforschung, 4. Auflage, Weinheim/Basel, Beltz, 1991, S. 355–376.

Krummheuer, Götz/Brandt, Birgit: Paraphrase und Traduktion. Partizipationstheoretische Elemente einer Interaktionstheorie des Mathematiklernens in der Grundschule, Weinheim/Basel, Beltz, 2001.

Küls, Holger: Projekte ko-konstruktivistisch planen und durchführen, Köln, Bildungsverlag Eins, 2012.

Kupfer, Hartmut: Sprechen lernen in frühkindlichen Bildungseinrichtungen, Berlin, LebensWelt Schriftenreihe, 2007.

Kupfer, Hartmut: Children's voices in early childhood settings' every day concerts. In: D. Harcourt u.a. (Hrsg.): Researching young children's perspectives, London/New York, Routledge, 2011.

Kußmaul, Marion/ Poster: Das Konzept „Ästhetische Forschung", 2011, präsentiert auf der Kooperationstagung „Forschung, Lehre und Praxis verzahnen – kompetenzorientierte Ausbildung frühpädagogischer Fachkräfte" der BAG-BEK e.V. und der Alice Salomon Hochschule Berlin am 1. März 2013.

Labov, William: Some Further Steps in Narrative Analysis, 1998, Online abrufbar unter www.ling.upenn.edu/~wlabov/sfs.html [24.07.2013].

Landau, Erika (Hrsg.): Kreatives Erleben. Psychologie und Person, Ernst Reinhardt, 17. Auflage, München/ Basel, 1984.

Largo, Remo: Lernen geht anders. Bildung und Erziehung vom Kind her denken, Hamburg, Edition Körber-Stiftung, 2010.

Liegle, Ludwig: Pädagogische Konzepte und Bildungspläne, In:Kindergarten heute spezial: Pädagogische Handlungskonzepte von Fröbel bis zum Situationsansatz, Freiburg, Herder, 2007, S. 2–6.

Liegle, Ludwig: Wir brauchen eine Didaktik der indirekten Erziehung, in: Betrifft Kinder,Kiliansroda, Ausgabe 09/2009, S. 6–13.

Maset, Pierangelo: Ästhetische Bildung der Differenz. Kunst und Pädagogik im technischen Zeitalter, Stuttgart, Radius-Verlag, 1995.

Matzke, Annemarie: Künstlerische Praktiken als Wissensproduktion und künstlerische Forschung. In: Bockhorst, Hildegard/Reinwand, Vanessa- Isabelle/Zacharias, Wolfgang (Hrsg.): Handbuch Kulturelle Bildung, München, kopaed, 2012, S. 939–942.

Mendizza, Michael/Pearce, Joseph Chilton: Neue Kinder, neue Eltern. Die Kunst spielerischer Elternschaft und die Intelligenz des Spiels, Freiamt im Schwarzwald, 2003.

Merkel, Johannes: Gebildete Kindheit. Wie die Selbstbildung von Kindern gefördert wird, Bremen, Ed. Lumière, 2005.

Merkel, Johannes: „Erzähl du mir, dann erzähl ich dir". Wie mit dem Erzählen von Geschichten die Sprachbeherrschung gefördert werden kann, o.J., Online abrufbar unter www.stories.uni-bremen.de/erzaehlen/sprachfoerderung.html [24.07.2013].

Miedzinski, Klaus/Fischer, Klaus: Die Neue Bewegungsbaustelle. Lernen mit Kopf, Herz, Hand und Fuß. Modell bewegungsorientierter Entwicklungsförderung, 2. Auflage, Dortmund, Borgmann Media, 2009.

Ministerium für Kultus, Jugend und Sport Baden Württemberg (Hg.): Orientierungsplan für Bildung und Erziehung für die Baden-württembergischen Kindergärten, Weinheim/Basel, Beltz, 2006.

Montada, Leo: Die geistige Entwicklung aus der Sicht Jean Piagets. In: Oerter, Rolf/Montada, Leo: Entwicklungspsychologie, 5. Auflage, Weinheim/Basel/Berlin, Beltz, 2002, S. 418–442.

Montessori, Maria: Kinder sind anders – Il secreto dell'Infanzia, Stuttgart, Klett, 1958.

Nelson, Katherine: Young minds in social worlds. Experience, meaning, and memory, Cambridge Mass., Harvard University Press, 2007.

Neumann, Karl: Klassiker der Pädagogik der frühen Kindheit, In: Fried, Lilian/Roux, Susanna (Hg.): Pädagogik der frühen Kindheit. Handbuch und Nachschlagewerk, Weinheim/Basel, Beltz, 2006, S. 107–118.

Nickel, Ulrich: Kinder brauchen ihren Sport, Celle, Pohl, 1990.

Nouwen, Henri J. M.: Die Gabe der Vollendung. Mit dem Sterben leben, Freiburg, Herder, 1994.

Nye, Rebecca: Children´s spirituality, London, church House Publishing, 2009.

Nye, Rebecca/Hay, David: The spirit of the child, London, 1998.

Oerter, Rolf: Psychologie des Spiels, Weinheim, Beltz, 1999.

Oerter, Rolf: Die Psychologie des Spiels Weinheim/Basel, Beltz, 2008.

Oerter, Rolf: Kindheit. In: Oerter, Rolf/Montada, Leo (Hrsg.): Entwicklungspsychologie, Weinheim/Basel/ Berlin, Beltz, 2008, S. 225–270.

Oswald, Hans: Persönliche Beziehungen in der Kindheit. In: Lenz, Karl/Nestmann, Frank (Hrsg.): Handbuch Persönliche Beziehungen, Weinheim, Juventa, 2009, S. 491–512.

Pahnke, Janna/Pauen, Sabina: Entwicklung des mathematischen Denkens, in: Offensive Bildung – Vom Klein-Sein zum Einstein, hrsg. v. Sabina Pauen/Viktoria Herber, Berlin, Cornelsen Scriptor, 2009, S. 22–40.

Pahnke, Janna/Pauen, Sabina: Entwicklung mathematischer und naturwissenschaftlicher Kompetenzen in der frühen Kindheit, In: Wissenschaftliche Untersuchungen zur Arbeit der Stiftung „Haus der kleinen Forscher", Band 4, hrsg. v. Stiftung Haus der kleinen Forscher, Schaffhausen, Schubi Lernmedien AG, 2012, S. 17–68 (auch online als PDF verfügbar unter www.haus-der-kleinen-forscher.de).

Paley, Vivian Gussin: A child's work: the importance of fantasy play, Chicago, University of Chicago Press, 2005.

Pauen, Sabina: Alles Leben ist Problemlösen. In: Arbeitskreis für Jugendliteratur e. V.: JuLit Informationen 2/08 Arbeitskreis für Jugendliteratur, München, 2008, S. 8–13.

Pauen, Sabina/Pahnke, Janna: Entwicklung des naturwissenschaftlichen Denkens, In: Sabina Pauen/ Viktoria Herber (Hrsg.): Offensive Bildung – Vom Klein-Sein zum Einstein, Berlin, Cornelsen Scriptor, 2009, S. 96–122 (auch online als PDF verfügbar unter www.haus-der-kleinen-forscher.de).

Peirce, Charles Sanders: The Collected Papers of Charles Sanders Peirce, hg. von Ch. Hartshorne, P. Weiss und A. Burks, Cambridge (Mass.), Harvard University Press, 1960 – 1966.

Piaget, Jean: Das Erwachen der Intelligenz beim Kinde, 4. Auflage, Stuttgart, Klett-Cotta, 2002.

Piaget, Jean: Nachahmung, Spiel und Traum, Stuttgart, Klett–Cotta, 1959/2003.

Piaget, Jean: Das Erwachen der Intelligenz beim Kinde, Stuttgart, Klett Verlag, 1969 (Original 1936 erschienen).

Pinkert, Ute: Transformationen des Alltags. Theaterprojekte der Berliner Lehrstückpraxis und Live Art bei Forced Entertainment. Modelle, Konzepte und Verfahren kultureller Bildung, Berlin/Strasburg, Milow, 2005.

Plessner, Helmuth: Die Einheit der Sinne. Grundlagen der Ästhesiologie des Geistes, Frankfurt am Maim, Suhrkamp, 1982.

Pohl-Patalong, Uta: Religion zeigen und erproben – die performative Religionspädagogik. In: Was + Wie, Heft 4/2012, S. 156.

Preissing, Christa (Hrsg.)/Heller, Elke/Köpnick, Jana/Krüger, Angelika/Schallenberg-Diekmann, Regine/ Urban, Mathias, unter Mitarbeit von Priebe, Michael: Qualität im Situationsansatz, Weinheim/Basel/ Berlin, Beltz, 2003.

Quante, Sonja: Was Kindern gut tut! Handbuch der erlebnisorientierten Entspannung, Dortmund, Borgmann,2003.

Rauh, Hellgard: Vorgeburtliche Entwicklung und frühe Kindheit. In: Oerter, Rolf/Montada, Leo (Hrsg.): Entwicklungspsychologie, Weinheim/Basel/Berlin, Beltz, 2008, S. 149–224.

Renner, Michael: Spieltheorie und Spielpraxis. Ein Lehrbuch für pädagogische Berufe, Freiburg im Breisgau, Lambertus-Verlag, 2008.

Rosen, Michael/Oxenbury, Helen: Wir gehen auf Bärenjagd, 12. Auflage, Aarau/Frankfurt/M., Sauerländer, 2009.

Ryle, Gilbert: Der Begriff des Geistes, Stuttgart, Reclam, 2002.

Saarni, Carolyn: Die Entwicklung emotionaler Kompetenz in Beziehungen. In: Salisch, Maria von Hrsg.): Emotionale Kompetenz entwickeln. Grundlagen in Kindheit und Jugend, Stuttgart, Kohlhammer, 2002, S. 3–30.

Salisch, M. von: Seine Gefühle handhaben lernen. Über den Umgang mit Ärger In: Salisch, M. von (Hrsg.): Emotionale Kompetenz entwickeln. Grundlagen in Kindheit und Jugend, Stuttgart, Kohlhammer, 2002, S. 135–156.

Sandleben, Sophia: Von den Musen geküsst. In: Arbeitskreis für Jugendliteratur e.V.: JuLit Informationen 2/08 Arbeitskreis für Jugendliteratur, München, 2002, S. 14–17.

Schäfer, Gerd E.: Sinnliche Erfahrung bei Kindern. In: Schäfer, Gerd E.: Kindliche Entwicklungspotentiale. Normalität, Abweichung und ihre Ursachen, Opladen, Verlag, 1999, S. 153–290.

Schäfer, Gerd: Kinder sind von Anfang an notwendig kreativ. In: Bockhorst, Hildegard (Hrsg.): Kinder brauchen Spiel & Kunst. Bildungschancen von Anfang an – Ästhetisches Lernen in Kindertagesstätten, München, kopaed, 2006, S. 37–50.

Schäfer, Gerd E.: Vorwort. In: Beek, Angelika von der: Pampers, Pinsel und Pigmente. Ästhetische Bildung von Kindern unter drei Jahren, Weimar/Berlin, Beltz, 2008, S. 6–7.

Scheilke, Christoph/Schweitzer, Friedrich (Hrsg.): Kinder brauchen Hoffnung. Band 1, Münster, Comenius Institut, 2006.

Scheithauer, Herbert/Bondü, Rebecca/Mayer, Heidrun: Förderung sozial-emotionaler Kompetenzen im Vorschulalter: Ergebnisse der Augsburger Längsschnittstudie zur Evaluation des primärpräventiven Programms Papilio (ALEPP). In: Malti, Tina/Perren, Sonja (Hrsg.): Soziale Kompetenz bei Kindern und Jugendlichen. Entwicklungsprozesse und Förderungsmöglichkeiten, Stuttgart, Kohlhammer, 2008, S. 145–164.

Scheytt, Tobias: Die Organisation der Wahrnehmung: Prolegomena zu einer Theorie des Wissensmanagements in Organisationen (unveröffentlichtes Typoskript). Vortrag beim Workshop „Wissen – Wissenschaftstheorie und Wissensmanagement" der wissenschaftlichen Kommission Wissenschaftstheorie im Verband der Hochschullehrer für Betriebswirtschaft e.V. 18. – 19. Juni 1999, Freie Universität Berlin.

Schölmerich, Axel/Lengning, Anke: Neugier, Exploration und Bindungsentwicklung. In: Ahnert, L. (Hrsg.): Frühe Bindungen. Entstehung und Entwicklung, München/Basel, Ernst Reinhardt. 2004, S. 198–210.

Schmidt-Denter, Ulrich: Soziale Beziehungen im Lebenslauf, Weinheim/Basel, Beltz, 2005.

Schmitz, Gerdamarie S.: Bedeutung der Selbstwirksamkeitserwartung für emotional kompetentes Verhalten. In: Salisch, M. von (Hrsg.): Emotionale Kompetenz entwickeln. Grundlagen in Kindheit und Jugend, Stuttgart, Kohlhammer, 2002, S. 201–225.

Schmied, K.: Kreativität – Sichtweisen für das 3. Jahrtausend, Alpha Produktion, Megaherz tv Unterföhring, Bayerischer Rundfunk, München, 2000.

Schröder, Achim: Cliquen und Peers als Lernort im Jugendalter. In: Rauschenbach, Thomas/Düx, Wiebken/Sass, Erich (Hrsg.): Informelles Lernen im Jugendalter. Vernachlässigte Dimensionen der Bildungsdebatte, Weinheim/München, Beltz Juventa, 2007, S. 173–202.

Schweitzer, Friedrich: Das Recht des Kindes auf Religion: Ermutigungen für Eltern und Erzieher, Gütersloh, Gütersloher Verlagshaus, 2001.

Seitz, Hanne: Performative Research. In: Fink, Tobias/Hill, Burkhard/Reinwand, Vanessa-Isabelle/Wenzlik, Alexander (Hrsg.): Die Kunst, über Kulturelle Bildung zu forschen, München, kopaed, 2012, S. 81–95.

Selle, Gert: Gebrauch der Sinne. Eine kunstpädagogische Praxis, Hamburg, Rowohlt, 1988.

Senatsverwaltung für Bildung, Jugend und Sport Berlin (Hrsg.): Berliner Bildungsprogramm, Berlin, Verlag das Netz, 2004.

Siegler, Robert/DeLoache, Judy/ Eisenberg, Nancy: Entwicklungspsychologie im Kindes -und Jugendalter, hg. von Sabine Pauen, Heidelberg, Spektrum, 2011.

Stiftung Haus der kleinen Forscher (Hrsg.): Pädagogischer Ansatz der Stiftung „Haus der kleinen Forscher", Anregungen für die Lernbegleitung in Naturwissenschaften, Mathematik und Technik, 4. Auflage, Berlin, Selbstverlag, 2013 (auch online als PDF verfügbar unter www.haus-der-kleinen-forscher.de).

Stiftung Haus der kleinen Forscher (Hrsg.): Mathematik entdecken, Praxisideen und Hintergründe zur frühen mathematischen Bildung, Berlin, Selbstverlag, 2011 (auch online als PDF verfügbar unter www.haus-der-kleinen-forscher.de).

Sting, Wolfgang: Ästhetische Kompetenz. In: Koch, Gerd/Streisand, Marianne (Hrsg.): Wörterbuch der Theaterpädagogik, Berlin, Milow, Schibri-Verlag, 2003, S. 11–12.

Strohband, Karen: Bindung im Kindergartenalter, abgerufen unter: https://www.familienhandbuch.de/kindheitsforschung/fruhe-kindheit/bindung-im-kindergartenalter,[19.12.2013].

Siegler, Robert/DeLoache, Judy/Eisenberg, Nancy: Entwicklungspsychologie im Kindes- und Jugendalter, hrsg. von Sabina Pauen, Heidelberg, Spektrum, 2011.

Söll, Wolfgang/Kern, Ute: Alltagsprobleme des Sportunterrichts, 2. Auflage, Schorndorf, Hofmann, 2005.

Steinhäuser, Martin (Hrsg.): Godly Play. Das Konzept zum spielerischen Entdecken von Bibel und Glauben, Band 1: Einführung in Theorie und Praxis, Leipzig, Evangelische Verlagsanstalten, 2006.

Strätz, Rainer: Frühkindliche Bildung: Das Wichtige richtig tun. In: Hunger, Ina/Zimmer, Renate (Hrsg.): Frühe Kindheit in Bewegung. Entwicklungspotenziale nutzen, Schorndorf, Hofmann, 2012, S. 42–55.

Strohband, Karen: Bildung im Kindergartenalter, 2004, online verfügbar unter www.familienhandbuch.de/kindheitsforschung/fruhe-kindheit/bindung-im-kindergartenalter [28.08.2013].

Szagun, Gisela: Sprachentwicklung beim Kind, Weinheim/Basel/Berlin, Beltz Taschenbuch, 2000.

Thiersch, Hans/Thiersch, Renate: Dimensionen der Sozialraumorientierung. Entwicklungsperspektiven für Kindereinrichtungen, In: Konrad, Franz M. (Hg.): Kindheit und Familie, Beiträge aus interdisziplinärer und kulturvergleichender Sicht, Münster/New York/München/Berlin, Waxmann, 2001, S. 139–160.

Tittmann, Mandy/Rudolph, Udo: Aggressives Verhalten und soziometrischer Status bei Kindern im Vorschulalter. In: Zeitschrift für Entwicklungspsychologie und Pädagogische Psychologie, Göttingen, Hogrefe Verlag, 2007, 39 (4), S. 177–186.

Tomasello, Michael: Die kulturelle Entwicklung des menschlichen Denkens, Frankfurt/Main: Suhrkamp Taschenbuch Wissenschaft, 1999.

Tomasello, Michael: Die kulturelle Entwicklung des menschlichen Denkens, Frankfurt a. M., Suhrkamp, 2006.

Tracy, Rosemary: Wie Kinder Sprachen lernen. Und wie wir sie dabei unterstützen können, 2., überarbeitete Aufl, Tübingen, Francke Verlag, 2008.

Trevarthen, Colwyn: The Foundations of Intersubjectivity: Development of Interpersonal and Cooperative Understanding in Infants. In: The Social Foundatons of Language and Thought, D. Olson (ed.). New York: W.W. Norton & Co, 1980.

Trebels, Andreas H.: Sich-Bewegen lernen – Bezugspunkte für eine pädagogische Theorie des Sich-Bewegens. In: Laging, Ralf (Hrsg.): Neues Taschenbuch des Sportunterrichts, Kompaktausgabe, 3. Auflage, Baltmannsweiler, Schneider Hohengehren, 2007, S. 14–35.

TÜV Süd: DIN EN 1176-1:2008-08 (D). Spielplatzgeräte und Spielplatzböden – Teil 1: Allgemeine sicherheitstechnische Anforderungen und Prüfverfahren, Berlin, Beuth, 2008.

Ulich, Dieter/Kienbaum, Jutta/Volland, Cordeila: Empathie mit anderen entwickeln. Wie entwickelt sich Mitgefühl? In: Salisch, Maria von (Hrsg.): Emotionale Kompetenz entwickeln. Grundlagen in Kindheit und Jugend, Stuttgart, Kohlhammer, 2002, S. 111–133.

Ulich, Michaela/Mayr, Toni: SISMIK. Sprachverhalten und Interesse an Sprache bei Migrantenkindern in Kindertageseinrichtungen (Beobachtungsbogen und Begleitheft), Freiburg, Herder, 2003.

Ulich, Michaela/Mayr, Toni: SELDAK. Sprachentwicklung und Literacy bei deutschsprachig aufwachsenden Kindern (Beobachtungsbogen und Begleitheft), Freiburg, Herder, 2006.

Viernickel, Susanne: Spiel, Streit, Gemeinsamkeit. Einblicke in die soziale Kinderwelt der unter Zweijährigen, Landau, Verlag Empirische Pädagogik, 2000.

Viernickel, Susanne: Spiele und Kontakte unter Kleinstkindern. In: Neuß, Norbert (Hrsg.): Grundwissen Krippenpädagogik, Berlin, Cornelsen, 2011.

Völkel, Petra: Bildungsgeschichten aus der Kindertageseinrichtung. Wie Kinder miteinander und voneinander lernen. In: Laewen, Hans-Joachim/Andres, Beate (Hrsg.): Forscher, Künstler, Konstrukteure. Werkstattbuch zum Bildungsauftrag von Kindertageseinrichtungen, Weinheim/Basel/Berlin, Beltz, 2002, S. 70–87.

Völkel, Petra: Fühlen, bewegen, sprechen und lernen. Meilensteine der Entwicklung bei Kleinstkindern, hrsg. von Völkel, Petra/Viernickel, Susanne, Bildungsverlag EINS, Troisdorf, 2009.

Watzlawick, Paul/Beavin, Janet H./Jackson, Don D.: Menschliche Kommunikation, Bern, Huber, 1972.

Weintz, Jürgen: Theaterpädagogik und Schauspielkunst. Ästhetische und psychosoziale Erfahrungen durch Rollenarbeit, Butzbach-Griedel, Schibri-Verlag, 1998.

Weisbach, Christian-Rainer: Professionelle Gesprächsführung. Ein praktisches Lese- und Übungsbuch, Deutscher Taschenbuch Verlag dtv, 2008.

Weiß, Bertram: Vom Sinn des Sinnlosen. In: GEOkompakt Nr. 17, 2008, S. 80–87.

Weizsäcker, Viktor von: Der Gestaltkreis. Theorie der Einheit von Wahrnehmen und Bewegen, 6. Auflage, Stuttgart/New York, Thieme, 1996.

Wertsch, James V.: Voices of the mind. A sociocultural approach to mediated action, London/Sydney/Singapore, Harvester Wheatsheaf, 1991.

Winner, Anna: Kleinkinder ergreifen das Wort. Sprachförderung mit Kindern von 0 bis 4 Jahren, Berlin/Düsseldorf/Mannheim, Cornelsen Verlag, 2007.

Wittgenstein, Ludwig: Philosophische Untersuchungen, Frankfurt/Main, Suhrkamp, 1971.

Wode, Henning: Mehrsprachigkeit durch immersive Kitas, 2005, online abrufbar unter www.fruehkindliche-mehrsprachigkeit.de/downloads/abstracthenningwode.pdf [24.07.2013].

Wygotski, Lew S.: Denken und Sprechen, Weinheim/Basel, Beltz Verlag GmbH, 2002, (Original 1934 erschienen).

Wynn, Karen: Addition and subtraction by human infants, in: Nature Nr. 358, 1992, S. 749–750.

Xu, Fei/Spelke, Elizabeth S.: Large number discrimination in 6-month-old infants, in: Cognition, Nr. 74, 2000, S. B1–B11.

Youniss, James: Soziale Konstruktion und psychische Entwicklung. Hrsg. Von Krappmann, Lothar/Oswald, Hans, Frankfurt a. M., Suhrkamp, 1994.

Zimmer, Renate: Psychomotorik – Ein Ansatz zur ganzheitlichen Erziehung in der Grundschule. In: Altenberger, Helmut/Maurer, Friedemann (Hrsg.): Kindliche Welterfahrung in Spiel und Bewegung, Bad Heilbrunn/Obb., Julius Klinkhardt, 1992, S. 119–130.

Zimmer, Renate: Handbuch der Bewegungserziehung. Grundlagen für Ausbildung und pädagogische Praxis, Freiburg im Breisgau, Herder, 2004.

Zimmer, Renate: Handbuch der Sinneswahrnehmung. Grundlagen einer ganzheitlichen Bildung und Erziehung, 19. Auflage, Freiburg, Herder, 2010.

Zimmer, Renate: Bewegung als Motor des Lernens, nifbe-Themenheft Nr. 2., Osnabrück, nifbe, 2012.

Zimmer, Renate: Handbuch der Bewegungserziehung. Grundlagen für Ausbildung und pädagogische Praxis, 25. Aufl., Freiburg, Herder, 2013.

Zirfas, Jörg: Aisthesis. Ästhetische Bildung im theatralen Sinnenspiel. In: Liebau, Eckart/Klepacki, Leopold/Linck, Dieter/Schröer, Andreas/Zirfas, Jörg (Hrsg.): Grundrisse des Schultheaters. Pädagogische und ästhetische Grundlegung des Darstellenden Spiels in der Schule, Weinheim/München, Juventa Verlag, 2005 S. 69–86.

Zollinger, Barbara: Die Entdeckung der Sprache, 8. Aufl., Bern/Stuttgart/Wien, Haupt Verlag, 2010.

Sachwortverzeichnis